KB139928

조선의 근대전환과 평안도 연구

- 평안도인의 정치·문화 운동 -

조선의 근대전환과 평안도 연구

- 평안도인의 정치·문화 운동 -

하명준 지음

景仁文化社

머리말

　이 책은 18세기 전반 朝鮮 肅宗朝부터 20세기 초반 大韓帝國이 국권을 상실하기까지 근대로 전환하는 과정에서 전개된 평안도인의 정치·문화 운동과 지역위상 변화를 검토한 것이다. 이 기간은 우리 역사에서 이른바 문명사적 전환을 노정하면서 내적으로는 중세적 성격을 탈각하고 근대로 진입하였던 시기에 해당한다. 평안도 사회와 지역민도 이러한 시대적 흐름과 궤를 같이 하고 있었다. 아울러 여기에는 평안도인의 성장과 지역 특성을 반영한 나름의 획기가 존재하였다. 중앙과 지방의 두 가지 방면에서 진행되는 양상을 시기별·단계별로 상호 연계하여 고찰함으로써 조선시대에 정치·문화적으로 주변 지역이었던 평안도가 근대에 들어와 중심지의 한 축을 형성하게 된 경로를 살피고 그 역사성을 추구하는 일은 우리 역사의 진전 과정을 체계적으로 수립하기 위한 불가결한 과제이다. 동시에 이 작업은 필자에게 내적 전통과 계기를 골격으로 삼아 조선후기에서 근대로 이어지는 국사의 한 자락을 정리하고자 하는 숙제의 일부이기도 하다.

　필자가 우리나라의 근대 전환 문제에 관심을 가지게 된 것은 대학원에 진학하면서 살펴본 7차 교육과정의 국사교과서가 발단이 되었다. 이 교과서에서는 조선후기에 해당하는 시기를 근대태동기로 명명하고 단원을 구성하였는데, 근대를 '태동'시킨 경제·사회·문화적 요소는 근대 사회로 나아가는 발전 지향적 모습으로 설명한 반면 정치 분야에서는 탕평정치에서 세도정치로 넘어가면서 각종 민란으로 상징되는 파탄과

퇴행의 모습이 주를 이루고 있어 동시기를 설명하는 역사상의 간극이 어색하게 느껴졌던 것이다.

그리하여 해당 시기 관련 자료를 모으고 궁리를 거듭하던 중에 이는 비단 교과서 서술의 부조화나 괴리에서 오는 감상으로 그치는 것이 아니라 통사적 이해 체계의 부실이라는 보다 근원적인 문제에서 파생한 것으로 생각되었다. 근대 전환과 관련해서는 연구 경향이 17·18세기의 조선후기사 연구와 19세기 후반 이후의 근대사 연구로 분절되어 19세기 전반 세도정치기가 계기적으로 연계되지 못함으로써 우리의 근대 이행을 체계적으로 이해하기 어렵게 되었다고 보았다. 또 하나는 서구적 근대화를 文明과 至善으로 상정하는 가운데 일제 식민사관의 영향과도 관련하여 근대 직전 시기를 과도하게 부정적으로 파악함으로써 내재하는 역사 발전에 대한 인식을 저해하고 실상에서 멀어진 인상을 갖게 한 측면이 있다고 여겼다. 그러므로 세도정치기를 전후한 시기, 특히 19세기 전반기를 내적 전통에 즉하여 일관된 체계로 전후의 시기와 연계하면서 공정하게 정립해야 할 필요를 느꼈다. 이와 같은 작업은 우리의 전통사회가 근대사회로 이행하는 맥락과 양상을 합리적으로 해명하는 문제와 직결되는 사안이라고 판단하였기 때문이다.

이에 선학들의 귀중한 연구 성과를 염두에 두면서도 나름의 문제의식을 견지하면서 근대 전환의 실태에 골몰하였다. 그 결과 석사과정에서는 民堡論을 중심 주제로 삼아, 국초부터 私兵을 금기시했던 조선왕조에서 19세기 전반 이후 민간의 무장을 전제로 하는 민보론이 집중적으로 제기되고 대원군 집권기에는 국가 차원의 비변책으로까지 채택될 수 있었던 사정을 추적하여 학위 논문을 제출하였다. 박사과정에 진학해서는 평안도 지역의 근대 전환 연구로 대상과 주제를 확장하였다. 민보론의 음미에서 시작된 조선시대 군사에 관한 공부가 군사 지대로서의 특성을 갖는 평안도 지역으로 시선을 옮겨가게 한 것이다. 흔히 평안도인은 조선왕조에서 차별받은 변방의 지역민이었으나, 19세기 후반 서구식 근대화의 '도래'를 맞아 기민하게 전통 사회와 단절하고 신문물의 수용에 앞장서 새로운 시대의 주역이 되었다고 운위되고 있다. 내석 계기에서 접근하지 않고 문명과 야만, 선진과 후진의 이항대립적 구도를 저변에 두면서 근대 전환기를 설명하는 전형을 여기서도 발견하게 되는 것이다. 평안도 지역과 지역민을 중심으로 근대 전환의 내력과 양상을 파악하자면 해당 시기에 영향을 끼친 외래의 요인과 함께 국가 차원의 정책 추이나 향방, 지역 내에서 전개된 평안도인의 내적 성장과 중층적 이해관계 등을 고려하지 않으면 안된다. 이상과 같은 시각과 구상에 입각해서『조선후기~근대개혁기 평안도의 정치·문물 신장 연구』라는 논문을 제출하고 박사학위를 받았다. 이 책은 이러한 박사논문을 저본으로 해서 약간의 수정을 가한 것이다.

부족하나마 한권의 책이 나오기까지 말로 다할 수 없는 은사·선배·동학 여러분의 도움과 격려가 있었다. 학부 시절 교수연구실 한켠에 책상을 두고 공부할 수 있게 해 주신 李永鶴선생님의 배려와, 바쁘신 중에도 시간을 따로 내어『맹자』등의 四書를 가르쳐 주신 李瑾明선생님의 자상함에 감사드린다. 석사 지도교수이신 李景植선생님은 학문과 인격으로 반듯한 거울이 되어 師表로 계신다. 다른 연구의 한계를 지적하는데 마음을 쓰지 말고 자신의 연구 성과를 과장하지 않는 정직한 글쓰기를 하도록 일러 주신 말씀을 깊이 새기고 있다. 박사 지도교수이신 金泰雄선생님은 개별 소재에 매몰되지 않고 역사발전의 전체적인 안목 속에서 계통과 체계를 세워 본체에 접근할 것을 당부하셨다. 이 책의 출간까지

vii

주선해 주셨으니 그 세심함에 거듭 감사드린다. 박사학위 논문심사 과정에서 朴平植·柳承烈·崔誠桓선생님은 글에서 드러나는 편협한 사고와 논리의 비약을 바로 잡아주시느라 무던히 애를 쓰셨다. 그 열성 어린 지도에 고개 숙여 감사할 따름이다. 학계에 몸담고 계시지는 않지만 학자로 존경해 마지않는 趙冕熙선생님의 學恩도 언급을 하지 않을 수 없다. 논문 작성에 조언을 아끼지 않았던 金大豪 學兄에게 각별히 고마움을 표한다. 논문이 책자로 만들어지기까지 성가시고 번잡한 일들을 처리해 주신 경인문화사의 김환기 이사님과 편집부의 노고도 잊지 않고자 한다.

힘든 날들에 대한 보상이었을까? 올해는 유독 필자의 인생에서 기쁘고 좋은 일이 많았다. 첫 아이가 태어나고, 첫 직장을 갖게 되고, 이렇게 책까지 내게 되었다. 이 모든 순간을 같은 마음으로 함께 나눈 가족이 있어서 힘을 낼 수 있었다. 고단한 생활에도 자식에게 거름이 되어 삶을 내어 주신 부모님과 그와 같은 사랑으로 키운 딸자식을 아내로 허락하신 장인·장모님께 새삼 감사한 말씀을 드린다. 아내 박지원에게는 잘 해주지 못한 미안함과 어려운 처지에도 밝게 곁을 지켜준데 대한 사랑스러움이 교차한다. 책의 출간으로 그 동안 가졌던 미안함을 조금이나마 덜 수 있었으면 하는 바램이다. 이제 8개월째 탈 없이 커가는 아들 정진에게도 사랑의 마음을 전한다. 마지막으로 슬픔이 변하여 춤이 되게 하시고 베옷을 벗기어 기쁨으로 띠우게 하신 하나님께 마음을 다해 감사한다.

2017년 10월
저자 하명준

차 례

머리말

표 목차

그림 목차

제1장
서 언

조선왕조는 국왕을 정점으로 하여 전국 각 지역에 대한 통일권력을 실현시켜 나갔던 집권관료제국가였다. 집권력은 전국을 京畿와 州郡으로 구획하고 긴밀하게 연계시킨 군현제의 행정 편제와 그 내부에서 작동하는 封建의 원리에 의해 관철되었다. 중앙인 京畿는 사방의 근본으로 설정하고, 外方은 州郡으로서 勞力과 賦稅를 내어 公役·公用에 이바지하게 함으로써 王室의 藩屛으로 기능할 수 있게끔 편성한 것이다.[1] 이 선상에서 조선의 8道는 物産·人口·地形·位相 등을 감안하여 국가·사회적인 기능과 역할을 수행하도록 짜여졌다. 전체 국가 운영에서 道마다 특성과 차이가 있게 된 연유는 여기에서 비롯된 것이었다.

8道 중에서 平安道는 중국과 국경을 맞대고 있는 關防의 重地로서 군사상의 특징을 지니고 있었다. 이미 고려왕조부터 평안도는 북진정책의 전초기지였다. 조선에 들어와서는 野人鎭撫와 함께 4郡 개척과 徙民事業, 回換制를 통한 軍需 확보, 토착 백성에게 관직을 제수하는 土官制 등을 실시하여 北方 諸族의 외침과 위협에 대비하고 변경방어의 임무를 충실히 수행할 수 있도록 제반 정책이 마련되고 있었다.

이런 사정에서 朝廷과 民人은 평안도를 국가의 울타리 혹은 담장으로 인식하였다. 그런데 16세기에 '鄒魯之鄕[嶺南]'의 후예인 士林 세력이 집

---

1) 李景植, 『朝鮮前期土地制度硏究-土地分給制와 農民支配-』, 一潮閣, 1986, pp.97~103.

_____, 「朝鮮建國의 性格問題」, 연세대학교 국학연구원 편, 『중세사회의 변화와 조선 건국』, 혜안, 2005.

권한 후로 평안도는 성리학적인 관점과 기준에 따라 이질적인 풍토를
가진 지역으로 간주되었다. 이는 중앙에서의 문화적 강박으로 그치는
것이 아니라 평안도의 정치·사회 발전에 커다란 장애로 작용하였고, 평
안도를 군사지대[尙武之地, 弓馬之鄕]로 부각시키는 주된 요인이 되었
다. 특히 조선후기에 두 차례에 걸친 胡亂과 淸에 내한 적개심은 武에
편중된 평안도의 지역적 기능을 고착화하였다. 이런 속에서 평안도 백
성은 변경방어를 책임져야 하는 '邊民'으로서 구별된 삶을 살아야 했고,
거주 이전을 제한 당하는 등 여러 가지 제약과 통제를 받을 수밖에 없었
다.2)

　　본디 국가 운영의 차원에서 평안도는 다른 지역과 비교하여 기능·역
할상의 '차이'를 가진 것이었다. 그러나 兩亂 이후 사회 변동과 지역 여
건에 상응하여 '國家再造'가 추진되는 과정에서 지역의 기능과 위상도
재편·변화될 수 있는 소지가 있었다. 한편 평안도인의 처지에서는 지역
의 정체성이 關防에 한정되고 또 그것이 자신들의 성장을 가로막는 장
애로 인식되었을 때 그 '차이'라고 하는 것은 곧 '차별'로 여겨질 수 있
었다. 그리고 차별을 내세우는 과정에서 '부당한 차별'을 부각시키는 것
은 지역의 위상과 기능을 재조정하고 자신들이 목표로 삼은 수준과 단
계로 나아갈 수 있는 하나의 방편이 될 수도 있었다. 이처럼 평안도의
지역 정체성을 논할 때 빠짐없이 거론되는 '차별'의 의미는 고정·불변
으로 존재하는 것이 아니라 시대의 진전에 따라 여러 층위에서 多義性

---

2) 18세기 초반 淸의 급변 사태에 대한 우려로 평안도 주민이 동요하여 內地로 이사
　하려 했을 때 지역 방어를 목적으로 '이주 금지령'이 내려지기도 했다. 이 명령을
　준수하지 않으면 무거운 법으로 처벌받았다[『景宗實錄』, 景宗 2年 12月 24日
　(乙亥). '禁邊民徙入內地 不遵令者 繩以重法 一自北報之來 擧國洶擾 而西
　邊尤甚 民多徙避 平安監司李眞儉 狀請禁止 廟堂覆奏施行'].

을 갖고 있었다. 따라서 조선후기에서 근대개혁기에 이르기까지 평안도
사회의 실상을 파악하기 위해서는 차별 일변도의 시각이 아닌 정부의
정책적 필요, 평안도 지역의 내적 성장, 그리고 차별을 강조하는 평안도
인의 전략적 측면까지 고려할 필요가 있다.

조선후기에서 근대개혁기 평안도의 처지와 위상에 관한 연구는 일찍
부터 지역차별을 중심주제로 삼아 洪景來 亂의 원인과 성격을 밝히는
것에서 시작되었다.3) 17세기 전반 仁祖朝부터 19세기 초반 홍경래 난까
지로 시기를 확장하여 士林 집권 이후 평안도 출신에 대한 차별의 실태
와 정치적 소외를 진단하고 道民의 차별 극복 노력을 다룬 연구는 조선
후기 평안도 사회발전의 전반적인 흐름과 내역을 구명하였다.4) 군사·재
정·외교 분야와 관련된 작업도 병행되었다. 그 중 평안도의 방어체계 및
關防組織을 다룬 연구들은 군사지대로서의 특성을 갖는 평안도에 대한
지역 이해를 심화시켜 주었고,5) 재정운영의 양상과 추이를 밝힌 연구는

---

3) 小田省吾,「辛未洪景來亂の硏究」, 小田先生頌壽記念會, 1934.
　　홍희유,「1811~1812년의 평안도농민전쟁과 그 성격」,『봉건지배계급을 반대한 농
　　민들의 투쟁(이조편)』, 과학원출판사, 1963.
　　鄭奭鍾,「洪景來亂의 性格」,『韓國史硏究』7, 한국사연구회, 1972.
　　河原林靜美,「1811年の平安道における農民戰爭」,『寧樂史苑』19, 奈良女子
　　大學史學會, 1973.
　　鶴園裕,「平安道農民戰爭における參加層－その重層した性格をめぐっ
　　て－」,『朝鮮史叢』2, 靑丘文庫, 1979.
　　─────,「平安道農民戰爭における檄文」,『朝鮮史硏究會論文集』21, 朝鮮史
　　硏究會, 1984.
4) 吳洙彰,「朝鮮後期 平安道民에 대한 人事政策과 道民의 政治的 動向」, 서울
　　대학교 박사학위논문, 1996(同,『朝鮮後期 平安道 社會發展 硏究』, 일조각,
　　2002 수록).
5) 차용걸,「兩江地帶의 關防體制 硏究試論-18세기이후의 鎭堡와 江灘把守의 배
　　치를 중심으로-」,『군사』창간호, 국방부전사편찬위원회, 1980.

조선전기 이래 예비·비축적 성격을 가진 평안도 지역 재정이 18세기 중반 이후 청과의 군사적 긴장 완화와 외교 관계의 변화에 따라 중앙으로 흡수되는 사정을 검토하였다.6) 조선후기 대청무역의 활기와 상업을 중심으로 한 평안도의 경제 성장에 주목하여 지역의 역동적인 발전상을 파악한 연구도 발표되었다.7) 조선후기에 生員·進士의 道別 분포에서 서울의 점유율이 줄어든데 비해 평안도 출신의 비중이 급격히 늘어난 실태를 분석한 연구8)와, 평안도 출신의 문과 급제자가 약진하여 英祖朝 이후 전국에서 서울 다음으로 많은 급제자를 배출하였음을 통계적으로 규명한 연구9)는 평안도의 예비 관료층과 식자층이 그만큼 두텁게 형성

　　권내현, 「17세기 전반 對淸 긴장 고조와 평안도 방비」, 『한국사학보』13, 고려사학회, 2002.

　　이철성, 「17세기 평안도 「강변 7읍」의 방어체제」, 『한국사학보』13, 고려사학회, 2002.

　　강석화, 「조선후기 평안도지역 압록강변의 방어체계」, 『한국문화』34, 서울대학교 한국문화연구소, 2004.

　　노영구, 「조선후기 평안도지역 內地 거점방어체계」, 『한국문화』34, 서울대학교 한국문화연구소, 2004.

　　고승희, 「조선후기 평안도지역 도로 방어체계의 정비」, 『한국문화』34, 서울대학교 한국문화연구소, 2004.

　　정해은, 「숙종 초기 평안도의 변장 증설과 방어 체제의 변화」, 『사학연구』120, 한국사학회, 2015.

6) 權乃鉉, 「朝鮮後期 平安道 財政運營 硏究」, 고려대학교 박사학위논문, 2002 (同, 『조선후기 평안도 재정 연구』, 지식산업사, 2004 수록).

7) 홍희유, 『조선 중세 수공업사 연구』, 과학백과사전종합출판사, 1979.
　　김광진·정영술·손전후, 『조선에서 자본주의적 관계의 발전』, 열사람, 1988.
　　홍희유, 『조선상업사(고대·중세), 과학백과사전종합출판사, 1989.

8) 崔珍玉, 「조선시대 평안도의 생원 진사시 합격자 실태」, 『朝鮮時代史學報』36, 조선시대사학회, 2006.

9) Edward W. Wagner, "The Civil Examination Process as Social Leaven: The Case of

되어 있어 정치·문화적 잠재성과 역량을 갖추고 있었음을 시사해 준다.
근대로 접어들면서 청일전쟁 이후 평안도에 기독교와 동학의 교세가 급
격히 확장된 배경과 양상을 추적한 연구,[10] 평안도인이 문명개화와 교
육계몽을 선도한 것과,[11] 근·현대 사회지도층을 형성하게 된 내역을 살
핀 연구도 진행되었다.[12] 근래에는 중앙과 지역 사이의 상호 관계 혹은
향촌사회의 구조변화를 염두에 두면서 평안도 지역민의 입장과 처지를
부각시킨 연구들이 활성화되는 추세에 있다. 이 방면의 연구들은 서울
이남의 역사가 한민족 전체의 역사로 치환되는 경향이 있음을 지적하면
서 주로 중앙의 시각에서 설명해오던 기존 연구에 한층 폭넓은 시야를
제공해 주고 있다.[13]

---

the Northern Provinces in the Yi Dynasty", *Korea Journal* vol.17-1, 1977(에드워드
와그너 著 이훈상·손숙경 譯,「사회 완충제로서의 과거 : 서북지역의 사례 연구」,
『조선왕조 사회의 성취와 귀속』, 일조각, 2008 수록).

한영우,『科擧, 출세의 사다리-족보를 통해 본 조선 문과급제자의 신분이동』2·3·
4, 지식산업사, 2013.

10) 李光麟,「開化期 關西地方과 改新敎-改新敎 收容의 一事例-」,『韓國開化思
想研究』, 一潮閣, 1979.

조규태,「舊韓末 平安道地方의 東學-敎勢의 伸張과 性格에 대한 檢討를 중심
으로-」,『東亞研究』21, 서강대학교 동아연구소, 1990.

Chull Lee, "Social sources of the rapid growth of the christian in the northwest Korea
: 1895~1910", Ph.D. Boston University Graduate School of Arts and Sciences, 1997.

11) 李松姫,「大韓帝國末期 愛國啓蒙運動研究」, 이화여자대학교 박사학위논문,
1986.

金炯睦,「自强運動期 平安道地方 '夜學運動'의 實態와 性格」,『한국민족운
동사연구』22, 한국민족운동사학회, 1999.

임인재,「1895~1910년 평안도 사립학교 설립 과정과 주체」,『사학연구』120, 한국
사학회, 2015.

12) 金相泰,『近現代 平安道 出身 社會指導層 研究』, 서울대학교 박사학위논문,
2002.

上記한 연구 성과들로 인해 평안도의 지역 사정과 발전상, 그리고 위상에 이르기까지 그 윤곽은 대략 밝혀졌다. 즉 조선후기에 평안도는 정치적 진로를 차단당하여 집권 사회세력인 양반 사족층이 미약했고, 이와 짝해서 성리학에 바탕한 사회질서와 문화의 정착도 곤란하였다. 비옥한 水田地帶가 희소한데다 고위 관직으로의 진출까지 막힌 상황에서 평안도인은 다른 지방에 비해 상공업에 종사하는 경우가 많았다. 그런데 18세기 중반 이후 淸과의 관계가 안정되고 상품화폐경제의 발달과 연계하면서 대청무역과 상업, 수공업, 광업에 이르기까지 사회경제적 발전이 두드러지게 되었다. 19세기에 접어들면서 反체제적인 인사들은 지역의 사회경제적 성장에 걸맞는 처지의 개선을 위해 홍경래 난(1811)을 일으켰다. 그러나 결국 관군에게 진압되면서 저항의 움직임은 불발로 그치고 지역차별의 문제도 해소되지 못한 채 지속되었다. 이런 가운데 평안도인은 19세기 후반 새로운 가치 질서가 요구되는 근대에 이르러

13) Kyung Moon Hwang, "From the Dirt to Heaven: Northern Koreans in the Choson and Early Modern Eras", *Harvard Journal of Asiatic Studies*, vol.62, no.1, 2002.
오수창, 「19세기 초 평안도 사회문제에 대한 지방민과 중앙관리의 인식과 정책」, 『한국문화』36, 서울대학교 규장각한국학연구원, 2005.
金善珠, 「조선 후기 평안도 정주의 향안 운영과 양반문화」, 『역사학보』185, 역사학회, 2005.
Kim Sun Joo, "Negotiating Cultural Identities in Conflict: A Reading of the Writings of Paek Kyonghae(1765~1842)", *Journal of Korean Studies*, vol.10, 2005.
Sun Joo Kim, *Marginality and Subversion in Korea : the Hong Kyongnae Rebellion of 1812*, Seattle : University of Washington Press, 2007.
Sun Joo Kim (ed.), *The Northern Region of Korea : History, Identity, & Culture*, Seattle : Center for Korean Studies, University of Washington, 2010.
張裕昇, 「조선후기 서북지역 문인 연구」, 서울대학교 박사학위논문, 2010.
Sun Joo Kim, *Voice from The North : Resurrecting Regional Identity through the Life and Work of Yi Sihang(1672-1736)*, California : Stanford University Press, 2013.

기민하게 전통 사회와 단절해 나갔고, 이에 힘입어 근대를 모색하는 과정에서 다른 지방보다 앞서 나갈 수 있었다는 것이다.

그렇지만 조선후기 이래 평안도인의 인식과 동향, 그리고 지역 위상의 변화를 내적 계기에 즉하여 근대 평안도 사회의 변동과 유기적으로 연계시키는 작업은 착수되지 못하였다. 그러므로 다음과 같은 점에서 논의가 진전되어야 할 것으로 여겨진다.

첫째, 조선후기에서 근대개혁기로 이행하는 과정에서 평안도의 정치·문화적 역량과 實情에 관해 계기적인 이해를 갖추는 일이다. 평안도 지역과 그 주민은 항상적으로 소외되고 주변화된 상태에서 일거에 근대의 先鞭을 잡을 수 있었던 것이 아니었기 때문이다. 현재까지 우리는 평안도에 가해진 지역차별의 수준이 어느 정도였는지를 확정할 만한 근거를 충분히 갖고 있지 않다. 따라서 근대로 전환하기까지 평안도 지역을 고착화된 차별의 상태로 파악하는 재래의 통념에 구속되지 않고 그동안 평안도인이 이룩한 성취와 제약, 그리고 그들의 기대치까지를 염두에 두고 면밀하게 재검토할 필요가 있다.

둘째, 차별로 표현되는 사정을 공정하게 파악하는 일이다. 근대 평안도인의 언설에서 地域史를 논할 때 대체로 두 계통의 표현이 반복되고 있음을 알 수 있다. 그 하나는 "조선왕조 오백년 동안 학대를 당했다"와 같이 차별로 점철된 역사를 강조한다는 점이고, 또 다른 하나는 평안도에는 조선왕조를 망하게 한 양반도 없고 권력도 없었다는 식으로 '缺如'와 '異質'의 상태를 부각시킨다는 점이다.[14] 이는 망국에 대한 책임에서 상대적으로 자유롭게 되거나 기득권을 가진 세력과의 대결에서 유용하다는 점에서 실제보다 과장되고 확대 재생산된 측면이 있다. 그리하여

---

14) 대표적으로는 李昇薰, 「西北人의 宿怨新慟」, 『新民』, 1926을 예로 들 수 있다.

차별을 과도하게 내세워서 실상과 거리가 먼 인상을 갖게 하거나 혹은
평안도인의 성취와 성장을 소거하고 지나치게 왜소한 것으로 치부함으
로써 평안도인에 대한 일종의 '停滯論'이 수립되는 부작용을 초래하였
다. 따라서 실상에 맞게 사실을 정돈하고 내용을 정리하는 작업이 수행
되어야 한다.

셋째, 평안도인의 다양한 입장과 처지를 살피는 일이다. 예를 들어 18
세기에 평안도는 淸川江 以南(淸南)과 淸川江 以北(淸北)의 지역 사정이
달랐다. 19세기 초반 홍경래 난에서는 평안도인이 반란군과 의병으로
갈라져서 서로 충돌하였다. 19세기 후반 高宗朝에 중앙으로 진출한 평안
도인들은 黨派를 이루어 내부적으로 마찰을 빚었다. 20세기 초반에도 국
권회복을 목표로 단결을 지향한 계열과 地方色을 부추겨 정권을 장악하
려했던 계열의 현실 인식이 달랐고 동태에도 차이가 있었다. 그런 만큼
평안도 지방과 평안도인을 전체화해서 단일하게 파악하는 것이 아니라
지역 내의 특성을 고려하고 중층적으로 다양한 이해가 교차하고 있다는
점에 유의하면서 사실에 접근할 필요가 있다.

이 세 가지 국면은 개별·단독으로 처리될 것이 아니라 복합적으로 얽
혀 있는 사안이다. 시기별·단계별로 계기적인 이해에 도달하자면 실상
을 정확히 알아야 하고, 또 그 실상을 제대로 점검하기 위해서는 평안도
지역 내의 특성과 지역민의 다양한 처지들을 검토해야 하기 때문이다.
본 연구는 이와 같은 과제를 구체적으로 해명하기 위해서 다음과 같이
네 방면으로 나누어 작업을 진행하고자 한다.

첫째, 肅宗朝 평안도의 지역 위상 변화와 평안도 문인의 활동 및 인식
을 검토할 것이다. 정묘·병자호란 이후 정부는 청의 간섭과 견제로 군사
활동을 금지당한 속에서 평안도에 비축한 재정을 중앙으로 吸收·轉用하

였다. 숙종조에는 대외정세의 변화로 평안도를 전초기지로 삼아 대청전
면전을 모색하기에 이르렀다. 이처럼 평안도의 재정과 군사의 중요성이
높아짐에 따라 지역 위상과 지역민의 처우도 조정될 가능성이 있었다.
숙종 40년(1714)에 발생한 '關西辨誣疏 事件'은 그 과정에서 일어난 대표
적인 사건이었다.

　종래 이 사건은 암행어사 呂必禧가 평안도의 풍속을 夷狄·禽獸와 같
다고 보고함으로써 숙종이 30년간 평안도인의 과거 응시를 금지시켰으
나, 평안도 유생의 집단 반발로 그러한 조치는 철회되고, 잘못된 보고를
올린 여필희는 심대한 처벌을 받았다고 알려져 있었다. 그러나 '30年 停
擧'와 같은 주장은 해방 이후 평안도의 지방지에서 처음 소개된 것으로
당대의 자료에서는 확인되지 않는다. 조선후기에 평안도가 지역적인 차
별을 받았음은 주지의 사실이지만, 그 차별을 과도하게 기억하는 것은
평안도 사회의 진면목을 온전히 바라볼 수 없게 만든다. 국초 이래 평안
도가 지닌 국가적 역할과 양란 후에 전개된 지역 사정의 변화를 염두에
두면서 관서변무소 사건이 발발한 내력을 살펴야 實狀에 다가갈 수 있
을 것이다. 이와 더불어 관서변무소의 상소 내용에 국한하지 않고 그 저
변에 자리하고 있는 평안도 유생의 지역인식 및 차별에 대한 타개책을
심층에서 파악할 필요가 있다. 이를 통해서 숙종조 평안도인의 지역 인
식에 관한 이해를 제고하고자 한다.

　둘째, 英祖~哲宗朝 평안도의 문화변동 내역과 지역민의 분화 양상을
추적할 것이다. 18세기 후반의 안정적인 대청무역은 평안도의 경제력을
상승시켰고, 자력으로 독자적인 문화 발전을 가능케 한 원동력으로 작
용하였다. 당시 평안도는 서울의 상업적·문화적 발전과 궤를 같이하고
있었으므로, 서울의 발전과 지방의 낙후라는 京鄕分岐의 양극화식 구도

파악으로는 이 시기 평안도 지역의 문화 변동 양상을 포괄하기 어렵다. 따라서 여기에서는 평안도 각 군현이 자기 고을 문화를 인식하고 개성을 발현시켜 나가는 정황과 그것이 지역민에게 미치는 구체적인 영향을 확인할 것이다. 이를 통해 경향분기의 추세 속에서 평안도의 위상을 어떻게 자리매김할 수 있는지를 가늠하고, 동시에 서울 우위에 대한 평안도 지역민의 인식과 태도를 갈래지어 설명하고자 한다.

한편 이 시기 평안도 사회를 격동시켰던 홍경래 난의 배경을 평안도 지역 전체에 대한 차별 대우로 치환해서 설명하는 것도 실상과 거리가 멀다. 반란을 주도한 군현은 평안도 전체 42개 군현에서 10여개에 불과할 뿐더러, '반란'에 가담한 평안도인 못지않게 이를 진압한 '의병'의 활약도 있었기 때문이다. 현재 홍경래 난 진압 이후에 평안도인의 진출 경로나 향촌사회 운영 내역은 잘 알려져 있지 않은 상태이다. 이와 관련해서는 홍경래 난에서 '의병'으로 활동한 '忠義'勢力의 동향을 중심으로 향촌사회에서 내적 갈등과 사회문제를 수습해 간 논리와 방책을 살펴보고, 아울러 다음 시기로의 진전 방향을 전망하고자 한다.

셋째, 高宗朝 평안도인의 중앙 진출 확대와 문화 역량이 강화된 내역을 점검할 것이다. 고종의 재위기는 전통적으로 중시되던 왕도정치의 관념에서 벗어나 실용주의적 부국강병을 국가 정책의 기조로 삼고 개혁을 추진했던 시기였다. 이러한 국가정책에 부응하면서 평안도 출신 官人도 중앙에 진출하여 정치세력을 형성하고 국왕 중심의 정국 운영을 지지하는 등 政界에서 나름의 역할을 감당하였다. 또한 향촌에서는 평안도 儒林의 宗匠으로 꼽히는 朴文一・朴文五 형제의 주도하에 성리학 본연의 正統 道學을 추구하면서 '功利'를 멀리하려는 경향이 주된 학문 풍토로 자리잡았다. 아울러 衛正斥邪에 충실하였던 華西學派의 일원으로서 儒學을 본위로 하여 講學에 힘쓰며 '邪學'과 '邪說'의 침투를 경계하였다. 곧 성리학적 주류 문화에 합류하기 위한 최대의 노력과 성취를 보여주고 있었다.

이와 같은 정치·문화적 성장에 기반해서 평안도 출신의 관인, 유생, 지역민은 光武 6年(1902) 西京 豐慶宮 건설에 적극적으로 참여하였다. 따라서 고종조 평안도인의 정치활동과 문화역량을 풍경궁 건설의 내력과 결부시켜 정면에서 다룰 필요가 있다. 이는 고종 즉위 이래 축적된 평안도인의 발전성과가 근대로 이어져 발현되었음을 살핀다는 점에서 그간 전근대와 근대 사이에 평안도에 대한 인식의 간격이 크고 어긋남이 있었던 요인을 구명하는 작업의 일환이 된다.

넷째, 韓末 평안도인의 시세파악에 따른 지역사회의 변동과 지역민의 대응양상을 검토하고, 문화계몽운동의 참가 양상과 그 의미를 지역위상의 변화와 결부시켜 고찰할 것이다. 고종 31년(1894)에 발발한 청일전쟁은 중국을 宗主로 하던 동아시아 세계에 지각 변동을 초래하였다. 일본의 勝戰은 곧 수천 년간 지속된 중화질서의 해체와 종식을 의미하였기 때문이다. 특히 현장에서 전쟁을 겪었던 평안도인에게 청일전쟁은 그들의 진로를 좌우하는 分岐이자 尺度가 되는 경우가 많았다. 그러므로 한말 평안도인의 시세 인식과 행보를 살피는 작업으로 우선 청일전쟁 종결 후에 나타난 지역사회의 변화 및 지역민의 대응 양상을 기독교, 동학, 유림의 동향에 초점을 맞추어 조명할 것이다. 이로써 평안도 지역 내에서 청일전쟁 이후의 충격과 사회 변동을 조정하고 수습해 나간 자세·동태를 가늠할 수 있을 것이다. 이는 국가 차원에서 평안도인이 망국의 위기를 맞아 취한 계몽운동의 입론과 방향, 그리고 그 실제와 귀결의 사정을 정리하는 일이 된다.

　그런데 평안도 지역 연구를 수행함에 있어 가장 큰 난점중의 하나는
자료문제이다. 이 글에서는 연대기 자료와 함께 평안도 文人들이 남긴
문집류를 사용하였다. 평안도 문인의 문과 급제와 官歷의 파악은『關西
搢紳錄』과『文科榜目』에 수록된 인원을 전수조사하고『承政院日記』로
추가·보완하는 방식을 취하였다. 지역의 실태를 구체적으로 기록하고
있는 邑誌는 당대 평안도의 사정과 지역민의 인식을 살피기에 유용할
뿐만 아니라 훗날 다시 지역사 편찬의 典據가 되어 현재까지 계승되고
있다는 점에서 주요 자료로 활용하였다. 다만 작성된 기사의 연대를 비
정하거나 내용상의 사실 여부를 판가름하는데 어려움이 있고, 또 자료
에 매몰되다보면 지역에서 강조하는 방향으로 편향될 수 있는 문제점도
없지 않으므로 전체적인 균형을 잃지 않도록 유의할 것이다. 마찬가지
로 근대시기 서북인의 시각이 강하게 반영된『西友』나『西北學會月報』
와 같이 지역 정체성이 농후한 자료를 사용할 때도 전국 단위의 신문이
나 타 지역의 學報·雜誌 등을 대조하면서 신중히 서술하고자 한다.
　이상과 같은 작업을 통해 조선후기에서 근대개혁기까지 평안도의 정
치·문화 신장 및 지역위상 변화의 추이를 정리하면, 조선왕조에서 변방
에 속하던 평안도가 근대에 이르러 중심지로 발돋움하게 된 기반 및 양
상을 동태적·체계적으로 파악할 수 있을 것이다. 아울러 주로 민족과 계
급의 범주에서 한국 근·현대사를 파악하던 것을 보완하여 지역의 위치
에서 조망할 수 있는 단서도 제공하게 될 것으로 기대한다.

제2장
숙종조 평안도의 군사·재정 확장과 지역 유생의 동태

1. 숙종조의 평안도 정책과 평안도 유생의 동정

1) 兩亂 後 평안도 시책의 변모와 朝廷 官人의 인식

평안도는 고조선을 거쳐 고구려와 고려의 도읍지였던 경험과 전통을 가진 지역이었다. 고려시대에는 浿西道 또는 北界라고 불리다가 다시 西北面으로 지칭되었다. 조선 太宗 13年(1413)에는 전국을 8道로 개편하면서 평안도로 改稱되었다.[1] 이러한 평안도는 지형적으로 방어 요충지인 鐵嶺關의 서쪽에 자리하고 있어 흔히 '關西'로 불려진다. 전반적으로 산이 많고 평지가 적으며, 또 灌漑에 필요한 물이 모자라서 논보다 밭이 많은 특징을 지니고 있다. 평안도 내에서는 청천강을 경계로 그 이북과 이남을 淸北과 淸南으로 구분하였다.[2]

청북 지역은 한반도의 서북단에 위치하여 東으로는 낭림산맥을 경계로 함경남도와 접하고, 西로는 西海에 임하고 있으며, 南으로는 청천강을 경계로 청남과 마주하고, 北으로는 압록강을 국경으로 하여 중국 대륙과 이어져 있다. 산악지형과 대륙성 기후로 인하여 생활에 적지 않은 어려움이 있었고, 북방민족의 외침이 잦았으며, 대륙과의 문물 교류에서 關門 성격을 지녔던 탓에 청북인은 상무적이고 진취적인 기질을 가졌다고 회자되었다.[3] 이에 비해 청남 지역은 南으로 대동강을 끼고 황해도

---

1) 『世宗實錄』154, 地理志, 平安道.
2) 李重煥, 『擇里志』, 「八道總論」, 平安道.

와 접하고, 北으로는 청천강을 사이로 청북과 인접하였다. 서울과의 거리가 청북보다 가까웠고, 수륙교통이 편리하였으며 경제적인 여건도 나은 편이었다. 특히 도회지로 꼽히는 平壤에는 道의 행정을 총괄하는 監營이 있었으며, 安州에는 兵營이 자리하였다. 이러한 청남은 군사상의 요충지이면서 청북을 관장하는 평안도 행정의 중심지로 기능하였다.4)

조선 초기에 평안도 정책의 핵심은 변방으로서 關防을 충실히 하는데 있었다. 여진족의 浮上은 北邊 방어처이자 왕실의 藩屏處인 북방에 커다란 위협으로 다가왔기 때문이다. 그 해결책은 직접적인 군사 활동이나 交隣에 입각한 회유책과 더불어 농지를 개간하고 인구를 증가·정착시키는 정책으로 수렴되었다. 이런 사정에서 徙民事業과 농업개발이 국가 주도하에 적극적으로 추진되었다. 개간의 성과는 戶數의 증가와 軍丁·軍糧의 확보로 이어져 군사력을 강화시키게 될 것이었으므로 북방개간은 곧 국방과 직간접으로 연결되는 사안이었다.

국가는 물력과 인력을 보조하고 免稅와 復戶, 賞職 등의 특전을 제공하면서 徙民과 농업개발을 각별히 지원하였다. 그리고 개간지를 중심으로 선진농법을 보급하고 農地의 熟治常耕을 도모하면서 안정적인 농업생산을 이루고자 하였다. 世祖는 西土 巡幸중에 평양에 들러 평안·황해도의 선비를 모아 策題로서 개간진척과 군비충실의 방략을 묻기도 하는 등 북방개척에 열성을 보였다.5) 이와 같은 정부의 노력에 힘입어 15세기 후반 成宗朝에 이르면 평안도로 옮겨온 백성들이 "안정되게 살면서 생업을 누린다[安居樂業]"는 임금의 평가가 나올 정도가 되었다.6) 개간

---

3) 平安北道誌編纂委員會, 『平安北道誌』, 1973, p.155, p.201.
4) 平安南道誌編纂委員會, 『平安南道誌』, 1977, pp.112~113, p.387.
5) 『世祖實錄』22, 世祖 6年 10月 16日(戊午).
6) 『成宗實錄』161, 成宗 14年 12月 22日(辛巳).

의 성과에 따른 농업생산 증가에 동반하여 富實者도 늘어나서 貧富의
차가 크지 않던 평안도에서 빈부의 분화가 나타나기도 하였다.7) 이러한
實邊政策의 추진은 여진과의 대치에 효과적으로 대응하는 배경이 되었
을 것으로 보인다. 중국의 대륙 정세도 안정되면서 여진족과는 대규모
의 충돌없이 소강상태를 유지하고 있었다.

그러나 임진왜란(1592)을 거치면서 북방의 사태는 급변하였다. 조선과
명의 연합군이 왜군을 상대하는 동안 북방에서 누르하치가 이끄는 建州
女眞이 세력을 확장하여 심대한 군사 불안을 야기했던 것이다. 특히 光
海君 8年(1616) 누르하치가 後金을 건국하고 요동 공략을 본격적으로 전
개하면서 朝野에 위기감이 고조되었다. 이에 정부차원에서 민심을 수습
하기 위한 대책이 강구되었다. 광해군 9년(1617) 평양 永崇殿에 太祖의
영정을 봉안한 뒤 全州 慶基殿에 어진을 봉안하고 科擧를 치룬 전례를
들어 평안도인을 대상으로 문·무관을 뽑는 시험을 거행한 것이 한 예이
다.8) 이듬해인 광해군 10년(1618)에는 변방의 군사적 위기로 도성에 유
언비어가 퍼져 사람들이 피난을 서두르자, 속히 榜文을 내걸고 효유하
여 백성들을 진정시키라는 광해군의 傳敎가 내려지기도 하였다.9)

---

7) 李景植,「朝鮮初期의 北方開拓과 農業開發」『歷史敎育』52, 歷史敎育硏究
   會, 1992, pp.1~29(同,『朝鮮前期土地制度硏究[Ⅱ]-農業經營과 地主制-』, 지식
   산업사, 1998 수록).
   _____,『增補版 韓國 中世 土地制度史-朝鮮前期-』, 서울대학교 출판문화원,
   2012, pp.164~181.
8) 『光海君日記』106, 光海君 8年 8月 9日(丁未).
   『光海君日記』106, 光海君 9年 3月 8日(癸酉).
   光海君 6年(1614) 전주 경기전에 태조의 어진을 봉안하고 本道 사람 梁穀 등 4
   명을 선발하였다[『光海君日記』84, 光海君 6年 11月 20日(戊辰)].
9) 『光海君日記』129, 光海君 10年 6月 8日(乙丑).

후금에 대한 방비책도 착수되었다. 광해군 정부는 평안도 江邊과 內地의 성곽 수축에 힘을 기울였다. 이는 압록강변 여러 鎭堡에서 일차적으로 방어망을 구축하고, 적이 내륙으로 들어올 수 있는 의주대로 상의 山城에 재차 방어선을 형성하는 전략에 바탕한 것이었다. 그 추진 과정에서 강변에 자리한 창성과 의주의 성곽이 보수되고, 內地 요해처를 중심으로 평양성, 안주성, 곽산의 능한산성 등이 차례로 축성되었다.10) 이와 같은 방어책은 後金軍의 도성 진입을 중도에서 차단하기 위한 목적에서 나온 대책이었으므로 방어의 무게 중심은 서울의 안보에 맞추어져 있었다.11)

중앙 위주의 방어책은 反正을 통해 정권을 장악한 仁祖 정부에서 더욱 확고해졌다. 인조 2년(1624) 平安兵使 李适의 亂으로 인해 평안병영이 있던 寧邊이 피폐해져 청북지역의 방비체계가 커다란 타격을 입게 되자 강화도와 남한산성 등 수도권 방비를 한층 강화하고, 평안도 지역에서도 淸北보다는 淸南을 중시하는 방향으로 방어전략이 변경되었다.12) 인조 4년(1625) 조정에서 평안병영의 소재를 청북의 영변에서 청남의 안주

---

10) 권내현, 「17세기 전반 對淸 긴장 고조와 平安道 방비」, 『한국사학보』13, 고려사학회, 2002, pp.271~275.
　　이철성, 「17세기 平安道 「江邊 7邑」의 방어체제」, 『한국사학보』13, 고려사학회, 2002, pp.328~329.
　　노영구, 「조선후기 평안도지역 內地 거점방어체계」, 『韓國文化』34, 서울대학교 한국문화연구소, 2004, pp.238~239.
11) 『光海君日記』166, 光海君 13年 6月 11日(辛巳).
　　『光海君日記』173, 光海君 14年 1月 24日(庚申).
12) 이철성, 앞의 논문, 2002, pp.331~332.
　　강석화, 「조선후기 평안도지역 압록강변의 방어체계」, 『韓國文化』34, 서울대학교 한국문화연구소, 2004, p.173.
　　노영구, 앞의 논문, 2004, pp.240~241.

로 옮기자는 논의가 거세지고 결국 관철되었던 것은 그러한 사정을 반영한 것이었다.[13]

인조 5년(1627) 1월 丁卯胡亂의 발발로 방어체계가 형해화되어 있던 청북지역은 후금에 의해 유린되었다. 후금의 침입으로 의주·용천·철산·선천·곽산·정주 등 청북 지역의 여러 요충지들이 잇따라 함락된 것이다. 평안도 백성이 입은 피해는 극심하였다. 동년 4월 22일 안주성이 함락된 날에 죽은 자만 6천여 명이었다.[14] 5월에 평안감사 金起宗이 馳啓한 바에 따르면 평양·강동·삼등·순안·숙천·함종 등 6읍에서만 포로로 잡혀간 사람이 4,986명, 피살된 자가 290명, 도망쳐 돌아온 자가 623명이었다. 江東에서 빼앗긴 牛馬도 790마리나 되었다. 중앙의 통제력이 약화되어 있던 청북은 수령이 부임하지 않은데다가 流民이 本土로 돌아오지 못했기 때문에 피해 현황을 조사조차 하지 못하는 실정이었다.[15] 재정 궁핍에 시달리던 조정에서는 병력과 군량 부족으로 압록강에서 청천강에 이르는 청북지역의 방어가 곤란하다고 판단하여 안주를 후금 방어의 최전선으로 설정하였다. 일시적이나마 유사시에 청북을 방기한 채로 내버려두자는 이른바 '淸北抛棄論'이 관철되었던 것이다.[16]

심지어 평안도 전체를 포기해야 한다는 주장도 나오고 있었다. 정묘

---

13) 『仁祖實錄』8, 仁祖 3年 2月 5日(甲申).
　　『仁祖實錄』8, 仁祖 3年 6月 19日(乙未).
　　인조 6년(1628)에 평안병영은 기존의 영변에서 안주로 鎭을 옮겼다. 그리고 이 때 병마절도사가 안주목사를 겸임하였다(『輿地圖書』, 「平安道」, 兵營, 官職).
14) 『承政院日記』, 仁祖 5年 4月 22日(戊午).
15) 『仁祖實錄』16, 仁祖 5年 5月 16日(辛巳).
16) 조정 대신에 의해 제기된 '청북포기'의 주장과 관철, 청북 지방관과 지역민의 반발, 청북 복구의 과정과 내용에 관해서는 권내현, 앞의 논문, 2002, pp.290~292 ; 한명기, 『역사평설 병자호란』1, 푸른역사, 2013, pp.319~322 참조.

호란 당시 四道都體察使 兼 都元帥로 임명되었던 張晩은 부임에 앞서 仁祖에게 하직 인사를 하면서 "平安道 一道는 事理로 따졌을 때 마땅히 버려야한다"는 의견을 개진했던 것이다. 이러한 장만의 견해는 후금과 화친 후 상벌을 논하는 과정에서 兩司의 탄핵을 받았다.[17] 그렇지만 전란을 진두지휘하는 최고 책임자가 국왕에게 올린 발언이었다는 점에서 영향력이 컸을 것으로 생각된다. 인조 9년(1631) 都體察使 金鎏 역시 형세상 의주를 지키기는 어렵고 안주와 평양을 중심으로 청남방어에 비중을 두는 것이 타당하다고 지적하면서도, 전체적으로 평안도의 방어보다는 경기도와 황해도 사이에 鎭을 설치하여 강화도를 바깥에서 막아주는 '겹문[重門]'으로 삼자고 함으로써 사실상 평안도 방어 대책은 부수적으로 처리하고 있었다. 인조는 김류의 견해를 받아들임으로써 강화도를 도성의 堡障處로 중시하는 방어책을 지지하는 모습을 보여주었다.[18] 이런 가운데 인조 14년(1636) 병자호란에서의 패배로 평안도 방어체계는 붕괴되었고, 청의 견제와 압박을 받아 일체 城池의 修·改築이 금지되는 등 소규모의 복구조차 시도할 수 없는 지경에 처하게 되었다.[19]

그러나 肅宗朝에 이르러 평안도 방어체계를 본격적으로 정비할 수 있는 轉機가 마련되었다. 17세기 후반 三藩의 亂(1673~1681)으로 청의 내정이 불안하다는 소식을 접한 조정에서는 청이 中原에서 세력을 잃고 서북을 경유하여 옛 근거지인 寧古塔으로 돌아갈 경우 전면전에 대비할

---

17) 『仁祖實錄』15, 仁祖 5年 2月 7日(甲辰).
　　'大司憲朴東善大司諫李棨曰 晩之辭朝 乃曰 平安一道 理當棄之 是誠何心
　　賊鋒未逼 退住開城 降則否矣 是亦走也'
18) 『仁祖實錄』25, 仁祖 9年 9月 5日(丙子).
19) 『仁祖實錄』34, 仁祖 15年 1月 28日(戊辰).
　　'新舊城垣 不許繕築'

필요가 있었던 것이다.[20] 뿐만 아니라 청의 간섭에서 벗어나 自强을 이루려는 숙종 정부의 의지도 작용했을 것이다. 숙종 재위 초기에 평안도의 군비 상황을 개선하고 강변 일대를 최전방으로 고수하기 위해 鎭堡의 군사 책임자인 邊將을 집중적으로 증설·배치한 것은 그러한 朝廷의 의지를 웅변하고 있었다.[21] 매달 定例로 火藥·鐵丸 등 일정량의 軍器를 장만하게 하는 月課도 거듭된 기근으로 인해 전국적으로 중단된 채로 있었으나 다시 평안도부터 복구되고 있었다.[22] 18세기 초반 청 내부에 해적이 창궐하여 조선에서도 방비에 전념할 것을 당부하는 咨文을 받게 되면서 이를 근거로 조선의 군비 재건은 보다 과감하게 추진될 수 있었다. 이에 따라 江邊에 파수처와 진보가 설치되고, 嶺隘와 內地에도 城池가 잇달아 수축되었다.[23]

이렇듯 숙종조에 대청전면전을 모색할 수 있었던 배경에는 전초기지 역할을 하게 될 평안도의 재정이 다른 지역에 비해 안정적이었고, 전쟁

---

20) 배우성, 『조선후기 국토관과 천하관의 변화』, 일지사, 1998, pp.64~70.
21) 정해은, 「숙종 초기 평안도의 변장 증설과 방어 체제의 변화」, 『사학연구』120, 한국사학회, 2015, pp.41~52.
   정해은에 따르면 『경국대전』에 수록된 전임 변장 자리가 107자리였으나 『속대전』에 와서 219자리로 대폭 증가했는데, 그 변화의 주요 원인은 숙종 즉위 후 10년간(1674~1684) 평안도·함경도·경상도의 변장 자리를 크게 증설한 데 있다고 하였다.
22) 『承政院日記』, 肅宗 26年 7月 25日(丙辰).
23) 이철성, 앞의 논문, 2002, pp.335~340.
   강석화, 앞의 논문, 2004, pp.176~179.
   권내현, 『조선후기 평안도 재정 연구』, 지식산업사, 2004, pp.100~101.
   고승희, 「조선후기 평안도지역 도로 방어체계의 정비」, 『韓國文化』34, 서울대학교 한국문화연구소, 2004, pp.207~225.
   노영구, 앞의 논문, 2004, pp.243~267.

수행에 관건이 되는 군사와 군량 등 인적·물적 자원도 확보된 상태에 있었다는 점을 꼽을 수 있다. 주지하듯이 평안도는 삼남에 비해 토지 생산성이 낮았던 반면에 군사활동과 使行운영의 부담이 막심한 지역이었다. 이런 사정에서 평안도에서는 국초부터 고을의 조세를 서울로 상납하지 않고 勅行 및 關防의 경비로 쓰게 하였다.24) 그런데 병자호란 이후 평안도에서는 청의 감시로 말미암아 방어 시설의 수축이나 군사 훈련 자체가 곤란하였다. 군사 활동에 소요되는 군비 지출 요인이 감소하고, 그것이 원칙상으로는 고스란히 예비 재정으로 비축될 것이 요구되면서 평안도의 재정은 확충될 수 있었다. 그리고 전란이 끝난 후 점차 무역이 활기를 띠면서 상업이나 수공업의 발전도 촉진되었다. 使行에 따른 비용은 여전히 큰 부담이었지만 숙종조(1675~1720)에는 연평균 사행 횟수가 0.8회로 병자호란 직후부터 산출한 인조조(1637~1649)의 3.6회, 효종조(1650~1659)의 2.8회, 현종조(1660~1674)의 1.2회보다 적어서 앞선 시기에 비해 재정적인 부담이 한결 줄어들었다. 숙종은 46년을 재위했고, 숙종과 재위 기간이 대부분 겹치는 청의 강희제(1661~1722)는 61년 동안 황제의 자리에 있었기 때문에 양국 간에 책봉·등극·사망 등의 발생 요인이 적어 여러 명목의 사행 감소를 가져왔기 때문이었다.25)

전쟁이 끝남에 따라 재정의 기본 원천이 되는 토지 결수와 戶口도 증가하게 되었다. 병자호란으로 크게 감소했던 평안도 호구는 인조 26년(1648)에 39,927호, 145,813구 정도였다. 그러나 顯宗 10年(1669)에는 177,912

---

24) 李重煥, 『擇里志』, 『卜居總論』, 生利.
   '平安與咸鏡 則邑賦無漕至京師之規 留置本地 爲勅行及關防之需'
   成海應, 『硏經齋全集 外集』42, 「傳記類」, 食貨議[上編].
   '關西北以邊防之重無上納'
25) 권내현, 앞의 책, 2004, pp.108~124.

호, 720,391구로 증가하여 전란이 끝난 뒤 30여 년이 지난 시점에서 지역
사회가 안정적으로 복구되고 있음을 알 수 있다. 병자호란 직전에 9만여
결 수준이던 평안도의 토지 실결수도 전쟁 직후 3만 결 정도까지 떨어
졌다가 차츰 회복하는 추세를 보였다. 이는 자연히 田稅와 收米에 기반
한 지역 재정 수입의 증대로 이어질 것이었다.26) 17세기 후반 이후 재정
에 여유가 생긴 평안도에 비해서 비옥한 곡창지대로 물산이 풍부했던
삼남 지역은 7년간에 걸친 임진왜란의 여파와 수시로 찾아오는 재난·기
근 등으로 재정에 어려움을 겪었다. 현종 12년(1671) 조정에서 內外의 저
축이 모두 비었으나 평안도만이 다른 道에 비해 조금 나아서 국가의 일
상적인 경비를 오로지 關西에 힘입고 있다 하고, 이어서 평안감사 閔維
重이 泉流庫의 비용으로 보리 5천여 석을 사서 京倉에 보내어 종자가 없
는 다른 道에 보내주었다는 사실은 당시 상대적으로 넉넉한 평안도의
재정 상황을 여실히 보여준다.27) 이런 가운데 군사·외교적 목적으로 사
용된 평안도의 재정은 차츰 중앙에 흡수되거나 다른 지역을 지원하는
것으로 활용도가 높아지는 추세에 있었다.28)

숙종조에 평안도의 군사·재정적 중요성이 강화되어 가면서 평안도인
의 등용에도 한층 적극적인 관심이 표명되었다. 그것은 胡亂이 끝나면
서 평안도 지역, 특히 청북의 학문적 수준이 향상되고 있었던 데서 기인
하는 것이기도 하였다. 17세기 전반까지 청북의 학문은 청남에 크게 뒤

---

26) 권내현, 앞의 책, 2004, pp.71~72, pp.108~109.

27) 『顯宗實錄』19, 顯宗 12年 7月 13日(壬戌).

28) 金泰雄, 「朝鮮末 勢道政治下 地方官衙 財政危機의 원인과 실제」, 『典農史
論』7, 서울시립대학교 국사학과, 2001, pp.496~497.
    權乃鉉, 「조선후기 戶曹의 平安道 재정 활용」, 『東洋學』35, 단국대학교 동양학
    연구소, 2004, pp.218~234.

떨어진 채로 있었다. 인조 11년(1633) 평안감사 張紳의 馳啓를 보면, 평양은 道의 근본으로 士人이 번성한 데다 文官도 많아서 재능과 품행을 숭상할 만한 사람이 없지 않지만, 淸北의 각 郡은 전란을 겪은 뒤에 마치 버림받은 땅과 같이 되어 서적이 없으므로 서울에서 『大學』과 『小學』을 내려줄 것을 주청하고 있었다.29) 여기에서 서적이 부족하다고 하는 청북에서는 청의 엄중한 감시로 인해 전혀 군사 활동을 진행할 수 없는 상황이었다. 예컨대 孝宗 2年(1651) 義州府尹 姜瑜는 무사와 유생에게 文武를 권장할 수 있게 화살대와 書冊을 보내달라고 啓聞하였다. 이에 대해 효종은 시세가 곤란하여 다른 지방도 군사를 조련할 수 없는데 하물며 국경을 마주하고 있는 의주에서 활쏘기를 익히는 것은 더욱 곤란하다는 점을 내세워 서책만을 충분히 보내주도록 조처하였던 것이다.30) 이렇듯 군사 활동에 종사할 수 없는 사정에 따라 청북의 학문 수준은 제고되어 갔다. 숙종 26년(1700) 戶曹參判 李仁燁은 청북 유생의 학문 수준이 청남과 다를 바 없다는 평가를 내리고 있어 18세기에 접어들면서 청북 선비들이 청남과의 학문 격차를 좁혀가고 있었음을 알 수 있다. 다만 청북에는 모두 무관 수령이 파견되어 학문에 뜻을 둔 선비들이 배움을 청해 물을 곳이 없으므로 문관 수령을 희망한다고 지적하고 있어 평안

---

29) 『仁祖實錄』28, 仁祖 11年 11月 13日(辛丑).
　　遯菴 鮮于浹(1588~1653)은 청북 태천 출신으로 17세기 평안도 유림의 宗匠으로 일컬어지는 인물이다. 그의 문집 서문을 써준 宋時烈은 선우협의 글이 모두 經典과 周敦頤·程子·張載·朱熹의 여러 서적에서 나온 것으로 이따금 그 글을 온전히 써서 한 글자도 바꾸지 않은 것이 있는데, 이는 대개 평안도에 문헌이 부족하므로 그 핵심을 요약하여 학자들에게 지침으로 삼게 하려는 의도였다고 설명하고 있다. 이 역시 17세기 전반 청북에서 서적이 모자랐던 상황을 알려준다(『遯菴先生全書』, 「序」, 遯菴先生全書序[宋時烈]).
30) 『孝宗實錄』6, 孝宗 2年 6月 21日(丙寅).

도 내의 문화 환경은 균질적이지 않은 상태였다고 할 수 있었다.[31]

숙종 5년(1679) 右議政 吳始壽는 10餘條에 달하는 箚子를 올려 평안도의 군사 정비와 함께 인재 등용을 건의하였다. 숙종이 大臣과 비변사의 여러 신하들을 인견한 자리에서 이 차자에 대한 논의가 진행되었다. 그 내용에 따르면 오시수는 우선 大臣을 보내 西北道의 關防을 자세히 살펴야 한다고 주장하였다. 이에 대해 領議政 許積은 평안도의 사정이 함경도와 다르므로 重臣을 보내는 것이 옳은데, 변통할 兵事가 많은 곳이니 군사에 익숙한 자를 보내는 것이 좋겠다는 의견을 제시하였다. 그리고 평안도의 청남과 청북의 외진 곳에 都會를 설치하여 연합 조련을 하자는 주장에 대해서는 事目을 만들어서 시행하는 것이 마땅하다고 동의하였다. 평안도의 감영과 병영에서 군병에게 받아들이는 戶布와 保布를 변통하자는 견해도 있었다. 허적은 병자호란 후에 평안도의 군병이 조련을 한 일이 없기 때문에 거두어들인 軍布를 칙사 대접의 비용으로 써 왔는데, 앞으로 元軍에게는 그 布를 덜어주어서 조련에 전념하게 하고, 保人에게는 종전대로 布를 거두어들이자고 제안하였다. 이러한 방안들에 대해서 숙종은 모두 윤허하였다.[32]

그러나 서북인을 등용하는 문제에 있어서는 논란이 되었다. 오시수는 평안·함경도의 사람에게 文武를 막론하고 淸官이 될 자격을 주어서 격

<hr>

31) 『承政院日記』, 肅宗 26年 7月 25日(丙辰).
英祖 27年(1751) 李重煥이 저술한 『擇里志』에서도 "淸南은 內地와 가까워 지방 풍습이 文學을 숭상하나, 淸北은 풍속이 어리석으며 무예를 숭상한다"라고 하면서 두 지역을 대조적으로 서술하고 있어 18세기 전반까지는 청남이 청북보다 문화 수준에서 앞서 있었다고 할 수 있다(『擇里志』, 「八道總論」, 平安道. '淸南近內地俗尙文學 淸北則俗稚魯尙武').
32) 『肅宗實錄』8, 肅宗 5年 12月 5日(丙寅).

려하고 권장하는 방도로 삼자고 하였다. 이에 대해 허적은 인조조에 평
안도와 함경도 출신 인사에게 각각 한사람씩 청관이 될 자격을 부여하
였고, 현종조에서도 함경도 사람 李之馧을 대간에 임명하여 벼슬이 參判
에 이르렀다는 사례를 들어 미온적인 반응을 보였다. 여기서 인조 때 청
관의 자격을 받았다는 평안도 사람은 黃胤後(1587~1648)를 가리킨다. 황
윤후는 평양 출신으로 인조 3년(1625) 별시 문과에 급제하여 世子侍講院
文學(정5품)을 거쳐 淸要職인 司憲府 掌令(정4품)에 임명되었던 인물이
다.33) 그의 부친인 黃應聖 역시 문과 급제자 출신으로 임진왜란 때 保寧
縣監의 관직을 띠고 李夢鶴의 亂을 진압하는데 공을 세운 적이 있었
다.34) 이런 가문적 배경을 지닌 황윤후는 정묘호란을 전후하여 군사적
긴장이 고조된 상태에서 민심수습책의 일환으로 서북인을 절대로 收用
하지 않고[絶不收用],35) 또 淸顯의 벼슬을 못하게 막아 '外人'처럼 보는
관행을 없애야 한다36)는 정책 아래 이례적으로 청요직에 오를 수 있었
다. 황윤후가 청요직에 진출한 뒤 수십 년이 지난 현재까지 평안도 출신
으로 다시 청요직에 오른 이가 없었다는 점에서 허적의 주장은 설득력
을 얻기 어려운 것이었다. 그럼에도 불구하고 당시 논의에 동참했던 工
曹判書 柳赫然은 "평안도는 武鄕인만큼 무관으로써 권려함이 옳겠다"는
의견을 내놓았고, 숙종 역시 "文武를 참작하여 쓰되 武에다 중점을 두
라"고 下命하였다.37)

---

33) 『仁祖實錄』28, 仁祖 11年 11月 13日(辛丑).
   『仁祖實錄』29, 仁祖 12年 4月 3日(戊午).
34) 『宣祖修正實錄』30, 宣祖 29年 7月 1日(丙寅).
35) 『仁祖實錄』10, 仁祖 3年 10月 18日(癸巳).
36) 『仁祖實錄』28, 仁祖 11年 10月 15日(癸巳).
37) 『肅宗實錄』8, 肅宗 5年 12月 5日(丙寅).
   '赫然曰 此武鄕 勸之以武可也 上命參用文武 而以武爲重'

평안도는 흔히 '尙武之地' 혹은 '弓馬之鄕'으로 지칭되듯이 武에 입각
한 지역 행정이 중심을 이루었다. 주류 학문인 성리학의 전파가 늦었던
데다가 지역의 기능과 역할이 울타리 혹은 담장으로 표현되는 것처럼
關防에 집중되었던 데서 연유한 것이라고 할 수 있었다.[38] 간간이 이루
어졌던 文人의 등용이나 성리학적 교화의 필요성을 제기하는 것도 인심
을 무마하고 '親上死長'의 뜻을 알게 하여 군사력을 배가시키려는 의도
가 강했다.[39] 가령 임진왜란 초기에 宣祖가 평양으로 피난 갔을 때 中和
출신의 선비 梁德祿이 제각기 도망가는 동네 사람들을 불러 모으면서

　　국가가 평상시에 우리 백성을 무마시키는 것은 위급할 때에 활용하기
　위해서이다. 지금 적의 선봉이 가까이 닥쳤고 임금이 탄 수레가 외로이 위
　태로운데, 臣民이 된 자가 먼저 달아나 피하여 자신을 안전하게 하고 처
　자를 보호하는 계책으로 삼는다면 장차 君父를 어느 곳에다 두려고 하는
　가?[40]

---

38) 『成宗實錄』, 成宗 14年 12月 22日(辛巳).
　　'平安黃海兩道 西連上國 北隣野人 實我藩垣咽喉之地 其爲要衝非他道之比'
　　『明宗實錄』, 明宗 20年 12月 20日(癸未).
　　'諫院啓曰 關西一道 北接山戎 西連上國 實我國之重鎭'
　　『承政院日記』, 景宗 3年 5月 1日(己卯).
　　'西關一隅 卽國家之藩垣'
　　『壇究捷錄』10, 關西道, 直路要害(國防軍史硏究所 영인본, 1999, p.989).
　　'平安一道乃關防重地'
　　『寧邊地圖』「鐵瓮八至圖總敍」(규장각 소장, 奎軸 12162).
　　'關西山川地勢之爲國家垣蔽者凡有三重 鴨水一也 嶺幹之自甲峴抵左峴者
　　二也 鐵瓮三也 疆域有事所以戰守者有三築'
39) 『仁祖實錄』10, 仁祖 3年 9月 15日(庚申).
　　『承政院日記』, 肅宗 37年 1月 13日(壬寅).
40) 『和隱集』7, 行狀, 悔軒楊公行狀(『韓國文集叢刊 續』57, 민족문화추진회 영인

라고 했던 외침은 곧 국가가 평안도에 주문하는 바로 그 말이었다. 다시
말해 文武竝用의 실질적인 구현보다는 평안도의 군사적 역량에 기대어
도성과 국가를 수호하는 '雄藩[軍鎭]'[41])으로서의 임무가 우선시되었다.
위에서 언급했듯이 숙종의 평안도 문인 등용도 현실적으로 지역의 상무
적 기능을 강조하는 범주 내에서 추진될 가능성이 높은 것이었다. 하지
만 대부분의 조정 대신들은 이 정도마저도 허용하지 않고 출신 지역과
성리학적인 질서가 통용되지 않는 풍속 등을 근거로 평안도 문인의 중
용 자체를 저지하는 경우가 많았다.[42])

본, 2008, pp.521~522. 이하 책명과 쪽수만 표시함).
　'公曉諭其父老曰國家平日撫摩吾民者 以其有緩急用也 今賊兵迫近 車駕孤
　危 爲臣民者先自奔避 爲全軀保妻子之計 則抑將置君父於何地'
41) '雄藩'의 어휘상 의미는 "강성한 藩鎭"이고, '藩鎭'은 "왕실의 藩屛이 되는 지방
　의 軍鎭"이다. 다시 '藩屛'은 "울타리, 왕실 또는 국가를 수호"한다는 뜻을 갖는
　다(『漢韓大字典』, 民衆書林, p.1984, p.2483). 종합하면 雄藩은 웅장하고 규모가
　있는 울타리, 또는 지방의 강성한 군사 주둔지 등으로 풀이된다. 조선시대에 雄
　藩이라는 표현이 평안도에 국한해서 사용된 것은 아니지만 주로 평안도를 가리
　키는 경우가 많았다. 평안도를 '雄藩'으로 파악하는 인식은 조선후기 평안도 정
　책의 기본 입장이었다. 참고로, 평안도를 雄藩으로 지칭한 용례를 몇 가지 소개
　하면 다음과 같다.
　『備邊司謄錄』, 仁祖 12年 3月 21日.
　'安州則元是雄藩'
　『備邊司謄錄』, 正祖 8年 4月 22日.
　'西關以雄藩重鎭'
　『備邊司謄錄』, 純祖 4年 3月 28日.
　'箕城以殷師舊都 爲西門雄藩 國家之倚重 非他道之比'
　『備邊司謄錄』, 哲宗 12年 7月 10日.
　'關西一路 最稱我國之雄藩'
42) 조선후기에 조정 대신들의 평안도인에 대한 차별의식이 인사활동으로 이어진 사
　례들은 吳洙彰, 앞의 책, 2002, pp.22~27 참조.

숙종 9년(1683) 兵曹判書 南九萬은 평상시 서북인을 우대하지 않다가 위급한 일이 있은 후에 전적으로 책임을 맡기는 것은 조정의 도리가 아니라고 하면서 定州 출신 洪禹績을 兵曹正郎에 추천하였다. 그러나 사간원에서는 병조 낭관직이 청요직으로 나아가는 통로인데, 門地가 낮고 명성이 부족한 자를 함부로 들일 수 없다는 내용으로 啓辭를 올렸다. 이때 비록 홍우적은 병조정랑에 임명되기는 하였지만, 그의 동료들은 서북인을 '他國之人'과 같이 대하는 풍조 속에서 함께 서는 것조차 수치스럽게 생각하였고,[43] 공론도 역시 서북인을 정랑의 자리에 처음 앉힌 것을 불만스러워하다가 급기야 홍우적을 '賤隷'라고 비방하는 데까지 이르렀다고 하였다.[44]

숙종 11년(1685) 3월에 국왕은 '立賢無方'의 원칙을 강조하며 문벌과 지역에 상관없이 인재를 뽑아 書啓하라는 비망기를 내렸다. 특히 서북인은 사람이 어떤지를 따지지 않고 먼저 업신여기고 모욕하는 마음[輕侮之心]이 더해져 쓸 만한 인재가 있다하더라도 淸選을 허락하지 않는 문제를 제기하였다.[45] 그리하여 동년 6월 都目政事에서는 특별히 서북 지방의 문신을 청요직인 司憲府 掌令(정4품)의 후보로 올리라는 지시를 내리기도 하였다. 그러나 吏曹判書 呂聖齊와 吏曹參判 任相元 등은 "서북 사람으로서 臺閣에 합당한 자는 실로 쉽게 얻지 못하겠습니다. 이는 公義가 허락하지 않아 쉽게 擬望하기 어려움이 있습니다"라고 하면서 서북인의 중용을 반대하였다. 결국 숙종은 엄한 분부를 내려서 평양 출신 楊顯望을 장령 후보로 올리게 하여 낙점하였다.[46] 그러나 양현망은

---

43) 『承政院日記』, 肅宗 9年 10月 16日(癸丑).
　　『承政院日記』, 肅宗 11年 7月 3日(辛酉).
44) 『肅宗實錄』17, 肅宗 12年 閏4月 23日(丙子).
45) 『承政院日記』, 肅宗 11年 3月 6日(丙寅).

잠깐 장령의 자리에 머물다가 체직되었고, 그 후로는 적어도 숙종 말엽
에 이르기까지 평안도 출신으로는 단 한 사람도 通淸된 이가 없게 되었
다.[47]

숙종 19년(1693) 成川府使에서 교체되어 온 諫官 李禎은 평안도 지역
이 요동에 가까워 王化를 입지 못하고, 品官인 자는 公私賤의 후예이며,
유생들은 모두 流離·編伍의 무리로서 불효하고 자애롭지 못함을 常例로
여긴다고 상소하였다. 이에 반발해서 평안도의 유생들이 글을 올려 변
론하였으나 오히려 담당 관청에서 이정을 두둔하는 覆啓를 올려 당시에
는 별다른 조치 없이 지나가게 되었다. 이 사건은 이듬해인 숙종 20년
(1694) 都承旨 李彦綱이 晝講에서 다시 문제를 제기하고서야 이정을 파
직시키라는 임금의 명령을 끌어낼 수 있었다.[48] 이상에서 살핀 바와 같
이 국왕과 일부 대신의 서북인 등용 의지에도 불구하고 당시 평안도에
대한 정치·문화적 차별 의식은 조정의 관인들에게 널리 공유되어 평안

---

46) 『肅宗實錄』16, 肅宗 11年 6月 25日(甲寅).
47) 『備邊司謄錄』, 肅宗 21年 5月 21日.
    ‘上又曰 頃年揚顯望朱宅正 許通兩司 而論議譁然 顯望 終不得行公矣’
    『肅宗實錄』, 肅宗 29年 9月 25日(戊辰).
    ‘李濡曰 頃年關西人楊顯望 乍通淸塗 旋被沮塞 此後絶無通淸之人’
    숙종 37년(1711) 양현망이 장령에 임명된 이후 처음으로 介川 출신 李慶昌이 다
    시 사헌부 장령에 임명되었다『肅宗實錄』50, 肅宗 37年 5月 28日(丙辰)]. 이경
    창은 그의 아버지 李檣이 병자호란 때 적과 싸우다 죽어 旌閭와 贈職을 받은 후
    광을 입어 淸職에 등용될 수 있었기 때문에 특수한 경우라고 할 수 있다『肅宗
    實錄』36, 肅宗 28年 6月 8日(戊午)]. 그러한 가문적인 배경을 가졌음에도 불구
    하고 兩司에서는 이경창이 장령에 임명되자 직무를 거부하고 引避함으로써 결국
    이경창은 장령의 자리에서 체직되고 말았다『肅宗實錄』50, 肅宗 37年 9月 28日
    (甲寅)].
48) 『承政院日記』, 肅宗 19年 8月 4日(乙亥).
    『承政院日記』, 肅宗 20年 5月 13日(庚戌).

도인의 중앙 진출에 장벽으로 작용하였다. 평안도가 종래 관방의 기능에 더하여 재정의 국가 기여도가 커지는 상황에서 가해지는 중앙의 차별인식은 지역 유생의 불만을 고조시킬 수밖에 없었다. 그 접점에서 숙종 40년(1714)에 關西辨誣疏 사건이 발발하고 있었다.

2) 關西辨誣疏 사건과 평안도 유생의 대처

肅宗朝는 양란 이후 전란의 복구 성과를 국가 차원에서 흡수하고 대민 통제를 강화함으로써 지방행정의 효율을 높이고자 했던 시기였다. 五家作統制와 紙牌(號牌)制를 실시하거나,49) 상품경제에서 발생하는 이윤을 市廛體制의 정비를 통해 국가재정으로 포섭하려 했던 정책 등은 그러한 면모를 잘 보여준다.50) 이런 맥락에서 숙종은 거의 매년 암행어사를 파견하여 민심을 수습하고 지방 통치를 원활히 하고자 했다.51) 呂必禧는 숙종 39년(1713) 평안도 암행어사로 지명되어,52) 同年 10월부터 약 6달 동안 활동하다가 숙종 40년(1714) 4월에 임무를 마치고 서울로 돌아왔다.53)

여필희가 평안도를 염찰한 뒤 제출한 書啓 내용은 조정에서의 공론화는 물론이고 평안도 사회에도 커다란 파장을 불러일으켰다. 우선, 여필

---

49) 권내현, 「숙종대 지방통치론의 전개와 정책운영」, 『역사와 현실』25, 한국역사연구회, 1997, pp.94~104.

50) 이욱, 「숙종대 상업정책의 추이와 성격」, 『역사와 현실』25, 한국역사연구회, 1997, pp.115~125.

51) 고석규 외, 『암행어사란 무엇인가』, 박이정, 1999, pp.74~76의 조선시기 암행어사 명단 일람표 참조.

52) 『備邊司謄錄』, 肅宗 39年 8月 16日(辛卯).

53) Sun Joo Kim, *op. cit.*, 2013, p.102.

희는 "평양에는 先賢이 남긴 풍속이 없지 않으나, 그 나머지의 각 고을
들은 무지하고 어리석다"고 전제한 뒤 다음과 같이 평안도 풍속에 대한
구체사항을 열거하였다.[54]

① 몸을 修飭하고 지조를 지키는 선비가 있으면 괴상하다고 지목하고,
『小學』을 읽으면 더욱 비웃으며 동류로 대접하지 않는다.
② 빈천하고 의지할 데 없는 무리들이 다른 집에서 衣食을 의탁할 경
우 그 주인이 죽으면 산발하고 服입기를 한결같이 父母의 喪을 당
한 것같이 한다. 그렇게 하지 않으면 鄕黨에 용납되지 못한다.
③ 父在母喪에도 부모는 한결같다 하여 모두 3년 동안 상복을 입는다.
예법을 따르는 사람은 천백명 중에 겨우 한 두 사람 밖에 없다.
④ 양반을 자칭하는 무리들은 조금만 권력이 있으면 아내가 있는데도
또 妻를 취함이 넘쳐나서 모두 옳다고 여긴다.
⑤ 下賤人은 妻妾을 내어 보내 다른 사람과 살게 했다가 본남편이 아
내를 다시 찾을 마음으로 訴狀을 내어 판결문을 받고는 뒷남편을
협박해서 생계의 밑천으로 삼으니 夷狄·禽獸와 다를 바가 없다.
⑥ 그 밖에 해괴하고 놀랄 만한 일을 이루 다 손꼽을 수 없을 정도이다.

①은 다른 지역의 선비라면 보편적으로 기대되는 모습이 평안도에서
는 이질적으로 취급되고 있음을 시사하는 내용이다. 이어서 ②와 ③에

---

54) 『肅宗實錄』55, 肅宗 40年 7月 26日(甲子).
'平安道暗行御史呂必禧書啓 歷擧西關風俗 其略曰 關西一路中 平壤不無
仁賢遺俗 而其餘各邑 貿貿雖雖 或有修飭自好之士 目之以詭怪 讀小學 則
尤爲嘲笑 至於淸北 一倍夢濁 貧賤無依之類 仰哺他家 則家主之死也 散髮
服衰 一如蒙父母之喪 父在母喪者 稱以父母齊體 皆服三年 自稱兩班之類
稍有權力 則有妻娶妻 滔滔皆是 雖以下賤爲名者 多畜妻妾 妻妾去室 爲他
人所畜 稍得安頓之後 本夫以願爲還推之意 擧狀受題 恐嚇後夫 以爲生業
之資 其與夷狄禽獸 相去幾希矣 其他可怪可愕之事 指不膽僂'

서는 喪을 치르는 풍습, ④와 ⑤에서는 혼인 풍습이 성리학적 질서에 어긋나 있는 사례로 제시되고 있다. 관혼상제와 같은 의례들이 正道와 禮法에 맞지 않음을 지적한 것이다. ⑥에서는 이보다 더 괴상한 일들이 만연해 있음을 강조하면서 앞서 제시한 주장들을 강화하고 있다.

여필희의 서계는 '夷狄', '禽獸' 등의 표현에서 알 수 있듯이 평안도에 가해진 사회·문화적 '편견'과 차별의식을 적나라하게 드러낸 것이었다. 이는 단순히 중앙 관인의 평안도 인식을 대변하는 것으로 그치는 것이 아니었다. 즉 평안도 유생의 처지에서 보자면, 자기 지역을 성리학적 주류 사회와 동떨어진 것으로 설명하고 차별을 정당화할 수 있는 '근거'들이 암행어사의 보고서로서 국왕에게 전해지고, 또 그 내용이 공식적으로 채택될 수도 있는 중대 국면에 처한 상황이었다. 이에 평안도 유생 160여 명은 연명으로 관서변무소를 작성하여 조목조목 서계의 내용을 반박하면서 평안도 지방에도 성리학적인 보편 문화가 관철되고 있음을 역설하였다.55) 이 때 상소를 주도한 인물은 吉仁和, 李時恒, 李萬秋였다.

---

55) 관서변무소의 내용에 대해서는 Sun Joo Kim, 2013, op. cit., pp.111~115에 상세히 정리되어 있다. 김선주에 따르면 이 상소는 이시항의 문집인 『和隱集』(『韓國文集叢刊 續』57, pp.265~284.), 『寧邊志』(1944)[『韓國近代邑誌』62, 韓國人文科學院 영인본, 1991, pp.276~288], 『定州郡誌』(定州郡誌編纂委員會, 1975, pp.76~89)에 대체로 동일한 내용으로 수록되어 있다. 이외에 필자는 1930년에 간행된 이만추의 『安窩先生文集』과 1971년에 간행된 『寧邊志』(寧邊郡民會, 1971, pp.56~66)에도 변무소가 게재되어 있음을 확인하였다. 한편, 이 『영변지』(1971)에는 여필희의 주장을 받아들여서 숙종이 평안도 출신에게 30년간 과거 정지의 처분을 내렸다는 설명이 최초로 등장할 뿐만 아니라 우여곡절 끝에 관서변무소가 채택되어 평안도에 내려진 停擧 처분은 무효로 되고, 여필희는 처벌을 받아 '공민권'을 영구 박탈당했으며, 實刑을 받는 대신에 짚으로 만든 여필희의 형상을 기름솥에 넣어 삶게 했다는 흥미로운 이야기도 전해지고 있다. 이러한 『영변지』(1971)의 내용은 그 뒤에 간행된 『평안북도지』(1973), 『정주군지』(1975), 『운산군지』(1978) 등

당시 길인화는 연장자여서 疏頭로 추대되었고, 이시항은 글을 가다듬고 고치는 일을 주관했으며, 이만추는 상소의 초안을 작성하였다.56) 그러나 承政院의 접수 거부로 임금의 비답을 받기까지는 몇 차례 더 상소를 올려야하는 진통을 겪어야 했다.

　　평안도 유생이 여필희의 서계에 대응하여 관서변무소를 처음 제출한 것은 숙종 40년(1714) 7월 25일이다.57) 이 때 승정원은 왕명을 받은 암행

에 그대로 轉載되어 있다. 이런 점에서 관서변무소 사건에 대한 여러 전승들을 면밀하게 검토할 필요를 느끼지만 이는 차후의 과제로 남겨둔다. 해방 이후 지방지 편찬의 현황과 특징에 대한 개괄로는 김태웅, 「해방 이후 地方誌 편찬의 추이와 시기별 특징」, 『역사연구』18, 역사학연구소, 2008 참조.

56) 『安窩先生文集』2, 「疏」, 平安道卞誣疏의 附記(국립중앙도서관 소장, 한古朝 46-가1089, p.157. 이하 쪽수만 표시함).
　　1930년에 간행된 『안와선생문집』은 간혹 후대의 논평이나 해설이 들어간 부분이 있어 독해에 주의를 요한다. 여기 平安道卞誣疏의 附記도 이만추의 후손이 쓴 것인데, 연대기나 읍지 등에는 이만추의 역할이 제시되어 있지 않지만, 이시항의 증언으로 관서변무소의 초안을 작성했던 이만추의 활약상을 확인할 수 있다[『和隱集』6, 「祭文」, 祭守齋李友(萬秋)文(『韓國文集叢刊 續』57, p.516). ‘吾西向被繡衣誣 幾不能辨 兄能皷一道士氣 叫號天閤 得洗其禽獸夷狄之辱’]. 참고로, 길인화는 1670년생(『戊子式年司馬榜目』, 장서각 소장, B13LB-25, p.13)이고, 이만추는 1672년생인 이시항보다 6살이 적다고 했으므로 1678년생이 된다[『和隱集』6, 祭文, 祭守齋李友(萬秋)文(『韓國文集叢刊 續』57, p.515)]. 즉, 길인화는 이시항과 이만추보다 각각 2살, 8살이 더 많았다. 상소의 疏頭로서 길인화는 관서변무소 사건의 중심인물 중의 하나이지만 당대의 자료에 기초해서는 구체적인 활동 내역을 알기 어려워 부득이하게 이시항과 이만추를 중심으로 서술하였다.

57) 김선주가 이미 지적했듯이 관서변무소가 처음 제출된 날짜는 자료마다 차이가 있다. 『寧邊志』(1944)[『韓國近代邑誌』62, 1991]에는 1714년 7월 25일, 『定州郡誌』(1975)에는 1714년 7월 19일로 되어 있다(Sun Joo Kim, ibid, 2013, p.205, 각주 19). 필자는 『정주군지』(1975)가 당대의 사건과 시기적으로 멀고, 곳곳에 과장·왜곡된 서술이 눈에 띤다는 점, 그리고 『승정원일기』에서 제시된 최초 상소 날짜가 『영변지』(1944)와 부합한다는 점에 근거해서 주로 『영변지』(1944)의 기록에 의존

어사의 '事體'가 매우 중요한데, 이를 비난하는 것은 마땅치 않다는 이
유로 엄히 배척하였고, 그 다음날에 올린 상소도 역시 却下하였다. 그런
데 7월 27일에 평안도 유생이 다시 올린 상소에서 임금의 총명을 막고
가린다는 항의가 있어 승정원은 처음으로 숙종에게 入啓 여부를 품지하
였다. 이 때 숙종은 승정원과 마찬가지로 事理와 體面에 손상이 간다는
점을 내세워 상소를 捧入하지 말라고 전교하였다.58) 이런 가운데 여필
희는 자신이 올린 서계 내용이 공론화되자 7월 29일에 사직을 청하는 상
소를 제출하였다. 여기에 대해서도 숙종은 평안도 유생이 방자한 뜻으
로 추악하게 비난한 것이니 사직하지 말고 임무를 계속 살피라는 말로
여필희를 두둔하였다.59)

이에 8월 7일에는 평안도 출신 문무 관료들도 가세하여 '文武疏'라는
이름으로 다시 상소를 올렸다. 그러나 승정원에서는 종전과 같이 암행
어사의 事體를 근거로 상소를 물리쳤다. 평안도 유생들은 말을 고치고
다듬어서 다시 진언했지만 이번에는 語意가 분명하지 않다는 이유로 받
아들여지지 않았다.60)

승정원과 평안도 유생의 승강이가 계속되는 가운데 大司憲 申銋이 올
린 상소는 사태 해결의 물꼬를 텄다. 文武疏가 제출된 8월 7일에 신임은

하였다. 이『영변지』의 해제를 보면 1944년에 간행된 것으로 되어 있지만, 1937년
에 舊誌의 續修 편집 과정에서 180년 전에 만들어진 舊誌의 빠진 부분을 追補
했다고 되어 있어서 그 내용의 골자는 1757년경에 작성되었다고 할 수 있다(『한
국근대읍지』62,「해제」, 1991, p.3).

58)『承政院日記』, 肅宗 40年 7月 27日(丙寅).
　　『寧邊志』(1944)[『韓國近代邑誌』62, 1991, p.288].
59)『承政院日記』, 肅宗 40年 7月 29日(戊辰).
　　『寧邊志』(1944)[『韓國近代邑誌』62, 1991, pp.288~289].
60)『寧邊志』(1944)[『韓國近代邑誌』62, 1991, p.289].

암행어사의 체면도 중요하지만 관서변무소가 이미 '道疏'를 칭하고 있
으니 국왕이 예람해서 처분하는 것이 옳겠다고 간언하였다. 평안도의
유생과 文武官이 일제히 들고 일어난 사태를 꾸짖고 물리치기만 하다가
더욱 난처한 지경에 이르게 되면 나라에 욕을 끼침이 적지 않을 것이라
는 말도 덧붙였다. 이에 숙종은 신임의 주장이 '得宜'하나면서 승정원으
로 하여금 관서변무소를 들이도록 하였다.[61] 8월 8일은 社稷 齋戒와 相
値된 관계로 관서변무소는 그 다음날인 8월 9일에서야 비로소 봉입될
수 있었다. 이 상소를 받아본 숙종은 다음과 같이 말했다.

　　지난번 암행어사의 서계 중에 평안도의 풍속을 논하면서 억지로 추악
　한 죄목을 더하여 夷狄·禽獸와 가깝다는 말까지 있게 되었으니 조정에서
　한결같이 대하는 뜻을 따르지 않고 오로지 모욕을 일삼은 것이 심하다고
　할 만하다. 너희들의 陳疏를 보지 않더라도 이미 실상에 근거한 말이 아
　님을 알고 있다. 다만 王命을 받들어 염문함은 事體가 가볍지 않은데, 말
　을 쓸 즈음에 가리지 않고 함부로 발언한 바가 많았으니, 그 이른바 '陰
　險' '反坐' '揣摩'라는 말은 참으로 未安한 바였으며, 君父에 대한 정성과
　사랑이 없다는 말에 이르러서는 더욱 놀랄 만하다.[62]

　이 비답에서 숙종은 평안도 사람들이 왕명을 수행한 어필희에 대해

----

61) 『承政院日記』, 肅宗 40年 8月 7日(丙子).
　　『寧邊志』(1944)[『韓國近代邑誌』62, 1991, p.289].
62) 『承政院日記』, 肅宗 40年 8月 9日(戊寅).
　　『寧邊志』(1944)[『韓國近代邑誌』62, 1991, p.289].
　　'答曰 省疏具悉 頃者繡衣書啓中 論本道風俗 而勒加醜惡之目 至有與夷狄
　　禽獸 相去幾希之語 其不體朝家一視之意 專事侮辱 可謂甚矣 不待爾等之
　　陳疏 而已知非據實之辭也 第奉命廉問 事體不輕 而遣辭之際 多不擇發 其
　　所謂陰險反坐揣摩熟矣者 固已未安 而至若無誠愛於君父之說 尤可駭也'

함부로 '음험'하다거나 "군부에 대한 정성과 사랑이 없다"는 평가를 내
린 것에 대해 훈계를 하면서도, 여필희의 서계가 평안도의 실상에 근거
하지 않은 것이며 8도를 한결같이 대하는 조정의 기조에도 배치되는 모
욕적인 언사였음을 인정하였다. 특히 "너희들의 陳疏를 보지 않더라도
이미 실상에 근거한 말이 아님을 알고 있다"와 같은 언설은 평안도 풍속
에 대한 국왕의 신뢰를 보여줌과 동시에 "한결같이 대하는 뜻[一視之
意]"이 수사적이나마 일정한 정치적 規準으로 작동하고 있음을 확인할
수 있다. 이러한 비답의 내용은 朝報에 실려 전국적으로도 알려지게 되
었다.[63)]

사건이 이렇게 진행되자 8월 11일에 여필희는 대사헌 신임의 상소와
관서변무소에 대한 국왕의 비답을 거론하면서 재차 遞差해 달라는 상소
를 올렸다. 숙종은 암행어사라는 관직의 엄중함을 줄곧 강조해왔지만
여필희 개인에 대한 평가를 분명하게 내린 바는 없었다. 하지만 이 때에
이르러서는 "(여필희의) 기망하고 무엄한 배척이 진실로 괴이"[64)]하다고
하면서 문제의 소지가 일차적으로 여필희에게 있다는 뜻을 표명하였다.
그러자 8월 17일에 掌令 安重弼은 숙종이 평안도 사람의 울분을 고려해
서 편중된 하교를 내렸다고 상소하였다.[65)] 이에 숙종은 원래 치우친 뜻
을 둔 것은 아니었다고 하면서 며칠 후 여필희를 敍用하라는 분부를 내
리고 司直의 관직을 제수하였다.[66)] 10월 7일에는 다음날 예정되어 있던
監試 覆試에 여필희를 參試官으로 낙점하기도 하였다.[67)]

---

63) 『承政院日記』, 肅宗 40年 8月 9日(戊寅).
64) 『承政院日記』, 肅宗 40年 8月 11日(庚辰).
   『寧邊志』(1944)[『韓國近代邑誌』62, 1991, p.289].
65) 『承政院日記』, 肅宗 40年 8月 17日(丙戌).
66) 『承政院日記』, 肅宗 40年 8月 23日(壬辰).

그런데 여필희가 참시관이 되면서 문제는 더욱 심각해졌다. 10월 8일에 시행된 監試 覆試에 평안도 청북의 과거 응시자 전원이 科場에 들어가기를 거부하는 초유의 사태가 발생한 것이다. 이는 "실로 전에 없던 일[此實無前之事]"이었다. 여필희가 이적·금수 등의 말로 평안도 전체를 업신여겼으므로, 형세상 서로 門生·座主의 관계가 될 수 없다는 이유에서였다. 숙종은 유생들을 설득해서 科場에 들어갈 수 있게 하라고 분부했지만 평안도 유생들은 끝내 命을 따르지 않았다. 試所에서는 科擧를 폐지할 수는 없으므로 首唱者는 처벌하되 나머지 선비들은 試取하게 하자고 건의하였다. 숙종은 試所의 의견을 받아들여 그대로 따랐다.68)

당시에는 문무과 급제자들이 자기를 뽑아 준 試官을 초대하여 恩門宴을 열기도 하는 등 座主門生禮의 遺風이 지속되고 있었다.69) 더구나 참시관은 시험 출제 및 채점을 담당하면서 시험 전체를 포괄적으로 관리하는 위치에 있었기 때문에70) 평안도 유생의 시험 거부는 근거가 없지 않았다. 따라서 掌令 李굉은 지조 있는 선비를 강박하는 것이 옳지 않다고 하면서 시험을 거부한 유생들의 試所를 옮겨 진행하자는 취지로 상소하였다. 숙종 역시 "이는 내 뜻과 꼭 부합한다[正合予意]"고 찬동하면서 그렇게 하도록 지시하였다. 반면 獻納 洪好人이 試所를 옮겨 응시한 자는 합격을 하더라도 취소시키자고 한 주장은 받아들이지 않았다.71)

---

67) 『承政院日記』, 肅宗 40年 10月 7日(乙亥).
68) 吳洙彰, 『朝鮮後期 平安道 社會發展 硏究』, 일조각, 2002, p.176.
   『肅宗實錄』55, 肅宗 40年 10月 8日(丙子).
   『承政院日記』, 肅宗 40年 10月 8日(丙子).
69) 李成茂, 『韓國의 科擧制度』, 한국학술정보, 2004, p.251.
70) 차미희, 『조선시대 과거시험과 유생의 삶』, 이화여자대학교출판부, 2012, p.120 각주 34.
71) 『肅宗實錄』55, 肅宗 40年 10月 8日(丙子).

試所에서는 이후에도 거듭 科場에 들어가라고 권유하였으나 평안도 유생들은 고집을 꺾지 않았다. 사태는 결국 참시관 여필희가 科場을 떠나고서야 진정될 수 있었다. 이 일의 주동자는 事目에 따라 처벌받도록 결정되었지만, 京外에서 유생 300명이 입장했는데 평안도 유생 18명 때문에 停廢할 수는 없다고 하여 科擧는 그대로 진행되었다.72)

이렇듯 여필희는 평안도 암행어사 때의 활동으로 인해 참시관의 직무를 온전히 수행하지 못하였다. 하지만 그렇다고 해서 특별히 불이익을 받은 것도 없었다. 여필희는 科場에서 '出去'한 다음날인 10월 9일에 곧바로 副司果의 관직에 제수되었고,73) 이듬해 숙종 41년(1715) 2월의 도목정사에서는 司果의 관직에 임명되었다.74) 다만 이 때 여필희는 牌招에 응하지 않은 까닭에 곧바로 파직을 당하였다. 『寧邊志』(1944)에서는 여필희가 관서변무소 사건으로 인해 "惶懼하여 마침내 공무를 수행할 수 없어 패초를 어기고 파직되었다"고 단정하였으나,75) 이 파직과 관서변무소 사건의 연관 여부는 확언하기 어렵다. 당시 조정에서는 '牌不進之弊'라고 거론할 만큼 신하들이 여러 가지 이유를 들어 패초에 응하지 않는 경우가 다반사였다.76) 여필희만이 아니라 李秉常·權詹 등 관직에 제수된 다른 여러 관료들도 패초에 불응해서 함께 파직되었던 사실도 그러한 세태를 방증한다.77) 따라서 여필희의 파직을 관서변무소 사건과

---

72) 『承政院日記』, 肅宗 40年 10月 8日(丙子).

73) 『承政院日記』, 肅宗 40年 10月 9日(丁丑).

74) 『承政院日記』, 肅宗 41年 2月 1日(戊辰).

75) 『寧邊志』(1944)[『韓國近代邑誌』62, 1991, p.289].
　　'必禧惶懼遂不敢行公違牌罷職'

76) 『承政院日記』, 肅宗 38年 2月 4日(丁巳).
　　『承政院日記』, 肅宗 39年 3月 25日(壬寅).
　　『承政院日記』, 肅宗 40年 10月 7日(乙亥).

직결시켜 기술한『영변지』의 기사는 평안도인의 처지와 관점이 강하게 투영되어 있다는 점을 감안해서 파악해야 할 것이다.

　관서변무소 사건의 여파는 숙종 41년(1715) 봄에도 계속되었다. 당시 正言 趙尙絅이 평안도에 파견되어 春試를 주관하였는데, 廉世一 등의 淸北 儒生들이 다시 시험 거부를 주도했던 것이다. 이들은 평양의 유생[箕儒]들이 '道疏'에 참여하지 않았다고 해서 통문을 내어 공격하였고, 이 때문에 평양 유생은 시험장에서 製述을 하지 않는 지경에까지 이르렀다. 심지어 글을 짓는 사람이 있으면 청북 유생들이 끝까지 찾아내어 草稿를 찢고 꾸짖어 욕하기까지 하였다.78) 이는 같은 평안도라고 하더라도 청북의 불만이 청남보다 더 강렬하였음을 시사한다.79) 이즈음에 備邊司에서는 이 '大變'에 대한 견해를 回啓로서 숙종에게 제출하였다.80) 비변사는 回啓를 통해 암행어사의 事體를 우선시하면서 여필희의 처지를 비호하고, 또 평안도 유생의 과거 거부와 지역내 갈등에 대해 논평하였다. 더불어 과거를 거부한 유생의 활동을 소상히 보고하고 주동자의 처벌을 요청하였다.

　이러는 동안에 여필희는 숙종 41년(1715) 6월의 도목정사에서 다시 서용되었다.81) 그리고 얼마 지나지 않아 지방관리의 불법을 규찰하고 科

---

77)『承政院日記』, 肅宗 41年 2月 1日(戊辰). 신하들 사이에서 패초를 어기는 일이 많다보니 肅宗 40年(1714) 10月에는 3번 이상 패초에 불응하는 관원을 처벌하는 규정을 만들어 定式으로 삼고 節目까지 제정하여 시행토록 하였다. 그러나 이런 규정이 무색하게 여필희와 같은 날에 파직된 이병상만 하더라도 무려 여섯 번이나 패초에 응하지 않았다고 지적되었다[『承政院日記』, 肅宗 40年 11月 17日(乙卯)].

78)『肅宗實錄』56, 41年 6月 7日(辛未).

79) 吳洙彰, 앞의 책, 2002, p.176.

80)『安窩先生文集』2, 「疏」, 平安道卞誣疏, 備局回啓(pp.168~169).

81)『承政院日記』, 肅宗 41年 6月 1日(乙丑).

試를 맡아보는 京畿都事의 관직에 임명되었다.[82] 즉 관서변무소 사건 이후에도 여필희는 종전에 암행어사와 감시관으로 활동했던 것과 유사한 직무를 계속 수행하였던 것이다. 이러한 여필희의 임무는 이듬해인 숙종 42년(1716) 9월 2일 文學의 관직을 제수 받을 때까지 이어지고 있었다.[83]

정작 여필희가 자신의 정치 활동에서 심대한 타격을 받은 것은 숙종의 환국정치에 의해서였다. 숙종 42년(1716)은 『家禮源流』 시비에서 비롯된 노론과 소론 간의 攻斥이 심해지던 때였다.[84] 그 해 7월 숙종은 지난날에 尹拯이 스승 宋時烈을 배신했다는 이른바 '丙申處分'을 내리고, 그 후속작업으로 노론의 영수인 金昌集을 좌의정으로 임명하는 등 노론 계열의 인물을 대거 등용하고 있었다. 급기야 그 해 8월에는 김창집의 건의에 따라 尹宣擧를 옹호한 李弘嚌·嚴慶遂 등을 처벌하고, 윤선거의 문집 판본도 훼철하도록 지시하였다. 표면적으로 소론에 대한 노론의 뚜렷한 승리였다. 물론 이상과 같은 정국의 흐름은 노·소론간의 정치 갈등을 조절하고 시비를 판단하면서 왕실과 국왕의 권위를 강화하려던 숙종의 의도가 깊이 개입되어 있는 것이었다.

바로 이러한 정치적 상황 속에서 여필희는 9월 6일 노론 우세의 정국을 비판하는 상소를 올리게 된다.[85] 승정원에서 자신이 진달한 상소를 退却시키자 "大臣에게 아부하는 것만을 좋아하고 天聽이 가리워지는 것

---

82) 『承政院日記』, 肅宗 41年 8月 14日(丁丑).
83) 『承政院日記』, 肅宗 42年 6月 27日(乙卯).
　　『承政院日記』, 肅宗 42年 7月 12日(己巳).
　　『承政院日記』, 肅宗 42年 9月 2日(戊午).
84) 이하 숙종 후반기의 환국정치와 관련된 내용은 李相植, 「朝鮮後期 肅宗의 政局 運營과 王權 研究」, 고려대학교 박사학위논문, 2005, pp.208~216 참조.
85) 『承政院日記』, 肅宗 42年 9月 6日(壬戌).

을 돌아보지 않는다"고 하면서 극렬히 비판하기도 하였다. 그의 상소는
國忌 齋戒와 상치되어 일단 승정원에 두었다가 9월 9일에 入啓될 수 있
었다.86) 이 때 여필희의 상소는 관서변무소와 관련하여 사직을 청하는
것으로 시작하고 있다. 그렇지만 장문으로 쓰여진 이 상소의 본론은 그
뒤에 있었다. 여필희는 노론의 대표적 인물인 김창집을 指鹿과 佽馬의
故事를 들어 奸臣으로 지목하였고, 또 이홍제와 엄경수 등을 죄준 것도
부당한 처사였다고 논박했던 것이다. 특히 상소의 말미에서 "黨與는 아
래에서 이루어지고 임금의 형세는 위에서 외롭게 되어 전하의 國事가
날로 잘못되고 있다"고 진언하였다.87)

이 상소가 조정에 던진 파장은 상당하였다. 배척을 당한 좌의정 김창
집을 비롯하여 都承旨 李觀命, 正言 趙尙綱, 獻納 趙鳴鳳, 正言 金台壽 등
이 연이어서 체직을 청하고, 洪好人·兪崇·李箕翊이 연명 상소를 올리는
가운데 여필희를 강력히 처벌할 것을 주청하였다. 숙종 역시 大臣을 모
함하고 임금의 형세나 당여와 같은 말로 욕보였다고 하면서 여필희를
파직하고 서용하지 말도록 特敎하였다. 正言 趙尙綱이 여필희의 '讒說'
은 變書와 다를 바 없으니 귀양을 보내자고 건의하는 데에 이르러서는
여필희의 관작을 삭탈하고 門外出送하는 처분을 추가하기까지 하였다.
여필희의 처벌을 논하는 과정에서 제기된 수많은 상소와 숙종의 하교에
서 평안도 암행어사로서의 활동 전력은 전혀 문제가 되지 않았고 언급
조차 된 바가 없었다. 여필희의 죄명은 대신을 誣陷했다는 점에 초점이

---

86) 『承政院日記』, 肅宗 42年 9月 7日(癸亥).
   『承政院日記』, 肅宗 42年 9月 9日(乙丑). 9月 8日은 世祖의 國忌日이었다.
87) 이하 서술은 『肅宗實錄』58, 肅宗 42年 9月 9日(乙丑) ; 『承政院日記』, 肅宗
   42年 9月 9日(乙丑) ; 『承政院日記』, 肅宗 42年 9月 10日(丙寅) ; 『承政院日
   記』, 肅宗 9月 11日(丁卯)에 의거함.

맞추어져 있었기 때문이다.88) 이러한 門黜罪人 여필희는 2년이 지난 숙
종 44년(1718)에 가서야 放送될 수 있었다.89)

이상은 당대의 기록을 통해 확인할 수 있는 관서변무소 사건의 대체
적인 윤곽이다. 이를 바탕으로 숙종조 평안도 지역 차별의 실상과 관련
해서 음미한 내용을 간추리면 다음과 같다.

첫째, 숙종조에 관서변무소 사건이 일어나게 된 배경에 관한 것이다.
평안도는 국가 운영에서 관방의 기능을 중점적으로 수행하는 지역이었
다. 그러나 양란 이후 국가 재정에 대한 기여도가 커지고 또 평안도를
중심으로 대청전면전을 대비해야 하는 대내외적 상황의 변화에 따라,
조정에서는 평안도 유생을 보다 적극적으로 등용하려는 국왕과 평안도
출신을 淸職에 기용하지 않고 기존의 인사 관행을 고수하려는 대신들과
의 주장이 충돌하고 있었다. 이 과정에서 중앙의 관인들은 武에 편중될
수밖에 없었던 평안도의 지역적 특성을 배려하여 문무를 조화시키고 기
능상의 효율과 균형을 추구하는 모습을 보이기보다 출신지와 풍토 등을
내세워서 '차별'로 인식하게끔 하는 배타적인 태도를 견지하였다. 특히
성리학적인 질서와 관점에서 평안도의 풍속을 극히 이질적이고 낙후된
것으로 보고한 암행어사 여필희의 서계는 국왕에게 올리는 공식 보고서
라는 점에서 그 수용을 저지하는 것이 평안도 유생의 처지에서는 대단
히 중요할 수 있었다. 이것이 숙종조에 관서변무소 사건이 촉발되었던
주된 배경이라고 할 수 있겠다.

둘째, '30년 停擧'와 여필희의 처벌에 대한 진상이다. 앞서 보았듯이

---

88) 『承政院日記』, 肅宗 44年 5月 22日(庚午).
　　'禁府達曰 本府削黜罪人等 依例單子書入 而其中呂必禧當初罪名 在於構
　　誣大臣'
89) 『承政院日記』, 肅宗 44年 5月 28日(丙子).

숙종조에 '30년 정거'와 같은 평안도 지역에 대한 극단적인 차별이 있었던 것은 아니었다. 또한 해방 이후 평안도의 여러 지방지에 소개된 것처럼 관서변무소 사건으로 인해 여필희가 심대한 처벌을 받았다는 것도 사실이 아니었다.[90) 숙종은 여필희의 서계 내용이 평안도를 심하게 모욕한 것이라는 비답을 내리기는 했지만, 대체로 암행어사의 事體를 중요시하여 별다른 처벌을 가하지 않았다. 승정원이나 비변사와 같은 중앙의 핵심 기구도 역시 왕명을 받드는 사체를 앞세워서 여필희를 비호하였다. 이와 대조적으로 관서변무소를 주관하였던 이시항은 파직되고, 이만추는 함경도 길주로 유배되는 중벌을 받았다.[91) 중앙 관리로는 大司憲 申銋이 거의 유일하게 평안도의 입장을 대변해 준 인물이었다. 그 고마움으로 평안도 사람들은 훗날 관서변무소 작성의 주역인 길인화, 이시항, 이만추와 더불어 신임을 寧邊의 崇報祠에 배향하였는데,[92) 이는 달리 말하면 신임과 같이 평안도에 우호적인 중앙 관리가 그만큼 드물었다고 할 수 있을 것이다. 전술했듯이 여필희의 관직 생활을 결정적으로 좌우했던 것은 숙종조 후반의 환국정치에 의해서였다. 여필희의 처벌도 평안도 유생의 요구에 의해서가 아니라 중앙 정국의 변동에서 연유하였다. 이를 통해서 볼 때 관서변무소 사건을 추동한 평안도 지역 유생의 정치적 역량은 아직 중앙 정치에 직접적인 영향을 끼칠 수 있는 수준과 단계에는 도달하지 못했던 것으로 여겨진다.

---

90) 각주 69 참조.
91) 『安窩先生文集』3, 「記」, 養武廳記(p.311).
　　이시항은 숙종 41년(1715)에 파직되었다가 숙종 44년(1718)에 가서야 다시 관직에 임명되었다[Sun Joo Kim, 2013, op. cit., p.80].
92) 『安窩先生文集』2, 「疏」, 平安道卞誣疏의 附記(p.157).
　　'今三先生與寒竹申先生銋 同享于寧邊崇報祠'

셋째, 청남과 청북의 지역사정에 따라 문화적인 격차가 있어 '지역차별'에 대한 인식에서도 차이가 있었다는 사실이다. 청북은 청과 국경을 맞대고 있던 군사지대로서의 성격이 강했다면, 청남은 군사 요충지이면서 동시에 청북을 관장하는 행정 중심지로 기능하였다. 그리고 17세기까지 평양 등 청남의 몇 개 고을에만 문관 수령이 파견되었기 때문에 학문을 익힐 수 있는 환경에서 청남이 청북보다 유리하였고 교양 수준에서도 앞서 있었다.[93] 그러나 병자호란 이후 청의 감시로 인해 청북은 군사 활동이 금지되어 학문에 집중할 수 있게 된 관계로 18세기 숙종조에 이르게 되면 청북의 학문 수준이 청남에 거의 육박하게 되었다. 다만 여전히 청북에는 무관 수령이 많아 학문 발전에 애로가 있는 상황이었다. 이런 가운데 관서변무소 사건을 계기로 청북과 청남의 갈등이 표출되기도 했던 것이다. 숙종 41년(1715) 봄에 시행된 科擧에서 평양 유생은 처음에는 과거 거부에 동참하였으나 나중에는 道臣의 開諭로 인해 참여하지 않게 되었다. 청북인은 그것을 "마음 깊이 원수처럼 미워해서[深懷仇嫉]" 科試에서 試官을 협박하였고, 科場에서 내쫓은 응시자 수도 1,000명이 넘었다고 하였다. 그리고 청북과 평양 유생 사이에 흔단이 깊어져서 "자기들이 서로 원수처럼 원망[自相仇怨]"하게 되어 앞으로 科場을 설치할 방도가 없게 되었다고 토로하는 형국이었다.[94] 중앙에서 평안도 출신의 文武官은 文武疏를 작성할 때에 힘을 보탰지만, 지역 내에서는 평양과 청북 유생 사이에 알력과 갈등이 있었다. 평양 유생이 평안감사의 開諭에 따르고 과거 거부에도 소극적인 태도를 보인 것은 청북 유생에 비해 상대적으로 '지역차별' 현실을 둔감하게 받아들였기 때문으로 여

93) 吳洙彰, 앞의 책, 2002, p.159.
94) 『安窩先生文集』2, 「疏」, 平安道卞誣疏, 備局回啓(pp.168~169).

겨진다. 관서변무소 사건의 발단이 되었던 여필희의 서계에서 평양과
그 나머지 지역의 풍속을 서로 구분해서 언급했던 것[95])도 평안도 지역
내에서 사회발전의 정도가 달랐고, 그에 따른 중앙의 인식도 차이가 있
었음을 보여준다. 이것이 관서변무소 사건에 임하는 청북과 청남의 대
응 자세가 다르게 나타났고 또 내부적으로 갈등을 빚었던 요인이었다고
생각된다.

---

95) 『肅宗實錄』55, 肅宗 40年 7月 26日(甲子).

2. 평안도 유생의 지역홀대 인식과 해소방안

1) '土風' 打破와 '一視同仁'의 力說

평안도 출신 유생들은 17세기 후반까지 자기 지역의 부정적인 '낙인'에 대해 적극적이고 체계적인 의견을 개진하지 못하는 경우가 많았다. 그것은 기본적으로 평안도에 사족층이 미약해서 지역의 여론을 수렴하고 조직하기가 쉽지 않았던 데서 말미암은 것으로 판단된다. 이 시기를 살았던 李重煥(1690~1752)은 당쟁으로 변한 8道의 인심을 평가하는 가운데 "대개 사대부들이 사는 곳치고 인심이 무너지고 고약하지 않은 곳이 없다"고 지적하면서 "8도 중에 평안도는 인심이 순후해서 제일"이라고 하였다.1) 이는 평안도의 사대부들이 그만큼 현실 정치의 외곽에 머물러 있었다는 사실을 보여준다. 간혹 상소 등을 올려서 평안도 출신자에게 通淸이 허용되는 경우도 없지 않았지만, 이는 한 때의 시혜적인 조처에 불과하였고, 몇몇의 상소조차도 대체로 개인 차원의 호소와 청원에 머무르고 말았다.2)

그렇지만 18세기에 들어서면서 평안도 유생은 보다 적극적이고 집단화된 형태로 정치적 활로를 모색하며 새로운 면모를 드러내었다. 평안도 유생들이 중앙 관인의 지역차별 논리를 불식하고, 여타 지역과 똑같

---

1) 李重煥, 『擇里志』, 「卜居總論」, 人心.
2) Sun Joo Kim, op. cit., 2013, pp.78~79.

은 백성으로서의 처우를 요구하기 시작했던 것이다. 관서변무소 사건에서 확인되듯이 평안도의 유생들은 여필희가 평안도 풍속을 '夷狄'·'禽獸'로 규정한 것에 대해, '土風'은 편견과 구조적인 모순에서 야기된 문제임을 정면으로 환기시켰다. 아울러 평안도는 祖宗의 영토이고, 평안도 백성은 바로 조종이 남긴 백성임을 천명하면서 여타 지역의 백성과 동등한 처우를 요구하였다. 이는 지역 현안의 핵심인 문무병용의 인사 정책을 촉구하고 도성 위주의 방위체제에 매몰되지 않은 지역 방어론을 개진하는 것으로 나타났다. 관서변무소 작성의 주역인 이만추와 이시항을 중심으로 그 내용을 구체적으로 살펴보기로 한다.

주지하듯이 조선후기 평안도는 이질적인 풍토를 가진 지역으로 간주되었다. 이는 중앙에서의 문화적 강박에 그치는 것이 아니라 평안도 사회 발전에 커다란 장애로 작용하였다.3) 이로 인해 초래되는 폐단에 대해 이만추는 지역 주민인 자신이 어찌 그 상황을 알지 못하겠느냐고 하면서 문제의 소지를 자세히 진술하였다.4) 그는 먼저 평안도의 사정을 良玉과 佳禾에 비유해서 설명하였다. 즉 아름다운 옥이라도 다듬지 않으면 문채가 나지 않고, 좋은 벼라고 해도 심지 않으면 풍년이 되지 못하는데, 關西가 마치 그와 같아서 조정에서 버려지고 사람들에게 모욕을 받은 지가 2백여 년이나 되었다고 하였다. 이런 이치로 보았을 때 평안도 지역에 文章이 보이지 않고 풍성한 繁殖의 소식이 들리지 않는 것은 이상할 것이 없다고 진단하였다.5)

---

3) 평안도에 대한 士族官人의 차별 의식과 정치적 차별의 내용에 관해서는 吳洙彰, 앞의 책, 2002, pp.16~36 참조.
4) 평안도 지방의 폐단을 진단한 내용에 관해서는 주로 이만추의 『安窩先生文集』「關西弊瘼說」에 의거해서 서술함.
5) 『安窩先生文集』3, 「說」, 關西弊瘼說(p.255).

다시 이만추의 말을 빌리면, 평안도는 단군과 기자, 동명성왕과 같은
聖人들이 도읍한 곳으로 역대 문화의 중심지였다. 공훈으로 이름난 將
帥, 宰相, 偉人, 碩士도 수없이 배출되었다. 그 예로 고구려의 장군과 재
상을 대표하는 乙支文德과 乙巴素를 위시해서 文章에는 鄭知常, 忠孝에
는 金良彦, 道學에는 鮮于浹과 韓禹臣 등을 열거하였다. 아울러 임진왜
란의 再造之功은 金景瑞가 선봉에 선 것에 힘입었고, 정묘호란 때 적을
무찌른 것은 鄭鳳壽가 잘 지킨 덕분이었으며, 李适의 亂과 병자호란을
극복한 것도 평안도의 군졸들에게서 말미암았다고 하였다.6) 이처럼 關
西가 나라에 공을 세운 것이 뚜렷했으나 평화로운 때에는 도리어 짓밟
힘을 당했다는 것이다. 뿐만 아니라 관리들에 의해 평안도 배척이 지속
되고 급기야 이적·금수라고까지 폄훼하니 이만추는 "이것이 무슨 심보
인가?"라고 하면서 분개하였다.7)

　　그리고는 평안도의 풍습이 低落해진 이유를 세태에 비추어 규명하였
다. 우선 그는 山林 사이에서 뜻을 지키고 덕을 기르는 사람은 고사되고
말지만, 출세에 분주하고 權貴에게 아첨하는 자는 추천장에 이름을 올
리게 되므로 士習이 바르게 되지 못한다고 보았다. 명분을 바로 세우기
위해 다투는 자는 위정자들이 豪强·武斷이라고 지목하여 처벌하였는데,
그러면서도 한편으로는 關西의 民俗에 대해 상하·존비의 질서가 없다고

---

6) 『安窩先生文集』3,「說」, 關西弊瘼說(p.255). 이러한 인물 소개와 설명 구도는
　　이시항이 지은 「西京賦」의 그것과 매우 유사하다. 서경부에서 이시항은 단군과
　　기자로부터 출발하여 事功, 節義, 儒學, 文章, 孝烈, 志節, 科閥로 세분하여 각
　　각의 항목에 해당하는 인물을 안내하였다. 이와 관련된 내용은 리성,「리시항과
　　시 <평양의 노래>에 대하여」,『조선어문』103, 평양 : 과학백과사전 종합출판사,
　　1996, pp.14~18 ; 張裕昇,「朝鮮後期 西北地域 文人 硏究」, 서울대학교 박사학
　　위논문, 2010, pp.116~127 참조.
7) 『安窩先生文集』3,「說」, 關西弊瘼說(p.256).

손가락질하는 현실을 통탄하였다.8) 결국 士習과 民俗이 무너진 속에서
하인배나 군졸이라도 재물을 모은 자는 권귀에게 청탁하여 鄕任을 차지
하게 되니 이들의 행동이 하지 못하는 바가 없게 되었다는 것이다. 이러
한 일련의 상황을 개탄하면서 이만추는,

> 오늘날 이것이 어떠한 세상인가? 李禎이 이른바 "(품관과 유생이 모두)
> 公私賤과 軍卒의 후예가 아님이 없다"라고 한 것과 불행히도 가깝게 되
> 었다. 이것이 과연 누구의 잘못이겠는가?9)

라고 반문하였다. 숙종조 간관이었던 李禎이 평안도 출신을 신분적으로
폄훼한 내용을 거론하면서 평안도가 실제로 이정의 지적처럼 되었다면
그 책임은 나라에 있다는 주장이다. 그리고 이에 덧붙여 폐단의 뿌리를
알지 못하면서 평안도 사람 전체를 욕되게 한다고 폭로하였다. 또한, 중
앙의 편견으로 인해 "죽을 지경에 있는 (평안도) 백성에게 무슨 예의풍
속을 꾸짖고 따지겠는가?10)"라고 하면서 關西 폐막의 근본 원인이 평안
도 사람에 대한 사회적 거세와 차별적인 시선에 있음을 분명히 하였다.
  이러한 평안도의 '弊風'은 지역 특성과 연계된 구조적인 측면에서도
기인하였다. 평안도는 국방과 사신 접대를 효율적으로 감당하기 위해
軍制와 財政을 독립적으로 운영하였다.11) 英祖 5年(1729) 禮曹參判 尹游

---

8) 『安窩先生文集』3, 「說」, 關西弊瘼說(p.257).
9) 『安窩先生文集』3, 「說」, 關西弊瘼說(p.258).
  '今日此何等世也耶 李禎所謂無非公私賤編伍之裔云者 不幸近之 而此果誰
  之過歟'
10) 『安窩先生文集』3, 「說」, 關西弊瘼說(p.258).
  '救死不瞻之民 尙何責禮義之俗乎'
11) 한 예로, 正祖 연간에 禹禎圭는 평안도 재정 운영의 독립성을 빗대어 "평안도는

의 진술에 따르면, 關西는 三南地方과 지역 사정이 크게 달라서 田制와
軍制에 만듦새가 없었다.12) 삼남은 대체로 田制가 공평하게 짜여 있었
지만, 관서는 원래 量案조차 없었기 때문에 字號와 結卜등의 파악이 곤
란하였다. 그래서 단지 짐작으로 10卜중에 2卜의 세금을 받을 뿐이었는
데, 평안도 내에서도 直路와 中山 지역의 세금 액수가 또한 달랐다. 그리
고 田案이 남아 있는 곳은 전체 42읍중에 11읍 밖에 없었고, 그마저도
백년도 더 지난 예전의 양전13)을 기록한 것에 불과하였다. 그러므로 官
家에서는 단지 面監의 답험 보고에 의존할 뿐이어서 누구의 땅이 어디
에 있고 얼마나 있는지를 알지 못하는 실정이었다.

　그리고 "四十二邑 各各不同"이라 하듯이 평안도 42읍의 사정은 고을
마다 같지 않았다. 이런 배경아래 지방관아는 독자의 재정권을 가지고
자율로 재정을 운영하는 '自辦支供'의 원칙을 적용하였다.14) 각급 지방
관아에서는 개별적으로 다양한 방법을 동원해서 殖利하였다. 예컨대 활
동력이 강한 수령은 백성에게 자본을 염출하여 창고를 설치하고 이자를
취식하였는데, 한 고을에 3~4개의 창고가 없는 곳이 없었다. 당초 창고
를 설치한 의도는 대개 공공 비용을 충당하기 위해서였지만, 점차 私的

　　따로 方伯이 다스리는 나라(關西一路 別是方伯之國)"[『日省錄』, 正祖 12年 8
　　月 18日(丁未)]라고 표현하기까지 했다.
12) 이하 尹遊의 진술과 관련된 서술은 『承政院日記』, 英祖 5年 11月 28日(戊戌)
　　에 의거함.
13) 이세영에 따르면, 조선시대 평안도에 道別 量田이 실시된 것은 태종 11년(1411)~
　　태종 13년(1413), 성종 17년(1486), 선조 37년(1604), 광무 3년(1899)~광무 8년
　　(1904)의 단 4차례 밖에 없었다(이세영, 『朝鮮後期 政治經濟史』, 혜안, 2002,
　　p.136, 표 1 道別量田 실시 상황 참조).
14) 김태웅, 『한국근대지방재정연구-지방재정의 개편과 지방행정의 변경』, 아카넷,
　　2012, pp.41~44.

으로 침범하게 되면서 尹游는 그 잘못을 바로잡기가 쉽지 않을 것으로
전망하였다. 수령이 부임하면 "상하가 거리낌 없이 닭과 돼지를 마음대
로 먹어 치우듯이"하여 현실은 평안도 백성이 감당할 수 없는 지경으로
치닫고 있었다.15)

또한 평안도 출신은 중앙 정계로의 진출이 여의치 않았기 때문에 지
역민들은 향촌 사회 내에서라도 우월한 지위를 차지하기 위해 鄕任職을
선호하였다. 향임은 향촌의 부세 운영 전반에 걸쳐 막대한 영향력을 행
사했기 때문에 서북지역에서는 향임이 곧 제1의 양반으로 간주되기도
하였다.16) 향임의 임면은 수령의 권한에 속하였는데, 평안도 출신이 지
방관으로 부임하게 되면 향임을 모두 자기 친척으로 바꾸거나 매매하는
일도 빈번하였다. 이런 가운데 부유한 하천민은 뇌물과 청탁으로 수령
과 밀착되었고, 이는 다시 향임직의 매매 및 그 직분을 이용한 작폐로
연결되었다.17) 사족의 존재가 뚜렷하지 않고, 군사·재정적 독자성이 강
하며, 각읍의 운영과 처지가 상이한 평안도에서 그러한 폐단이 극성했
을 것임은 자명한 일이었다.

이러한 지역 현실 속에서 이만추는 關西의 폐막을 해소하려면 평안도
출신 인물을 유망한 관직에 임용해야 한다고 주장하였다. 평안도 출신
관리가 장기간 청요직에 막히고 顯仕에 등용되지 못한 것은 조정에서

15) 『安窩先生文集』3, 「說」, 關西弊瘼說(pp.258~259).
16) 이하 평안도 지역 향임에 관한 설명은 張裕昇, 앞의 논문, 2010, pp.102~103 참조.
17) 숙종 34년(1708) 평안도 암행어사 李緯의 書啓에는 지역 인심이 옛날과 달라져
서 지역민의 말을 믿기 어렵다는 지적과 함께 평안도 수령들의 自備穀이나 진휼
등과 관련된 부정과 刑杖의 남용, 鄕所·約正·將官 등의 帖을 민간에 판매하는
賣鄕의 문제, 土豪의 발호에 따라 폐단이 성행하는 사실 등이 수록되어 있다. 이
에 관한 전반적인 내용은 심재우, 「繡衣錄 해제」, 『奎章閣韓國本圖書解題』(續
集-史部4), 서울대학교 규장각, 1997, pp.119~120 참조.

지역 물정을 알지 못하기 때문이고,18) 또 이렇게 평안도의 사정이 조정
에 알려지지 않은 것은 평안도 사람이 현달한 경우가 없었다는 데서 그
이유를 찾았다.19) 그는 이와 같은 문제를 다음과 같이 확장시켰다.

　　周는 선비를 귀히 여기고 秦은 선비를 천하게 여겼으니 周와 秦에서
　　선비가 되는 것은 동일하지만 貴賤은 같지 않다. 이는 선비가 古今에 있
　　어서 다르기 때문이 아니라 周가 선비를 대우한 것이 귀했기 때문에 선비
　　도 또한 저절로 귀하게 되고, 秦이 선비를 대우함이 천했기 때문에 선비
　　역시 저절로 천하게 된 것이다. 周가 그것으로써 흥하였고, 秦이 그것으로
　　써 망하였으니 선비의 貴賤이 어찌 나라의 존망과 관계된 것이 아니겠는
　　가?20)

　　여기서 이만추는 周와 秦의 사례를 통해, 선비에 대한 대우의 차이가
선비의 귀천으로 이어지고, 그것이 또 국가의 존망과 직결된다는 논리
를 세우고 있다. 이는 평안도 인물을 국가 차원에서 중용하는 문제가 평
안도에 한정된 일이 아니라 나라의 흥망을 좌우하는 사안임을 암시하는
발언이다. 더불어 이만추는 유사시에 功을 세워 旌閭나 贈爵을 받은 자
중에서 金景瑞나 中和의 義兵 등 유독 평안도 백성에 대해서만 숭봉하

---

18) 『安窩先生文集』3, 「說」, 關西弊瘼說(p.256). 또한 평안도의 사정에 어두운 자가
　　위정자가 되는 것도 평안도를 궁지에 몰아넣기는 마찬가지였다. 이만추는 평안도
　　를 誣陷한 여필희가 평안도의 內地와 강변 7읍을 구별하지 못했음을 거론하면서
　　암행어사로서 자질이 부족한 그의 서계 내용이 사리에 맞지 않는 것임을 미루어
　　알 수 있다고 지적하였다[『安窩先生文集』2, 「疏」, 平安道辨誣疏(p.165).

19) 『安窩先生文集』3, 「說」, 關西弊瘼說(p.257).

20) 『安窩先生文集』3, 「說」, 關西弊瘼說(p.256).
　　'周之士也貴　秦之士也賤　蓋周秦之爲士則一　而貴賤之不同者　非爲士之異
　　於古今也　周之待士也貴　故士亦自貴　秦之待士也賤　故士亦自賤　周以之興
　　秦以之亡　則士之貴賤　豈不繫於國之存亡乎'

는 일이 없다는 점을 상기시켰다.[21] 특히 그는 자신이 살고 있는 중화는 임진왜란 초기에 宣祖가 의주로 몽진했을 때 처음 의병장을 배출해서 적들과 맞서 싸운 지역이며, 중화에서의 의병 활동은 명나라 군사의 사기를 진작시키고 종묘사직이 회복될 수 있게 한 밑거름이 되었다고 강조하였다.[22] 그럼에도 불구하고 湖南이나 關北과는 달리 유독 중화에서만은 賜額 등의 적절한 조치가 취해지지 않고 누락되었다는 것이다.[23] 이러한 정부의 처사에 대해 이만추는 "조정의 정치에 모자람이 있어서 그런 것이 아니겠습니까?"[24]라고 정면에서 따져 물었다.

이처럼 18세기 전반 평안도 유생은 關西의 폐단을 지역 문제에 한정하지 않고 국가적 차원에서 제기하고 있었다. 평안도는 8도의 당당한 일원으로, 그리고 그 주민도 조선의 차별받지 않는 백성으로 대우해 달라는 것이었다. 환언하면 평안도 지역에 대해 명실상부한 '一視同仁'으로의 처우를 요구하였다. 임금은 부모이고, 평안도 백성은 다른 지역민과 똑같은 임금의 자식이며, 평안도의 풍속에 대한 처리는 家庭을 다스리는 일로 간주하였다. 8도는 한 집안[一家]과 같으니 임금이 내려주는 은혜도 고르게 입어야 한다는 주장이었다. 이런 맥락에서 암행어사 여필희는 부모의 집안일을 무너뜨리고 형제의 잘못을 誣告한 것이므로 그 죄가 가볍지 않다고 하였다. 그리하여 '倿臣'인 여필희를 처벌함으로써 다 같은 임금의 신하에 대해 피차 輕重의 구별을 두지 말 것을 진언하였다.[25]

---

21) 『安窩先生文集』3, 「說」, 關西弊瘼說(pp.256~257).
22) 『安窩先生文集』2, 「疏」, 義烈祠請額疏(p.170).
23) 『安窩先生文集』3, 「說」, 關西弊瘼說(p.257).
24) 『安窩先生文集』2, 「疏」, 義烈祠請額疏(p.170).
25) 『和隱集』4, 「疏」, 關西辨誣疏(『韓國文集叢刊 續』57, p.464).
   '吾土以我后一視同仁之地 酷被繡衣之無限詬辱'
   『和隱集』4, 「疏」, 關西辨誣疏(『韓國文集叢刊 續』57, p.469).

한편 이시항은 여필회가 書啓에서 평안도의 풍속과 예법이 성리학의
기준에서 크게 어긋난다는 점을 조목조목 반박하였다. 서계의 내용 중
한두 가지만을 언급하면, 평안도의 下賤人은 妻妾을 내보낸 뒤 다른 사
람과 살게 했다가 본남편이 아내를 다시 찾을 마음으로 관가에 고소장
을 내어 판결문을 받고는 뒷남편을 협박해서 돈을 갈취하는데, 해마다
이런 방법을 써서 생업으로 삼는 사람들이 무수히 많다고 하였다. 또는
아버지가 계신 상태에서 어머니의 喪을 당하면 차마 喪을 짧게 하지 못
하고 부모가 똑같은 禮라고 칭하면서 3년상을 치르니 능히 예법을 따르
는 사람은 극소수에 지나지 않는다는 식이었다.26) 이에 대해서 이시항
은 하천민도 사람이어서 妻를 파는 일과 같은 추악한 행동을 하지는 않
을 것이라고 변론하였다. 그리고 성리학적 예법을 지키는 것이 중요하
지만 父在母喪時 어머니의 喪事에 3년 복상을 하는 것은 인정상 용납될
만하다고 하면서 성리학의 이해에 탄력적인 모습을 보여주기도 하였
다.27)

'八路一家 聲敎均被 殿下卽吾父母 而關西民庶 卽殿下之赤子也 關西風俗
卽殿下之家政也 必禧亦一同胞底兄弟也 而今乃毁父母之家政 誣兄弟之過
惡 抑未知其罪重耶輕耶 此而不治則殿下將何以慰衆子之心而鎭一家之事乎'
『安窩先生文集』2,「疏」, 平安道辨誣疏(p.166).
'普天之下莫非王土率土之濱莫非王臣 則殿下之於一國臣庶 宜無彼此輕重
之別 堂堂聖朝 不患無臣 豈惜此欺天陷人之一佞臣 莫以慰一方之人心乎'
Sun Joo Kim, op. cit., pp.115~116.
26) 『肅宗實錄』55, 肅宗 40年 7月 26日(甲子).
27) 『和隱集』4,「疏」, 關西辨誣疏(『韓國文集叢刊 續』57, pp.466~467).
이시항이 莫逆之友인 이만추의 묘소 앞에서 친구지간에 禮로는 哭을 해서는 안
될 것 같다고 하면서도 눈물을 흘리며 곡진한 情을 드러낸 것도 같은 차원에서
이해할 수 있다[『和隱集』6,「祭文」, 祭守齋李友(萬秋)文(『韓國文集叢刊 續』
57, p.515)].

2) 文武竝用의 추구와 關防重疊의 제안

18세기 전반 평안도 유생의 '일시동인' 요구는 지역 내에서 문무병용의 교육을 추구하는 것과도 연계되어 진행되었다. 본래 조선은 국초 이후로 文과 武의 균형을 원칙으로 천명하였다. 文武는 사람의 두 팔, 새의 날개, 수레의 바퀴, 씨줄과 날줄로 비유되면서 어느 하나에 치우치지 않는 것이 국가를 장구하게 다스리는 계책이라고 정의되었던 것이다.28) 그러나 "우리나라는 오로지 文治를 숭상하여 교화가 사방에까지 이르렀다"29)고 하듯이 현실에서는 文을 우위에 두는 문치주의가 관철되었다. 이런 점에서 평안도는 예외적인 지역이 아닐 수 없었다. 흔히 평안도 사람은 풍속이 어리석어 한갓 弓馬만을 일삼는다고 평가되었으나,30) 평안도 사람의 처지에서는 궁마만을 일삼아야 하는 지역에 살게 되어 풍속이 어리석게 되었다고 바꾸어 말할 수 있었다. 이것은 그대로 평안도를 팔 하나가 없고 날개 하나가 부러진 불구의 상태로 만드는 것에 다름 아니었다.

이에 대해 이시항은 사람이 가진 문무의 재주는 모두 어떻게 가르치

---

28) 『太祖實錄』5, 太祖 3年 2月(己亥).
　　『顯宗改修實錄』9, 顯宗 4年 7月 26日(辛卯).
　　『安窩先生文集』3, 「記」, 養武廳記(p.310).
　　'文武之道 如車之有兩輪如鳥之有兩翼 不可廢一者也 世之人莫不艶文而侮武 此豈知理者哉'
　　『和隱集』1, 「辭賦」, 西京賦(『韓國文集叢刊 續』57, p.403).
　　'國家長久之術 豈文教之偏事 一經一緯 武不可廢'
29) 『遯菴全書』, 「序」, 遯菴先生全書序(宋時烈)[『韓國文集叢刊』93, p.3].
　　'至于本朝 專尙文治 聲教汔于四裔'
30) 『承政院日記』, 肅宗 24年 9月 24日(乙未).

느냐에 달려있지 지역에 따라 결정되는 것이 아니라고 확언하였다.[31) 이는 비단 이시항만의 생각은 아니어서 18세기에는 흔히 尙武之地나 弓馬之鄕으로 지칭되는 평안도에 글 읽는 소리가 넘쳐나고 書室의 설립도 왕성하게 되었다.[32) 교육 내용은 학교마다 차이가 있었으나『소학』을 위시하여 經學과 史學에서부터 兵法과 水利에 이르기까지 經經緯史의 학문 방법과 軍事·實用을 두루 학습하도록 안배하였다.[33)

이러한 지역 분위기 속에서 이시항은 景宗 2年(1722) 그의 나이 50세가 되던 해 자신의 고향인 雲山 근처 魚川驛이라는 곳에 察訪으로 부임하였다.[34) 여기에서 그는 武와 文을 권장하는 勸武契와 勸學契를 각각 조직하였다.[35) 그는 권무계의 서문[36)에서 사람의 性情은 동일하지 않지만 "요체는 모두 가르칠 수 있다[要之皆可敎]"는 견해를 표명하였다. 이에 근거하여 魚川 지역에서 身手가 좋고 힘이 센 30명을 뽑아 기예를 익히게 하니 한 달여 만에 진보한 자가 20~30%나 되었다고 하였다. 그러면서 이들이 절목을 준행하여 각자 재주와 분수가 도달하는 바를 성취하면 작게는 무과에 급제할 수 있고 크게는 화살 세 개로 天山을 평정할 수 있다고 하면서 "힘쓰고 힘쓰라"는 말로 독려하였다.

---

31) 『和隱集』5,「序」, 魚川驛勸學契序(『韓國文集叢刊 續』57, p.481).

32) 『和隱集』1,「辭賦」, 西京賦(『韓國文集叢刊 續』57, p.407).

33) 『鳳谷桂察訪遺集』11,「雜著」, 東林興學堂募緣文[代人作](『韓國文集叢刊 續』78, p.544).

34) 『和隱集』8,「附錄」, 通訓大夫行兵曹正郎兼春秋舘記注官李公行狀(楊日榮) [『韓國文集叢刊 續』57, p.546].
　　이시항의 官歷은 Sun Joo Kim, op. cit., pp.165~166 부록B 참조.

35) 이시항이 지역에 따라 사람의 능력이 결정된다는 '공간적 결정주의'를 비판하면서 勸武契와 勸學契를 설립한 내용에 대해서는 Sun Joo Kim, ibid., pp.46~47 참조.

36) 『和隱集』5,「序」, 魚川驛勸武契序(『韓國文集叢刊 續』57, p.480).

동시에 이시항은 권학계의 서문[37])에서 "莉楚는 검객, 鄒魯는 文士"라고 칭하는 것은 風氣와 俗尙에서 나온 말이므로 적실하지 않다고 평가하였다. 이와 마찬가지로 평안도 지역도 원래부터 기질적으로 尙武에 적합했던 곳이 아니라 尙文의 가르침을 접하지 못했기 때문에 '尙武之地'로 낙인된 것이라고 설명하였다. 옛날 聖人이 사람을 가르치는 법은 반드시 어릴 때 양육하는 것을 우선으로 했는데, 평안도는 그렇지 못하여 뒤늦게 학문을 권장해도 효과가 없었다는 것이다.[38]) 이런 판단하에 그는 魚川에서 15~16세 이하로 용모가 단정하고 자질을 갖춘 자 20명을 선발해서 권학계를 만들어 배움에 나가도록 장려하고, 권무계와 같이 절목을 만들어서 준행토록 하였다. 그리고 서문의 말미에서 다음과 같이 힘주어 당부하고 격려하였다.

> 아! 샘의 근원이 비로소 나온다. 어린 새가 처음 날갯짓을 한다. … 훗날 그 재주와 분수를 성취해서 명성과 실제가 부합하고 아름다운 향기를 드러내어 국가의 빛을 보게 된다면 楚나라가 거칠다고 하는 편견을 타파하게 될 것이니 접때 이른바 俗尙과 風氣의 說을 지금 이후로 깨뜨릴 것이라. 너희는 더욱 힘쓰고 힘쓰라.[39])

---

37) 『和隱集』5, 「序」, 魚川驛勸學契序(『韓國文集叢刊 續』57, p.481).

38) 이시항은 자신의 별장이 있던 평양의 和浦에 書塾을 짓고 그 동쪽 건물을 養蒙이라 하여 어린 학생들이 그곳에 거처하면서 공부하도록 했다. 그 밖에 서쪽은 進修, 북쪽은 游藝라 이름짓고 각각 經學之士, 詞章之士가 머물도록 하였다. 그리고 이를 합하여 亦樂齋라고 命名하였다[『和隱集』8, 「附錄」, 通訓大夫行兵曹正郞兼春秋舘記注官李公行狀(楊日榮)(『韓國文集叢刊 續』57, p.549)].

39) 『和隱集』5, 「序」, 魚川驛勸學契序(『韓國文集叢刊 續』57, p.481).
'噫 源泉始出矣 雛鳥初飛矣 … 異日若成就其才分 蜚英吐芬 觀國家之光 破荊南之荒 則向所謂俗尙風氣之說 今而後破之 爾等尤勉勉焉'

　여기서 권학계의 계원들은 처음 터져 나오는 샘물과 첫 날갯짓을 하
는 어린 새에 비유되고 있다. 이들이 장래에 학문적인 업적을 쌓고 국가
에 등용되게 되면 평안도의 풍속이 거칠다고 하는 '편견'을 깨뜨릴 수
있을 것이라는 이시항의 기대가 엿보인다.

　지역의 여건상 문무병용을 구현하기 위해서는 특별히 문신 관리의 파
견이 긴요하였다. 변경지대인 평안도에는 수령의 상당수가 무관들로 채
워져 있었다.40) 평안도 사람들이 생각하기에 무관 출신 수령은 수탈이
심하고, 학업을 일으키기에 불리하며, 조정에 도움을 요청할 때는 영향
력이 적다하여 기피되었다.41) 군현내에서 수령의 책무와 역할은 "백성
과 사직이 여기에 의존한다"고 할 만큼 막중하였다.42) 수령의 업무는 관
찰사로부터 災結을 받거나 군현간의 분쟁을 조정하는 등 해당 지역민의
이익을 좌우하였기 때문이다.43) 특히 평안도는 지역 운영의 특성상 군
현의 독자적인 성격이 매우 강했고, 수령을 견제할 만한 사족층도 미약

---

40) 18세기 중반 전국의 무관 수령 비율은 전체 文·武·蔭官 중에서 28.1%를 차지하
　　였다. 이에 비해서 서북지역의 무관 수령은 55.4%로 전국 평균치를 훨씬 상회하
　　였다. 이 때 평안도는 전체 42읍중에 문관 12, 무관 24, 음관 6명으로 분포되어
　　있었다(具玩會, 「先生案을 통해 본 조선후기의 수령」, 『慶北史學』4, 경북사학
　　회, 1982, p.6).

41) 『承政院日記』, 肅宗 26年 7月 25日(丙辰).
　　『備邊司謄錄』, 肅宗 26年 7月 27日(戊午).

42) 『牧民考』, 居官大要.
　　'州縣之職 古人雖云勞人 而有分憂之責 民社之寄 政得其理 則百里晏如 不
　　得其理 則害及生靈'

43) 이와 관련해서 18세기 중반 충청도 예산과 덕산의 水利를 둘러싼 갈등과 이를
　　해당 지역민에게 유리한 방향으로 끌고 가려는 수령의 역할을 조명한 연구가 참
　　고된다(구완회, 「조선 후기 군현 사이의 갈등과 수령의 역할」, 『大丘史學』86,
　　대구사학회, 2007).

하였으므로 수령의 위상과 비중은 그만큼 다대할 수밖에 없었다.

이런 상황에서 이만추에게 더욱 염려되었던 일은 변방의 관리와 방어였다. 그는 현재와 같은 무관 중심의 수령 파견으로는 평안도를 제대로 統禦할 수 없을 것으로 판단하였다. 그가 보기에 변지의 주민들은 몰래 越境을 감행하고, 山野는 울타리의 역할을 하지 못하며, 백성을 옮기고 나무를 심는 일도 결국 소용이 없게 되는 형국이었다. 여기에 대해 그는 다음과 같이 세 가지의 방안을 제시하였다. 첫째는 조정에서 重臣 중에 문무를 구비한 자를 擇差해서 해당 지역의 백성을 鎭撫하라는 것이다. 둘째는 安州에 西評事를 복설하고, 해당 관리는 三司에 출입하는 사람을 차송하게 하는 것이다.44) 이로써 수령을 '彈壓'하고 관리들을 엄히 가르쳐 민심을 안정시키고 土習을 올바르게 귀착시킬 수 있을 것으로 보았다. 셋째는 重臣으로 차출한 江界府使로 하여금 巡邊使를 겸하게 하고, 매년 사계절마다 변지 주민을 巡安하고 潛越을 단속해서 移民植木을 착실히 거행할 것을 강조하였다.45)

또한 위의 주문과는 별도로 교화를 담당할 문신 관리의 파견도 요청하였다. 고려 시대에는 西京을 중시하여 5백년의 역사를 이룰 수 있었지

---

44) 西評事의 置廢 시기는 분명하지 않다. 영조 즉위년(1724)에 正言 金浩는 서평사가 "옛날에는 있었으나 지금은 없다"라고 했을 뿐이다. 김호는 北評事의 例에 따라 서평사를 파견하여 府內에 거하게 함으로써 主帥의 擧動을 살피게 하자고 제안했으나 이때는 별다른 조처가 취해지지 않았다[『承政院日記』, 英祖 卽位年 11月 5日(乙巳)]. 그러다가 영조 13년(1737) 右議政 宋寅明이 平安都事를 예전 關西評事의 예에 따라 三司 중에서 선발하여 차송하고 매년 가을 覆審時에 嶺阨 樹木의 長養 여부, 수령의 勤慢 등을 비변사에 읍별로 보고하게 하자고 건의한 것이 채택되어 이를 定式으로 삼았다[『承政院日記』, 英祖 13年 1月 7日(丙申)].

45) 『安窩先生文集』3, 「說」, 關西弊瘼說(p.259).

만, 말엽에 서경을 소홀히 하여 나라가 망하였으니 이는 오늘날의 거울
이 된다고 지적하였다. 그리고 국초에는 여러 고을에 訓導 1명을 두고
가르쳤는데, 지금은 그 관직을 없애고 또 가르치는 바도 없으니, 이처럼
가르치지 않고 백성이 착하기를 바라는 것은 옥을 쪼지 않고 문채를 구
하는 것과 마찬가지라고 하였다. 아울러 평안도가 武를 떨쳐서 호위할
땅이고, 文을 가르칠 곳은 아니라는 견해를 재차 반박하였다. 한갓 '奮武
威'만 하고 文으로써 교화하지 않는다면 親上死長을 알지 못하고 국가
를 위태롭게 만들 수 있다는 것이다. 그러면서 다음과 같이 평안도 지역
의 중요성을 언급하였다.

> 평안도의 인심은 바탕이 곧고 두텁고 무거워서 진실로 남쪽 지방의 사
> 납고 가벼운데 비할 바가 아니다. 만약 道로써 인심을 다스린다면 나라가
> 믿을 것은 평안도보다 나은 곳이 없을 것이다. … 兩南은 비유하면 팔과
> 다리이고, 關西는 목구멍과 같다. 팔다리는 비록 병이 들어도 큰 해가 없
> 지만 목구멍이 막힌다면 목숨이 장차 끝나게 되니, 오늘날 나라를 위한 자
> 는 그 輕重을 알지 못해서야 되겠는가?[46]

여기서 국가 전체는 신체에 비유되고 있다. 평안도는 생명과 직결되
는 '목구멍'으로 표현하면서 인심의 교화를 통해 문무를 조화롭게 다스
리는 것이 兩南보다 평안도에서 시급하며, 그것이 나라의 경영에 대단
히 중요하다는 점을 환기시키고 있었다.

한편 淸과 接境하고 있는 평안도에는 군사적으로 각별한 대책이 요구

---

46) 『安窩先生文集』3, 「說」, 關西弊瘼說(pp.259~260).
　　西路人心質直厚重 誠非南方剽輕之比也 若御之以道 則國家之所恃無踰於
　　此地也 … 兩南比之 則肢脚也 關西比之 則咽喉也 肢脚雖病不爲大害 咽喉
　　若塞 則大命將終 今日之爲國家者 可不知其輕重乎'

되었다. 이만추는 앞서 邊境에 문관 파견의 필요성을 설파한 외에도 조선후기 5군영의 첩설 등에 따른 兵制의 문란을 지적하면서 "오늘날 변방의 근심에 대한 나라의 계책은 하나도 믿을 만한 것이 없다"고 진단하였다. 이에 대한 해결책으로는 법과 제도를 바꾸는 것보다 원론적인 차원에서 폭넓은 인재의 등용[得人]이 우선되어야 할 것을 촉구하였다.47)

이에 비해 이시항은 지형을 활용한 關防重疊論을 상세하게 제시했는데, 그 내용은 중앙에서의 군사 정책이나 이만추의 대책과도 차이가 있었다. 이시항이 제시한 평안도 방어론의 핵심은 「請修西路中嶺關防疏」에 잘 담겨져 있다. 그는 당시 朝野에 유행하고 있던 淸의 멸망설에 동조하였다. 淸이 穆克登을 파견해서 백두산의 疆界를 정하려 했던 것도 본래 의도는 조선의 통로를 탐지하기 위한 것으로 판단하였다. 그리하여 변란이 있게 되면 저들이 우리나라로 쳐들어 올 것이므로 방비책을 조금도 늦출 수 없다고 경계하였다.48) 이러한 이시항의 지역 방어에 대한 관심은 비상한 것이었다. 군복을 입고 말을 달리며 "이 몸은 옛날의 書生이 아니다"49)라고 하면서 호연한 풍모를 드러내기도 했던 그는 匹馬로 진영의 형세를 두루 살피고 嶺隘의 요충지를 확인하면서 바로 이 關防疏를 작성하였다.50)

---

47) 『安窩先生文集』2, 「策」, 兵車田政執策(pp.184~185).
48) 『和隱集』4, 「疏」, 請修西路中嶺關防疏(『韓國文集叢刊 續』57, p.461. 이하 關防疏로 약칭함).
49) 『和隱集』2, 「詩」, 定州松栢堂 次順相韻(『韓國文集叢刊 續』57, p.426).
50) 하지만 이시항은 關防疏를 임금에게 올리지는 못하고, 그 대신 평안도의 軍糧·防禦·機務의 得失 등을 기록해서 20여 권으로 편성된 『關西通志』를 저술하였다. 英祖朝에 영의정으로 활약한 李宗城에 따르면 이 책이 이시항의 집에 소장되어 있었다고 하나 지금은 소재를 파악할 수 없는 실정이다[和隱集 8, 「附錄」,

이시항은 평안도에 설치된 關防制度가 전체적으로 '得力'하기 어려운 것이라고 평가하였다. 이는 지형의 이로움을 살리지 못해서 要地가 아닌 곳을 취했거나, 혹은 主將의 품계가 낮아 지역을 다스리는 권한이 가벼운 데서 그 원인을 찾았다. 이시항은 특히 지형을 활용하는 일에 관심을 집중시켰다. 이에 관해서는 嶺路에 포진한 '中嶺'을 막는 것이 가장 긴요하다고 역설하였다. 여기서 中嶺이란 다음의 7곳을 가리킨다. ① 江界路에서 나와서 熙川의 경계에 있는 狄踰嶺, ② 渭原·理山路에서 나와서 理山의 남쪽 경계에 있는 國祠嶺, ③ 昌城·碧潼路에서 나와서 雲山의 경계에 있는 緩項嶺, ④ 朔州路에서 나와서 昌城.·龜城의 경계에 있는 天摩幕嶺, ⑤ 義州路에서 龍川·鐵山·宣川·定州의 4鎭을 거치면 나오는 嘉山의 曉星嶺, ⑥ 의주와 용천의 直路로부터 龜城으로 통하는 靑龍嶺, ⑦ 定州·郭山의 직로에서부터 泰川으로 통하는 虜捕嶺이다. 이러한 中嶺은 적의 예봉이 곧바로 닿는 요충지이면서 지리적인 이점을 살려 적침을 막을 수 있는 곳이라고 여겼다. 이는 병자호란 때 江邊의 창성과 의주 방어에 실패하여 청의 군대가 파죽지세로 남하했던 사실에 대한 반성에서 나온 의견이었다.[51]

그렇다고 해서 중령의 관방설이 외곽의 강변 방어를 도외시하면서 안출된 것은 아니었다. 단지 전적으로 강변 방어에만 역량을 집중하고 그 아래 험준한 산과 고개로 이루어진 천연의 요새를 버린 것처럼 해서 地利를 살리지 못한 점을 지적한 것이었다.[52] 이시항은 이를 집에 도적이

墓碣銘 幷序(李宗城)(『韓國文集叢刊 續』57, p.552)].

51) 『和隱集』4, 「疏」, 關防疏(『韓國文集叢刊 續』57, pp.461~462).

52) 『和隱集』4, 「疏」, 關防疏(『韓國文集叢刊 續』57, p.462).
　　가령, 숙종 40년(1714) 암행어사 여필희는 書啓에서 평안도 지역 방어책으로 江邊의 軍額에 관한 사항만을 거론하였다. 그는 江邊 鎭堡의 파수군에게 쌀과 포

침입하지 못하도록 대비하는 것에 비유해서 다음과 같이 말했다.

> 도적을 대비하는 일은 바깥 울타리를 준비할 뿐만 아니라 반드시 중간
> 담장을 견고히 쌓고 빗장과 자물쇠를 튼튼히 한 다음에 기다려야 한다. 그
> 러면 적이 갑자기 이르렀을 때 바깥 울타리를 혹 시키지 못했더라도 중간
> 담장에서 막을 수 있을 것이다.[53]

적이 쳐들어 왔을 때 설혹 바깥 울타리에서 봉쇄하지 못했더라도 중
간 방어막이 있으면 적을 물리칠 수 있으리라는 주장이었다. 그래서 關
防疏는 궁극적으로 "강변은 전과 같이 설치하고 中路에도 별도로 빈틈
없이 준비하여 관방을 중첩하는 계책[重關疊防之計]"에서 비롯된 것이
라고 할 수 있었다.[54]

이 방비책의 수행에는 몇 가지 원칙과 조치가 있어야 한다고 여겼다.
우선 '自內防外'를 원칙으로 삼아 방어한다는 것이다. 이를테면 적유령
의 바깥에는 平南鎭과 神光鎭이 있지만 적유령과의 거리가 멀어서 위급
할 때 힘을 얻기가 어려웠다. 그래서 두 鎭을 합친 다음에 鎭을 嶺內로
옮겨 설치하여 안에서부터 바깥을 방어하는 땅으로 삼을 것을 주장하였
다.[55] 또한 軍餉을 충실히 하기 위해 鎭 아래 소속된 창고가 멀리 흩어

를 지급하고, 보인을 채우는 기한을 늦추어 궐액을 충정하는 방식 등을 통해 군액
을 충실히 하자고 건의하여 왕의 윤허를 받았다[『肅宗實錄』55, 肅宗 40年 9月
19日(丁巳)].

53) 『和隱集』4, 「疏」, 關防疏(『韓國文集叢刊 續』57, p.462).
'譬如人家之爲盜備者 不但綢繆外藩 而必須堅築中墻 嚴局固鑰而待之 賊
若卒至則外藩雖或不守 而中墻截然'

54) 『和隱集』4, 「疏」, 關防疏(『韓國文集叢刊 續』57, p.464).

55) 『和隱集』4, 「疏」, 關防疏(『韓國文集叢刊 續』57, p.462).

져 있는 것들도 嶺內로 옮기도록 하였다. 靑龍嶺의 바깥에 위치한 安義鎭도 嶺內로 移設함으로써 僉使로 하여금 앉아서 제압하는 계책[坐制之策]으로 삼게 하였다.[56] 이시항이 각별히 관심을 기울인 國祠嶺에도 동일한 원칙이 적용되었다. 理山의 적로를 막기 위해 설치된 車嶺鎭과 牛峴鎭의 사이에는 3개의 嶺이 있었다. 이렇게 되면 남쪽으로 통하는 길이 5군데가 되어 車嶺과 牛峴만으로는 그 길들을 모두 막을 수가 없었다. 그런데 국사령은 5嶺內 60~70里의 지점에 자리하고 있어서 여기를 방어하면 5路를 일일이 나누어서 지켜야 하는 근심이 사라질 것으로 보았다. 그래서 차령과 우현의 두 鎭을 혁파한 뒤에 국사령 아래에는 별도로 1邑을 설치해서 방어할 것을 제안하였다.[57]

이런 제안 가운데 특히 주목되는 사실은 국사령에 읍을 설치하는 것이 要路를 막을 뿐만 아니라 邊民의 여망에도 부응한다는 점을 내세우고 있다는 것이다. 良民은 嶺內에 읍을 설치해서 경계를 나누고 각자 다스리려는 소원이 있는데, 民情이 그렇다면 거기에 따라야 한다는 입장이었다. 더욱이 嶺底는 들판을 개간할 수 있는 환경을 갖추고 있어서 형편이 매우 유리한데, 혁파될 차령과 우현의 民戶가 거의 2,000명에 이르고 사면의 경계 또한 100里를 이루고 있어서 다른 지경을 넓게 분할할 필요도 없을 것으로 전망하였다. 그리고 이런 장점을 살려서 하나의 中邑을 만들게 되면 고을 수령은 鎭將보다 事體가 중요하므로 지위는 높고 명령은 엄숙해져서 關防은 저절로 두텁게 될 것이라고 낙관하였다. 이는 결국 변민을 안착시켜 지역을 개발하고 관방을 튼실히 하려는 복안에서 나온 방책이었다.[58]

---

56) 『和隱集』4, 「疏」, 關防疏(『韓國文集叢刊 續』57, p.463).
57) 『和隱集』4, 「疏」, 關防疏(『韓國文集叢刊 續』57, p.462).

이와 같은 맥락에서 軍兵을 모으는 방법도 별도로 강구하였다. 아무리 金城湯池라고 해도 兵과 食이 없으면 무용지물이기 때문이다. 이시항은 流民으로 嶺底에 들어와 사는 자는 煙役을 없애주고, 火田을 일구게하며, 조세와 부역의 침범을 받지 않게 해야 한다고 역설하였다. 그렇게하면 고개 아래 백성들이 가득차서 添兵의 문제도 자연히 해소될 것으로 예상하였다.[59] 화전은 당시 평안도에서 확산 일로에 있기는 하였지만, 삼림 황폐와 流民의 성행 등 폐단이 수반되는 까닭에 법으로는 엄히금지되어 있던 상황이었다.[60] 이시항은 화전을 합법화하는 방안을 통해주민 안집과 지역 개발, 관방의 충실을 상호 연계시켰다. 이는 이만추가변지 주민에 대한 정기적인 巡安, 잠월의 단속, 移民植木의 착실한 거행을 주문한 것과도 차이가 있는 발상이었다.

한편 中嶺의 관방설을 적용하면 道內의 관방이 '自衛'의 기능에 머물지 않고 상호간에 掎角之勢를 이룰 수 있을 것으로 기대하였다. 그러면서 7嶺을 하나라도 지키지 못한다면 나머지가 모두 와해될 수 있다는염려에 대해서도 嶺內의 여러 城들이 서로 계책으로써 대응할 것이라는점을 내세워 그러한 우려를 불식시켰다.[61] 예컨대 泰川 虜捕嶺의 경우에는 嶺內에 하나의 大鎭을 별도로 설치하고 목책을 만들어 信地로 삼은 다음 태천현감과 힘을 합해서 함께 지키도록 하였다. 이는 노포령과효성령이 掎角을 이루게 하려는 구상에서 나온 계책이었다.[62]

---

58) 『和隱集』4, 「疏」, 關防疏(『韓國文集叢刊 續』57, pp.462~463).

59) 『和隱集』4, 「疏」, 關防疏(『韓國文集叢刊 續』57, p.463).

60) 李景植, 「朝鮮後期의 火田農業과 收稅問題」, 『韓國文化』10, 서울대학교 한국문화연구소, 1989, pp.184~190.

61) 『和隱集』4, 「疏」, 關防疏(『韓國文集叢刊 續』57, p.464).

62) 『和隱集』4, 「疏」, 關防疏(『韓國文集叢刊 續』57, p.463).

이시항은 主將의 요건에 대해서도 언급하였다. 제대로 된 장수가 없으면 충실한 방어를 할 수 없다는 인식에서였다. 그는 關防疏에 입각해서 7嶺을 방수책으로 삼는다면 이를 담당하는 장수는 爵位가 높고 도략과 용력을 겸비해야 된다고 하였다. 이와 별도로 병자호란 때 적의 침입로로 이용된 적이 있는 창성의 완항령과 가산의 효성령에는 防禦使를 설치해야 하며, 鎭將에 대해서는 募民의 많고 적음으로 勤慢을 평가하고 殿最를 엄히 해서 가렴주구를 막는 방도로 삼게 하였다. 그리고 道內의 邊將은 설치한 수가 매우 많으니 도신과 수신으로 하여금 緊歇·輕重을 살펴서 없앨 것은 없애고 그 군졸과 기계는 옮기도록 하였다. 그리하여 이른바 中嶺 7處에 7大營을 만들어 충실히 방어한다면 이것보다 나은 계책은 없을 것이라고 자신하였다. 아울러 상소의 말미에서 이 계책을 속히 거행한다면 국가가 평안도를 지키는 계책에 도움이 될 터인데 이것이 단지 평안도 백성만의 다행이겠느냐는 말로 마감하였다.[63]

이렇게 關防疏를 작성한 이시항은 關西가 유사시에 적의 침입을 받는 첫 번째 지역이므로 평소에도 항상 염려하는 마음을 가지고 계책을 강구하였다고 소회를 밝혔다.[64] 당시는 청과 전면전이 벌어질 경우 수도권의 방어를 우선시하고, 그 다음에 예상되는 주요 공격로와 평안도 지역의 순으로 방어체제가 마련되어 있었다.[65] 이런 속에서 평안도의 방비는 지역을 보전하는데 의의를 두기 보다는 "서울에 禍를 늦출 수 있게" 하는 목적에서 구상될 수 밖에 없었다.[66] 이처럼 방어 역량 면에서

---

63) 『和隱集』4, 「疏」, 關防疏(『韓國文集叢刊 續』57, p.463~464).
64) 『和隱集』4, 「疏」, 關防疏(『韓國文集叢刊 續』57, p.461).
65) 강석화, 「조선후기 평안도지역 압록강변의 방어체계」, 『韓國文化』34, 서울대학교 한국문화연구소, 2004, p.167.
66) 『備邊司謄錄』, 英祖 9年 10月 3日(辛亥).

도성에 먼저 힘을 기울일 것이 요청되고 있었기 때문에 이시항의 關防
重疊論은 평안도민의 처지에서는 생존과 직결되는 문제일 수 있었다.
더불어 도성 중심으로 위계화되어 있는 방위체제의 우선순위도 8道를
균등하게 대우해 달라는 일시동인적 기조에서는 일종의 지역 차별로 간
주될 수 있는 사안이었다.

이에 대해 이시항은 關防疏의 저술 목적이 단지 국가가 적을 막고 변
경을 지키는 일로 그치는 것이 아니라 목숨과 처자를 보전하려는 생각
에서 나온 것이라고 고백하였다.[67] 여기에는 자신이 터전을 두고 있는
지역의 성장과 개발의 성과를 지속하고자 하는 의지가 담겨 있는 것으
로 보인다. 關防疏에 적시된 7嶺을 방어선으로 연결하면 물산의 집산과
상품 생산이 활발하여 신흥 도시로 성장하고 있던 박천의 진두, 영변,
안주, 개천, 덕천 등지를 보호하는 형국이 되는 것도 우연은 아닐 것이
다.[68] 요컨대 關防疏에서 제시한 평안도 지역 방어론은 도성을 방어하
는 외곽지대로서의 부수적인 기능에 매몰되지 않고, 그 인식의 저변에
는 주민의 여망에 부응한 지역 개발과 일시동인적 사고가 개재되어 있
다는 점에서 새로운 의미를 지니는 것이라고 할 수 있겠다.

이상에서 숙종조 평안도 유생의 지역인식과 차별해소 방안을 검토하
였다. 평안도 유생들은 자신들의 지역 문화가 성리학적인 보편 문화와
다르지 않다고 역설하면서 '토풍'의 타파와 '일시동인'을 강조하였다. 그
리고 특히 인사·국방의 부면에서 차별 해소와 지역 발전을 요구하였다.

---

67) 『和隱集』4, 「疏」, 關防疏(『韓國文集叢刊 續』57, p.461).
68) 7嶺 以南에 자리한 평안도의 주요 도시와 그 발전상에 관해서는 홍희유, 『(개정
판) 조선상업사(원시-중세편)』, 평양 : 사회과학출판사, 2012, pp.361~368, pp.376~
378, pp.413~416 ; 홍희유, 『조선 중세 수공업자 연구』, 지양사, 1989, pp.260~261,
pp.286~287 참조.

이만추는 평안도의 弊瘼을 알리는 상소에서 지나친 것은 감히 글에 쓰지 않고 보충하고 막는 방법만을 말하겠다면서 "오늘을 잃어버리고 도모하지 않아 몇 년이 지나게 된다면 어떻게 할 수 없게 될까 두렵다"는 말을 남겼다.[69] 하지만 결과적으로 조정에서는 '지나치지 않은' 수준의 차별 해소와 지역 발전의 요구에 부응하지 못하였다. 이후 순조 11년(1811)에 일어난 홍경래의 난을 포함해서 '차별'을 부각시키는 것은 평안도인을 결집시키는 중요한 機制의 하나로 작동하였을 것으로 생각한다.

---

69) 『安窩先生文集』3, 「說」, 關西弊瘼說(pp.259~260).
　　'失今不圖 若過數年 則恐無可爲矣'

제3장
영조~철종조 평안도의 문물변동과 민인 분화

1. 문화 역량의 증대와 군현의 독자성 제고

1) 교역·생산의 활발과 문풍 확산

병자호란 이후 조선과 청은 불신에 가득찬 적대 관계였다. 17세기 후반까지 청에서의 물품 구입은 극히 제한되었고, 사신단의 활동도 공식적인 행사 외에는 허락되지 않았다.[1] 변경 지역인 평안도에서는 청나라 사람에게 의심을 살까 저어되어 兵車 하나 만들기가 쉽지 않은 형편이었다.[2] 그러나 18세기 중반 英祖朝에 對淸關係가 안정적으로 변화되면서 청과의 교류 양상은 크게 달라졌다. 매매가 금지된 물품 구입이 허용된 것은 말할 것도 없고, 평안도 재정에 심대한 타격을 주었던 사신의 왕래도 대폭 줄어들었다.[3] 심지어 청나라 황제는 犯越 방지와 國防을 이유로 압록강 일대에 초소를 설치해야 한다는 자국 관리의 주장을 물리치고, 도리어 초소를 설치하지 말아달라는 조선의 요청을 수용하는 전향적인 자세를 보여주기까지 하였다.[4]

---

1) 김문식, 「조선후기 지식인의 자아인식과 타자인식-대청교섭을 중심으로-」, 『대동문화연구』39, 성균관대학교 대동문화연구원, 2001, pp.426~430.

2) 崔國亮, 『壇究捷錄』10, 「淸南北用兵車事宜」(국방부 군사연구소 영인본, 1999, pp.993~994).

3) 조선후기 對淸使行의 빈도 추이와 평안도의 사행 부담에 관해서는 권내현, 『조선후기 평안도 재정 연구』, 지식산업사, 2004, pp.146~164 참조.

4) 金宣旼, 「雍正-乾隆年間 莽牛哨 事件과 淸-朝鮮 국경지대」, 『중국사연구』71,

이러한 대청관계의 변화는 평안도의 사회경제적 발전을 크게 자극하였다.[5] 대청무역의 창구 역할을 했던 義州의 灣商은 은과 인삼을 가지고 使行에 참여하여 막대한 부를 축적하였다. 1년에 4~5차례 열렸던 柵門後市에서 만상이 청국인과 거래하는 액수는 한번에 은 10만냥에 달할 정도였다.[6] 義州大路로 이어진 평양과 안주는 淸의 燕京과 연결된 데다 각각 대동강과 청천강을 끼고 있어 물산의 교역이 활발하였다. 그리하여 英祖朝에는 수백만 금의 재물을 모은 사람이 서울에 가장 많고, 그 다음이 개성, 평양, 안주에 있는데, 삼남에는 이런 부자들이 없다고 평가되었다.[7] 평안도를 거점으로 청국 사람과의 거래는 거의 하루도 빠지지 않고 계속될 만큼 활성화되어 있었다.[8]

18세기 후반 평안도 재정의 중앙 운송 필요성과 더불어 조선술과 항해술의 발달로 그동안 해상운송이 금지되어 있던 장산곶의 뱃길이 열리게 되면서 전국 시장권의 중심인 서울과 해상으로 연결되어 평안도 지역의 상업 발달은 더욱 촉진될 수 있었다.[9] 또한 博川의 津頭場은 주변의 장시와 大定江邊의 포구 시장권을 통합하면서 전국적인 장시로 성장하였다. 진두가 상업도시로 발전하면서 그 상인들은 인접한 안주, 정주,

---

중국사학회, 2011, pp.82~92.
5) 조선후기 평안도의 경제 발전 양상에 관해서는 高錫珪,「18세기 말 19세기초 평안도지역 鄕權의 추이」, pp.353~355 ; 吳洙彰, 앞의 책, 2002, pp.138~150 참조.
6) 姜萬吉,『朝鮮後期 商業資本의 發達』, 고려대학교 출판부, 1973, p.115.
7) 李重煥,『擇里志』,『卜居總論』, 生利.
8)『正祖實錄』12, 正祖 5年 7月 30日(庚午).
   '領議政徐命善啓言 大國人去來 幾乎無日無之'
9) 高東煥,『朝鮮後期 서울商業發達史硏究』, 지식산업사, 1998, pp.131~136.
   吳洙彰,「조선후기 平壤과 그 認識의 변화」,『朝鮮의 政治와 社會』, 集文堂, 2002, p.839.

영변, 태천, 귀성 등지는 물론 평안도 동북단의 강계까지 포괄하는 상권
을 형성하기도 하였다.[10] 정조 22년(1798) 祥原의 백성들은 商船이 모여
들어 넉넉하게 생활할 수 있는 큰 강 근처로 邑治를 옮겨 달라고 청원하
여 관철시키는 일까지 있게 되었다.[11]

   평안도 지역의 상업 발달은 수공업의 진전을 가져왔고, 풍부한 광물
을 보유하고 있었기에 수공업의 발전은 광업의 발달과도 연계되었다.
조선후기 장시에서 평안도는 명주와 면포의 거래가 가장 활발한 지역이
었다. 양잠을 전업으로 하는 농가가 많아 '土業'이라고 불릴 정도였다.
영천과 성천에서 생산되는 合絲紬는 고급으로 알려져서 다른 지역의 명
주보다 두 배 이상의 값을 받았다. 안주, 개천, 덕천 등지는 고급 비단인
亢羅絹織의 생산지로 유명하였다. 양잠업이 활성화되었던 강동의 일부
농가에서는 영리적 목적으로 집집마다 5묘씩이나 되는 넓은 규모의 뽕
밭을 경영하기도 하였다.[12] 제철 수공업이 발달한 개천의 지역민들은
주로 철을 제련할 때 필요한 숯을 구워 생활하였는데, 상업이 흥성하고
물화가 사방으로 통하여 생활이 풍성한 형편이었다고 전한다.[13] 이 밖
에 정주의 納淸과 박천의 龍鷄面 일대에서는 유기공장이 20~30개나 있
었을 정도로 수공업의 중심지로 명성을 날렸다. 對淸 銀子貿易과 관련하
여 금은 광산의 채굴이 급속히 진행되기도 하였다.[14]

---

10) 홍희유, 『개정판 조선상업사(원시~중세편)』, 사회과학출판사, 2012, pp.376~378.
   19세기 초에 박천 진두장은 전국에서 가장 큰 15개의 장시 중 하나로 꼽혔다(『萬
   機要覽』財用篇5, 各廛, 附 鄕市).
11) 『正祖實錄』49, 正祖 22年 7月 4日(丙寅).
12) 남미혜, 「18세기 영조대 양잠정책과 양잠업」, 『한국문화연구』16, 이화여자대학교
   한국문화연구원, 2009, pp.254~259.
13) 홍희유, 『조선 중세 수공업사 연구』, 지양사, 1989, pp.286~287.
14) 홍희유, 「1811~1812년의 평안도농민전쟁과 그 성격」, 『봉건지배계급에 반대한 농

평안도의 사회경제적 번성은 인구의 증가 추세로 뚜렷이 확인된다. <그림 1>은 병자호란 이후 평안도의 인구수 변화를 정리한 것이다.

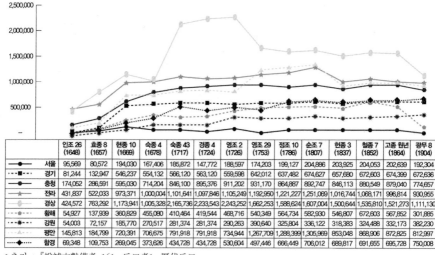

〈그림 1〉 병자호란 이후 道別 인구수 변화(1648~1904)

	인조 26 (1648)	효종 8 (1657)	현종 10 (1669)	숙종 4 (1678)	숙종 43 (1717)	경종 4 (1724)	영조 2 (1726)	영조 29 (1753)	정조 10 (1786)	순조 7 (1807)	헌종 3 (1837)	철종 7 (1852)	고종 원년 (1864)	광무 8 (1904)
서울	95,569	80,572	194,030	167,406	185,872	147,772	188,597	174,203	199,127	204,886	203,925	204,053	202,639	192,304
경기	81,244	132,947	546,237	554,132	566,120	563,120	559,598	642,012	637,482	674,627	657,680	672,603	674,399	672,636
충청	174,052	286,591	595,030	714,204	846,100	895,376	911,202	931,170	864,887	892,747	846,113	880,549	879,040	774,657
전라	431,837	522,033	973,371	1,000,004	1,101,641	1,097,846	1,105,249	1,192,950	1,221,227	1,251,069	1,016,744	1,068,171	996,814	930,955
경상	424,572	763,292	1,173,941	1,005,328	2,165,736	2,233,543	2,243,252	1,662,253	1,588,624	1,607,004	1,500,644	1,535,810	1,521,273	1,111,130
황해	54,927	137,939	360,829	455,080	410,464	419,544	468,716	540,349	564,734	582,930	546,807	672,603	567,852	301,885
강원	54,003	72,157	185,770	270,517	281,374	281,374	290,263	390,640	325,804	336,122	318,383	324,488	332,173	382,230
평안	145,813	184,799	720,391	706,675	791,918	791,918	734,944	1,267,709	1,288,399	1,305,969	853,048	868,906	872,825	812,997
함경	69,348	109,753	269,045	373,626	434,728	434,728	530,604	497,446	666,449	706,012	689,817	691,655	695,728	750,008

*출전 : 『增補文獻備考』161, 戶口考1, 歷代戶口.

이에 따르면, 평안도의 인구수는 병자호란의 후유증을 극복해 가면서 현종 10년(1669)경에 이르기까지 큰 폭의 증가율을 보였다. 그리고 숙종·경종 연간까지 다소의 증감을 겪으며 비슷한 수준을 유지하였다. 그러다가 대청관계가 안정기에 접어든 영조 29년(1753)에는 1,267,707명으로 한 세대 전인 영조 2년(1726)의 734,944명보다 무려 53만여 명이 늘어난 급증세를 기록하였다. 이 기간에 평안도는 전라도의 인구를 추월하여 경상도에 이어 전국에서 두 번째로 많은 인구를 보유하고 있었다. 이

민들의 투쟁(이조편)』, 열사람, 1989, pp.55~58.

러한 인구 규모는 순조 11년(1811) 홍경래의 난과 거듭되는 재난, 그리고 통치력의 이완에 따른 호구 파악의 부족 등을 요인으로 해서 헌종 3년 (1837)에 85만 명 수준으로 크게 감소할 때까지 이어지고 있었다.

18세기 후반 평안도 지역의 사회경제적 성장은 정부의 적극적인 관심을 유발하였다. 그것은 우선 평안도의 재정을 常例로 중앙에 끌어들이는 것으로 나타났다.15) 예컨대 영조 30년(1754) 平安監司 李台重은 평안도에 있는 돈과 포목의 '繁殖'이 평소 우리나라에서 제일로 칭해진다고 전제한 뒤, 그동안 평안도가 '剩餘'를 많이 쌓았으므로 '別備'라는 항목이 있게 되었는데, 이것이 아예 謄錄에 고정되어 조정에서 재정을 가져다 쓰는 것이 마치 常貢·正賦의 법과 같이 되었다면서 평안도의 재정이 군색해지는데 책임을 지고 사직하겠다는 上書를 올리기도 했던 것이다.16)

또 다른 한편으로는 평안도 지역의 특성을 북돋는 방향에서 尙武之地로 고착화하려는 정책이 한층 강력하게 추진되었다. 이는 영조·정조 연간에 당쟁이 극성했던 현실에서 사족중심의 문화와 질서가 평안도에 뿌리내리는 것을 막고 국왕의 통치력을 강화하려는 정책과 긴밀히 연관된 것이기도 하였다. 그리하여 이 시기에 평안도에서는 문치가 억제되었고, 무인을 우대하는 정책이 주류를 이루게 되었다.17) 가령, 영조 10년(1734) 조정에서는 평안도가 무예를 숭상하는 고장인데 근래에 오로지 문치를 숭상하고 있어 '本色'에 어긋나므로 무예를 장려하는 방향으로 나아갈

---

15) 권내현, 앞의 책, 2004, pp.249~268.

16) 『英祖實錄』82, 英祖 30年 12月 27日(辛未).

17) 18세기 영조·정조의 평안도 통치 방향과 정책에 관해서는 姜錫和, 「조선후기 平安道의 別武士」, 『韓國史論』41·42, 서울대학교 국사학과, 1999, pp.631~635 ; 吳洙彰, 앞의 책, 2002, pp.78~99 참조.

것을 논의하였다.[18] 같은 맥락에서 영조 28년(1752) 국왕은 오늘날 尙武
之地인 평안도에서 文彩가 압도적이므로 武威를 떨치는 것이 좋겠다는
견해를 피력하기도 했다.[19] 정조 역시 尙武之地에 입각한 영조의 평안
도 정책을 계승하였다. 정조 5년(1781) 兵曹參議 尹冕東이 文學에 경도된
평안도의 사회 풍조를 비판하면서 "평안도 무리들이 글을 읽어 장차 어
디에 쓰겠습니까"라고 한 말에, 국왕 역시 갈수록 확산되는 평안도의 文
風을 바로잡지 않으면 "평안도는 나의 소유가 아닌 땅이 될 것"이라고
우려하였다.[20] 정조는 文을 장려하고 武를 분발시켜야 하는 지역을 구
분하면서,[21] '武鄕'인 서북은 지역의 특성에 따라 무인을 발탁해야 한다
는 下敎를 여러 차례 내리고 있었다.[22]

  18세기 후반 정부의 문치 억제 노력에도 불구하고 평안도의 문화와
학문 수준은 확실히 진전되었다. 문치의 확산을 거듭 우려하고 억제하
려 했던 것 자체가 이미 평안도에서 문풍의 확산이 상당히 진행되고 있
었음을 방증하는 것이었다. 정조 11년(1787)에 평안감영에서 『宋子大全』
을 간행한 것은 지역 문화 발전의 표징이었다. 당시 丁若鏞이 서적을 간
행해서 배포한 자에게는 관직을 내려주자고 제안했을 정도로 서적의 편
찬은 간단한 일이 아니었다.[23] 『송자대전』은 10,258板에 달하는 역대 최
대 규모의 문집으로 다대한 물력이 들어갔을 것이다.[24] 그런데도 이것

---

18) 『承政院日記』, 英祖 10年 5月 26日(辛丑).
19) 『承政院日記』, 英祖 28年 7月 28日(丙戌)
20) 『正祖實錄』12, 正祖 5年 10月 28日(丁酉).
21) 『正祖實錄』12, 正祖 5年 12月 27日(乙未).
22) 『備邊司謄錄』, 正祖 5年 閏5月 1日(癸卯).
    『正祖實錄』12, 正祖 5年 11月 2日(庚子).
    『正祖實錄』12, 正祖 5年 12月 27日(乙未).
23) 『經世遺表』3, 「天官修制」, 三班官制.

이 평양에서 독자적으로 板刻된 것은 평안도가 지닌 재무 능력을 여실히 보여준다. 아울러 조선후기에 노론의 영수이자 대학자로서 송시열이 지닌 상징성을 고려할 때 그의 총체적 업적이라고 할 수 있는『송자대전』을 간행한 것은 평안도의 학문적·문화적 위상과 관련해서 의미가 적지 않다고 할 것이다.

『송자대전』이외에도 서적 간행이 활발하였다. 17세기까지 주로 儒學書, 文集, 醫書, 法律書 등에 국한하던 것이 18세기에는 風俗敎化書, 禮書, 韻書, 地理書, 法醫學書, 歷史書, 牧民書, 譯學書, 兵書 등 이루 다 열거하기 어려울 만큼 다수·다종의 서적이 출간되었다.25) 특히 한문본과 함께 언해본의 간행이 두드러졌다. 예를 들어 숙종 29년(1708)에 鄭澈의 한글가사가 수록된『松江歌辭』를 비롯해서『闡義昭鑑』(1755),『種德新編』(1758),『新釋朴通事』(1765),『明義錄』(1777),『續明義錄』(1778) 등의 언해본이 평양에서 거듭 간행되었다. 정조 20년(1796)에는 평안감영에서 조정의 명에 따라『增修無冤錄諺解』를 인쇄하여 배포하기도 하였다.26)

이렇듯 활발한 서적 간행과 짝하여 평안도 전역에서는 문풍이 확산되었다. 淸南을 중심으로 이루어졌던 지역 문화 발전의 흐름이 淸北으로

---

24) 辛承云,「유교사회의 출판문화-특히 조선시대의 문집 편찬과 간행을 중심으로」,『大東文化硏究』39, 성균관대학교 대동문화연구원, 2001, pp.389~391. 신승운의 연구에 따르면 고려시대 문집 중 규모가 가장 큰 것은 李穡의『牧隱稿』로 모두 1,622판으로 되어 있다. 조선시대의 문집 중『송자대전』다음으로 규모가 큰 것을 차례대로 열거하면 朴世采의『南溪集』(5,024판), 金昌翕의『三淵集』(2,727판), 李瀷의『星湖全集』(2,664판)이다.

25) 崔宇景,「朝鮮時代 箕營·咸營·海營에서 刊行된 書籍 硏究」, 경북대학교 석사학위논문, 2009, pp.79~82.

26) 윤병태,「평양의 목판인쇄 출판문화」,『出版學硏究』, 한국출판학회, 1992, pp.194~204.

점차 확대되었던 것이다. 이는 청북에서 문과급제자 수가 현저히 증가하고, 거의 모든 군현에서 급제자를 배출하고 있던 사정과 궤를 같이하고 있었다. <표 1>과 <그림 2>는 청남·청북의 군현별 문과 급제자 현황을 정리한 것이다.

<표 1> 평안도 청남·청북의 군현별 문과급제자 배출 현황

시기 \ 지역	1392 ~ 1450	1451 ~ 1500	1501 ~ 1550	1551 ~ 1600	1601 ~ 1650	1651 ~ 1700	1701 ~ 1750	1751 ~ 1800	1801 ~ 1850	1851 ~ 1894	합계
청남 (A)	7	11	10	12	26	46	64	77	91	152	496
	100.0%	100.0%	100.0%	85.71%	89.66%	63.01%	52.89%	32.49%	37.92%	42.11%	44.97%
청북 (B)				2	3	27	57	160	149	209	607
	0.00%	0.00%	0.00%	14.29%	10.34%	36.99%	47.11%	67.51%	62.08%	57.89%	55.03%
평양	4	9	5	8	21	24	8	10	17	41	147
안주					2	4	17	15	23	16	77
숙천				1	1	4	2	4	7	18	37
개천						1	5	11	7	7	31
상원						2	3	4	2	13	24
성천				1			5	2	4	10	22
영유						2	1	7	4	7	21
강동						2	7	3	5	3	20
순안				1		3	4	4	4	5	21
용강			2	1		1	1		4	8	17
중화			2	1	1		3		2	6	15
순천						1	2	6	5	2	16
강서	1							2	4	6	13
은산							2	3	2	3	10
함종	2	2	1				1	1		2	9
자산						2	2	1			5
삼등								2		2	4
삼화								1		2	3
덕천							1			1	2
맹산								1			1
양덕									1		1

시기 지역	1392 ~ 1450	1451 ~ 1500	1501 ~ 1550	1551 ~ 1600	1601 ~ 1650	1651 ~ 1700	1701 ~ 1750	1751 ~ 1800	1801 ~ 1850	1851 ~ 1894	합계
청남	7	11	10	12	26	46	64	77	91	152	496
정주						12	26	90	82	78	288
영변						1	2	16	12	21	52
태천						1	6	6	8	24	45
가산						5	7	6	8	16	42
박천						2	1	1	5	17	26
의주					1		2	5	4	11	23
철산							2	5	10	5	22
귀성						2		7	4	8	21
선천						1	3	7	3	6	20
곽산				1	1	1			2	9	14
운산						2	4	3	3	2	14
용천								6	1	6	13
벽동							1	2	2	1	6
삭주								1	1	4	6
창성				1				2	2		5
강계					1		2				3
희천								2		1	3
위원									2		2
초산							1	1			2
청북	0	0	0	2	3	27	57	160	149	209	607
未詳										3	3
총합계	7	11	10	14	29	73	121	237	240	364	1106

* 출전 : 『關西搢紳錄』(규장각 소장, 想白古 920.051-G994, 1392~1871년) ; Edward W. Wagner&宋
　俊浩, 『補註 朝鮮文科榜目』(http://www.dbmedia.co.kr).

** 미상 3명 : 李昌彦(1872年, 庭試), 金成龍(1876年, 庭試), 張致良(1876年, 庭試).

〈그림 2〉 평안도 군현별 문과 급제자 배출 현황(15세기 후반~19세기 전반)

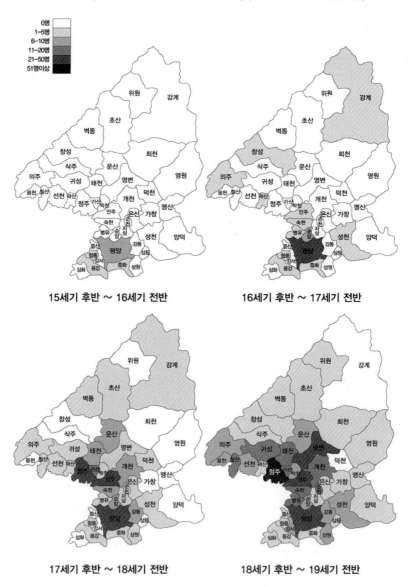

<표 1>과 <그림 2>에 의하면, 16세기 전반까지는 청남 지역에서만 평양 18명, 용강 2명, 중화 2명, 강서 1명, 함종 5명의 문과급제자가 배출되었고, 청북 지역에서는 전혀 급제자를 배출하지 못하고 있었다. 청남에서도 감영이 있는 평양을 위시하여 그 인근 지역에서만 합격자가 집중적으로 분포하고 있음을 알 수 있다.

16세기 후반~17세기 전반에는 청북에서도 의주 1명, 곽산 2명, 창성 1명, 강계 1명 등 총 5명의 급제자가 배출되었다. 하지만 청남과 비교하면, 평양 출신 29명을 포함해서 청남의 급제자가 38명이 배출되고 있어 당시 평양을 중심으로 한 청남에서 학문에 종사할 수 있는 여건이 청북보다 여전히 유리한 상태에 있었다고 할 수 있겠다.

17세기 후반~18세기 전반에는 평안도 42개 군현 중 30군현에서 급제자가 나와 청남과 청북이 고른 분포를 보이는 가운데 청남 110명, 청북 84명으로 두 지역 간의 격차가 줄어드는 추세를 나타내었다. 이는 병자호란이 끝나고 청북이 점차 복구되면서 평안도 사회가 전체적으로 안정을 찾아가는 추세가 반영된 것으로 여겨진다. 특히 청북의 정주는 38명의 급제자를 배출하여 32명에 그친 평양을 추월하고 있었다. 이 시기에 상업도시로 성장해 가던 안주는 21명의 급제자를 배출하여 새롭게 부상하는 모습을 보여주었다.

18세기 후반~19세기 전반은 청북의 비약적인 성장이 눈에 띤다. 이 시기에 청북은 309명으로 청남의 168명보다 2배 이상 많은 급제자를 내고 있었다. 정주가 172명을 배출하여 압도적인 수치를 보였으며, 대청무역의 통로가 되는 의주대로 선상의 군현들, 곧 의주-용천-철산-선천-곽산-정주-가산-박천-안주-숙천-순안-평양-중화의 밀집도가 뚜렷하게 증가하였음을 확인할 수 있다. 이런 점에서 대청관계의 안정에 따른 사회경제적 성장이 평안도의 문풍 확산에 밑받침이 되었을 것으로 판단된다.

〈표 2〉 조선후기 道別 문과급제자 추이　　　　(단위: 명, 괄호안: %)

시기 순위	1651~1700		1701~1750		1751~1800		1801~1850		1851~1894	
1	서울	685 (50.44)	서울	917 (53.16)	서울	520 (33.68)	서울	608 (41.62)	서울	748 (36.99)
2	경상	176 (12.96)	충청	217 (12.58)	경기	244 (15.80)	평안	209 (14.31)	평안	332 (16.42)
3	충청	132 (9.72)	경상	180 (10.43)	충청	214 (13.86)	경상	205 (14.03)	경기	241 (11.92)
4	전라	110 (8.10)	경기	114 (6.61)	평안	205 (13.28)	충청	152 (10.40)	경상	225 (11.13)
5	경기	103 (7.58)	전라	114 (6.61)	경상	156 (10.10)	경기	133 (9.10)	충청	217 (10.73)
6	평안	69 (5.08)	평안	106 (6.14)	전라	111 (7.19)	전라	80 (5.48)	전라	130 (6.43)
7	강원	45 (3.31)	강원	34 (1.97)	강원	42 (2.72)	강원	35 (2.40)	함경	56 (2.77)
8	함경	22 (1.62)	함경	26 (1.51)	함경	40 (2.59)	함경	30 (2.05)	황해	43 (2.13)
9	황해	16 (1.18)	황해	17 (0.99)	황해	12 (0.78)	황해	9 (0.62)	강원	30 (1.48)
합계		1,358 (100)		1,725 (100)		1,544 (100)		1,461 (100)		2,022 (100)
평균		150.9		191.7		171.6		162.3		224.7

* 출전 : 이원명, 『조선시대 문과급제자 연구』, 국학자료원, 2004, p.102 재구성[27)]

27) <표 2>의 평안도 급제자 총수는 文科榜目을 활용해서 집계한 것으로, 『關西搢
紳錄』을 위주로 해서 작성한 <표 1>의 결과와 다소 차이가 있다. 이는 자료에 따
라 다르게 기록되어 있는 급제자의 거주지를 합산하는 과정에서 생긴 오차이다.
일례로 『國朝榜目』(규장각 소장, 奎貴 11655)에 따르면 고종 4년(1867) 식년시
에 급제한 尹相殷의 거주지가 黃海道 長淵으로 되어 있으나, 평안도 출신의 급
제자를 수합한 『관서진신록』에는 해당 인물의 거주지를 平安道 嘉山으로 기재

이러한 성장세에 힘입어 18세기 후반 평안도 문과급제자 수는 전국 평균을 상회하고 있었다. <표 2>는 조선후기 도별 문과급제자의 추이를 정리한 것이다. 이에 따르면 18세기 전반까지 전국 평균에도 미치지 못하던 평안도 지역이 18세기 후반에는 경상도와 전라도를 앞지르고 있었다. 나아가 19세기 전반에 이르면 경기도와 충청도를 넘어 전국에서 두 번째로 많은 급제자를 배출하는 지역으로 발돋움하였다.

평안도의 문풍 확산과 관련해서 한반도 서북단에 위치한 義州가 점차 '文學'의 고장으로 탈바꿈하고 있던 것은 주목되는 변화이다. 종래 의주는 중국과 국경을 맞대고 있는 군사상의 요충지로서 '弓馬之鄕'의 대명사로 꼽히는 지역이었기 때문이다. 이러한 지역 풍토의 변화에는 지방관의 興學이 크게 작용하였다. 예를 들어 영조 26년(1750)에 義州府尹 韓德弼은 經義齋를 창설하였고, 영조 30년(1754)에는 府尹 南泰耆가 經學所를 설립하였다. 영조 35년(1759)에 府尹 李思觀은 앞서 설립된 경의재와 경학소를 하나로 합쳐 一兩齋라는 이름으로 운영하였다. 一兩齋에서는 9월마다 義疑로 10명을 試取하고, 6개월간 居接을 실시하였다. 그리고 봄·가을로 7書(四書三經)를 講하고, 그 중에서 능통한 자 5명을 뽑아 12개월 동안 거접하게 하였다.28) 이러한 講經 위주의 교육과정은 淸北의 定州에서와 같이 다분히 과거 급제를 목표로 한 전략적인 선택이었다.29) 官에서는 학교의 운영 경비로 쓰도록 토지를 획급하거나 瞻學所

하고 있다. 연대기에는 윤상은의 거주지가 평안도로 명시되어 있어서『관서진신록』의 기록에 무게를 실어준다[『承政院日記』, 高宗 6年 3月 8日(庚辰)]. 그렇지만『국조방목』이든『관서진신록』이든 전체적인 급제자의 추이를 파악하는 데는 둘 다 무리가 없을 것으로 생각한다.

28) 『龍灣誌』(1768),「學校」, 鄕校(장서각 소장, 藏2-4280)[『朝鮮時代私撰邑誌』49, 韓國人文科學院 영인본, 1990, pp.266~267. 이하 책명과 쪽수만 표시함).

29) 定州의 과거 운영과 학문적 성취에 관해서는 박현순,「조선후기 文科에 나타난

에서 받는 세금 등을 이속해주었으며, 훈장을 비롯해서 학생들에게 일정한 급료를 지급하였다.[30]

하지만 1750년대까지 의주에서는 선비의 수가 말 타는 무리에 비해 절반도 되지 않는다고 할 만큼 상무적인 분위기가 우세하였다. 이런 속에서 영조 43년(1767)에 府尹 鄭光漢은 추가로 灣塾을 창설하였다. 그리고는 灣塾에 훈장과 접장을 거하게 하고, 水田을 떼어주어 양식의 자료로 삼게 하는 등 학업을 적극적으로 독려하였다.[31] 이처럼 지방관의 주도로 이루어진 학교 설립과 교육 지원은 마침내 결실을 맺게 되어 오랫동안 생원·진사조차 없던 의주에서 3~4명의 합격자가 있게 되고, 급기야 문과 급제자도 배출되기에 이르렀다.[32]

물론 평안도의 문풍 확산이 전적으로 지방관의 흥학에만 의존한 것은 아니었다. 민간 차원에서 고을 단위로 혹은 주요 가문을 중심으로 해서 교육 활동이 왕성하게 이루어지고 있었던 것이다. 18세기 후반 龍川에서

京鄉 간의 불균형 문제 검토」, 『한국문화』58, 서울대학교 규장각 한국학연구원, 2012, pp.22~24 참조.

30) 『龍灣誌』(1768), 「學校」, 一兩齋(장서각 소장, 藏2-4280)[『朝鮮時代私撰邑誌』49, pp.269~270].

31) 『龍灣誌』(1768), 「學校」, 灣塾(장서각 소장, 藏2-4280)[『朝鮮時代私撰邑誌』49, p.271].

32) 『龍灣誌』(1768), 「學校」, 龍馬所(장서각 소장, 藏2-4280)[『朝鮮時代私撰邑誌』49, p.272].
   이 때 문과에 급제한 인물은 영조 44년(1768) 식년시에 합격한 金泓哲을 말한다. 그 이전에 의주 출신 문과 급제자는 3명이 더 있었다. 하지만 광해군 12년(1620)에 최초로 급제한 金遇辰은 의주부윤 李爾瞻의 도움을 받아 부정하게 登科했고 [『光海君日記』, 光海君 12年 7月 13日(戊子)], 나머지 2명인 金楚直, 安鳴鶴은 영조 4년(1728)에 평안도 유생을 대상으로 치룬 平安道別試에 급제하였다. 따라서 18세기 후반 김홍철의 식년시 급제는 의주민에게 읍지에 기록될 만큼 기념비적인 사건이었다.

는 <표 3>에서처럼 가문마다 1~3개의 글방을 운영하고 있었다.

<표 3> 평안도 용천의 가문별 齋 현황

家門	齋名	家門	齋名	家門	齋名
경주 이씨	鉢山, 虎山	남평 문씨	仁峴, 北谷	태원 선우씨	鶴松
단양 이씨	內洞, 香峰, 東城	장연 김씨	石城, 堂洞, 麻長	순천 김씨	海岸
연안 차씨	東山	순흥 안씨	料谷, 龍陽	해주 최씨	石川
인동 장씨	松亭, 甲巖	김해 김씨	法興, 山後	부안 이씨	方興
수원 백씨	堂嶺, 靑龍	능성 구씨	仁山	미상	玉瑱齋[在舊誌], 官齋[乙丑設始]

* 출전 : 『龍城誌』(1796), 「各門書塾」(규장각 소장, 經古 915.184-Y58y)[『朝鮮時代私撰邑誌』49, pp.266~267].

이와 같은 교육열은 용천의 특수한 사례가 아니라 평안도 각 군현의 일반적인 상황이었다고 판단된다. 정조 5년(1781) 兵曹參議 尹冕東은 당시 평안도의 형세를 가리켜 "평양에서 의주까지 무예를 연마하는 사람은 찾아볼 수 없고, 글을 읽는 소리만이 귀에 가득하다"[33]고 特記하였다. 정조 7년(1783)의 「關西御史事目」에서는 "우리나라의 '武剋'은 본래부터 평안도를 일컬어 왔는데, 근년 이래로 풍습과 세속이 점점 변하여 弓術·馬術을 숭상하지 않고 儒名을 가탁하게 되면서는 서당이 각 마을마다 두루 늘어서게 되었다"[34]는 현상을 지적하면서 尙文 풍조를 규찰하게 했던 것도 평안도의 문풍 확산을 엿볼 수 있는 대목이다. 정조 22년(1798)에는 관찰사로 하여금 經學에 밝은 선비를 추천하라는 명에 따라 龍岡의 進士 金道遊가 국왕 정조를 알현한 일이 있었다. 정조는 御製

_____

33) 『正祖實錄』12, 正祖 5年 10月 28日(丁酉).
   '兵曹參議尹冕東 應旨上疏曰 … 自平壤至灣上 終日行 不見挾矢與發的者 讀書之聲 滿耳可聽云'
34) 『正祖實錄』16, 正祖 7年 10月 29日(丁亥).

條問으로 김도유를 試取한 뒤에 그 학문 수준을 흡족해 하면서 당상관의 반열인 五衛將에 임명하였다. 아울러 그 때의 條問과 條對의 내용을 묶어 『關西賓興錄』이라는 책으로 간행하고 각 읍의 향교에 비치할 것을 지시하였다. 이러한 김도유도 역시 별달리 스승을 두지 않고 아버지로부터 '家庭之學'을 전수받은 인물이었다.35)

이 무렵 전국의 군현 중에서 가장 많은 문과 급제자를 배출하고 있었던 定州에서는 松潭 白仁煥(1722~1805)의 주도로 본격적인 講學이 이루어지고 있었다. 백인환은 기질과 품성이 사람마다 차이가 있지만 그것은 학문으로 변화시킬 수 있다고 확신하였다.36) 그리하여 정조 1년(1777) 고을에서 뜻을 같이하는 유생들과 더불어 藏修所라는 강학처를 만들고 절목을 설치하여 규모 있게 운영하였다. 그는 자신만이 아니라 아들과 손자에 이르기까지 대대로 장수소의 '主人'으로서 강학의 모임이 지속되기를 소망하여 이를 '家學'으로 잇게 하였다.37) 이러한 백인환은 영조 32년(1756) 문과 식년시에 급제하여 평안도 출신으로는 극히 드물게 당상관에 올랐던 인물로,38) 정주에서 그가 이끄는 강학 활동은 지

---

35) 『龍岡邑誌』(1876), 「學行」(규장각 소장, 奎12345)[『朝鮮時代私撰邑誌』47, p.322].
  '金道游 號疚菴 尙摯士 進士 道剡 紹家庭之學 正廟朝 對十三經疑義 特命刊行 名曰賓興錄 置各邑鄕校 除參奉 承召詡拜五衛將'.
  김도유가 正祖의 下問에 답하면서 13經을 論議한 내용은 『承政院日記』, 正祖 24年 3月 27日(己卯) 참조.
36) 『三賢集選』, 「藏修所節目序」(국립중앙도서관 소장, 古朝43, pp.81~82. 이하 쪽수만 표시함).
  '雖氣稟不齊 間有淸濁粹駁之異 而雖愚必明 雖柔必强者 果是學問之功也'
37) 『三賢集選』, 「藏修所節目序」(pp.83~84).
  『三賢集選』, 「藏修所雲岜書院三賢祠記略」(p.155).
38) 백인환은 성균관 학유(종9품)의 관직을 시작으로 사헌부 장령(정4품), 첨지중추부사(정3품), 돈녕부 도정(정3품), 오위도총부 부총관(종2품)의 관직에 임명되었다

역 유림의 협조를 얻어 착실히 추진되었다.[39]

이와 같은 교육 환경과 문화 풍토 속에서 평안도 유생 중에는 지역의
범위를 넘어 학문을 통해 전국적인 교유 관계를 형성하는 경우도 있게
되었다. 예를 들어 철산의 士人 鄭趾顯은 지역의 선비들과 함께 자기 고
장의 읍지인 『銅山志』를 간행하고, 개인적으로 주경야독의 생활 중에
自作한 글과 지인들에게서 받은 記文·詩文 등을 모아서 『蓮溪志』를 편
찬하였다. 특히 『蓮溪志』는 당대에 문예 전반을 이끌던 豹菴 姜世晃의
序文으로 시작해서 홍문관 부제학 李義弼 등의 跋文으로 마감되고 있다.
이 책에 수록된 「耕讀亭自詠」에는 전국에 걸쳐 폭넓게 교유하던 191명
의 次韻詩가 함께 실려 있다.[40] 정지현은 어려서부터 泉石·林園에 癖이
있다고 할 만큼 造景과 園藝에 골몰한 인물이었다. 그는 科擧에 실패한

[『承政院日記』, 英祖 37年 7月 29日(乙丑) ; 左同書, 正祖 11年 1月 11日(庚
辰) ; 左同書, 正祖 18年 1月 24日(壬子) ; 左同書, 正祖 18年 9月 12日(丙申) ;
左同書, 純祖 3年 9月 3日(乙未)]. 그는 정주 향안의 입록에 깊이 관여해서 대규
모 매향사건에 연루되었던 향촌의 유력한 지배세력이었다(金善珠, 「조선 후기
평안도 정주의 향안 운영과 양반문화」, 『歷史學報』185, 역사학회, 2005, p.94).

39) 고종 15년(1878)에 정주목사를 역임한 이헌영은 백인환이 설립한 藏修所로 인해
定州 지역에서 士風이 진작되고 文學이 울흥하여 程朱學에 비해서도 부끄러움
이 없고, 영·호남과도 어깨를 나란히 할 수 있게 되었다고 전하고 있다[『新安集
略』人, 藏修所復舊序(『敬窩集略』(上), 국사편찬위원회, 2009, p.425. '所卽副
摠管白公仁煥 休官歸老 搆精舍于松楸下 … 士風之振作 文學之蔚興 無愧
於古之洛閩 可並於今之嶺湖矣')].

40) 이 次韻詩의 작자를 거주지별로 정리하면 평안도 119명(철산 36, 선천 21, 의주
12, 정주 11, 성천 7, 용천 7, 곽산 5, 평양 3, 영변 2, 강동 2, 귀성 2, 중화 2, 초산
1, 개천 1, 벽동 1, 운산 1, 삼화 1, 순안 1, 희천 1,상원 1, 창성 1), 서울 45명, 함경
도 15명(덕원 5, 안변 4, 함흥2, 명천 2, 정평 1, 영흥 1), 충청도 5명(충주 2, 아산
1, 청주 1, 호서 1), 경기도 4명(안산 1, 용인 1, 장단 1, 남양 1), 강원도 2명(원주
1, 춘천 1), 경상도 1명(함양 1)이다.

뒤에 先塋이 있는 철산의 雲暗山 자락에 터를 잡고 耕讀亭, 敬梓菴을 지어서 자연을 玩賞하는 동시에 부유한 살림살이에도 불구하고 직접 농사를 지으며 공부를 이어나갔다.[41] 강세황은 이러한 정지현의 처신과 풍모에 대해서 중국 後漢代에 '狂生'이라고 불릴 정도로 비판정신이 투출했던 仲長統의 所論과, 唐代에 安祿山의 亂이 일어났을 때 藍田 終南山 기슭의 輞川莊에서 기거하며 詩로써 마음을 달래던 王維(王摩詰)의 所居에 견주기도 하였다.[42] 이상에서 살핀 바와 같이 18세기 후반 이래로 평안도에서는 사회경제적 성장에 기반하여 '文學'이 충만하고 문풍이 확산된 가운데 전국의 선비들과 비등하게 학문적으로 교유할 수 있는 문화 역량을 갖추어 나가고 있었다고 할 수 있겠다.

2) 읍지 편찬의 성행과 군현 문물의 부상

18세기 후반~19세기 전반 평안도에서는 군현을 단위로 한 地域史의 고양과 지역문화의 흥기가 한창이었다. 이와 관련해서 당시 읍지의 편찬이 성행했던 점이 주목된다. 선조 23년(1590) 監司 尹斗壽가 『平讓誌』를 간행한 것이 평안도 읍지 편찬의 효시이다. 곧이어 선조 36년(1603)[43]

---

41) 『蓮溪志』, 「耕讀亭漫錄」.
42) 『蓮溪志』, 「序」, 姜世晃 序文.
   '余則曰 其奉養之厚 逍遙之樂 非董(董邵南-필자)可比 直可與仲長統之所論 王摩詰之所居 相甲乙'
43) 이 글의 본문에서 "『成川誌』(1603)"라고 표기한 것은 『성천지』의 서문에 의거해서 1603년에 읍지 간행이 착수되었음을 표현한 것이다. 그런데 이 읍지의 人物條 p.66을 보면 羅錫釆라는 사람이 숙종 15년(1689)에 생원시에 합격한 일이 기록되어 있어 17세기 말의 사실을 담고 있다. 이와 같은 경우는 다른 읍지에서도 흔히 나타난다. 따라서 읍지의 간행 시기를 비정하는 일은 주의를 요하는데, 이 글에서

에는 成川府使 李尙毅가 『成川誌』를 편찬하였다. 이처럼 17세기에는 청
남 지역에서만 읍지가 편찬되다가 18세기 후반 영조조 이후에는 청북의
군현에서도 읍지를 편찬하게 되고, 19세기 전반 순조·헌종·철종 연간에
는 경기도에 이어 전국에서 두 번째로 많은 읍지를 편찬하기에 이르렀
다.44) 이는 평안도의 문풍 확산과 흐름을 같이 하는 것으로 군현 文物의
浮上이라는 측면에서도 착목할 만한 현상으로 여겨진다.

그런데 이 시기에 편찬된 읍지는 전해지는 것이 많지 않아서 평안도
전체 읍지의 특징을 규정하기에는 난점이 있다. 그럼에도 불구하고 『평
양지』, 『성천지』, 그리고 의주의 읍지인 『용만지』는 편찬이 지속되어
시계열로 변화상을 파악하기에 용이하다. 또한 『용만지』와 함께 鐵山과
龍川의 읍지인 『銅山志』와 『龍城誌』는 해당 지역의 유력자와 향촌지배
기구가 고루 참여하여 편찬 내역이 선명하고 내용도 충실하여 지역 사
정을 소상히 알려준다. 따라서 여기에서는 이들 읍지를 중심으로 18세
기 후반~19세기 전반 평안도 읍지에서 나타나는 내용상의 변화와 특징
의 일단을 摘示하기로 한다.

일반적으로 읍지는 그 이름에서 나타나듯이 지역색을 강하게 담고 있
다. 『輿地圖書』와 같이 전국적 차원에서 작성된 읍지가 중앙 정부의 관
심과 요구에 부응하는 내용을 중심으로 成冊된 것이라면, 읍지는 지역

는 편의상 읍지의 서문이나 발문에 나와 있는 연대로 명기하였다.
44) 楊普景, 「朝鮮時代 邑誌의 性格과 地理的 認識에 관한 硏究」, 서울대학교 박
사학위논문, 1987, pp.55~56, p.61, p.71.
18세기 이후 평안도에서 읍지의 初纂·續纂·重刊이 성행한 것은 농업경제의 새
로운 전초지이자 대청무역을 담당·매개하는 현장으로서의 이점을 살린 사회경제
적 성장이 배경이 되었다(李泰鎭, 「解題」, 『朝鮮時代私撰邑誌』平安道篇, 한
국인문과학원, 1990, pp.2~3).

내에서 귀감이 될 만한 인물이나 전수할 만한 가치가 있다고 판단되는 사항을 가급적이면 빠뜨리지 않고 모두 기술하려는 태도를 보였다.45) 이처럼 중앙과 지방에서 활용한 읍지의 용도가 상이했던 까닭에 조정에서는 읍지의 기록에 의지해서 지역에 관한 사안들을 처리하는 경우가 많았다.46) 官長의 명령에 따라 읍지 편찬이 착수된 경우에도 實務는 지역사정에 정통한 해당 지역민이 담당할 수밖에 없었고, 이들이 자료의 수집과 평가, 인쇄, 배포 등에 이르기까지 전반적인 작업 공정에 간여했기 때문에 읍지에는 자연히 그 편찬을 주도한 지역민의 인식이 강하게 투영되기 마련이었다.

그리고 읍지는 要目에서 나타나듯이 건치연혁·관직·산천·풍속·호구·조세·교통·통신·학교·인물·고적·풍속 등 지역에 관한 제반 사항을 망라하였다.47) 따라서 人事와 地理에 걸쳐 공신력 있는 지역 행정의 기초 자료로서 읍지는 고을마다 없어서는 안 될 중요한 문헌으로 간주되었다. 이는 평안도 지역에서도 마찬가지였다.48) 읍지에 대한 지역민의

---

45) 양보경, 앞의 논문, 1987, pp.106~107.
　　김태웅, 「近代改革期 全國地理誌의 基調와 特徵-奎章閣 所藏 邑誌를 중심으로-」, 『奎章閣』43, 서울대학교 규장각 한국학연구원, 2013, pp.114~115, p.139.
46) 가령 정조 8년(1784) 安山의 幼學 安淇가 先祖 安穎男의 殉節을 旌褒해달라고 上言하였을 때 조정에서는 평안도 관찰사에게 해당 고을의 邑誌를 상고해서 관련 사실을 보고하게 하였다[『承政院日記』, 正祖 8年 10月 10日(壬辰)]. 순조 29년(1829) 平安道 江西에서 임진왜란 때 머무른 宣祖의 행적기념비를 세우자는 주장에서도 읍지의 기록은 비석 건립의 주된 논거가 되었다[『江西縣誌』, 「駐驆聖蹟」(규장각 소장, 奎12168 v.16 '是不但邑人之傳 而邑誌之有載也')].
47) 김전배, 「조선조의 읍지연구」, 성균관대학교 석사학위논문, 1973, p.1, pp.33~34. 읍지의 편목과 체제에 관한 설명은 김전배, 앞의 논문, 1973, pp.38~45와 양보경, 앞의 논문, 1987, pp.83~96 참조.
48) 『龍城誌』, 「舊誌」, 序(규장각 소장, 經古 915.184-Y58y)[『朝鮮時代私撰邑誌』

인식은 다음의 인용문에서 잘 드러난다.

> 우리 鐵山은 본디 文鄕이라고 일컬어졌다. 그런데도 오히려 읍지가 간
> 행된 것이 없으니 士人된 자들이 평소 부끄럽게 생각하였다.[49]

이에 따르면 자기 고을에 반듯한 읍지가 없는 것은 '文鄕'이라고 일컬
어져온 사실과 상충되는 수치스러운 일이다. 따라서 읍지는 단지 실용
적인 목적에서만 편찬한 것이 아니라 '文鄕'의 품격을 드러내는 조건 중
의 하나였다는 것을 알 수 있다. 특히 이 내용은 鐵山에 관한 것인데, 청
천강 이북의 군사 요충지에 자리한 철산은 정묘호란 때 의병장으로 활
약한 鄭鳳壽의 고향이자 상무적 기질이 강한 곳으로 알려져 있었다. 이
런 내력을 지닌 고장의 士人까지도 '文鄕'의 기풍을 내세우면서 이를 읍
지 간행의 명분으로 삼고 있음은 다른 지역의 읍지 간행이 갖는 의미 또
한 이와 크게 다르지 않았다는 사실을 짐작할 수 있게 한다.

또한 읍지는 자기 지역의 전통과 문화에 대한 자긍심을 집약하고 있
다. 가장 먼저 편찬되어 체제상 후대 읍지의 典範이 되었던 『平讓誌』
(1590)는 「文談」, 「神異」, 「雜志」, 「詩文」 등 文蹟을 중시하는 면모를 보
였다. 기존에 평양의 장구한 역사를 남긴 글들이 많았던 데다가 撰者인

51, p.112].
'邑不可無誌'
『龍城誌』, 「留鄕」(규장각 소장, 經古 915.184-Y58y)[『朝鮮時代私撰邑誌』51, p.164].
'鄕老曰 邑誌乃一邑莫重文獻'
『龍灣誌』, 徐有榘의 序文(규장각 소장, 奎 1710)[『朝鮮時代私撰邑誌』50, p.7].
'(邑志) … 亦足以資考据'
49) 『銅山志』(1786), 「跋」(규장각 소장, 古 4790-36)[『朝鮮時代私撰邑誌』51, p.102].
'我銅山素稱文鄕 而猶無邑志鋟梓 爲士人羞者雅矣'

윤두수가 箕子에 관한 기록을 모은 『箕子志』(1580)를 저본으로 하여 이
읍지를 편찬하였기 때문이다.50) 문적을 중시하는 경향은 영조 3년(1727)
平壤府尹 尹游가 편찬한 『平讓續志』에도 이어지고 있었다. 39개로 구성
된 항목 중에서 「疆域」·「分野」·「郡名」·「形勝」·「烽燧」·「橋梁」·「土產」
은 '詳舊志'로 처리하여 원래 『평양지』(1590)의 내용과 차이가 없다. 이
에 비해서 나머지 항목들은 국방, 행정, 교육, 경제, 문화 등의 분야에서
새로운 사항들을 추가로 기록하였는데,51) 그 중 평양의 문화적 전통과
우수함을 찬양한 「詩文」이 전체 분량의 절반 이상을 차지하고 있음을
알 수 있다.

청남에서 간행된 『평양지』(1590)와 『성천지』(1603)는 땅의 기운이 地
利와 人事의 성패에 영향을 미친다는 地人相關論에 입각해서 인재와 문
물의 번성이 다른 고을보다 뛰어나다는 자부심을 드러내었다.52) 이 두
읍지의 人物條에는 각각 "平壤山明水麗 人才之出 其倍於他邑 無怪也"53)
라고 하거나 "成川山水之明麗 甲于關西 則宜手人才之輩出 倍於他邑
也"54)라고 함으로써 자기 고장의 인재가 많이 배출될 수 있었던 근거를
빼어난 자연 환경에서 찾고 있었다.55) 또한 『평양지』에서는 줄곧 자기

---

50) 양보경, 앞의 논문, 1987, p.85.
51) 『平壤續誌』(1727)[규장각 소장, 奎 4885]에서 내용이 추가된 항목은 沿革, 城池,
    部坊, 風俗, 山川, 樓亭, 祠墓, 公署, 倉儲, 學校, 古蹟, 職役, 兵制, 海望, 驛
    遞, 土田, 貢賦, 院亭, 佛寺, 戶口, 人物, 孝烈, 文科, 武職, 蔭仕, 蓮榜, 宦蹟,
    古事, 文談, 神異, 雜志, 詩文에 해당한다.
52) 조선후기 地人相關論에 관해서는 裴祐晟, 「朝鮮後期 實學者들의 國土觀과
    地域認識」, 『한국사연구』108, 한국사연구회, 2000, pp.103~113 참조.
53) 『平讓誌』(1590), 「人物」(규장각 소장, 奎 4885)[『朝鮮時代私撰邑誌』45, pp.135~136].
54) 『成川誌』(1603), 「人物」(규장각 소장, 奎 12399)[『朝鮮時代私撰邑誌』52, p.62].
55) 地人相關論을 원용한 자기 고장에 대한 긍지는 18세기 후반~19세기 전반기에
    간행된 평안도 지방의 여타 읍지에서도 흔히 발견된다. 『銅山志』, 「歲開逢執徐

고장이 고조선 이래로 도읍이었다는 점을 강조하였다면, 19세기에 편찬한 『續成川志』에서는 高句麗 東明聖王 때 도읍지였다는 사실을 내세워 자기 고장을 '成都'라고 표현하면서 지역의 위상을 높이려는 인식을 계승하고 있었다.[56]

한편 청북의 의주에서는 영조 44년(1768)에 府尹 徐命善이 進士 田益奎로 하여금 『龍灣誌』를 처음 편찬하게 한 뒤로 순조 4년(1804), 순조 10년(1810), 헌종 15년(1849)에 이르기까지 세 차례에 걸쳐 잇따라 讎校와 改撰이 이루어졌다. 초판 읍지의 서문에서 서명선은 태조 이성계가 위화도 회군으로 조선을 개창하였고, 선조는 임진왜란 때 移蹕하여 중흥의 기틀을 마련하였으므로, 의주는 곧 漢나라의 豊沛이자 周나라의 岐梁과 같다고 소개하였다.[57] 일반적으로 왕실의 발상지를 뜻하는 '豊沛之鄕'은 전주나 함경도를 지칭한다는 점에서 의주를 '풍패'로 천명한 경우는 대단히 이례적이다.[58] 『용만지』의 편찬자에 따르면, 의주가 조선왕

閏茂月　進士金璀謹跋」(규장각 소장, 古 4790-36)[『朝鮮時代私撰邑誌』51, p.104]. '銅本山名也 古仍以邑焉 其山之磅礴者 如忠臣孝子之臨節不屈 … 蓋山之醞釀人傑 可知也已'의 기사도 그 중 하나이다.

56) 『成川誌』(1603),「詩文」(규장각 소장, 奎 12399)[『朝鮮時代私撰邑誌』52, p.97]. '成川素號東明舊都 又稱第一仙區 其江山之明麗風物之繁華 冠於諸道' 『續成川志』(1842),「序」(규장각 소장, 奎 12399)[『朝鮮時代私撰邑誌』52, p.227]. '成都舊有志 … 誠以爲本府是松讓東明之舊都 而山川之秀麗樓觀之繁華 甲於關西'

57) 『龍灣誌』(1768),「徐命善舊序」(장서각 소장, 藏2-4280)[『朝鮮時代私撰邑誌』50, p.6].

58) 定州도 의주에서와 같이 太祖朝에 자기 지역에서 王業이 비롯되었고, 宣祖朝에 寇亂을 평정하였다고 하면서 이를 기념하여 1819년에 兩聖紀蹟碑를 건립하였다[『新安誌續編』(『韓國近代邑誌』63, 1991, pp.185~190)]. 의주와 정주 외에 평안도 군현들은 대체로 임진왜란 때 宣祖가 駐蹕하여 전란을 극복할 수 있었던 '中興之地'로서의 측면을 강조하였다. 예를 들어 '禮曹判書 趙鍾永覆啓云 … 聖祖駐蹕處 自中和而至龍灣 非但止於一邑 則立碑紀蹟之或有或無' ; '中樞

조의 개창과 중흥에 초석이 되었다는 사실을 상고할 수 있는 문헌은 오직 읍지밖에 없었다.[59] 그리하여 의주를 풍패로 여기는 인식은 주로 읍지의 기록을 통해서 전수되어 나갔다.

순조 10년(1810) 『용만지』의 讎校를 주관했던 의주 사람 前佐郎 金應著는 "옛날 洪武 戊辰(1388)에 우리 太祖가 위화도에서 군대를 돌렸고, 萬曆 壬辰(1592)에 이르러서 宣祖가 去邠하여 駐蹕했으니, 두 聖祖가 처음으로 만든 자취와 거듭 넓히신 자취가 모두 이 지역에서 기초한 것"이라는 발문을 남겼다.[60] 이에 더해서 김응저의 동료로 발문을 남긴 前都事 金夏璉은 의주 지역에 소재한 太祖峰, 威化島 行軍川과 같은 이성계 관련 事蹟을 비롯하여 임진왜란 과정에서 宣祖가 남긴 자취들을 기념한 翊原堂, 聚勝亭, 望華樓 등을 일일이 열거하였다.

이 읍지 편찬은 비단 한 두 명의 지역 인사가 주도한 것이 아니라 鄕廳, 訓練院, 鄕校의 구성원으로 이루어진 향촌지배세력이 고루 동참하였기 때문에 저와 같은 지역사 인식도 공유되고 있었을 것이다.[61] 헌종 15년(1849) 進士 金應洙의 창도로 이루어진 『용만지』의 重刊에서는 작성지침이 되는 범례에서 태조와 선조가 '造邦復國'한 사적 이외에도 역대의 故事 중에 드러난 일은 添錄하겠다는 방침을 명확히 하였다.[62] 이처

府事 臣李時發謹書 … 江西縣八月初十日 遂向海西 因以回鑾舊都 中興盛業實源於此'[『江西縣誌』, 「駐蹕聖蹟」(규장각 소장, 奎 12168 v.16)].

59) 『龍灣誌』(1810), 「金膺著謹跋」(규장각 소장, 奎 1710)[『朝鮮時代私撰邑誌』50, p.9]. '父老猶能言之 而文獻已無足徵 可考之文字 惟邑誌一册'

60) 『龍灣誌』(1810), 「金膺著謹跋」(규장각 소장, 奎 1710)[『朝鮮時代私撰邑誌』50, p.9].

61) 『龍灣誌』(1810), 「金夏璉謹跋」(규장각 소장, 奎 1710)[『朝鮮時代私撰邑誌』50, p.12].

62) 『龍灣誌』(1849), 「凡例」(규장각 소장, 奎 1710)[『朝鮮時代私撰邑誌』50, p.13].

럼 왕조의 창업과 중흥지로서의 위상은 18세기 후반~19세기 전반 내내
의주 지역에서 강조되고 있었다. 이는 당시 嶺南의 읍지에서 명나라 태
조 주원장이 '朝鮮이라는 국호를 내려준 일'과, 神宗이 임진왜란 때 원병
을 보내어 '再造해 준 은혜'를 상기시키면서 明의 황제들을 추숭하던 모
습과 대조되는 장면이었다.63)

청남에 비해 군사 지대로서의 성격이 강했던 청북에서는 자기 지역의
방어 시설을 부각시키는 데도 열심이었다. 『寧邊誌』古事條의 맨 마지
막 기사는 홍경래 난을 다루고 있다. 이 기사의 도입부에서는 홍경래가
寧邊 鐵瓮城의 험조함을 믿어 이 성을 점거할 뜻으로 嘉山과 博川의 賊
黨과 몰래 내응했다는 식으로 설명함으로써 은연중에 요충지로서의 철
옹성이 지닌 중요성을 환기시키고 있다. 이 古事條 기사 전체 내용에서
맨 첫머리가 "鐵瓮素稱 關西雄鎭"64)이라는 구절로 시작되고 있는 점도
역시 철옹성이 영변에서 자랑하는 핵심 요새였기 때문에65) 반란을 다루
는 기록에서조차 그 선두와 말미를 차지할 만큼 비중 있게 취급된 것으
로 여겨진다.

같은 맥락에서 龍川에서는 龍骨山城을 돋보이게 하였다. 『龍城誌』에
서 인조 5년(1627) 정묘호란 때 용골산성에서의 군공을 다룬 기록에는

---

63) 『梓鄕誌(順興邑誌)』(1849)[동양대학교 전통문화연구소, 『國譯 榮州三邑誌-順
興·豊基 편-』, 소수박물관, 2012, p.679].
　'高皇帝錫我以朝鮮之號 顯皇帝綏我以再造之恩 環東土含生之倫 同囿衣冠
之俗 而得免鈴介之陋矣'
64) 『寧邊誌』, 「古事」(규장각 소장, 奎 17504)[『朝鮮時代私撰邑誌』51, p.323].
65) 영변에서 철옹성은 평안도의 가장 중요한 방어시설 중에 하나로 강조되었다[『寧
邊地圖』「鐵瓮八至圖總敍」(규장각 奎軸 12162). '關西山川地勢之爲國家垣
蔽者凡有三重 鴨水一也 嶺幹之自甲峴抵左峴者二也 鐵瓮三也 疆域有事所
以戰守者有三築'].

자기 지역 출신이 아닌 龍川府使 李希建과 義兵將 鄭鳳壽가 차례대로 첫
머리에 기재되어 있다. 정묘호란 이후 국가적 영웅으로 추앙된 정봉수
의 공로를 현창하는 것에 앞서 용골산성을 쌓은 이희건이 먼저 기록된
것은 의미심장하다. 이러한 인물 배치와 업적 소개는 정봉수의 출중한
武功에만 시선을 모으지 않게 하고, 용골산성이 있었기에 정봉수의 戰功
도 가능할 수 있었다는 의도가 엿보이기 때문이다. 다시 말해 용천 출신
이 아닌 이희건과 정봉수를 『용성지』 군공록의 先頭에 자리하게 한 것
은 용골산성을 쌓은 이희건과 용골산성에서 공을 세운 정봉수의 공통분
모로서 용골산성의 중요성을 한층 되새기게 하려는 장치라고 할 수 있
겠다.66)

　　읍지의 인물 선정에서도 두드러진 변화가 나타났다. 17세기 초반에
간행된 『성천지』(1603)의 人物條에는 총 11명의 인물이 수록되어 있다.
여기에는 조선 초기에 우의정을 지낸 李龜齡(1345~1439)을 비롯해서 4명
이 관직을 역임한 사람들이다. 그리고 나머지 7명은 關西夫子로 칭해지
는 朴大德을 포함해서 행실과 군공이 탁월한 자를 한 두 줄로 간단히 취
급하였다.67) 그러나 19세기 전반에 간행된 『성천지』(1842)에서는 총 114
명의 인물을 삽입하였다. 수록된 인물 수가 급증한 점도 이채롭지만 그
보다는 신분이 낮은 계층이 대거 소개되고 있는 점이 특징적이다. 여기
서 관직자나 유공자로 기록된 인물은 10명이 채 되지 않았다.68) 대신에

---

66) 『龍城誌』(1796), 「忠義」, 丁卯龍骨城戰功旌贈(규장각 소장, 經古 915.184- Y58y)
　　[『朝鮮時代私撰邑誌』51, pp.173~176].
67) 『成川誌』(1603), 「人物」(규장각 소장, 奎 12399)[『朝鮮時代私撰邑誌』52, pp.62~63].
68) 『成川誌』(1842), 「人物」(규장각 소장, 奎 12399)[『朝鮮時代私撰邑誌』52, pp.346~359].
　　114명이 수록된 인물조에서 官職·官階가 나타난 사람은 李德章, 尹瑾, 金翼商,
　　金福, 吳亨道, 朴泰一, 羅馹逵 등 모두 7명에 지나지 않는다.

孝悌·忠信·恭儉과 같이 전통적으로 중시되어 왔던 德行의 요소나, 이웃과 화합하고 빈민의 구제 활동에 힘쓴 일들을 美德으로 부쩍 강조하였다. 문중을 화목하게 하고, 마을을 교화시켜 도박이나 노름 따위가 없게 하며, 재물을 내어 어려운 사람을 도왔다는 吳二禮와 같은 인물 소개가 그 전형을 이룬다고 하겠다.69)

아울러 『성천지』(1842)에서는 일상의 소소한 내용까지도 자세히 다루고 있다. 이를테면 李景成이라는 사람의 행동거지를 찬양하는 가운데 "日月을 향해 오줌을 싸지 않았다"라고 한 것이 그런 경우이다. 朴來升을 소개하는 대목에서는 다른 사람에게 공경과 너그러움으로 대했더니 도둑이 훔쳐간 祭器를 돌려주었다는 이야기를 실어 놓았다. 鄭斗仁에 관해서는 항렬이 낮거나 나이 어린 사람에게도 禮를 다하였다는 점이 特記되어 있다. 使臣에 맞선 林汝發과 같이 기개와 담력으로 칭송받은 경우도 있었다. 勅使가 큰 배[梨] 한 개를 가져와서 그 배와 같은 것을 구해오라고 횡포를 부리므로, 임여발이 분개하여 즉석에서 배를 씹어 먹으니 칙사도 그 담대함에 경탄했다는 일화 등이 전해지고 있는 것이다.

자기 지역과 연고가 있는 인물을 드러내서 지역의 '대표주자'로 내세우는 경향도 간취된다. 예를 들어 정묘호란의 軍功과 관련해서 의주에서는 자기 고장 출신인 崔孝一을 역대 인물 중에서 가장 비중 있게 다루고 있다.70) 이에 비해서 철산에서는 하루에 다섯 번을 싸워서 모두 이겼

---

69) 『成川誌』(1842), 「人物」, 吳二禮(규장각 소장, 奎 12399)[『朝鮮時代私撰邑誌』 52, p.349].

70) 『龍灣誌』(1768)(장서각 소장, 藏2-4280)[『朝鮮時代私撰邑誌』49, pp.362~364]. 『龍灣誌』(1849)(장서각 소장, 藏2-4280)[『朝鮮時代私撰邑誌』50, pp.224~226]. 『龍灣誌』人物條에는 최효일을 분량과 내용면에서 단연 으뜸으로 자세하게 서술하면서 그의 영웅적인 모습을 부각시키고 있다.

다는 일화 등을 곁들여 鄭鳳壽를 추켜세웠다.[71) 의주의 읍지에서 정봉수는 최효일이 제안한 後金軍 격파 방안을 거절하는 인물로 간단히 등장할 뿐이었다. 그나마 철산의 읍지에서는 최효일의 행적에 대해 조금의 지면조차 허용하지 않았다. 17세기 이래로 최효일과 정봉수가 정묘호란의 수훈 공신으로 인정되어 국가차원에서 표창되었다는 사실을 감안하면,[72) 평안도 지방에 속해 있더라도 의주와 철산에서의 偉人 선양은 해당 군현의 특수한 사정과 독자성을 반영한 것이라고 할 수 있겠다.

檀君이 태어난 곳으로 자기 고장을 소개한 寧邊에서는 단군과의 '緣故'를 활용하였다.[73) 전통적으로 단군은 우리나라에서 처음 天命을 받은 임금으로 설명되었다면, 箕子는 '教化之君'으로서 풍속을 純美하게 하고 명분과 의리를 구현한 聖賢으로 추앙받고 있었다.[74) 그런데 19세

---

71) 『銅山志』(1786), 「忠義」, 鄭鳳壽(규장각 소장, 古 4790-36)[『朝鮮時代私撰邑誌』51, pp.38~39].

72) 任侑炅, 「崔孝一 逸話의 傳承과 變異 樣相」, 『서지학보』22, 한국서지학회, 1998, pp.126~127.
   권내현, 「정묘호란 의병장 정봉수의 활약과 조선왕조의 인식」, 『韓國史學報』42, 고려사학회, 2011, pp.123~127.

73) 『寧邊誌』, 「古跡」(규장각 소장, 奎 17504)[『朝鮮時代私撰邑誌』51, p.316].
   '檀君窟在香山香爐峯下 俗云登天窟 … 世傳檀君誕降處'

74) 『太祖實錄』1, 太祖 1年 8月 11日(庚申).
   '朝鮮檀君 東方始受命之主 箕子始興教化之君'
   박광용, 「箕子朝鮮에 대한 認識의 변천」, 『한국사론』6, 서울대학교 국사학과, 1980, pp.258~266.
   박평식, 「조선 초기의 단군과 고조선 인식」, 『요하문명과 고조선』, 지식산업사, pp.176~177. 한편, 17세기 중반 이후 집권 서인·노론계에 의해 주도된 箕子 중심의 史觀에 대응하여 남인·소론계 일각에서 檀君을 문화적 始祖로 간주하는 인식도 제기된 바가 있다(韓明基, 「홍만종」, 『한국의 역사가와 역사학』상, 창비, 1994, pp.212~223 ; 박광용, 「북한 학계의 단군 인식과 '단군릉' 발굴」, 『역사비평』

기 초반에 편찬된 것으로 추정되는『寧邊誌』75)의 風俗條에는 다음과 같
이 단군이 소개되어 있다.

> 서로 입김을 불어 風이 되고, 서로 물들매 俗을 이룬다. 이 땅은 곧 우
> 리나라의 君長이 처음 나신 곳으로 남녀를 나누어 道를 통하게 하고 가르
> 침을 시작하신 곳이다.76)

단군이 남녀를 구분해서 처음 '교화'를 시작한 인물로 설정되어 있는
것이다. 이는 앞선 시기에 朝廷에서 간행한『新增東國輿地勝覽』이나『輿
地圖書』에서는 찾아볼 수 없는 내용으로, 단군을 숭상하는 영변 사람의
자부심과 지역 인식이 투영된 결과라고 할 수 있을 것이다.

서술의 기준과 원칙에서도 종전과는 다른 변화가 나타나고 있다.『銅
山志』의 범례에서 제시한 작성 지침과 사례는 그러한 면을 선명하게 전
해준다.

> ① 운암굴 용골성 義兵壯士는 임금의 은혜와 포상을 입어서 족보에 실
> 려 있고 國史에도 쓰여 있어서 부녀자나 어린아이도 모두 알고 있
> 으므로 이 읍지의 鋪張을 기다리지 않아도 밝게 빛나 없어지지 않
> 는다. 그러나 석현굴의 전쟁에 있어서는 사람도 적고 땅도 멀리 있

52, 역사비평사, 2000, pp.163~165).

75)『寧邊誌』,「古事」(규장각 소장, 奎 17504)[『朝鮮時代私撰邑誌』51, p.337]의 말
미에 기록되어 있는 홍경래 난(1811) 기사에 근거하여 편찬 연대를 19세기 전반
으로 비정하였다.

76)『寧邊誌』,「風俗」(규장각 소장, 奎 17504)[『朝鮮時代私撰邑誌』51, p.372].
'相噓爲風 相染爲俗 此地卽東方君長始生 分男女通道 始敎之處也 賦性朴
略恥言人過 服食儉素有古遺風'. 18세기 후반에 편찬된『輿地圖書』에는 밑줄
친 "賦性朴略恥言人過" 부분만이 영변의 풍속으로 간략히 소개되어 있다.

는데다가 旌襃를 받지도 못했으니 아는 사람이 역시 드물었다. 그 공적인 의론에 있어서 누가 안타깝고 한탄스럽지 않겠는가? 여기에 다가 그 壯士를 써서 분배한 것은 후인들로 하여금 그 본래의 사실 을 알리고자 함이다. 글에 있어서는 자질구레한 것이 운암굴 용골성 보다 더 많지만 대개 작은 것을 드러내고 숨어 있는 것을 드러내는 의미이니 열람하는 사람은 의아하게 생각하지 말라.77)

② 이 읍지는 오로지 행실과 의리를 위주로 했고, 나이는 그 다음으로 했으며, 과거 급제와 벼슬은 나머지 일로 삼았다. 그러므로 천한 사 람이 귀한 사람보다 앞서게 된 경우가 있고, 적자가 서자의 뒤로 간 경우도 있게 되었으니 열람하는 사람은 의아하게 생각하지 말라.78)

우선 ①에서는 읍지의 편찬자가 지역사 발굴에 주안점을 두고 기존에 잘 알려지지 않은 사실을 드러내는데 치중하였음을 알 수 있다. 한 예로 철산의 雲暗窟과 龍骨城의 義兵 壯士들은 은혜와 포상을 입었고, 그 내 용이 家乘과 '國史'에도 실려 있어서 읍지에서 다루지 않아도 무방하지 만, 石縣窟의 전쟁에 대해서는 아는 사람이 드물고 旌襃도 제대로 되지 못했기 때문에 보다 중요하게 서술한다는 것이다.

②에서는 인물을 기입하는 차례에서 신분이나 나이보다 의로운 행적 을 앞세웠다는 점이 눈길을 끈다. 이러한 기준에 따라 行義를 위주로 하

----

77) 『銅山志』(1786), 「凡例」(규장각 소장, 古 4790-36)[『朝鮮時代私撰邑誌』51, pp.8~9].
  '一. 雲暗窟龍骨城 義兵壯士 倂蒙恩襃 家乘載之 國史書之 婦孺皆知 不待
  此志之鋪張 垂耀不朽 而至於石縣窟戰 人微矣地遐矣 且未蒙旌襃 知者亦
  鮮矣 其在公議 孰不嗟惜 玆爲列書其壯士分排者 欲使後人知其本事 文字
  汗漫稍加於雲暗龍骨 蓋顯微闡幽之意 覽者無或訝焉'
78) 『銅山志』(1786), 「凡例」(규장각 소장, 古 4790-36)[『朝鮮時代私撰邑誌』51, pp.9~10].
  '一. 此志專以行義爲主 年甲次之 科宦爲餘事 故自有賤先於貴 嫡後於庶者
  覽者亦勿訝焉'

고, 나이의 많고 적음을 다음으로 하며, 과거 급제와 벼슬에 관한 사항
은 나머지의 일로 돌렸다. 이렇게 되면 천한 사람이 귀한 사람보다 앞서
거나, 嫡子가 庶子의 뒤로 가게 되는 경우도 있을 수 있겠지만, 집필 기
준의 우선순위를 떠올려서 의아하게 생각하지 말라고 당부하였다. 이러
한 서술 태도는 다른 항목에서도 유사하게 적용되었다. 즉 行義를 기록
할 때도 兵亂에 공로가 있는 사람들은 등급을 가리지 않고 전부 忠義의
항목에 기재하는 방식을 택하였다. 이를 두고 너무 많은 사람을 수록하
는 것이 아니냐는 우려가 없지 않았지만, 『銅山志』의 찬자는 장차 평안
도가 위급한 일에 처하게 되면 이와 같은 기록들이 忠信義士를 聳動시
키는 밑거름이 될 것이라고 자신하였다.[79]

　지금까지 18세기 후반~19세기 전반에 편찬된 평안도 읍지의 내용 분
석을 통해 군현 단위로 지역 문화가 성장·변동하고 독자성이 제고되었
음을 살펴보았다. 이 과정에서 나타난 지역민의 분화 및 전개 양상에 대
해서는 章을 달리해서 검토하고자 한다.

---

79) 『銅山志』(1786), 「跋」(규장각 소장, 古 4790-36)[『朝鮮時代私撰邑誌』51, p.103].

2. 道民의 分派와 閥閱의 형성

1) 군현간 地域史 이해의 상이와 충돌

읍지 편찬은 기본적으로 지역 내에서 인물과 재력 등 제반 역량이 갖추어지고, 지역의 역사와 문화를 보존하고 선양하려는 의식이 뒷받침되어야 가능하다. 그러한 읍지의 편찬 과정에서 군현과 군현 사이에 이해관계가 얽히거나 내용상으로 대립·상충하는 부분이 있으면 갈등과 분쟁이 동반되기도 하였다. 이는 홍경래 난에서 '義兵'을 가장 많이 배출한 義州와 반란군의 소굴로 지목되어 혹심한 피해를 입은 龍川·鐵山간에 '張士俊 事件'이 기록된 읍지의 내용을 둘러싸고 다툼을 벌인 것에서 잘 드러난다. 홍경래 난은 단지 평안도인의 차별에 대한 저항일 뿐 아니라, 그 진행 과정에서 반란군과 의병으로 갈라져 상쟁한 것에서 볼 수 있듯이 평안도 지역 내부의 상이한 처지와 움직임까지 고려하면서 파악할 필요가 있다. 여기에서는 홍경래 난 자체를 정면에서 다루지는 않지만, 의주와 용천·철산의 지역사 인식이 읍지의 기록 과정에서 서로 충돌하고 또 그것이 홍경래 난의 전개 양상에도 영향을 끼친 사실을 구체적으로 조명하고자 한다.

이와 관련해서 먼저 '장사준 사건'의 대강을 소개하면 다음과 같다. 의주사람인 장사준은 정묘호란 때 後金軍에게 전사당한 龍川府使 李希建을 대신해서 용골산성을 방어하던 인물이다. 그는 자기 가족이 적의 포로가 되었다는 소식을 접한 뒤 곧바로 후금군에 투항하였다. 장사준이 후금에 투항하자, 城內의 군민들은 철산 사람 鄭鳳壽를 의병장으로 추대하였고, 의병장이 된 정봉수는 용천사람 金宗敏을 中軍으로 삼는 등 방어 태세를 정비하면서 후금과의 항전을 지속하였다. 그러자 후금은 투항한 장사준을 보내서 정봉수에게 항복을 권유하게 했는데, 의병장 정봉수는 그러한 권유에 따르지 않고 후금편에 가담한 장사준과 공모자들을 참살하였다. 이것이 당시 연대기 자료를 바탕으로 한 通說이다.[1]

그러나 의주의 지역민들은 이 사건의 전말을 전혀 다르게 기억하고 있었다. 그 내용을 간추리면 다음과 같다. 의주 의병장 최효일은 용골산성에 있던 정봉수를 찾아가서 후금군을 격파할 수 있는 계책을 제안했으나 받아들여지지 않았다. 이 때 김종민은 그의 상관인 장사준을 죽이고 그 대신 정봉수를 대장으로 맞아들였다. 그런데 당시 용골산성에는 적의 포로가 되었다가 변발을 하고서 도망쳐 나온 의주사람들이 많이 있었다. 용천사람들은 이들 義州民의 목을 베어서 戰功에 목말라하던 明의 장수 毛文龍의 진영에 후금군의 수급이라고 속이고 돈을 받고 팔았다. 이로 인해 죽임을 당한 의주민들이 부지기수였다. 이를 지켜본 최효일은 필시 자기도 김종민에게 죽임을 당할 것이라고 여겨 의주로 되돌아갔다는 이야기이다.[2]

즉 의주사람들은 자기 고장의 '영웅'인 최효일의 행적을 다루면서 다른 군현 사람인 정봉수와 김종민에 대해서는 매우 부정적으로 서술하였

1) 柳在城,「제2장 정묘호란」,『병자호란사』, 국방부 전사편찬위원회, 1986, pp.58~61.
   金鍾圓,「Ⅱ. 정묘·병자호란」,『한국사』29(조선 중기의 외침과 그 대응), 국사편찬위원회, 1995, pp.258~265.
2)『輿地圖書』,「義州」, 人物, 崔孝一.

다. 심지어 용천지역 사람들에게 자기 군현민들이 집단적으로 살해당했
고, 장사준도 후금에 투항한 반역자로서가 아니라 김종민에 의해 억울
한 죽임을 당한 피해자로 설명하고 있다. 이런 인식의 연장선에서 '장사
준 사건'이 발생한지 140여년이나 지난 시점에 쓰인 의주의 읍지에서는
다음과 같이 서술하였다.

> 장사준은 임진왜란의 전공으로 관직이 부총관에 이르렀다. 정묘호란 때
> 미곶첨사가 되었다. 그 때에 용천부사 이희건이 邑人 김종민 등에게 죽임
> 을 당했다. 장사준이 이희건을 대신해서 의병장이 되었는데 김종민 등이
> 스스로 자신의 죄를 알고 밤에 수백 명을 거느리고 장사준을 참살하였
> 다.3)

이에 따르면 『龍灣誌』(1768)에서는 용천부사 이희건의 죽음조차 후금
에 의해서가 아니라 김종민의 소행으로 설명하였고, 장사준도 역적이
아닌 억울하고 비극적인 죽음을 맞이한 것으로 결론을 내렸다. 그러자
철산의 읍지에서는 『용만지』의 내용과는 다르게 장사준이 후금에 투항
해서 처단된 것임을 기정사실화하였다.4) 용천 읍지도 철산의 읍지와 마
찬가지로 다음과 같이 서술하고 있다.

> 『龍灣誌』에서 張士俊의 일을 거짓으로 꾸며 썼다. 지금 鄭氏(정봉수·

---

3) 『龍灣誌』(1768), 「人物」, 張士俊(장서각 소장, 藏2-4280)[『朝鮮時代私撰邑誌』
   50, p.362].
   '張士行之弟 以壬辰戰功 官至副摠管 丁卯亂爲彌串僉使時 龍川府使李希
   健爲邑人金宗敏等所殺 士俊代爲義兵將 宗敏等自知罪 夜率數百人斬士俊'
4) 『銅山志』(1786), 「忠義」, 鄭鳳壽(규장각 소장, 古 4790-36).
   '彌串僉使張士駿據城降虜 鳳壽與其弟麒壽設殿執事 駿斬之軍中快之'

정기수-필자)의 『龍城雙義錄』과 (이희건의-필자) 『洪陽君日記』를 살펴보
니 분별을 기다릴 필요도 없이 명백하다. 우리 고을에서는 마땅히 의주부
와 근거를 상고해서 잘잘못을 가려 따지자는 의논이 있었으나 아직 결행
하지 못하였다.5)

이에 따르면 『용만지』는 장사준 사건을 왜곡하고 있으며, 용천민들이
의주부의 근거를 대조하여 관련 기록의 오류를 지적하고 그 수정을 논
의하는 단계에 있었음을 알 수 있다.

그러던 중 순조 11년(1811)에 일어난 홍경래 난 때, 용천·철산과 의주
에서 진행된 '宿怨'은 물리적인 충돌로 재현되었다. 홍경래 난에서 의주
는 의병을 많이 배출하여 전공이 으뜸으로 꼽히는 지역이었다.6) 이 난
을 진압하는 과정에서 의병장으로 수훈을 세운 許沆과 金見臣 등을 배
출한 의주민들은 '반란군'의 소굴로 지목된 용천·철산의 지역민을 '殺
戮'함으로써 정묘호란 때 입은 피해를 되돌려주었다.7) 그리고 이를 기
화로 의주에서는 고을 명칭이 '義'州인 것을 강조하면서, 忠義의 내력을
지닌 자기 고장의 事蹟을 현창하는데 주력하였다.8) 장사준 사건과 관련

---

5) 『龍城誌』(1796), 「蓮榜」(규장각 소장, 經古 915.184-Y58y)[『朝鮮時代私撰邑誌』
   51, p.38].
   '龍灣誌誣書張士俊之事 今考鄭氏雙義錄及洪陽君日記 則不待辨而自明矣
   我邑宜與灣府考據辨詰 而有議未果'
6) 『純祖實錄』15, 純祖 12年 1月 22日(丙申).
   '左議政金載瓚啓言 … 今番討賊之功 義州爲首'
7) 『純祖實錄』15, 純祖 12年 1月 17日(辛卯).
   『純祖實錄』15, 純祖 12年 1月 21日(乙未).
8) 『龍灣誌』(1849), 「凡例」(규장각 소장, 奎 1710)[『朝鮮時代私撰邑誌』50, p.2].
   '州以義名尙義也'
   『龍灣誌』(1849), 「辛壬事蹟」(규장각 소장, 奎 1710)[『朝鮮時代私撰邑誌』50,
   pp.326~399].

해서도 헌종 15년(1849)에 간행 예정이던 『용만지』에 의주의 입장을 반
영해서 서술하고자 하였다. 하지만 홍경래 난에서 의주사람에게 피해를
입은 용천·철산의 지역민들은 이를 저지하고자 다음과 같이 적극적인
행동을 취했다.

> 기유년(1849년-필자)에 의주에서 『용만지』를 간행하려 할 때 역적의 무
> 리인 장사준의 일에 대해 착오로 말한 것이 많았기 때문에 돌아가신 參判
> 金宗敏의 후손 金振夏와 襄武公 鄭鳳壽의 후손이 함께 무고한 것을 따
> 져서 고쳤다.[9]

즉 장사준은 '역적의 무리'에 불과하다는 인식 아래 장사준의 행적을
미화하려는 의주민들의 잘못을 자기 지역의 처지에서 바로잡았던 것이
다. 그 결과 헌종 15년(1849)에 최종적으로 조정되어 간행된 『용만지』에
서는 정묘호란에 관한 사항은 일체 언급하지 않고, 다만 장사준이 縣監
張德星의 아들이며, 임진왜란에서의 전공으로 관직이 副摠管에 이르렀
다는 내용만이 남게 되었다.[10]

---

9) 『龍城誌』, 「今古事蹟」(규장각 소장, 經古 915.184-Y58y)[『朝鮮時代私撰邑誌』
   51, p.289, p.291].
   '丙辰誌(1796년 용성지-필자)諸家實蹟漏略者 收錄于篇末 … 己酉(1849년-필
   자)龍灣刊誌時 逆黨張士俊事 語多誤錯 故金參判宗敏後孫振夏與鄭襄武後
   孫 同爲質誣改張'
10) 『龍灣誌』(1849), 「壬辰立殣及宣武功臣」(규장각 소장, 奎 1710)[『朝鮮時代私
   撰邑誌』50, p.208].
   '張士俊[縣監德星子 以戰功官副摠管]'

2) 서울과의 대결 의식과 反京氣勢의 대두

평안도 지역민의 분화는 군현 차원을 넘어 서울과의 대결 의식을 통해서도 전개되었다. 18세기 전반까지 평안도의 지역 정체성은 주로 三南地方에 견주어서 형성되었다. 중앙에서는 鄒魯之鄕으로 별칭되는 삼남의 풍속과 문화 수준을 준거와 모범으로 하여 평안도에 대한 정책을 논의하거나 지역 차별을 정당화하는 경우가 많았기 때문이다. 동시에 이 시기 서울은 평안도 출신의 李時恒이 쓴 「西京賦」에서 잘 나타나듯이 關西와 三南의 우열을 판가름하는 심판자적인 존재로 설정되곤 하였다.11)

그런데 18세기 후반 이후 京鄕分岐 현상이 강화되면서 서울과 삼남의 격차는 심화되었으나, 평안도는 서울이 상업적 발전에 기반해서 여타 지역보다 우세하게 성장해 간 것과 유사한 궤적을 그리고 있었다.12) 19세기를 전후해서 평안도 지방은 "재부와 화려함이 나라에서 최고"로 꼽히고 있었던 것이다.13) 상품화폐경제의 발달과 짝해서 최고 품질의 煙草가 재배되고 三登, 成川, 江東, 平壤 등 최대 규모의 연초 산지가 조성된 곳도 평안도였다.14) 또한 평안도의 여러 군현 가운데 평양은 전국에서 한양과 개성 다음으로 인구가 많았으며, 道別로는 인구 5천명 이상의 도시 49곳 중에서 평안도의 군현이 13곳으로 가장 많았다.15)

---

11) 張裕昇, 앞의 논문, 2010, pp.116~127.
12) 吳洙彰, 앞의 책, 2002, pp.185~186.
　　吳洙彰, 「조선후기 平壤과 그 認識의 변화」, 『朝鮮의 政治와 社會』, 集文堂, 2002, pp.838~847.
13) 金祖淳(1765~1832), 『楓皐集』15, 「記」, 把灝樓重修記.
　　'關西大藩也 富麗甲於國中'
14) 李永鶴, 「韓國 近代 煙草業에 대한 硏究」, 서울대학교 박사학위논문, 1990, pp.24~29.
15) 孫禎睦, 『朝鮮時代都市社會硏究』, 一志社, 1977, pp.209~211.

이와 같은 경제·인구 규모를 갖추고 괄목할 만한 성장세를 보이는 것과 연동해서 평안도는 지역 인식에서도 성리학의 본고장으로 알려진 嶺南을 敬畏가 아닌 상호 보완해야 할 존재로서 상대화시키는 단계로 나아갔다.16) 평안도 문인의 언설에서는 關西의 인재가 文에서는 '8道의 府庫'이며, 무예는 나머지 7道에 비할 바가 아니라고 선언되고 있었다.17) 평안도는 문명이 시작된 곳이고 그 주민은 오랫동안 首都 생활을 했기 때문에 세종대왕이 한글을 창제할 때 원초적으로 우리나라 방언의 '正本'이 되는 평안도 말을 참작했을 것이라는 주장까지 나오고 있었다.18) 定州가 富와 문화의 중심으로 명성을 얻고, 많은 문과 급제자를 배출함으로써 '작은 서울[小京]'로 일컬어지고, 그 주민은 '小京人'으로 자부하게 된 것도 이상과 같은 맥락에서였다.19) 요컨대 이 시기 평안도의 지역

고동환, 「조선시대 한양의 수도성-도시의 위계와 공간표현을 중심으로」, 『歷史學報』209, 2011, p.40.

正祖 13年(1789)에 간행된 『戶口總數』에 따르면, 인구 5천명 이상에 달하는 평안도의 군현은 평양, 의주, 영유, 성천, 정주, 안주, 창성, 초산, 상원, 철산, 덕천, 가산, 선천 등 13곳이다. 道別로는 평안도 13, 경상도 12, 충청도 8, 전라도 6(제주 포함), 함경도 4, 경기도 3, 황해도 2, 한성 1, 도합 49곳이었다.

16) 白慶楷, 『守窩集』6, 「雜著」, 嶺南風土, 丙寅(1806).
  '吾西風土習俗 一切與嶺南相反 議論不一 性質柔緩 不能忍耐 不能持久 奢侈夸張 爲一能事 吾嘗曰而今嶺人之風 視西人而矯枉過正者也 誠能擧兩道而矯揉以就中 則其庶幾乎'
  Kim Sun Joo, *Negotiating Cultural Identities in Conflict: A Reading of the Writings of Paek Kyŏnghae(1765~1842)*, Journal of Korean Studies, vol.10, 2005, p.100.

17) 白時源, 『三賢集選』, 「本道文武疏」(吳洙彰, 「19세기 초 평안도 사회문제에 대한 지방민과 중앙관리의 인식과 정책」, 『韓國文化』36, 서울대학교 규장각한국학연구원, 2005, p.138).

18) 白慶楷, 『守窩集』6, 「雜著」, 我東方言正變說, 辛巳(1821)[Kim Sun Joo, op. cit., 2005, pp.95~96].

위상은 '半京半鄕'의 성격을 띠고 있었던 것이다.

평안도 학문의 수준 향상은 중앙에서도 인정되고 있었다. 가령 英祖
가 자신의 즉위 초창기에는 호남 출신의 經筵 儒臣들이 뛰어났지만 지
금은 평안도 출신에 미치지 못한다고 지적한 것은 그러한 추세를 짚은
말이었다.20) 正祖 역시 평안도를 '君子國'이라고 지칭하면서 지역의 학
문 풍토와 실제에서 명실상부한 문화의 고장으로 평가하기에 이르렀
다.21) 實錄을 통틀어 정조가 '군자의 나라[君子國]'라고 특정해서 지목한
경우는 앞서 언급한 평안도와 그 밖에 우리나라 전체를 가리켜서 말한
단 두 번의 사례뿐이었다.22) 평안도 출신으로 司憲府 掌令을 역임한 鄭
篆에게는 '一國의 文章'이라고 칭송하였다.23) 平安道 應製에서 장원급제
한 江東의 幼學 劉學元의 글에 대해서는 서울의 학자보다 낫다는 평가
를 내리기도 하였다.24)

19)『定州郡誌』, 定州郡誌編纂委員會, 1975, p.193, p.318.
　　Kyung Moon Hwang, "From the Dirt to Heaven: Northern Koreans in the Chosŏn
　　and Early Modern Eras", Harvard Journal of Asiatic Studies vol.62, no.1, 2002, p.157.
20)『承政院日記』, 英祖 34年 12月 17日(己巳).
　　'上曰 予嗣服之初 湖南經儒勝矣 今則不及關西矣'
21)『正祖實錄』48, 正祖 22年 4月 19日(癸丑).
　　'關西素稱尙武之鄕 而我東文明之啓 實肇玆土 … 傳所云君子國者 卽今之
　　關西是耳 以其江山義麗財賄膴盛 士不以齊魯待之者 非今斯今 予每惜之'
22)『正祖實錄』52, 正祖 23年 8月 29日(乙卯).
　　'正學明 邪說伏 鄒魯於左海 關閩於後代 傳所稱君子國者是也'
23) 鄭篆,『松滄鄭先生詩文全集』,「年譜」, 己酉(1789).
　　'二月二十四日 上御春塘臺試射 先生之族晟世 以別軍職侍衛 上下詢曰 汝
　　與鄭篆族屬如何 對曰臣與篆之祖同八世也 曰善文乎 對曰關西文章也 上咨
　　嗟良久 曰何必關西 殆一國之文章乎 盖其前後奏疏誠意懇惻文理正直 故有
　　此特教云'
24)『正祖實錄』29, 正祖 14年 3月 6日(丙戌).

19세기를 전후해서 평안도인의 지역 대결 의식은 이제 삼남에 머무르지 않고 서울에 초점을 두고 전개되어 나갔다. 국왕의 시혜적인 조치에 의해서가 아니라 평안도의 학문 수준과 저력을 인정받게 된 단계에서조차 자신들에 대한 처우가 단발로 그치고 마는 정국 운영 속에서 反京·反中央의 기류는 점차 叛逆·叛亂의 형태로 표출하여 갔던 것이다. 이러한 '反京勢力'의 저항 강도는 중앙 정부의 교체를 도모하거나 京華士族의 처단을 직접 거론할 만큼 심중한 것이었다.

이 무렵 평안도에서는 '正學'의 발달과는 다른 차원에서 지배 이념에 저항하는 占書와 地術書도 유행하고 있었다. 평안도의 지역 문인들이 占術書와 易學에 몰두한 까닭에 洪良浩(1724~1802)와 같은 중앙의 학인들은 역학을 평안도 지역의 학문적 전통으로 인식하기까지 하였다.25) 이런 가운데 정조 6년(1782) 4월, 평안도 강동 출신 白天湜과 金勛, 그리고 황해도 곡산 출신 文仁邦이 忠淸道 鎭川의 산속에 토굴을 짓고 숨어 살면서 妖言으로 인심을 현혹시켰다고 하여 絶島에 유배되는 사건이 발생했다.26) 이들은 다시 역모를 꾸몄다는 혐의를 받고 그 해 11월에 서울로 압송되어 국왕 정조의 親鞫을 받았다. 당시 중앙에서는 '君臣義理' 문제와 정국의 주도권을 둘러싸고 洪國榮-宋德相을 추종한 무리들을 역적으로 심판하는 鞫問이 진행되고 있었던 것이다.27) 이에 따르면 역모에 가담한 자들은 <표 4>에서와 같이 대부분 術士의 직업을 가진 서북인으로

'至於關西壯元江東幼學劉學元所作 燦燦有勝京生學子 已極可嘉'

25) 吳洙彰, 앞의 책, 2002, pp.247~248.
    張裕昇, 앞의 논문, 2010, pp.44~45, pp.53~56.
26) 『承政院日記』, 正祖 6年 4月 5日(辛未).
27) 이와 관련된 정조 초반 정국의 동향에 대해서는 崔誠桓, 「正祖代 蕩平政局의 君臣義理 연구」, 서울대학교 박사학위논문, 2009, pp.133~166 참조.

출신지로는 평안도 출신이 가장 많은 수를 차지하였으며, 평안도 '반역
자'의 주요 목적은 중앙의 고위 관직을 차지하는 것에 있었다.[28]

〈표 4〉 정조 6년(1782) 서북인 역모 사건 관련 주요 인물의 신상 명세

성명	나이	출신지	신분·직업	거사시 직 책	비고
白天湜	35	平安道 江東	卜者		三南에서 동지 규합 활동 담당
都昌國		平安道 寧遠	卜者	先鋒將	평안도에서 동지 규합 활동 담당
金勛	36	平安道 江東	卜者		三南에서 동지 규합 활동 담당
郭宗大		平安道 順安	卜者		
文仁邦	28	黃海道 谷山	賤民		三南에서 동지 규합 활동 담당, 평안도 양덕에 어머니와 아내가 살고 있는 집에서 백천식을 만남
朴瑞集	52	黃海道 海州	兩班	運糧官	송덕상의 제자, 역모 계획 단계에서 官에 고발함
申亨夏	59	黃海道 平山	兩班		송덕상의 제자
金廷彦		咸鏡道 安邊	匠人		함경도에서 동지 규합 활동 담당

28) 기존 연구에서는 이 사건을 '이경래·문인방 사건' 혹은 '문인방 역모 사건' 등으
로 지칭한다. 이 사건의 취조기록인 『推案及鞫案』의 題名이 '仁邦·京來等推
案'인 관계로 관련 연구도 이경래와 문인방에게 시선이 모아졌을 것이다. 그런데
당시 推鞫은 이경래 등의 정치 세력이 正祖의 政敵으로 유배중이던 宋德相의
復權을 추진한 일에 초점을 맞추고 있었다는 사실에 유의할 필요가 있다. 題名
과는 별개로 供招(진술서)에서 일관성 있게 드러나듯이, 이경래 등의 정치적인
목적과는 다르게 평안도 출신인 백천식이나 김훈 등은 송덕상의 復權보다는 서
울을 공격해서 고위 관직을 얻을 수 있을 것이라는 점에 기대를 걸고 있었다. 또
한 연대기 자료 등에서 백천식의 이름이 이경래·문인방보다 먼저 나오거나, 사건
의 주역으로 이경래의 이름 없이 백천식과 문인방만 호명되는 경우도 적지 않다.
최종 심문이 끝난 뒤에 문인방, 이경래, 백천식 등 세 사람만이 '역적의 괴수'로
陵遲處死를 당했다는 점을 떠올려 보면, 백천식과 평안도 출신의 가담 동기를
적극적으로 포함시켜 이해하는 것이 이 사건의 전체적인 모습에 좀 더 가까이 다
가갈 수 있으리라 생각한다.

성명	나이	출신지	신분·직업	거사시 직책	비고
李京來	45	江原道 襄陽	進士	都元帥	송덕상의 제자, 강원도에서 동지 규합 활동 담당
宋德相		忠淸道 恩津(本貫)	吏曹判書	大先生	正祖의 政敵, 사건 당시 함경도 삼수부에 유배중인 상태
宋煥億	42	京畿道 水原	兩班		송덕상의 아들

* 출전 : 『推案及鞫案』24, 壬寅(1804), 逆賊仁邦京來等推案(高成勳, 「正祖朝 鄭鑑錄 관련 逆謀事件에 대하여-李京來·文仁邦 사건을 중심으로-」, 『何石 金昌洙敎授華甲紀念史學論叢』, 범우사, 1992, p.365를 바탕으로 수정·보완)

백천식을 위시한 핵심 인물들은 거사 실행 이전에 都元帥, 先鋒將, 運糧官, 大先生 등의 직책을 적절히 안배한 다음, 평안도, 삼남, 강원도 등지로 흘러들어가 동지들을 규합한 뒤에 군사를 동원해서 서울을 침범하려 했다고 '자복'하였다.[29] 이 사건이 있은 직후인 정조 7년(1783)에 비변사에서 올린 「諸道御史齎去事目」에서는 關西御史의 중요 업무로 "요망한 글을 지니고 그릇된 道를 강설하여 혹세무민하는 자"를 단속하되, 특히 寧邊의 百嶺防이나 成川의 神仙窟, 그 밖에 깊은 산골짜기 등지를 각별히 살피도록 주문하면서 평안도인의 동향을 예의주시하였다.[30] 그럼에도 불구하고 정조 9년(1785)에는 평안도 선천 출신 李奎運이 『鄭鑑錄』에 근거한 전국적인 반란 사건에 적극 가담하는 형국이었다.[31]

순조 4년(1804)에는 조정의 대신을 축출하려는 모반 사건이 발생하였다. 이 사건의 주역인 張義綱은 자신이 生長한 평양으로 들어가 반역에

---

29) 『推案及鞫案』24, 壬寅(1782), 逆賊仁邦京來等推案(亞細亞文化社 영인본, p.205, p.234, pp.254~255, pp.264~266. 이하 쪽수만 표시함).

30) 『正祖實錄』, 正祖 7年 10月 29日(丁亥).
   吳洙彰, 앞의 책, 2002, pp.247~248.

31) 백승종, 『한국의 예언문화사』, 푸른역사, 2006, pp.195~199.

동조하는 사람들을 모아서 거사를 일으키려 하였다. 평안도 출신인 韓翼昭는 자신을 妖術에 능한 사람이라고 소개하면서 반란의 또 다른 핵심인물인 李達宇를 직접 찾아가 반란에 합류하기도 하였다.32) 게다가 同年 3월에는『關西秘記』를 도성의 사대문에 내걸고 궁궐을 침입하려는 사건까지 발생하였다.

이에 대해 조정에서는 庭鞫을 설치하고 7달 동안 사건에 연루된 자들을 혹독하게 심문하였다. 이만큼이나 鞫問이 장기화 된 것은 바로 전해인 순조 3년(1803)에 평안도에서 讖緯로 민심을 선동한 자들이 깊이 관여했을 것으로 짐작하여 사건의 배후를 색출하기 위해 오랫동안 매달렸기 때문이었다. 주동자 중에 한명인 吳載榮의 판결문[結案]에 따르면, 이 사건은 "감히 헤아릴 수 없는 일을 희망하는 계책을 품었다"고 하면서 조정 대신을 일망타진하려는 계획에서 착수된 것이라고 결론지었다. 여기에서 말하는 조정의 대신은 供招에서 수차례 '怨讐'로 거론된 金文淳, 李義甲과 같은 경화사족을 가리키는 것으로 여겨진다.33) 이와 같은 형세 속에서 순조 11년(1811)에 일어난 홍경래 난에서는 격문에서 표방한 것처럼 세상을 구할 '鄭眞人'을 내세워 민심을 선동하면서 金祖淳, 朴宗慶과 같은 경화벌열을 타도 대상으로 지목하고 있었다.34)

---

32)『推案及鞫案』26, 甲子(1804), 罪人達宇義綱等推案(pp.606~607, pp.653~655).

33)『推案及鞫案』26, 甲子(1804), 罪人載榮性世等推案 乾(pp.190~192).
    金文淳(1744~1811)은 순조 3년(1803)에 평안감사를 역임했다. 그의 고조부는 노론 4大臣의 하나로 꼽히는 金昌集이다. 李義甲(1764~1847)은 정조 23년(1799)에 평안감사를 역임한 李泰永의 아들이다. 이희갑은 순조 25년(1825) 경화벌열로 탐학을 일삼던 徐萬修를 平安道 楚山府使로 천거하고, 자신은 평안감사로서 서만수의 비리·부정을 비호함으로써 楚山府 民人의 上京 시위를 초래했던 인물이기도 하다(韓相權,「1827년 平安道 楚山府 民人의 上京 示威와 政局의 동향」,『韓國 古代·中世의 支配體制와 農民』, 지식산업사, 1997, p.752).

3) '忠義'勢力의 벌열화와 향촌안정책 도모

19세기를 전후하여 평안도에서는 각종 반역·반란을 통해 서울과의 대결 의식을 전면화했던 '反京세력'과는 달리 체제 내에서의 지위 상승을 도모하는 세력도 존재하였다. 이들은 외형상 경화사족과 같은 벌열로서의 모습을 구축해 나갔다. 그 일환으로 문과 급제에 부심하고, 족보와 문집 등을 대대로 편찬하였다. 홍경래 난을 맞이해서는 '충의'를 내세우며 '반란'을 진압하는 '의병'의 처지를 견지하였다.

본시 평안도에는 벌열을 뜻하는 '簪纓世族'이 없다고 운위되었다. 정조 14년(1790) 평안도 암행어사 李冕膺의 復命에서 "關西는 본래 대대로 높은 벼슬을 한 가문이 없어 향리에서 떠받드는 것은 유생과 향임에 불과하다"고 지적한 것은 바로 이를 두고 한 말이었다.35) 그러나 이러한 중앙의 인식과는 별도로 19세기를 전후해서 평안도에서는 특정 가문을 중심으로 벌열을 자처하거나 또는 지역 내에서 벌열로 간주하는 모습이 나타나고 있었다. 19세기 초반 홍경래 난 때 '의병'으로 활약한 玄仁福의 격문에서 "우리 주(定州)는 衣冠의 鄉이라 불리며 村마다 縉紳이 있고 또한 簪纓之族이 많으니 이는 國恩이다."36)라고 한 점에서 벌열을 내세

---

34) 小田省吾, 『辛未洪景來亂の硏究』, 小田先生頌壽記念會, 1934, pp.38~39.
　　吳洙彰, 「19세기 초 중국 八卦敎亂과 비교한 洪景來亂의 정치적 특성」, 『大東文化硏究』56, 성균관대학교 대동문화연구원, 2006, pp.227~231.
　　Sun Joo Kim, *Marginality and Subversion in Korea : the Hong Kyongnae Rebellion of 1812*, Seattle : University of Washington Press, 2007, pp.94~104.
35) 『正祖實錄』29, 正祖 14年 3月 24日(庚戌).
　　'關西暗行御史李冕膺復命 … 關西一路 本無簪纓世族 鄉里之所推重 不過儒鄉之任'
36) 『陣中日記』, 辛未(1811년-필자) 12月 26日(『西征日記·陣中日記』, 국사편찬위

우는 면모가 잘 드러난다.

평안도 내에서 최고의 벌열로 꼽히는 가문은 定州의 延安 金氏 집안
이었다.37) 이들이 지역에서 벌열로 칭해지는 근거는 단연 문과 급제자
의 배출에 있었다. 정주의 연안 김씨는 효종 2년(1651)에 급제한 金錫之
를 비롯해서 17세기에 3명, 18세기에 18명, 19세기에 31명의 문과 급제자
를 배출하였는데, 이는 특정 지역에 거주하는 단일 가계로는 전국에서
가장 많은 수에 해당하였다.38)

정주는 군현 단위로 전국에서 가장 많은 문과 급제자를 배출한 지역
이었다. 이러한 정주에는 비단 연안 김씨 외에도 어느 성씨나 두루 문과
급제자를 배출하고 있었다. 정주의 24大姓 중에서 延安 金村(瑞南·齋洞),
全州 李村(莘里·伊彦), 白川 趙村(德達·伊彦), 水原 白村(㿟湖·松洞), 南陽
洪村(馬山), 光州 盧村(古州), 延日 承村(絃岩), 密陽 朴村(匙山), 安義 林村
(興麓), 南平 文村(西院·昌山), 光山 卓村(南面), 溫陽 方村(伊彦·南面) 등
에서는 大·小科 급제자가 가문이나 촌락 단위로 수십 명씩 배출되고 있
어서 급제자를 축하하는 標木에 빨랫줄을 맨다는 俗謠가 최근까지 전해
질 정도였다.39)

원회, 1971, p.151.
'吾州 淸北都會之官 關西要衝之地 家家絃誦 素稱衣冠之鄕 村村縉紳 亦多
簪纓之族 是國恩也'
37) 白宗杰, 『止山集』下, 「行狀」, 故處士延安金公行狀[乙丑-1865년](국립중앙도
서관 소장, 한古朝46-가 776, p.160. 이하 쪽수만 표시함).
'吾鄕多聞人而延安金氏之族莫尙焉 其子姓之閥閱人物之魁 他門罕比'
38) 박현순, 「조선후기 文科에 나타난 京鄕 간의 불균형 문제 검토」, 『한국문화』58,
서울대학교 규장각 한국학연구원, 2012, p.24.
定州 延安金氏 開城府尹公派의 문과 급제자 명단과 職位는 『延安金氏世史』
1, 世史編纂委員會, 1982, pp.83~85 참조.
39) 『定州郡誌』, 앞의 책, 1975, p.317.

평안도 벌열의 전형은 定州에 世居한 수원 백씨에게서 나타난다. 이 수원 백씨는 麗末鮮初를 지나면서 仁州副使 白繹이 '忠臣不事二君'의 의지로 신왕조인 조선에 협력하지 않고 黃海道 黃州에서 평안도 정주로 이주하여 뿌리를 내린 집안이었다.[40] 18세기 후반 영조조에 백역의 14세손인 白仁煥(1722~1805)을 필두로 꾸준히 문과 급제자를 배출하였다. 이와 관련된 내용을 그림으로 표현하면 다음과 같다.

〈그림 3〉 평안도 정주의 수원 백씨 주요 인물 가계도

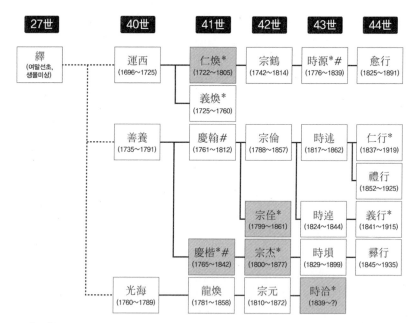

* 출전 : 『水原白氏大同譜』3(仁州公派), 水原白氏中央花樹會, 1997
** 비고 : *-문과급제자, #-홍경래 난 때 의병, ▨-당상관

---

40) 『水原白氏寶鑑』1(宗史篇), 水原白氏中央宗親會, 2004, p.115.

<그림 3>에서 제시한 것처럼 백의환, 백경해, 백시원, 백종전, 백종걸, 백인행, 백시흡, 백의행 등 수원 백씨 가문에서 문과 급제자가 꾸준히 배출되었다. 조선후기에 문과 급제가 벌열 형성의 충분조건은 아니었지만, 벌열의 지위를 갖추는데 중요한 기반이 되었다는 점은 두말할 나위가 없다.[41]

정주의 수원 백씨는 족보와 문집도 代를 이어서 편찬하였다. 족보가 족적 결합을 공고히 하고 名族 의식을 드러내는 장치였다면, 문집은 학연과 학문적 성취를 내세울 수 있는 집성체라고 할 수 있었다.[42] 이 집안은 영조 27년(1751)에 족보를 처음 간행한 후에 대략 한 세대 쯤의 간격을 두고 정조 2년(1778), 순조 28년(1828), 고종 2년(1865), 고종 21년(1884), 1940년에 間斷없이 續譜를 편찬하였다. 족보가 없다면 그것은 곧 종족이 없는 것과 같다는 인식에서였다.[43] 譜單은 8도에 통문을 돌리고 자료를 수합해서 작성하였다.[44]

이와 더불어 문집의 작성과 편찬도 활발하게 진행되었다. 16세기 후반에 편찬된『故事撮要』를 통해 파악할 수 있는 평안도 지방의 문집은 『獨谷集』과『蓮亭集』정도에 불과하였다.[45] 하지만 18세기 후반~19세기 전반에 정주의 수원백씨 집안에서 작성하여 현전하는 문집만 해도 백인

---

41) 車長燮,『朝鮮後期 閥閱研究』, 一潮閣, 1997, pp.115~133.
42) 권기석,『족보와 조선사회-15~17세기 계보의식의 변화와 사회관계망-』, 태학사, 2011, pp.110~141.
    신승운, 앞의 논문, 2001, p.366.
43)『水原白氏定州派譜』, 水原白氏定州派譜刊行會, 1980, p.13.
    '凡有族者其可無譜乎'
44)『水原白氏定州派譜』, 앞의 책, 1980, pp.16~48.
45) 崔宇景,「朝鮮時代 箕營·咸營·海營에서 刊行된 書籍 研究」, 경북대학교 석사학위논문, 2009, pp.28~35.

환의 『松潭集』, 그 손자인 白時源의 『老圃集』, 白慶楷의 『守窩集』, 백경
해의 아들 白宗杰이 쓴 『止山集』 등이 있는 형편이다. 이들은 공통적으
로 문과를 급제하였을 뿐만 아니라, 백시원이 병조좌랑(정6품)에 머문
것을 제외하고는 모두 정3품 이상인 당상관에 제수되었다.[46] 이와 같은
문과 급제 및 족보와 문집 간행 등은 수원 백씨가 정주에서 벌열로 성장
하는 유력한 기반이 될 수 있었다.[47]

특히 홍경래 난에서의 의병 활동은 평안도 벌열 형성에 중대한 계기
로 작용하였다. 순조 11년(1811) 12월 18일 홍경래 난이 일어나고 이듬해
인 순조 12년(1812) 4월 19일에 반란이 진압될 때까지 평안도 42개 군현
중에서 반란의 주모자와 내응자가 속한 지역은 청북을 중심으로 한
10~16개 군현 정도였다.[48] 그 밖에는 亂을 관망하거나 義兵을 일으켜 반

---

46) 『水原白氏寶鑑』1(宗史篇), 水原白氏中央宗親會, 2004, p.631, pp.635~636, pp.711~
   712.
   『水原白氏寶鑑』2(宗史篇), 水原白氏中央宗親會, 2004, pp.52~53.
   백인환은 五衛都摠府 副摠管(종2품, 순조 3년), 백경해는 漢城府 左尹(종2품,
   헌종 5년), 백종걸은 承政院 右副承旨(정3품 당상, 고종 5년) 등을 역임하였다.
47) 종전까지 평안도 출신 문과 급제자에게는 청요직으로 진출하는 첫 관문인 承文
   院 分館이 허용되지 않고 있었다. 그러나 순조 26년(1826) 左議政 李相璜은 백
   시원의 문벌을 인정하여 승문원에 분관하자고 건의해서 왕의 윤허를 받았다[『承
   政院日記』, 純祖 26年 1月 20日(壬寅)]. 몇 년 뒤 백종걸 역시 무난하게 승문원
   에 분관되었다[『承政院日記』, 純祖 31年 12月 12日(庚寅)]. 고종 10년(1873)에
   는 右議政 韓啓源이 입시한 자리에서 평안도의 상황을 아뢰는 가운데 "대대로
   벼슬을 세습하여 벌열과 거족이 많다[『承政院日記』, 高宗 10年 1月 20日(庚
   子). 啓源曰 … 代襲簪組 儘多閥閱鉅族]"고 진술하였다. 이와 같은 사례들은
   18세기 후반 이후 평안도에서 벌열이 형성되고 있음을 시사한다.
48) 鶴園 裕, 「平安道農民戰爭における參加層-その重層した性格をめぐって-」,
   『朝鮮史叢』2, 青丘文庫, 日本 神戸, 1979(변태섭 외, 『傳統時代의 民衆運動』
   上, 풀빛, 1981, pp.249~251).

란을 진압하는 입장에 있었다. 의병을 자처한 이들은 스스로를 '忠義士 (忠義師)' 또는 '倡義士'라고 명명하여 '충의'를 기치로 내세우는 동시에 대부분 신분상으로 '士人'을 표방하였다.49) 그리고는 중앙에서 내려온 관군을 도와 반란군을 제압하고 향촌 질서를 재건해 나갔다.50) 조정에 서도 '地望'을 갖춘 이들 충의세력에 기대어 반란을 진압하고 민심을 수 습하고자 했다.51) 결국 순조 12년(1812) 4월, 관군과 충의세력의 합공으 로 정주성에 있던 반란군이 궤멸되면서 홍경래의 난은 막을 내렸다.

홍경래 난이 진압된 이후 평안도 사회에는 충의가 尊尙되었다. 정부 에서는 관직을 수여하거나 향촌 지배권을 인정하는 방식 등으로 충의세 력을 장려하였다.52) 각 군현마다 다양한 형태로 '戰勝 記念物'이 제작되 기도 했다. 의주와 영변에서는 각각 의병들의 사적을 담은 『忠義錄』53) 과 『倡義錄』54)이 간행되었다. 정주에는 '忠義壇'55)이라는 제단과 비석 이 설치되었고, 龜城에는 '辛壬紀蹟碑'56)라는 이름의 비석이 건립되었

林承豹, 「朝鮮時代 賞罰的 邑號陞降制 硏究」, 홍익대학교 박사학위논문, 2001, pp.112~113.

49) 『平壤續誌』, 「古事」(규장각 소장, 奎 4885)[『朝鮮時代私撰邑誌』46, pp.235~ 236].
    『陣中日記』, 辛未 12月 26日(『西征日記·陣中日記』, 국사편찬위원회, 1971, p.150).
    『龜城郡誌』(『韓國近代邑誌』60, 1991, pp.56~57].

50) 이와 관련해서는 高錫珪, 「18세기말 19세기초 평안도지역 鄕權의 추이」, 『韓國 文化』11, 서울대학교 한국문화연구소, 1990, pp.391~401 참조.

51) 『止山集』附錄, 「年譜」(pp.26~27).

52) 『龍灣誌』(1849), 「風俗」(규장각 소장, 奎 1710)[『朝鮮時代私撰邑誌』50, p.54].
    '尊尙忠義 深重然諾[朝家褒獎多以此]'

53) 『龍灣誌』(1849), 「凡例」(규장각 소장, 奎 1710)[『朝鮮時代私撰邑誌』50, p.15].

54) 『寧邊志』, 寧邊郡民會, 1971, pp.68~70.

55) 『新安誌續編』「忠義壇碑銘」(『韓國近代邑誌』63, 1991, pp.190~200).

56) 『龜城郡誌』「辛壬紀蹟碑文」(『韓國近代邑誌』60, 1991, pp.75~77).

다. 그 중 安州에서는 순조 22년(1822)에 홍경래 난을 진압하고 세운 기념비에 '忠義先猖'이라는 글귀를 새겨 충성과 의리가 반란군들의 미쳐 날뛰는 행위보다 우선되었다고 하면서 당시 충의를 내세우는 향촌의 분위기를 생생하게 전해 주고 있다.[57]

그렇지만 충의세력에게는 홍경래 난을 전후해시 누적된 내부 갈등과 지역 폐단을 수습하는 것이 과제로 남아 있었다. 이러한 과제에 충실하게 대처한 인물로는 정주의 백종걸을 꼽을 수 있다. 백종걸은 홍경래 난 때 의병장으로 활약한 백경한의 조카이자 백경해의 아들이다. 헌종 2년 (1836) 4월, 홍경래 난에서의 전공에 힘입어 백종걸의 집안은 3代가 追榮될 만큼 대표적인 충의세력으로 褒奬되었다. 아울러 백종걸은 서울에 거주하는 평안도 문인 조직인 '關西道契'의 핵심 인물이기도 하였다. 따라서 여기에서는 백종걸을 중심으로 충의세력이 실현한 평안도 향촌 안정책의 일단을 정리하기로 한다.[58]

백종걸은 사람의 道가 善에 있을 뿐이라고 하면서 責善을 강조하였다.[59] 또한 선비는 善을 행하는 자인데, 자신만이 아니라 다른 이에게도 善을 확장시켜서 가정·국가·천하에 이르기까지 모두가 至善의 경지에 도달할 것을 상정하였다. 이를 달성할 수 있는 방도로는 鄕約의 시행을 염두에 두고 실천하였다.[60] 이런 맥락에서 상부상조의 정신으로 자금을 출연하여 社倉을 設立·改建하기도 하였다.[61] 또한 백종걸은 서울에서

---

57) 『安州勝戰紀蹟碑』(1822)[『내고장 安州-安州郡誌-』, 安州郡民會, 1989, p.361].
58) 白宗杰, 『止山集』附錄, 「年譜」, pp.50~51.
　　白宗杰, 『止山集』下, 「序」, 關西道契定例重修序[甲寅-1854년 필자], pp.19~20.
59) 白宗杰, 『止山集』下, 「序」, 觀善錄序[乙巳-1845년 필자], pp.11~14.
60) 白宗杰, 『止山集』下, 「序」, 松洞鄕約契序[己未-1859년 필자], p.22.
61) 白宗杰, 『止山集』下, 「雜著」, 鳧湖里社倉上樑文[壬戌-1862년 필자], pp.99~

관직 생활을 하면서 在京搢紳을 대표하여 지역의 고질적인 폐단인 賣鄕
에 관해 제언하였다. 그는 정주에서 救荒을 구실로 매향을 한다는 소식
을 듣고, 그런 일은 전례도 없을뿐더러 궁극적으로 백성을 구제하고 편
하게 만드는 계책[救民, 便民]이 아니라고 단언하였다. 따라서 정주에서
단독으로 매향을 추진하지 말고 京鄕의 搢紳들과 邑村 鄕貝의 중론을
모아 결정할 것을 요구하였다.62)

　허다한 향촌 문제를 야기했던 三政의 문란은 백종걸이 가장 고심했던
대목이었다. 헌종 6년(1840)에 백종걸은 평안감사를 지낸 鄭元容63)에게
편지를 써서 삼정 운영에 관한 자신의 견해를 피력하였다. 그는 삼정의
폐단으로 인해 정주가 쇠잔해져서 일대 변통이 있지 않고서는 고을의
옛 모습을 회복할 수 없을 것이라고 진단하였다. 하지만 홍경래 난을 겪
은 뒤에 어려움에 처해 있는 지역 사정을 두고 이제 막 큰 병을 치룬 노
인의 형세에 비유하면서 수취제도에 대한 섣부른 更張을 자제하고 조심
스럽게 접근할 것을 당부하였다. 그러면서 還政에 관해서는 閑戶를 일일
이 조사해서 民戶에 편입시키도록 하는데, 여기에서 冒頉者는 일체 還戶
로 돌아가도록 함으로써 殘民의 고통을 덜어주고 관청 곡식의 헛된 감
축을 방지하자고 건의하였다. 白徵의 폐단이 적지 않은 상황에서 田政은
가을마다 답험을 시행하고 結總과 비교해서 세금을 조정한다면 당장의
구폐 방안이 될 수 있을 것으로 전망하였다. 軍政은 현재 담당자가 牌를

103.
　白宗杰, 『止山集』下, 「記」, 社倉倉房改建記[癸酉-1873년 필자], pp.64~65.
62)　白宗杰, 『止山集』下, 「雜著」, 代在京搢紳簡通文[乙巳-1845년 필자], pp.103~
106.
63)　정원용은 壬戌民亂(1862)의 수습을 위해 설립한 三政釐整廳의 摠裁官에 임명
된 인물이기도 하다[『哲宗實錄』14, 哲宗 13年 5月 26日(丁未)]

내어서 군포를 거두고 있는데, 戶를 계산해서 군포를 배분하는 방식[計戶
分排]으로 처리하면 公私에 모두 편리할 것이라고 조언하였다.64)

특히 철종 13년(1862) 백종걸은 임금이 친히 내린 책문의 대책인 三政
策에서 평안도의 삼정구폐에 관한 방안을 제시하였다. 그는 원리적으로
우두머리 된 자가 바른 것으로 가르치고 착한 것으로 인도해야 함을 강
조하였다. 다른 한편으로 해당 관청을 설치하여 폐단을 釐整하고 삼정
이 잘 운영되도록 함으로써 전국 8도가 균일하게 발전하고, 온 나라가
태평한 지경에 들어갈 수 있기를 요망하였다. 즉 他道는 田政에서의 경
계가 분명한데 평안도는 그렇지 못하다고 하면서 關西에서부터 먼저 改
量·均賦의 제도를 시행하고, 양전 등에서 1字 5結의 원칙을 동일하게 적
용함으로써 8도의 田制를 고르게 운영할 것을 촉구하였다. 그 밖에 軍政
의 폐단을 바로잡기 위해 지방군에게도 급료를 지급하거나 淸北의 山郡
에서와 같이 軍田을 획급하는 방안을 제시하였다. 마지막으로 환곡의
포흠에 대해서는 엄격한 贓律로 처벌하는 동시에 糶糴을 민간에 맡기는
社倉制를 실시함으로써 궁극적으로 근본을 바르게 하고 근원을 맑게 하
는 방향으로 나아갈 것을 역설하였다.65) 이러한 삼정책은 조정에서 入
格되어 입안자인 백종걸은 국왕 철종으로부터 賞으로『奎章全韻』1부를
하사받기도 하였다.66)

이렇게 제시된 백종걸의 평안도 향촌안정책은 19세기 후반 임술민란
의 수습 차원에서 三政釐整廳을 중심으로 시행된 정책이나 또는 홍선대
원군 집정기에 보다 강도높게 추진된 삼정개혁보다 시기적으로 선구적

---

64) 白宗杰,『止山集』上,「書」, 上巡相鄭台元容書小紙[庚子-1840년 필자], pp.155~
160.
65) 白宗杰,『止山集』下,「策」, 三政策[壬戌-1862년 필자], pp.77~95.
66) 白宗杰,『止山集』附錄, 年譜[壬戌-1862년 필자], pp.82~83.

인 위치에 있었다. 뿐만 아니라 백종걸의 삼정책은 구상과 방안에만 그
친 것이 아니라는 점에서 의미가 자못 컸다. 그는 '便民之政'의 기조 아
래 軍田과 社倉을 정주의 父老들과 함께 직접 시행하였다. 이 제도를 운
용한 결과 군액은 점차 충실해졌고, 백성들도 먹을 것으로 어려움을 겪
지 않게 되었다고 한다. 백종걸은 정주 지역이 홍경래 난으로 병화를 입
어 반드시 망할 땅이었음에도 불구하고 다시 흥기할 수 있는 희망이 있
게 된 것은 바로 위에서 언급한 여러 조처들이 마땅함을 얻었기 때문이
라고 말해주고 있다.[67] 이런 여건에서 당시 정주 사람들은 자기 고장을
'樂土'라고 지칭하기도 하였다.[68] 요컨대 19세기 전반 향촌 지배권을 장
악한 충의세력은 善의 강조와 상호부조, 지역 적폐를 해소하기 위한 삼
정책의 제시 및 실천 등을 통해서 홍경래 난 진압 이후의 내부 갈등을
수습하고 향촌을 재건하기 위해 노력하였다. 이는 평안도 향촌사회를
안정시키는 데 기여함과 동시에 19세기 후반 高宗朝에 평안도인의 중앙
진출이 활발히 이루어질 수 있었던 지반이 되었을 것으로 전망한다.

---

67) 白宗杰, 『止山集』下, 「策」, 三政策[壬戌-1862년 필자], pp.90~91.
   '如社倉軍田 臣亦試之於所居之鄕矣 … 軍額漸充 民食無艱 … 辛壬酷被兵
   禍 全城潰陷各庫湯析時 則以必亡之地有興衰之望 措處得宜 調度有方 數
   十年之間 稍成邑樣矣'
68) 白宗杰, 『止山集』下, 「雜著」, 鳧湖里社倉上樑文[壬戌-1862년 필자], p.100.
   '世稱樂土'
   白宗杰, 『止山集』附錄, 家狀[丁丑-1877년 필자], pp.97~98.
   '府君(백종걸-필자) … 遂建社庫蠲徭防役儲穀備荒 … 爲一邑之樂土'

제4장

고종조 평안도인의 관직진출 확대와 문화역량 진작

1. 京官職 진출확대와 정국운영에서의 역할

1) 문·무관의 경관직 진출과 정치세력 형성

고종 14년(1863) 12월 철종이 승하한 뒤 12세의 어린 나이로 고종이 즉위하자 홍선대원군의 섭정이 시작되었다. 이렇게 출발한 고종의 재위기는 전통적으로 중시되던 왕도정치의 관념에서 벗어나 실용주의적 부국강병을 국가 정책의 기조로 삼고 개혁을 추진하던 시기였다.[1] 이러한 시대적인 조류에 부응하면서 평안도 출신 官人도 중앙에서 나름의 역할을 감당하고 있었다. 즉 고종이 즉위한 이래 평안도 출신들은 문·무관직을 막론하고 중앙으로 진출하여 要職을 차지하는 경우가 많아졌고, 무리를 이루어 정치적인 영향력을 행사하기도 했다. 또한 관인의 처지에서 시무책을 상주하여 새 시대를 전망할 수 있게 하는 현실 개혁의 논리와 방향을 제시하고 있었다. 따라서 19세기 후반은 정치적으로 변방에 머물렀던 평안도 출신 관인이 조선 역사상 처음으로 중앙을 무대로 하여 그 존재를 드러내기 시작한 시기라고 할 수 있었다.

평안도인의 중앙 진출이 확대된 것은 그만큼 정치 기반이 넓어졌음을 의미한다. 우선 이 무렵에 평안도에서는 대대로 문과에 급제하고 관직자를 배출하여 신흥 명문으로 부상한 가문들이 다수 존재하고 있었다.

---

1) 이 시기 근대화 정책의 방향과 내용에 관해서는 연갑수,『대원군집권기 부국강병 정책 연구』, 서울대학교출판부, 2001 ; 김태웅, 앞의 책, 2012 참조.

이에 해당하는 가문은 정주 지역에 세거한 연안 김씨와 수원 백씨를 위시해서 평안도 전역에 걸쳐 포진해 있던 순흥 안씨, 배천 조씨, 전주 김씨, 연안 차씨, 해주 노씨, 순천 김씨, 수안 이씨 등을 꼽을 수 있다.2) 이 중에서 특히 정주의 수원 백씨는 영조조에 처음으로 문과 급제자를 배출하였고, 백경한·백경해·백시원 등이 순조 11년(1811) 홍경래 난 때 의병으로 활약한 전력에 힘입어 평안도 지방에서 가장 현달한 가문이 되었음은 앞서 살핀 바와 같다.

  <그림 3>에서 제시한 것처럼 정주의 수원 백씨는 5명이 당상관의 반열에 올랐다. 이 중 백인환이 정조 18년(1794)에 72세의 고령으로 당상관의 반열에 오른 경우3)를 제외하고는 모두 홍경래 난 이후에 고위관직으로 등용되었다. 즉 백경해는 헌종조에 漢城府 左尹(종2품 당상)을 지냈고,4) 백종전은 철종조에 敦寧府 都正(정3 당상)을 거쳐 兵曹參議(정3품 당상)를 역임하였다.5) 고종조에 당상관을 지낸 백종걸은 承政院 承旨(정3품 당상)로 활약하였고, 백시흡은 병조참의(정3품 당상)에 기용되었다.6) 홍경래 난 때 의병장이었던 백경한의 증손자 백의행이 고종 23년(1886)에 국왕에게 상주한 다음의 글을 보면 의병 활동의 전력이 중앙 진출에 밑거름이 되었음을 그들 스스로 인지하고 있었다는 사실을 확인할 수 있다.

2) 한영우, 『과거, 출세의 사다리: 족보를 통해 본 조선 문과급제자의 신분이동』4(고종대), 지식산업사, 2013, p.21.
3) 『承政院日記』, 正祖 18年 1月 24日(己巳).
4) 『承政院日記』, 憲宗 5年 5月 25日(己未).
5) 『承政院日記』, 哲宗 8年 2月 26日(戊申).
  『承政院日記』, 哲宗 11年 6月 25日(丁亥).
6) 본문에서 서술한 고종조 평안도 출신의 주요 관직 경력은 이 논문 말미의 <별표>에서 제시하였으므로 각주에서 일일이 전거를 밝히지 않는다.

　　臣의 집안이 나라의 은혜를 입은 것이 신미년(1811년-필자)부터 더욱
많았는데, 신의 중조부인 신 백경한은 국난을 당하여 의병을 일으켰다가
마침내 순국하여 추증되고 시호를 받는 은전까지 입었고, 신의 조부인 신
백종륜은 특별히 齋郞에 제수되어 군현을 두루 맡았으며, 신의 형인 신
백인행 또한 科擧에 올라 이미 兩司의 관원이 되었습니다. 신의 집안이
치우칠 정도의 크나큰 은혜를 입어 천지로도 그 큼을 비유하기에 부족하
고 河海로도 그 깊음을 비유하기에 부족하니, 비록 온 집안이 살아서는
목숨을 다 바치고 죽어서는 결초보은하더라도 어떻게 만분의 일이나마 갚
을 수 있겠습니까.[7]

　백경한의 의병활동은 순국한 백경한 본인이 추증되고 시호를 받는 것
에 한정되지 않고, 그 아들인 백종륜, 손자인 백인행, 그리고 이 상소문
을 올린 백의행까지도 관직에 제수되고 관료로서 활동할 수 있는 발판
이 되었던 것이다.

　이렇게 상소를 올린 백의행은 철종 12년(1861)에 문과 식년시에 급제
한 후 고종조에 들어와서 司憲府 執義(종3품)와 司諫院 司諫(종3품)의 청
요직에 임명되어 복무하였으며, 광무 6년(1902) 평양에 西京을 건설할
때 자금을 마련하기 위해 실시한 '壬寅鄕事'의 副司令官을 맡아서 해당
직무를 수행하였다.[8] 광무 7년(1903)에는 풍경궁에 御眞과 睿眞을 봉안

---

7) 『承政院日記』, 高宗 23年 10月 4日(癸亥).
　'前執義白義行疏曰 … 臣家之受國恩 自辛未而尤渥 臣曾祖臣慶翰 因亂倡
　義 竟以身殉 至蒙貤贈節惠之典 臣祖父臣宗倫 特除齋郞 歷典郡縣 臣兄臣
　仁行 亦占科第 已廁兩司 於是乎臣家之偏被洪造 天地不足喩其大 河海不
　足喩其深 雖闔門隕結 其何以報萬一也哉'
8) 『平壤誌』, 「甲午新續」(국립중앙도서관 소장, 古 2772-4)[『朝鮮時代私撰邑誌』
　47, pp.217~218].
　『定州郡誌』, 定州郡誌編纂委員會, 1975, pp.320~321.

할 때 홍문관 시독으로 배종한 공로를 인정받아 加資되었다. 그 밖에 백
인행은 철종 10년(1859)에 문과 증광시에 급제한 뒤 고종조에서 백의행
과 마찬가지로 사간원 사간(종3품)과 사헌부 집의(종3품)를 역임하였다.
한편 문과에 실패하여 중앙으로 진출하지는 못했지만 백예행과 백이행
은 韓末 평안도 유림의 종장으로 일컬어지는 雲菴 朴文一의 문하가 되
어 지역에서 정통 성리학을 부식하는데 힘썼다.9) 이 중에서 특히 백이
행은 충의세력인 백경해의 후손으로 러일전쟁 후 育英學校를 설립하고
李昇薰이 세운 五山學校의 초대 교장으로 부임하였으며, 기독교로 개종
한 뒤 '改革建設'을 평생 자기의 소임으로 삼았던 인물이기도 하다.10)

　고종조에 평안도 출신의 중앙 진출은 충의세력만이 아니라 문관·무
관을 가리지 않고 폭넓게 이루어졌다. 이는 대원군 집권기(1863~1873)부
터 지방의 인재를 안배해서 고루 등용하려는 인사 정책에 견인된 바 컸
다.11) 특히 19세기 후반 서양 세력이 침투하는 대외적 위기 상황에서

---

9) 白鶴濟, 『水原白氏定州族譜』3(上), 1940, p.217, p.223.

10) 白鶴濟, 『水原白氏定州族譜』3(上), 1940, p.223.
　'先生履試明經受學于朴雲菴 硏究性理 甲辰(1904년-필자)以後 先覺世變 排
　難冒謗 設育英及五山學校 信奉基督 改革建設爲己任 終身不衰 有記念碑'
　『五山百年史 1907~2007』, 五山學園, 2007, p.39.

11) 李瑄根, 『(震檀學會 編)韓國史 : 最近世篇』, 乙酉文化社, 1959, pp.165~173.
　이선근은 대원군 집권기의 인사정책에 대해서 黨派와 地方의 차별을 없애고 班
　常과 貴賤을 불문에 붙여 적재적소에 인물을 등용한 것이라고 높게 평가하였다.
　이러한 견해는 주로 『고종실록』에 의거해서 도출한 것으로 사료된다. 여기에 더
　해서 도목정사 내역이 충실하게 남아 있는 『승정원일기』의 기록을 보충하면, 고
　종조의 평안도 출신 문과 급제자는 대부분 實職에 임용되었다는 사실과 함께 관
　직 진출도 前代에 비해 더욱 활발하게 이루어졌음을 추가로 확인할 수 있다. 따
　라서 일반적으로 고종조 평안도인의 정치적 성장을 과도하게 왜소한 것으로 파악
　했던 종래의 시각은 다소 조정될 필요가 있다고 생각한다.

'雄藩'으로 불리는 평안도의 武的 力量은 군사적으로 대단히 중요한 의미를 지니고 있었다. 철종 9년(1858) 러시아가 淸과 아이훈 조약(愛琿條約)을 체결해서 아무르강(黑龍江) 이북의 땅을 획득하고, 다시 철종 11년(1860)에 베이징조약(北京條約)으로 우수리江(烏蘇里江)의 동쪽에서 태평양연안에 이르는 연해주 지방을 차지하여 조선과 국경을 맞대는 상황이 발생함으로써 朝野에 위기감이 고조되고 있었던 것이다.12)

대원군은 집권 초기부터 러시아의 남하를 우려하여 대응책 마련에 부심하였다. 그것은 북방을 안정시키려는 포석에서 무사적 자질을 갖춘 인물을 발탁하는 것으로 나타났다. 고종 즉위 한달 만인 1864년 1월에 "서북지방과 개성(송도) 사람 가운데서 벼슬길에 나오지 못한 지 가장 오래된 사람과 군공이 있는 사람의 자손을 각별히 수용하라"13)는 내용의 전교가 이조와 병조의 두 銓曹에 내려지고 있었다. 이러한 전교가 있은 지 한달 여 만인 2월 28일에 러시아인들이 두만강변에 몰려와 통상을 요구함에 따라 서양 세력에 대한 불안감은 가중되었다. 심지어 고종 1년(1864) 봄에 함경도 茂山의 崔雲實과 慶興의 梁應範이 흑룡강을 건너 러시아 영역인 烟秋에 이주하는 사태까지 발생하였다.14) 이주민은 비단

---

12) 崔文衡, 「韓·露修交의 背景과 經緯」, 韓國史研究協議會 편, 『韓露關係100
    年史』, 1984, p.51.
    表教烈, 「第 1·2次 中英戰爭」, 서울大學校 東洋史學研究室 編, 『講座 中國
    史 V-中華帝國의 動搖-』, 지식산업사, 1989, pp.59~61.
13) 『承政院日記』, 高宗 1年 1月 20日(壬戌).
    '傳于李鍾淳曰 皇朝人忠臣淸白吏子孫 西北松都人落仕最久人及軍功人子
    孫 各別收用事 分付兩銓'
14) 朴殷植, 「第23章 日兵虐殺俄領韓僑」, 『韓國獨立運動之血史』下, 1920.
    '紀元四一九七年甲子(1864년-필자)春 茂山人崔雲實 慶興人梁應範二人 冒
    禁潛渡 經中領之琿春 至俄領之烟秋 着手墾荒 爲吾族拓植之先導'

함경도 주민에 국한된 것이 아니었다. 몇 년 사이에 연해주로 월경한 조선인은 700~800戶에 달할 정도로 급증하였는데, 이들이 국내의 일을 누설할 염려가 있었으므로 이주민을 억제하고 국경 지대를 안정시키는 조치가 요망되었다. 이에 대한 실질적인 대책은 이주민의 다수를 점하고 있던 함경도에 집중되어 있었다.[15]

그런데 고종 3년(1866) 7월 평양에서 제너럴 셔먼 호 사건이 발생하고, 곧이어 병인양요가 발발하면서 평안도의 군사적 중요성이 한층 높아지게 되었다. 미국 상선 제너럴 셔먼 호는 7월 6일 평안도 龍岡에 출현한 뒤 교역을 빙자하여 무리하게 대동강을 거슬러 올라갔다가 성난 軍民을 동원한 監司 朴珪壽의 화공작전에 의해 7월 24일에 격침되었다. 이 때 박규수는 狀啓로 조정에 승전보를 전하면서 평안도 군민의 공로가 지대했음을 밝히고 일일이 포상 후보를 上申하였다.[16] 그리고 동년 8월에는 龍岡 東津에 鎭堡를 신설한 뒤 모집한 別砲手에게 매달 상을 주면서 防守토록 할 것을 건의하여 재가를 받았다. 또한 12월에는 東津僉使를 邊地窠로 만들어서 海防을 강화하는 등의 조처가 마련되기도 하였다.[17]

고종 3년(1866) 9월에는 프랑스군이 丙寅邪獄을 빌미로 강화도를 침공하는 丙寅洋擾를 일으켰다. 이에 조정에서는 평양 출신의 前 승정원 승지(정3품 당상) 鮮于澺을 평안도 召募使로 파견하는 등 전국에서 의병을 모집하기 위해 부심하였다.[18] 그리고 강화도를 점령한 프랑스군에게 포

---

15) 연갑수, 앞의 책, 2001, pp.111~123.

16) 김명호, 『초기 한미관계의 재조명-셔먼호 사건에서 신미양요까지-』, 역사비평사, 2005, pp.34~63.

17) 裵亢燮, 『19世紀 朝鮮의 軍事制度 研究』, 國學資料院, 2002, pp.77~79.

18) 『承政院日記』, 高宗 3年 9月 10日(丙寅).
   『承政院日記』, 高宗 3年 9月 11日(丁卯).
   선우업은 병인양요 때 소모사로 활약한 이후 조정의 신임을 받아 경연청 참찬관

수들을 매복시켜 상당한 전과를 거두었는데, 이들 포수는 중앙군이 아니라 조총을 사용해서 사냥을 하는 '山行砲手'였다.[19] 이후 조정에서는 국방력 강화를 위해 鄕砲手를 육성하거나 이들을 통해 중앙군을 훈련시키는 조치들을 취해나갔다. 그해 10월 16일에 의정부의 건의로 향포수 500명을 선발하여 강화도를 방비하도록 조치했던 것도 그 일환이었다.[20] 10월 30일에는 都提調 柳厚祚가 "精兵과 날카로운 무기는 포수만한 것이 없는데, 이른바 京營의 포수는 다만 쌀과 베만 훔칠 뿐이고 적을 막는 병사라고 하기엔 부족하다"고 하면서 평소 기예를 연습하도록 하여 프랑스군을 물리친 향포수와 같이 各營의 군사들을 조련할 것을 주문하기도 했다.[21]

그런데 여기에서 정예병으로 꼽힌 것은 거의 평안도와 함경도의 銃手였다. 고종 4년(1867) 정월에 左參贊 겸 訓練大將 申櫶은 「陳軍務疏」를 올려 향포수의 선발을 장려하자고 제안하였는데, 여기에서 그는 서북지방 銃手의 기예가 가장 정밀하다고 평가하였다. 그리고는 이들에게 후

(정3 당상)[『承政院日記』, 高宗 6年 3月 5日(丁丑)]과 사간원 대사간(정3 당상)
[『承政院日記』, 高宗 7年 12月 24日(乙酉)] 등의 요직에 임명되었다.

19) 연갑수, 앞의 책, 2001, pp.147~149.

20) 『承政院日記』, 高宗 3年 10月 16日(辛丑).

21) 『承政院日記, 高宗 3年 10月 30日(乙卯).
'右議政柳厚祚所啓 … 臣向以陰雨之備 不容少緩之意 有所仰達矣 大抵精兵利器 莫如砲手 而所謂京營砲手者 徒竊米布而已 不足爲禦賊之兵 而蒼卒有事 則望風遁走 實無可用者 雖以今番言之 砲手之自外方來者 各當一面 竟使洋醜遠遁 此莫非練習技藝於平日獵蒐之時 獲此巧力之俱至者矣 若使各營將臣 鍊習砲手 若臨軍之爲 則亦豈不爲精銳之兵乎 鍊習如此 則精銳亦當如此 而縱有不虞之事 無調發往來之勞 且無遠近騷擾之弊 此乃整頓軍務 以備敵愾之道矣 繼自今 嚴飭各營帥臣 課日組鍊砲手 考其藝而賞罰之 則不幾月 各營之軍 反有勝於鄕砲手矣 願殿下體念焉'

한 늠료와 영예로운 관직을 주어 출세할 수 있는 계제로 삼게 하면 기꺼이 달려올 것이라고 낙관하면서 평안도와 함경도에서 각각 100명씩 試取해서 上京시키자고 주청을 하여 고종의 윤허를 받았다.[22] 서북지방의 砲手 중에서도 평안도의 江界포수는 "진실로 강한 군사"로 정평이 나 있었다. 고종 8년(1871) 신미양요가 있은 직후에 거행된 경연에서 고종은 軍備를 강조하는 가운데 "京軍은 鄕軍만 못하고, 향군은 백발백중하는 山砲手만 못하다"고 하니, 講官 朴永輔는 강계의 포수가 산포수 중에 최고라고 하면서 이들을 뽑아 요해처에 나누어 지키게 하면 좋겠다는 견해를 제시하기도 하였다.[23] 이와 같은 배경아래 고종조 평안도인의 중앙 관직 진출은 武職 계통에서 한층 외연을 넓혀 나갈 수 있게 되었다.

평안도의 무사를 중앙에서 확보하려는 노력은 道科의 시행을 통해서도 전개되었다. 원래 도과는 특정 道內의 유생과 무사를 대상으로 임금의 특별 지시에 따라 실시되는 과거 시험으로 평안도와 함경도의 경우 변방의 주민을 위로하고 어루만지는[慰撫, 慰悅] 차원에서 비정기적으로 시행되곤 하였다.[24] 그 중 고종 3년(1866) 10월 병인양요 직후에 실시된

---

22) 『承政院日記』, 高宗 4年 1月 16日(辛未).
23) 『承政院日記』, 高宗 8年 5月 21日(庚戌).
  '上曰 彼醜如水中之鳧 往來閃忽 雖知偃武修文之爲好 而此時亦不可疎忽
  於武備也 永輔曰 然矣 今日武備 固無如善放砲手 京營軍卒 固難恃用於緩
  急之時矣 上曰 京軍不如鄕軍 鄕軍不如山砲之百發百中也 永輔曰 山砲 當
  以西北爲最 臣曾在江界 見獵鹿砲手發無不中 不但技之精熟 其健悍之狀貌
  眞是强兵也…若精抄西北善放砲手五百名 分戍要害處則好矣'
24) 道科를 시행하는 지역은 平安道, 咸鏡道, 江華, 濟州, 全州, 松都, 喬桐 등이
  다. 初試가 없고, 선발 정원에 대해서는 시험을 볼 때마다 임금에게 품지해서 결
  정하였다(『銀臺條例』, 「禮攷」, 道科. '因特旨設行[西北兩道 江華 濟州 全州
  松都 喬桐] 無初試 額數稟旨'). 道科를 設行하는 목적은 지역마다 달랐다. 全
  州는 慶基殿에 태조 이성계의 영정을 봉안하였을 뿐만 아니라 전주 이씨의 本

평안도 도과는 제너럴 셔먼 호 사건을 포함해서 '洋醜'의 격퇴에 활약이
컸던 평안도인을 격려하고 보상을 하는 의미에서 시행되었다.

> 아뢰기를 "서양 오랑캐를 섬멸하는 데 칼에 피를 묻힐 것이나 있겠습니
> 까마는, 평안도 군민이 의리로 분발하여 앞을 다투어 나간 것은 극히 가상
> 하니, 마땅히 성의를 나타내는 거조가 있어야 하겠습니다. 文武 道科의
> 날을 택하여 설행하되 道臣과 帥臣으로 하여금 시험을 주관하여 각기 그
> 營下에서 시취하게 하고, 唱榜하고 頒牌하는 등의 일도 도신으로 하여금
> 거행하게 하는 것이 어떻겠습니까?"하니, 윤허한다고 전교하였다.[25]

이에 따르면 문무 도과는 평안도인이 제너럴 셔먼 호를 '의리로 분발'
하여 물리친 것에 대해 국가의 성의를 보여주는 차원에서 추진된 것이
었다. 이러한 평안도 도과는 고종 즉위 후에 전국의 여러 지역 중에서
가장 먼저 실시된 것으로 문인은 5명, 무인은 200명을 뽑도록 결정되었

貫이었기 때문이고, 松都는 전 왕조인 고려의 도읍이라는 이유에서 도과를 시행
하였다. 咸興은 이성계의 고향인 곳으로 왕실의 발상지로서의 의미를 기리기 위
함이었다. 溫陽은 溫泉 行幸時에 도과를 시행하였다. 평안도와 함경도는 문화에
대한 교육이 이루어지지 않았다는 이유로 도과를 시행하여 백성의 마음을 위로하
고자 하였다. 喬桐·江華·濟州 역시 멀리 떨어져 있는 海島의 주민을 위로한다
는 차원에서 도과를 시행하였다(『銀臺便攷』7,「禮房攷」, 道科幸行輦路別試幷
附. '全州科 慶基殿奉安影幀 且以國朝姓貫之地故設科 松都科 勝國故都故
設科 咸興科 國朝豊沛之地故設科 溫陽科駕幸溫泉時設科 西路北路科 西
北文教未暢故設科 以慰悅人心 喬桐江華濟州 以遐遠海島故設科 以慰悅人
心 額數 臨時稟旨擧行'). 이에 관한 설명은 李康旭 譯,『은대조례』, 한국고전
번역원, 2012, p.243, p.351 참조.
25)『承政院日記』, 高宗 3年 7月 28日(甲申).
'又啓曰 洋醜殲滅 何足血刃 而西土軍民之奮義爭先 嘉尙之極 宜有示意之
擧 文武道科 擇日設行 令道帥臣主試 試取於各其營下 唱榜頒牌等節 亦使
道臣擧行 何如 傳曰 允'

다.26) 순조 26년(1826)에 평안도에서 도과가 시행된 이후로 40년 만의 일
이었다. 순조조에 시행된 도과는 충의의 후손과 儒賢의 후손 위주로 문
과에서 6명, 무과에서 99명을 선발하였다.27) 이것과 병인양요 직후에 시
행된 고종조의 도과를 비교해 보면 문인의 선발은 약간 감소한 반면 무
인은 2배가 넘는 인원이 선발되었음을 알 수 있다. 따라서 고종 초기 평
안도 도과의 시행 의도는 무인 선발에 초점을 맞춘 것이라고 할 수 있었
다. 그 뒤로 평안도 도과는 고종 23년(1886) 충의세력인 백의행의 주청에
따라 추가로 시행되었고,28) 다시 고종 30년(1893)에 宣祖가 임진왜란을
만나 피난을 갔던 永柔와 義州의 지역민에 한정해서 '永義科'라는 이름
으로 시행되었다.29)

　평안도인의 등용을 확대하자는 대신의 주청도 적극적으로 개진되고
있었다. 고종 6년(1869) 領議政 金炳學은 고종을 알현한 자리에서 다음과
같은 말로 서북의 문화와 기풍을 긍정하면서 평안도 출신 무관의 중용
을 진언하였다.

　　"關西는 평소에 文敎가 밝은 지역으로 일컬어 왔습니다. … 서북 지방
　　출신을 承旨나 大司諫으로 임명하여 근래 억울한 심정을 풀어 주는 정사
　　를 행한 것은 매우 성대한 조치였습니다. 그러나 서북 지방 사람으로서
　　武臣兼宣傳官의 천망에 오르고서 摠郎과 武臣兼宣傳官에 오르는 것에
　　구애를 받은 자는 실로 돌아서서 탄식하게 되는 일이 없지 않습니다. 지금

26) 『承政院日記』, 高宗 3年 9月 28日(甲申).
　　『承政院日記』, 高宗 3年 10月 1日(丙戌).
27) 『純祖實錄』, 純祖 26年 10月 24日(壬申).
　　『承政院日記』, 純祖 26年 11月 13日(庚寅).
28) 『承政院日記』, 高宗 23年 10月 4日(癸亥).
29) 『承政院日記』, 高宗 30年 11月 2日(庚辰).

부터는 인물과 문벌이 조금 나은 사람을 구애받지 말고 調用하도록 해야
되겠습니다." … 상이 이르기를, "그대로 하라." 하였다.30)

이는 평안도인의 진출에 대해 승지나 대사간과 같은 문관 당상관직에
한정하지 말고 무신의 최고위직에도 기용하자는 주청이었다. 국정의 최
고 관직자인 영의정의 이와 같은 발언은 평만도인의 관직 진출에 고무
적으로 작용했을 것이다. 또한 고종 10년(1873)에 평안감사를 거쳐 곧바
로 우의정에 陞差된 韓啓源은 入侍하여 평안도의 지역 사정을 아뢰는
가운데 다음과 같이 평안도 출신의 등용을 재차 강조하였다.

> 마을에서는 글 읽는 소리가 그치지 않고, 대대로 벼슬을 세습하여 閥閱
> 과 鉅族이 많으며, 그 사이에는 경서를 연구하면서 글을 읽는 선비와 몸
> 가짐을 삼가고 행실을 가다듬는 사람이 있어서 마을에는 모범이 되는 자
> 가 한둘이 아닙니다. 그러니 조정에서 인재를 찾아 선발하는 도리에 있어
> 서 각별히 흥기시키고 권장하는 거조가 있는 것이 마땅합니다.31)

평안도 蔭官의 적체를 해소하고 활로를 확대시켜야 하는 명분이 평안
도인의 학문적 수준과 성취, 그리고 대대로 벼슬을 세습한 '閥閱·鉅族'

---

30) 『承政院日記』, 高宗 6年 3月 8日(庚辰).
　　'領議政金炳學曰 … 關西素稱文明之鄕也 … 西北人承旨諫長 邇來疏鬱之
　　政 甚盛擧也 而至若武宣薦之見枳摠郞武兼者 實不無向隅之歎 繼自今 就
　　人地之稍優 使之無礙調用 雖以松都人言之 宜無異同 亦爲一體施行之意
　　分付銓曹 何如 上曰 依爲之'
31) 『承政院日記』, 高宗 10年 1月 20日(庚子).
　　'啓源曰 … 里爲絃誦 代襲簪組 儘多閥閱鉅族 間亦有劬經讀書之士 飭躬砥
　　行之人 爲州閭之所矜式者 不一二計 在朝家蒐羅甄拔之道 宜有別般興勸之
　　擧矣'

의 존재에 있다는 것이다. 이러한 한계원의 주장에 대해 입시에 참석한
대신들은 "참으로 합당하다[允合]"고 동의하여 왕의 윤허를 받았다.32)

이런 분위기 속에서 평안도 출신 문·무관의 중앙직 진출은 확대되었
고, 관인층이 한층 두터워지면서 요직에 발탁되는 기회도 많아질 수 있
었다. 평안도의 지역 특성상 무관에 비해 상내직으로 등한시되던 문관
의 경우에도 당상관의 수가 크게 늘어났고, 담당하는 직종도 다양해졌
다. 19세기 전반까지 평안도 문인으로 당상관에 오른 인물은 극히 드물
었고, 그에 따라 담당하는 관직도 매우 협소한 상태에 있었다.33) 중앙의
당상관은 국왕과 함께 주요 정치 현안을 논의하고, 국가 정책 결정의 參
與權, 人事薦望權, 考課權 등의 막중한 권한을 행사할 수 있었으므로, 소
수의 지배세력에 국한하여 대단히 좁은 범위에서 운영되었기 때문이다.
그러나 고종조(1863~1894)에 평안도 출신 문관의 중앙 관직 진출은 당상
관을 비롯해서 전반적으로 크게 진전되는 양상을 보이고 있었다. <그림
4>는 평안도 출신 문관의 중앙 관직 이력을 조사한 <별표>에 의거해서
작성한 것으로 京官職에 진출한 분포 상황을 보여준다.

---

32) 『承政院日記』, 高宗 10年 1月 20日(庚子).
    '上曰 大臣之意 何如 淳穆曰 西北收用 朝家之所軫念 而關西人士 常齋抑
    鬱之歎 今此右相所奏 允合振淹之方矣 洖曰 兩殿參奉仕滿內遷之許久未調
    誠甚可悶 如是通變 則允合於疏鬱之政 臣無他見矣 上曰 大臣之意旣是
    依爲之 關西收用 自當有別矣 以此著式 -次次疏鬱事 分付銓曹'
33) 한국역사연구회 편, 『조선정치사』하, 청년사, 1990, pp.161~162.
    安外順, 「大院君執政期 權力構造에 關한 研究」, 이화여자대학교 박사학위논
    문, 1996, p.26.

〈그림 4〉 고종조(1863~1894) 평안도 출신 문관의 중앙 관직 분포

총 397명(100%)

이에 따르면 고종조(1863~1894)의 평안도 출신 문관 397명 중에서 당
상관(정3품 이상)이 57명(14%), 당하관(정3품 당하~종4품에 한정해서 분
류)이 115명(29%), 참상관(정5품~종6품)이 130명(33%), 참하관(정7품~종9
품)이 27명(7%) 배출되었다. 기타 68명(17%)은 1894년까지 대체로 지방
관직을 역임하였거나 임시직(權知, 假注書)에 머물렀던 자들에 해당하는
데, 특히 1888~1894년의 문과 급제자 중 56명은 임시직으로 대기상태에
있다가 갑오개혁(1894)으로 관직제도가 바뀌면서 勅任官·奏任官·判任官
의 實職에 임명되는 경우가 있었기 때문에 韓末까지를 아우르면 평안도
문과 급제자들은 대부분 實職에 종사했다고 할 수 있겠다.

또한 평안도 문관은 청요직이자 언론 활동의 중추가 되는 사헌부와
사간원에 많이 포진하였으므로 이들이 時務를 진단하고 방책을 강구하
는 일은 직무상으로도 밀접한 관련이 있었다. 주지하듯이 사간원·사헌
부와 같은 언관의 직무는 時政을 論執하고, 百官을 규찰하며, 풍속을 바
로잡고, 임금에게 간쟁하거나 人事의 적부를 논박하는 것이다.34) 그 직
무의 중요성은 "임금의 耳目이 되어 나라에서는 하루라도 없어서는 안

되는 것"35)이며, "천하의 得失, 백성의 利害, 社稷의 大計가 언관의 보고 듣는 바에 달렸다"36)고 운위될 정도였다.

<별표>에 의하면 고종 재위기에 문과에 급제한 평안도 출신자 294명 중에서 사간원의 관직을 역임한 자는 81명(27.6%), 사헌부의 관직을 역임한 자는 148명(50.3%)에 이르고 있음을 알 수 있다. 이런 가운데 사헌부와 사간원의 兩司가 合啓로 정치적인 견해를 밝힐 때 그 우두머리가 평안도 출신으로 구성되는 경우가 있었다.37) 혹은 경연을 담당하는 參贊官(정3품 당상)에 평안도 인물이 임명되거나,38) 고종이 召對할 때 史官의 임무를 맡아보는 兼春秋와 注書를 모두 평안도 출신이 담당하는 일도 있게 되었다.39) 비판과 기록을 관장하는 經筵·臺諫·史官의 제도가 조선의 문치주의와 공론정치를 이끌어간 골격이었다는 점을 상기하면,40) 고종조에 중앙으로 진출했던 평안도 관인들은 나름의 정치적인

---

34) 『經國大典』1,「吏典」, 京官職, 從二品衙門, 司憲府.
　　'掌論執時政 糾察百官 正風俗 伸冤抑 禁濫僞等事'
　　『經國大典』1,「吏典」, 京官職, 正三品衙門, 司諫院.
　　'掌諫諍論駁 並用文官'
35) 『承政院日記』, 高宗 1年 1月 11日(癸丑).
　　'諫官者 人主之耳目也 國不可一日而無諫諍之臣'
36) 『承政院日記』, 高宗 36年 12月 30日(癸卯).
　　'中樞院議官白虎燮疏曰 … 宋臣歐陽修之言曰 天下之得失 生民之利害 社稷之大計 惟所見聞 而不係職司者 獨宰相可行之 諫官可言之 故諫官雖卑 與宰相等 其任之不輕伊重 固如是矣'
37) 『承政院日記』, 高宗 28年 10月 12日(癸卯).
38) 『承政院日記』, 高宗 4年 12月 17日(丙申).
　　『承政院日記』, 高宗 6年 3月 5日(丁丑).
39) 『承政院日記』, 高宗 14年 5月 16日(庚午).
40) 鄭杜熙, 『朝鮮時代의 臺諫研究』, 一潮閣, 1994, pp.201~209.
　　김돈, 『조선중기 정치사 연구』, 국학자료원, 2009, pp.175~178, 247~252, 277~284.

영향력을 발휘할 수 있는 환경을 구축해 가고 있었다고 할 수 있겠다.

하지만 중앙에 진출한 평안도 정치세력의 역량이 정국을 좌우할만한 수준에 도달했던 것은 아니며, 관료 체계 내에서 차지하는 비중과 위상도 중핵을 이루는 것과는 거리가 멀었다. 평안도 출신 당상관 중에서 1품의 핵심 관직에 오른 사람은 전무하였고, 고령자 우대의 차원에서 당상관이 된 경우도 적지 않았기 때문이다. 특히 대원군 집권기에 최고 관직에 해당하는 議政府 議政은 11명이었는데, 이 중에서 경북 상주 출신인 柳厚祚를 제외하고는 모두 서울 출신의 인사들로 구성되어 있었다. 당파별로는 노론 5명(金左根, 趙斗淳, 李景在, 金炳學, 洪淳穆), 소론 2명(李裕元, 鄭元容), 남인 2명(柳厚祚, 韓啓源), 북인 2명(任百經, 姜㳣)으로 안배되었지만,41) 지역별로는 압도적으로 서울에 편중된 양상을 보여주고 있는 것이다. 또한 이 시기에 중앙 당상관에 제수된 인물은 중복과 겸임을 제외하고 총 444명으로 집계되는데, 여기에서 宗親과 璿派人, 그리고 안동 김씨 세력이 가장 많은 수를 차지하면서 동시에 권력의 핵심부를 장악하고 있었다.42)

그렇지만 이상과 같은 한계 속에서도 중앙에 진출한 평안도 출신 관인들은 무리를 이루어 勢를 불리기도 하고, 언관직을 통해서 공론에 참여하거나 주도하기도 하는 등 자신들의 정치적 입지를 강화시켜 나갔

---

41) 糟谷憲一, 「大院君政權の權力構造-政權上層部の構成に關する分析-」, 『東洋史研究』49-2, 東洋史研究會, 1990, pp.367~368. 安外順의 연구에서는 李景在를 소론으로 파악하여 노론 4명, 소론 3, 남인 2, 북인 2명의 분포를 보인다고 했다(安外順, 「大院君執政期 人事政策과 支配勢力의 性格」, 『東洋古典研究』1, 동양고전학회, 1993, p.126). 本考에서는 『名世譜』1, p.59(국회전자도서관 소장, 청구기호 OL 920.051 ㅁ231)에 의거해서 이경재의 黨色을 노론으로 파악하였다.

42) 安外順, 앞의 논문, 1993, pp.121~156.

다. 다음에서 소개하는 사건은 평안도 관인들이 정치 세력을 형성하고 상호 견제하기도 하던 정계에서의 동향을 잘 보여준다.

고종 9년(1872) 5월 30일, 평안도 중화 출신으로 司憲府 持平(정5품)의 직책을 맡고 있던 尹基周는 요즘 평안도가 은택을 편중되게 입어서 몇 백 년 동안 막혔던 것들이 다 펴지고 民情이 우러러 칭송하니 和氣를 맞이할 수 있었다는 말과 함께, 승정원 승지(정3품 당상)로서 국왕과 밀착된 임무를 수행하던 趙光淳과 그 측근들을 탄핵하였다. 윤기주가 탄핵 대상으로 지목한 조광순 일파는 모두 문과를 급제한 평안도 정주 출신의 관료들이었다. 조광순은 윤기주에게 탄핵을 받기 전까지 당상관의 자리에 있던 인물이기도 하다. 조광순은 철종 3년(1852)에 문과 식년시에 급제한 이후로 成均館 典籍, 司憲府 監察, 司諫院 正言과 같은 교육·언론의 정6품직에 종사하였다. 고종조에 이르러서는 정3품 당상관인 參贊官의 직분을 띠고 국왕의 스승으로서 경연에 참여하여 經書를 강론하였고, 사간원의 으뜸 벼슬인 大司諫으로 봉직할 만큼 안정적인 지위를 구가하고 있었다.[43]

이러한 조광순에 대해서 윤기주가 적시한 죄목은 크게 세 가지였다. 첫째, 조광순이 벼슬아치로서 조정을 욕되게 했다는 것이다. 그 근거로 조광순과 조광순을 추종하는 典籍 盧德純, 持平 趙愿祖 등이 무리를 이루어 同鄕의 관료인 持平 方孝隣에게 구타한 사건을 예시하였다. 둘째, 조광순이 함부로 관직제도의 법도를 무너뜨렸다고 진술하였다. 조광순은 文科의 分館과 武科의 越薦에 관한 권한을 행사하였는데, 이 과정에

---

43) 충의세력이 아닌 조광순의 이례적인 성공을 두고 평안도 유림 박문일은 '破荒'이라고 표현하면서 조광순에게 편지를 보내 지위에 걸맞는 무거운 책임감을 가지고 처신할 것을 당부하기도 했다[朴文一,『雲菴續集』5「書」, 答趙承旨[光淳](『韓國文集叢刊 續』136, p.21)].

서 자신과 가깝게 지내는 察訪 趙廷祖에게는 公賤의 자식임에도 불구하
고 성균관의 직함을 차지할 수 있게 도와주었고, 出身 趙隆祖에 대해서
는 吏校 출신인데도 순서를 뛰어넘어 宣薦을 허용해 주는 등 불공정한
인사를 자행했다는 것이다. 셋째, 정주 백성에게 願納錢을 걷는 과정에
서 위세를 내세워 부정을 저지르고 착복한 일을 거론하였다. 조광순이
한 패인 찰방 조정조, 司諫 李冕柱, 掌令 趙光濂과 내통하여 평안도 백성
에게서 수만 냥을 걷은 다음 그 돈을 자기들끼리 나누어 가졌다는 것이
다. 이에 고종은 사건에 연루된 조광순 일파 전원에게 유배 혹은 파면의
형벌을 내렸다. 그리고 分館과 越薦, 願納錢에 관한 사안을 평안감사로
하여금 상세하게 다시 조사할 것을 명하였다. 아울러 탄핵상소를 올린
윤기주도 협잡을 도모했다고 하여 파직시켰다.[44]

다음 날인 6월 1일에 의정부에서는 이번 탄핵 사건이 분관의 불공정
함에서 야기된 것이 아니라, 승문원에 분관되지 못한 평안도 문관들이
불만을 품고 黨을 결성하여 조광순을 논책한 것이라고 보고하였다. 실
제로 10여 명의 평안도 출신 문관들은 일찍이 분관 과정에서 조광순에
의해 승문원에서 성균관으로 강등된 일이 있었다.[45] 고종은 의정부의
보고 내용에 의거해서 윤기주를 유배형에 처하라고 지시하였다.[46]

그런데 7월 10일에 평안감사 韓啓源이 啓本을 올려 원납전을 거두는
과정에서 조광순 일파의 부정이 있었다고 알린 윤기주의 상소가 날조되
었다고 아뢰면서 이 문제가 다시 불거지게 되었다. 고종은 조광순이 道

---

44) 『承政院日記』, 高宗 9年 5月 30日(癸丑).
   『日省錄』, 高宗 9年 5月 30日(癸丑).
   '持平 尹基周上疏乞治逋慢之罪賜批譴罷'
45) 『承政院日記』, 高宗 11年 2月 17日(庚寅).
46) 『承政院日記』, 高宗 9年 6月 1日(甲寅).

内의 민심을 얻지 못해서 이런 사태가 있게 된 것인지를 하문하였다. 이에 대해 영의정 김병학은 작금의 사태가 백성과는 무관한 일로 조광순이 "평안도 문관 사이에서 인심을 잃어 그렇게 된 듯하다"는 견해를 피력하였다.[47] 평안감사의 장계로 조광순에 대한 죄상이 무고로 처리되면서 조광순은 사간원 대사간의 자리에 복직할 수 있었다.[48]

조광순에게 탄핵의 빌미가 된 문관 분관과 무관 선천이 문·무관의 관직 경로에 끼치는 영향은 지대한 것이었다. 문관의 분관은 承文院-成均館-校書館의 차례대로 위계가 있었고, 무과는 宣傳官薦-部將薦-守門將薦으로 우열이 구분되어 있었다. 문과 급제자의 경우에는 승문원 분관이 청요직으로 진출하는 첫 관문으로 기능했기 때문에 관직 생활에서 중요한 의미를 지닌 것이었으며, 바로 그와 같은 이유로 불과 한 세대 전까지만 해도 평안도 출신 문인에게는 허용이 되지 않았던 관직 진출의 강고한 장벽이었다.[49] 그런데 <별표>를 통해서 쉽게 확인되듯이 고종조에 들어와서는 평안도 출신으로 승문원에 분관되는 경우가 새삼스럽지 않을 정도로 크게 증가하는 추세에 있었으며, 앞서 소개한 사건에서처럼 평안도 문과 급제자 10여 명이 한꺼번에 승문원으로 분관되는 모습도 있게 되었다. 나아가 조광순처럼 평안도 출신 문관이 분관과 선천을 결정짓는 인사권을 행사할 만큼 정치적으로 성장한 상태에 있었으며, 그

---

47) 『承政院日記』, 高宗 9年 7月 10日(壬辰).

48) 『承政院日記』, 高宗 9年 7月 12日(甲午).

49) 조선후기 분관·선천의 의미와 서북인 차별에 관해서는 吳洙彰, 앞의 책, 2002, pp.27~36 ; 車美姬, 『朝鮮時代 文科制度研究』, 國學資料院, 1999, pp.195~217 ; Kim Sun Joo, op. cit., 2005, p.111 참조. 丁若鏞은 신진 관료들의 門閥과 貴賤을 따져서 근무지에 배속하는 분관과 선천의 폐해가 적지 않았기 때문에 아예 이 제도의 혁파를 역설하기도 하였다(『經世遺表』1, 「邦禮草本 引」. '三館三薦之法 使新進勿分貴賤 斯不可易也').

연장에서 자신과 가까운 사람을 끌어 주거나 혹은 반대로 同鄉 관료의
진출을 가로막는 장본인이 되기도 하였음을 알 수 있다.

　그런데 결말이 나는 듯 했던 조광순 탄핵 사건은 고종 11년(1874)에
평안도 숙천 출신인 崔奭奎의 상소로 재점화되었다. 최석규는 철종 11년
(1860)에 문과 정시에 급제하고, 고종조에 들어와서 사헌부 장령(정4품)
에 임명된 전력이 있는 인물이었다. 최석규는 다음과 같이 조광순의 죄
상을 낱낱이 고발하는 상소를 올렸다.

　　지난 기사년(1869)과 경오년(1870) 사이에 승문원의 문신 10여 명이 억
　울하게 헐뜯음을 입어 마침내는 성균관에 강등 조용되었는바, 이것이 어
　찌 성대한 세상의 온 지역을 똑같이 보는 정치에 지역적인 차별을 두어서
　그렇게 된 것이겠습니까. 전 승지 조광순, 전 지평 조원조와 같은 사람은,
　본래 사갈과 같은 성품에 전갈과 같은 독을 품은 자로서 좋아하는 곳에는
　아첨하고 유감은 반드시 보복하였는데, 이처럼 말살하는 지경에까지 이르
　게 된 것은 이자들의 농간이 아닌 것이 없습니다. … 이미 승문원의 규례
　를 허락하였는데, 이들이 어떤 작자이길래 감히 스스로 조종하여 두루 흐
　르는 은택으로 하여금 막혀서 흐르지 못하게 하고, 골고루 입혀주는 교화
　로 하여금 저지되어 행해지지 않게 한단 말입니까. 게다가 이 降等 調用
　된 사람들은 本道의 입장으로 말한다면 또한 모두 화려한 가문의 뛰어난
　후예들입니다. 그들에게 모함을 당한 결과, 심지어는 근래 새로 등과한 사
　람의 分館에 이르러서도 또한 승문원에 선발되어야 할 자가 성균관으로
　밀려나고, 성균관에 선발되어야 할 자가 교서관으로 밀려나니, 길을 잃은
　듯한 슬픔과 혼자만 광명을 받지 못한다는 탄식이 어찌 가긍하지 않겠습
　니까. 삼가 바라건대 불쌍히 여기서 억울함을 해소시켜 주소서.50)

50)『承政院日記』, 高宗 11年 2月 17日(庚寅).
　‘副司果崔奭奎疏略曰 臣所居關西一路 被優恤之惠 尙懷自憐之意 往在己
　巳庚午年間 槐院文臣十餘人 枉被訾毁 竟至降調以國子 此豈聖世一視之政
　有所厚薄而然哉 至若前承旨臣趙光淳 前持平臣趙愿祖 本以蛇蝎之性 蠆蠆

이 상소에 따르면 조광순 일파의 모함을 받은 자들은 승문원에 선발
되지 못하고 성균관으로 밀려나고, 성균관에 선발되어야 할 사람은 교
서관으로 떨어지게 되었다는 것이다. 이처럼 탄핵 상소를 올린 최석규
는 조광순 일파의 '농간'에 의해 자신을 포함한 평안도 문관들이 분관에
서 피해를 입었다고 분명히 지적하였다. 뿐만 아니라 성균관으로 강등
된 15명의 문관들이 평안도의 기준에서는 모두 세상에 드러난 문벌[華
閥茂族]이자 顯貴한 집안의 후손[簪纓華裔]이라고 설명하였다.

반면에 조광순과 그 黨與로 지목된 노덕순, 조원조 등은 家系가 불분
명하여 평민층과 다를 바 없는 사람들이었다.[51] 조광순이 분관과 월천
과정에서 도움을 준 조정조와 조융조라는 인물도 역시 公賤과 吏校의
후예로 지목되었던 낮은 신분의 사람들이었다. 요컨대 평안도에는 사족
층이 미약하다는 일반적인 관념과는 별도로 이 상소의 내용을 통해서
당시 평안도 문관 사이에는 신분적인 위계 의식과 자체적인 '구별짓기'
가 존재하였음을 확인할 수 있다.[52] 이상에서 살펴본 최석규의 상소에

之毒 阿其所好 逞其所憾 致此抹擬之境 無非渠輩之箕弄 … 旣許槐院之例
而渠何人 敢自操縱 使旁流之澤 壅而不流 均霑之化 闕而不行乎 況此降調
之人 以本道言之 則亦皆華閥茂族 簪纓華裔也 而爲其所陷 以至近年新榜
之分館 亦有宜選槐院者 見擯國子 宜選國子者 見擯於芸館 其所失路之悲
向隅之歎 寧不可矜 伏願哀憐而疏菀焉'
51) 한영우, 『科擧, 출세의 사다리: 족보를 통해 본 조선 문과급제자의 신분이동(정
조~철종 대)』3, 지식산업사, 2013, p.506.
한영우, 『科擧, 출세의 사다리: 족보를 통해 본 조선 문과급제자의 신분이동(고종
대)』4, 지식산업사, 2013, p.90, p.121.
52) 평안도 鄕人體制의 구조와 변동을 다룬 연구를 통해서 鄕人 사이에도 다양한 위
계와 차이가 있었다는 사실을 확인할 수 있다. 이에 관해서는 이영호, 「鄕人에서
平民으로-평안도 향인체제의 구조와 그 해체과정-」, 『한국문화』63, 서울대학교
규장각 한국학연구원, 2013 참조.

대해 고종은 의정부로 하여금 사건을 재조사해서 품처하도록 명을 내렸다.[53] 이에 따라 의정부는 그 해 3월에 최석규의 상소에서 요청한대로 성균관으로 강등 조치된 金朋來, 金斗洽, 金國顯, 崔國鎭, 尹相殷, 玄弼濟, 韓緻奎, 朴鍾善, 金鎭模, 金來顯, 朴齊用, 趙基衡, 李賢初, 趙東植, 姜周用 등 평안도 출신 15명을 예전대로 승문원에 올려서 임명하도록 하였다.[54] 동시에 교서관으로 배치된 崔德明, 韓龍珪, 尹基周는 성균관으로 올려 주고, 조광순의 일파로 성균관에 등용된 조정조는 교서관으로 내릴 것을 건의하여 그대로 시행되었다.[55] 그럼에도 불구하고 사헌부 장령 한용규를 비롯한 평안도 문인들은 연명상소를 올려 조광순 등을 仕籍에서 영구히 삭제하고 죽을 때까지 遠惡島에 유배를 보내라고 주청하였다. 결국 고종은 이와 같은 평안도 관인들의 요구를 받아들임으로써 이 사건은 완전히 종결될 수 있었다.[56]

이처럼 19세기 후반 평안도 출신 관인의 중앙직 진출 확대는 조광순 일파처럼 정치세력을 형성하고 일정하게 정치적 영향력을 발휘하는 모습을 보여주었다. 그러나 동시에 탄핵을 계기로 하여 정치적으로 몰락한 것에서 알 수 있듯이 당시 평안도 출신이 구축한 정치 기반은 확고하지 못한 상태에 있었다고 할 수 있겠다.

2) 국왕 중심의 정국운영 지지와 시무책 제시

1863년 12월 고종이 즉위하면서 정부는 국정을 일신하고 법과 기강을

---

53) 『承政院日記』, 高宗 11年 2月 17日(庚寅).
54) 『承政院日記』, 高宗 11年 3月 1日(癸卯).
55) 『承政院日記』, 高宗 11年 3月 5日(丁未).
56) 『承政院日記』, 高宗 11年 6月 1日(壬申).

확립하는 개혁을 단행하였다. 그것은 세도 권력을 견제하고 국왕 중심
의 정치 질서를 바로 세우기 위함이었다. 이와 관련해서 특히 재정적으
로 중요한 의미를 지닌 평안도 지방에 각별한 관심을 기울였다. 고종 1
년(1864) 3월에 막대한 양의 부세를 빼돌린 평안도 의주부윤 沈履澤을
잡아다가 엄벌에 처한 것은 그 출발점이 되었다. 신이택에 대한 처벌은
서울의 大路에서 百官들을 지켜보게 하는 가운데 곤장을 치고 제주도에
圍籬安置시키는 파격적인 방식으로 진행되었다.57) 이는 단지 조정에서
지방관 개인의 조세 포탈을 징치하는 정도에 국한하지 않고, 自派의 인
물을 의주부윤에 앉혀 중간에서 막대한 부를 착복하였던 세도정권의 재
정기반을 약화시키려는 의도가 있었던 것으로 해석된다.58)

  조정에서는 집권력 강화의 차원에서 평안도 환곡의 포흠 문제에 대해
서도 근본적인 대책을 강구하였다. 당시 평안도에서는 환곡의 운용 과
정에서 100만 餉穀이 모조리 체납되어 1包도 없다고 할 정도로 심각한
상황이었기 때문이다.59) 정부는 평안도의 환곡을 혁파하고 結戶에 부과
함으로써 평안도의 재정을 안정시키는 한편 結戶稅를 중심으로 세입·세
출을 정액화하여 평안감영이 각 군현의 재정을 통제하고 감독할 수 있
는 여건을 마련하였다. 이는 정부가 독자성이 강한 평안도 재정운영에
직접 관여하겠다는 방향성을 가진 것이었다.60) 이와 더불어 평안도 환
곡 개혁의 과정을 검토하면 국왕을 중심으로 공적 질서를 확립하고 세

---

57) 『承政院日記』, 高宗 1年 3月 4日(甲辰).
  '罪人沈履澤 拿致通衢 百官與上京及未下直守令 同爲序立 嚴刑一次 訊杖
  第三十度後 全羅道濟州牧 與地方官眼同 圍籬安置'
58) 김태웅, 앞의 책, 2012, p.110.
59) 『承政院日記』, 高宗 1年 4月 18日(戊子).
60) 김태웅, 앞의 책, 2012, pp.109~119.

도가와의 대결에서 주도권을 장악하려 했던 의도가 짙게 나타난다.

고종 1년(1864) 7월 平安監司 洪祐吉은 정부의 지시에 따라 평안도 환곡의 개혁안을 올렸고,[61] 이에 기반해서 同年 12월 조정에서는 公用인 餉穀을 축낸 자들을 조사하여 이름 아래에 포흠한 액수를 적고 범법자를 엄벌에 처하는 방침을 수립하였다. 이에 더해서 關西의 添餉과 輕殖, 감영 창고 곡식의 손실 등을 철저히 조사할 것과, 그 조사 내용은 10년을 소급해서 책자로 만들어 보고하라는 대왕대비의 전교가 이어졌다.[62] 하지만 한 해가 지나도록 어느 고을에서도 포흠자를 적발해서 보고하는 곳이 없었다.[63] 여기에는 지방의 '奸吏'와 함께 평안도에서 지방관을 역임한 중앙의 권세가들이 연루되어 있었기 때문이었다. 그리하여 이 문제는 평안도민의 삶과 직결되는 것일 뿐만 아니라 평안도의 재정과 행정의 공적 기능을 강화하는 '大更張'이자 대원군이 정국의 주도권을 장악하는 것과도 깊이 연관된 사안이라고 할 수 있었다.[64]

고종 2년(1865) 3월 28일, 평안감사 홍우길은 道內의 각 고을 창고에서 양곡을 포흠한 수량과 監色의 성명 등을 狀啓에 쓰고, 그 구체적인 내역은 책자로 만들어서 의정부에 보고하였다. 이 때 홍우길은 포흠한 자들 중에 수량이 많은 자는 이미 고장을 떠났거나 사망하였으며, 살아있다

---

61) 『承政院日記』, 高宗 1年 7月 26日(甲子).
62) 『承政院日記』, 高宗 1年 12月 9日(丙子).
63) 『承政院日記』, 高宗 1年 12月 13日(庚辰).
   '所謂留京外吏 分付左右捕廳 一竝搜提 照法嚴勘 而各邑反庫 如有眞犯者 則以贓律施行事 亦已筵敎矣 姑無一邑之摘發登聞 此乃果無所犯而然歟 其或拘於顔私 專事掩護而然乎 揆以事體 誠極慨愕'
64) 『承政院日記』, 高宗 2年 3月 9日(甲辰).
   '傳曰 向以關西之餉殖 及各庫所逋査啓事 有所下敎矣 于今幾朔 尚不以聞 未知其間事實之何如 而但此乃本道大更張之事也'

하더라도 직업도 없고 의지할 데도 없어서 포흠곡을 받아내기 어렵다는 사정을 전하였다.[65] 同年 4월 9일에 조정에서는 홍우길의 장계를 참작해서 평안도 환곡의 포흠 및 감영과 각 창고의 포흠을 일체 탕감하는 한편, 포흠한 監色에 대해서는 등급에 따라 刑律을 적용하는 조치를 묘당에서 품처하게 하였다. 아울러 방백과 수령 등 지방관의 관리 소홀과 私利를 도모하여 국가와 백성을 병들게 한 幕僚들을 질책하면서, 현종 13년(1847) 이후 평안감영의 戶房과 裨將의 명단을 빠짐없이 보고하라는 전교를 내렸다.[66]

전교에서 포흠에 연루된 자를 1847년부터 조사하라고 下命한 점은 정치적 의도가 다분한 것이었다. 이는 領議政 趙斗淳을 비롯한 현직 대신 중에서 평안감사를 지낸 세도가들의 죄를 자복하게 하고 처벌을 自請하는 결과를 이끌어 내었기 때문이다. <표 5>는 이와 관련된 내용을 정리한 내역이다.

〈표 5〉 헌종 12년(1846)~고종 2년(1865) 평안감사 임명자와 포흠에 따른 처벌 자청 여부

번호	성명	생몰년	본관	평안감사 부임연도	현직 (품계)	처벌 자청 여부	비고
①	趙鶴年	1786~1854	豊壤	헌종 12(1846)		사망	
②	趙斗淳	1796~1870	楊州	헌종 14(1848)	영의정 (정1)	○	
③	洪鐘應	1783~?	南陽	철종 1(1850)	상호군 (정3)	○	
④	李鶴秀	?~1859		철종 3(1852)		사망	
⑤	金炳冀	1818~1875	安東	철종 3(1852)	좌찬성 (종1)	○	
⑥	南秉喆	1817~1863	宜寧	철종 4(1853)		사망	

---

65) 『平安監營啓錄』, 高宗 2年 3月 28日(규장각 소장, 奎 15110-v.31)[『各司謄錄』 33, 국사편찬위원회 영인본, 1989, p.19].
66) 『承政院日記』, 高宗 2年 4月 9日(癸酉).

번호	성명	생몰년	본관	평안감사 부임연도	현직 (품계)	처벌 자청 여부	비고
⑦	李景在	1800~1873	韓山	철종 4(1853)	판돈녕 부사(종1)	○	조두순 사돈
⑧	李圭祊	1791~	慶州	철종 6(1855)		사망	
⑨	金鼎集	1808~1859	慶州	철종 6(1855)		사망	
⑩	徐念淳	1800~1859	大邱	철종 8(1857)		사망	
⑪	金箕晩	1793~1865	光州	철종 9(1858)		사망	
⑫	徐戴淳	1805~1871	大邱	철종 10(1859)	상호군 (정3)	○	
⑬	金炳㴻	1824~1888	安東	철종 11(1860)	대호군 (종3)	○	
⑭	尹致定	1800~?	海平	철종 12(1861)	상호군 (정3)	○	
⑮	李謙在	1800~1863	韓山	철종 14(1863)		사망	
⑯	洪祐吉	1809~1890	豊山	철종 14(1863)	평안감사 (현직, 종2)		

* 출전 : 『平讓誌』, 『平壤續誌』, 『承政院日記』

전교가 내려진 지 며칠 지나지 않은 4월 13일 이후로 위의 <표 5>에서 확인되는 것처럼 영의정 조두순을 필두로 해서 ①~⑮까지의 대신들은 사망자를 제외하고 모두 자신들이 평안감사 재직시에 발생한 포흠건에 대해서 잘못을 실토하였다.[67] 이처럼 역대 평안감사가 특정한 사안을 두고 빠짐없이 처벌을 자청한 경우는 전무후무한 일이었다. 이들 大臣들은 정조~철종 연간에 정치적으로 가장 유력한 성관으로 꼽히는 집안의 세도가였고,[68] 그 중에는 대원군의 최측근으로 활약한 조두순과 이경재도 포함되어 있었다.[69] 고종은 죄를 자복한 대신들을 처벌하지 않

---

67) 『承政院日記』, 高宗 2年 4月 13日(丁丑).
　　『承政院日記』, 高宗 2年 4月 14日(戊寅).
68) 한국역사연구회 편, 『조선정치사』하, 청년사, 1990, p.171.

고 견책하는 수준에서 조사를 마무리 지었다.[70] 이는 이 사건을 다룬 본 질이 포흠된 환곡의 복구보다는 대원군 정권의 정국 주도와 관련해서 국왕 중심의 정치 질서를 확립하고 세도가문을 견제하거나 이들의 협력을 유도하는데 있었음을 보여준다. 이로써 평안도 지방에 대한 국왕의 직접적인 통치력은 더욱 강화될 수 있었을 것으로 여겨진다.

이러한 정국의 흐름 속에서 고종 1년(1864) 4월 평안도 삭주 출신으로 司諫院 正言(정6품)에 임명된 朱寅降은 국가 기강을 바로 세운다는 명목으로 載寧郡守 李稷鉉을 처벌해 줄 것을 주청하였다.[71] 이직현은 바로 왕실의 최고 어른으로 수렴청정 중이던 神貞王后와 인척관계에 있던 인물이었다.[72] 그는 부임 도중에 마주친 평안도 출신 문관 金瑛默과 金觀孝가 말에서 내리지 않자 "關西에 무슨 관작이 있으며 무슨 양반이 있는가?"라고 하면서 하인을 시켜 구타하고 능욕하여 주인강의 탄핵을 받았던 것이다. 이 사건은 평안도 지역의 전체적인 위상과 관계된 일이었기 때문에 "한 道가 들음에 놀라고 의혹할 것에 관계되어 묵묵히 있지 못할 것"이라고 했듯이 평안도 사람들의 관심이 집중되어 있었다.[73] 주인강

---

69) 김명숙, 『19세기 정치론 연구』, 한양대학교 출판부, 2004, pp.208~221.

70) 『承政院日記』, 高宗 2年 4月 29日(癸巳).

71) 『承政院日記』, 高宗 1年 4月 18日(戊子).

72) 李稷鉉은 풍양조씨의 대표적 인사인 領敦寧府事 趙萬永의 생질 자격으로 蔭職을 제수받았다. 이 조만영의 딸이 고종 즉위 후에 대왕대비로서 수렴청정하였던 神貞王后 趙氏이다(『蔭案』天(藏書閣 K2-575), '李稷鉉 領敦趙萬永甥侄調用承傳').

73) 『承政院日記』, 高宗 元年 4月 18日(戊子).
'正言朱寅降 疏曰 … 臣旣發端於時弊 則事係同省 聽聞駭惑 有不容泯默者' 이와 동일한 내용의 상소가 당상관을 지낸 백종걸의 문집에 「代朱正言寅降論事疏」라는 제목으로 실려 있어서 주인강이 올린 상소는 다른 평안도 문관들과 사전에 협의된 것임을 시사해 준다(白宗杰, 『止山集』上, pp.148~155).

은 말을 돌리거나 말에서 내리는 일은 국법에 정해져 있으며, 김관효와 김영묵은 각각 사헌부 장령(정4품)과 사간원 헌납(정5품)으로 侍從의 반열에 있는 신하인데, 말단 蔭官에 불과한 이직현을 회피해야 할 의리가 있지 않다고 논박하였다. 그러면서 신정왕후에게 알리고 속히 처분을 내림으로써 국법에 의거하여 조정의 기강을 바로 잡을 것을 촉구하였다. 이 사건을 맡은 의금부에서는 이직현의 행위에 대해 공무 수행상의 잘못이 아닌 '私罪'로 규정하고, 조정의 체모를 손상시킨 법을 적용하여 처벌하자고 아뢰어서 그대로 왕의 윤허를 받았다.74) 이와 별도로 주인강은 평안도 지역의 가장 큰 병폐로 지목되던 환곡과 양향곡의 포흠을 時弊로서 논급하였다.75) 평안도의 환곡 문제는 앞서 말했듯 조정에서 이미 평안감사에게 명하여 대책을 강구하고 있던 사안이었으므로, 그 도중에 올린 주인강의 상소는 환곡 문제의 처리를 촉구하는 차원이었다고 할 수 있겠다.

한편 대원군 집권기에 정부는 정국운영의 주도권을 장악하는 것과 더불어 향촌에서 官權의 행사를 저해하는 武斷 土豪의 사적 권력을 제거함으로써 국왕의 통치질서와 지배력을 강화시키고자 하였다.76) 그리고 고종 10년(1873) 고종의 친정 이후에도 토호 징치를 통해 지방통치의 일원화와 동질화를 강화하려는 향촌지배 정책의 기조는 계승되고 있었다.77) 그 일환으로 정부는 수시로 암행어사를 파견하거나 현지에서 복

---

74) 『承政院日記』, 高宗 1年 5月 4日(癸卯).
  『承政院日記』, 高宗 1年 5월 5일(甲辰).
75) 『承政院日記』, 高宗 元年 4月 18日(戊子).
76) 고동환, 「대원군집권기 농민층 동향과 농민항쟁의 전개」, 한국역사연구회 편, 『1894년 농민전쟁연구』2, 역사비평사, 1992, pp.229~231.
77) 김태웅, 앞의 책, 2012, pp.146~148, pp.326~327.

무하는 지방관을 통해 토호층의 무단 행위를 적발하고 엄하게 처벌하였다. 훗날 평안도인은 자기 고장에서 拔扈兼倂하는 '土豪强族'이 없는 관계로 近代 新文化의 수용에 유리할 수 있었다고 진단하였지만,[78] 실상은 꼭 그렇지가 않았다. 예컨대 고종 23년(1886) 평안감사 南廷哲은 장계를 올려 사헌부 지평의 벼슬까지 오른 평인도 江東 출신의 黃一龍을 '貪汚豪强之罪'로 지목하였다. 죄상을 照律한 의정부에서도 "鄕曲에서 권세로 억압함이 끝이 없었다"는 견해를 덧붙임으로써 황일룡은 流三千里의 처분을 받아 전라도로 유배되었다.[79] 고종 29년(1892)에는 泰川의 白顯兌, 寧邊의 金呂鉉, 雲山의 李台慶, 肅川의 李鶴永 등이 과거에 급제한 것을 빙자하여 고향에서 토색질을 자행하다가 '豪强之罪'의 죄목으로 모두 유배형의 처분을 받기도 하였다.[80]

중앙에 진출한 평안도 출신 문관들은 정부의 향촌정책에 보조를 같이 하면서 무단 토호의 징치에 힘을 보태었다. 그 중에는 같은 평안도 출신 관료를 토호무단으로 지목하여 처벌을 요청하는 경우도 있었다. 고종 14년(1877)에 평안도 安州 출신의 司憲府 掌令(정4품) 金棱은 同鄕인 校書館 判校(정3품 당하) 安時協의 죄상을 열거하면서 엄벌에 처할 것을 요청하였다. 김릉에 의하면 안시협은 본래 안주의 土族으로서 하는 일마다 私利를 꾀하고 백성을 침학하는 등 鄕曲을 무단하는 비위를 일삼았다. 심지어는 조정 관료로서의 권세를 부려 閫帥를 잡아끌고, 道伯을 포박하였으며, 수령을 매질하는 횡포까지 부렸다고 하였다. 그러므로 김

---

78) 대표적으로 李昇薰, 「西北人의 宿怨新慟」, 『新民』, 1926, p.204의 내용을 꼽을 수 있다.
79) 『承政院日記』, 高宗 23年 3月 10日(癸卯).
   『承政院日記』, 高宗 23年 3月 11日(丙戌).
80) 『承政院日記』, 高宗 29年 5月 8日(乙丑).

룽은 朝官이라는 이유로 안시협을 가볍게 징계해서는 안되니 土籍에서
영원히 삭제하고 遠配에 처하며 백성에게 거둔 贓物도 돌려주어야 한다
고 주장하였다.81) 이러한 김룽의 주청에 따라 안시협은 慶尙道 泗川縣으
로 멀리 유배되었다.82)

　고종 11년(1874) 4월에는 사헌부 지평 任鶴準83)이 자신과 같이 평안도
江西에 살고 있는 承旨 金善柱를 토호로 지목하여 죄상을 폭로하였다.
임학준에 따르면 김선주는 본래 김해의 賤孼인데, 본관을 개성으로 고
치고 제멋대로 儒賢인 金泮84)의 후예를 자처하면서 부당하게 당상관에
까지 이르게 되었다는 것이다. 이렇게 김선주를 탄핵한 임학준은 대원
군 집권기에 工曹參判(종2품)을 지낸 任百哲85)의 堂姪이었다.86) 임학준
이 일일이 거론할 수 없을 정도로 많다고 하는 김선주의 죄상을 간추려

---

81) 『承政院日記』, 高宗 14年 10月 25日(丙午).
82) 『承政院日記』, 高宗 14年 10月 29日(庚戌).
83) 임학준의 원래 이름은 任膺模이다. 임응모는 헌종 15년(1849) 문과 식년시에 급
　　제하였고, 공조정랑(정5품), 사헌부 지평(정5품), 성균관 사예(정4품) 등의 관직을
　　역임하였다. 그는 고종 5년(1868)에 임학준이라는 이름으로 개명하였다[『承政院
　　日記』, 高宗 5年 8月 20日(甲子)]. '吏曹啓目 … 前持平任膺模名字 改以鶴
　　準 前正言黃起源事爲等如告狀 令藝文館給帖 何如 啓依允')
84) 김반은 평안도 江西 지역에서 추앙받는 儒賢으로서『江西縣誌』人物條의 첫머
　　리에 수록되어 있다[『江西縣誌』,「人物」(규장각 소장, 古4790-6)].
85) 任百哲은 평안도 강서 출신으로 순조 9년(1809) 문과 증광시에 급제하였다. 본래
　　이름은 任泰濬인데 고종 5년(1868)에 임백철이라는 이름으로 개명하였다[『承政
　　院日記』, 高宗 5年 8月 20日(甲子)]. 헌종조에 승문원 판교(정3품 당하)를 거쳐
　　돈녕부 도정(정3품 당상)에 제수되었으나 곧바로 사직상소를 올려 체차되었다. 철
　　종조에는 첨지 중추부사와 병조참의를 역임하였으며, 문과에 급제한지 60년이 되
　　는 고종 6년(1869)에 종2품의 공조참판에 제수되었다.
86) 『承政院日記』, 高宗 11年 4月 25日(丁酉).
　　'(記注官 金)在鼎 任鶴準, 卽故參判臣百哲之堂姪也'

서 제시하면 다음과 같다. ① 1866년~1873년까지 8년 동안 각처의 富民에게 사사로이 원납전을 받아서 착복함 ② 수십 년 전에 매매한 전답을 도로 늑탈함 ③ 햇수가 오래된 私債와 각 연도의 花利를 친족에까지 징수함 ④ 사적으로 刑獄을 설치해 놓고 무제한으로 곤장을 쳐서 원성이 자자함 ⑤ 각종 공납금을 사사롭게 받아들이고 임의로 이식을 챙김 ⑥ 徒黨과 체결하고 유생과 향임을 마음대로 농락하였으며, 이들에게 뇌물을 받고 향촌행정에 참여할 수 있도록 해줌 ⑦ 외람되게 四人轎를 타고 다니며 營邑을 횡행함 ⑧ 營邑에서 사적으로 운영하는 푸줏간을 철거하라는 명을 내렸음에도 끝내 중지하지 않았다는 점 등이었다. 임학준의 陳疏를 접한 고종은 김선주의 죄상에 대해 모두 '蠹國病民之事'로 규정하면서 김선주를 즉시 파직하라는 명을 내렸다. 그리고 평안감사로 하여금 김선주의 불법 행위를 소상히 조사해서 알리도록 하였다.[87] 이에 따라 그 해 6월 평안감사 申應朝가 장계를 올렸는데, 여기에서 김선주가 저지른 토호 무단의 행실이 확실하다고 인정되면서 결국 김선주는 削職에 그치지 않고 竄配의 형벌에 처해지게 되었다.[88]

그런데 이 탄핵 상소의 내용과 처리 과정에서 몇 가지 주목되는 점이 있다. 사실 임학준이 김선주를 탄핵한 내용 자체는 무단토호의 행태로 가장 많이 지적되는 勒奪民田(②), 私施惡刑(④), 雜技騙財(①, ③, ⑤, ⑧) 등의 사례와 별반 차이가 없다.[89] 그보다는 향촌사회의 운영과 통제에서 평안도 출신의 중앙 관리가 깊숙이 관여하고 있다는 점에 유의할 필요가 있다. 잘 알려져 있듯이 사족이 뚜렷하지 않았던 평안도에서는

---

87) 『承政院日記』, 高宗 11年 4月 24日(丙申).
88) 『承政院日記』, 高宗 11年 6月 3日(甲戌).
89) 郭東璨, 「高宗初 土豪에 관한 研究-1867年 暗行御史 土豪別單의 分析-」, 서울대학교 석사학위논문, 1973, p.20.

상대적으로 儒鄕의 위세가 다른 지방에 비해 강한 편이었고, 그에 따라
儒任과 鄕任을 맡을 수 있는 '鄕人'이 향촌의 지배 세력으로 행세하였
다.90) 하지만 19세기 후반이 되면 ⑥번에서와 같이 평안도에서 당상관
을 역임한 지역 출신 관리가 儒鄕을 임의로 조종하고 향촌의 운영을 좌
우하거나, 또는 그러한 官歷을 가진 토호무단(김선주)을 평안도 출신의
중앙 관리(임학준)가 제재하여 처벌에 이르게 하는 현상이 나타나고 있
는 것이다. 이는 어느 쪽으로든 중앙 권력에 기반하고 있다는 사실과 더
불어 평안도 출신의 유력자가 同鄕을 매개로 해서 서로 연대하기보다는
국가적인 차원에서 부정과 비리를 적발하고 사태를 처리해가는 집권력
강화의 분위기를 엿볼 수 있게 한다.

　또 다른 하나는 ⑦번에서 지적된 四人轎의 신분성에 관한 것이다. 조
선시대의 가마는 단순히 이동 수단에 그치는 것이 아닌 신분의 또 다른
상징이었으므로 엄격하게 법의 규제를 받았다.91) 특히 사인교의 경우는
철종 9년(1858)에 영의정 金左根의 건의에 따라 종1품 이상인 崇品에 한
해서만 탈 수 있게 하였고, 관품에 맞지 않게 사용했을 때는 유배형에
처하도록 규정되어 있었다.92) 그리고 임학준의 상소가 있기 몇 달 전인
고종 11년(1874) 1월에는 이조참의(정3품 당상)를 제외하고 3품에 해당하
는 관료는 사인교를 탈 수 없도록 禁令이 내려진 상태에 있었다.93) 사정
이 이러하였기 때문에 임학준은 '분수'에 넘게 사인교를 타고 다닌 김선

---

90) 吳洙彰, 앞의 책, 2002, pp.10~16.
91) 정연식, 「조선조의 탈것에 대한 규제」, 『역사와 현실』27, 한국역사연구회, 1998,
　　pp.187~196.
92) 『日省錄』哲宗 9年 5月 20日(甲午).
　　'命有屋轎嚴禁四人轎崇品許乘'
93) 『承政院日記』, 高宗 11年 1月 29日(癸酉).

주의 처사를 외람되다고 하여 엄격한 법의 적용을 관철시켰던 것이다.
이를 통해서 볼 때 1870년대 일각에서는 특정 신분이 전유하던 '탈 것'
에 대한 규제가 무너지고 있었으나, 그보다는 아직 신분제적인 질서를
엄수하려는 입장이 우세한 상황이었다고 할 수 있겠다.

그러나 1880년대에 이르러 평안도 출신 문관들은 전향적인 시세 인식
을 보여줌과 동시에 고종의 개화정책을 뒷받침하는 조력자의 모습이 좀
더 선명하게 나타났다. 이 시기에 국왕과 一群의 개화파들은 군사·외
교·재정·통상 등 다방면에 걸친 개혁을 추진하면서 실용주의적 부국강
병책을 사회 전반에 접목시키려 하였다. 고종 17년(1880) 12월, 의정부와
동급의 위상을 지닌 統理機務衙門을 개화 정책의 총괄 기구로 설치한
것은 그 서막이었다. 그런데 이와 같은 '개화'의 실행은 中華의 적자로
자부하던 조선의 문명의식을 크게 동요시키는 것이기도 하였다. 따라서
위정척사를 견지한 다수의 유림 세력에게는 물론이고 전환기적인 사회
변화를 감지하고 있던 일반민들에게도 1880년대에 진행된 개화로의 노
정은 심대한 혼란과 의구심을 갖게 하였다.94)

이런 사회적 분위기 속에서 고종 19년(1882) 6월 5일에는 전통 군영의
소속 군인들이 주동이 된 壬午軍亂이 발발하였다. 임오군란은 정규군이
일으킨 亂이라는 점에서 고종이 받은 충격은 상당하였다. 이런 가운데
사태 수습을 책임지고 정계에 복귀한 대원군이 통리기무아문을 혁파하
는 등 '구체제'로의 복귀에 착수하고, 심지어 소재가 파악되지 않은 왕
비의 國喪을 선포하는 와중에서도 고종은 정국을 반전시킬 만한 조치를

---

94) 노대환, 「1880년대 전반 『徒法』에 나타난 安民富國論」, 崔承熙教授停年紀念
論文集刊行委員會 편, 『조선의 정치와 사회』, 집문당, 2002, pp.477~478.
　　강상규, 『19세기 동아시아의 패러다임 변환과 한반도』, 논형, 2008, pp.125~135.

취하지 못하고 있었다.95) 사실상 7월 13일에 대원군이 청군에 납치되어
청국으로 압송될 때까지 고종은 명목상의 군주에 불과했던 것이다.96)
이와 같은 임오군란의 정국에서 고종이 가장 분노했던 것은 변란이 발
생했을 때 단 한명의 대신도 자신의 곁에 있지 않았다는 현실이었다. 동
시에 왕에 대한 불충이 자명했던 현실은 고종이 대신들을 누르고 새롭
게 개혁을 추진할 수 있는 강력한 명분이 되기도 하였다.97) 이런 상황에
서 재집권한 고종은 7월 22일에 다음과 같이 인재 등용의 새 원칙을 천
명하면서 국정을 쇄신하기 위한 경장에 박차를 가하였다.

　　우리나라가 문벌을 숭상하는 것은 진실로 공평한 하늘의 이치가 아니
　다. 나라에서 사람을 등용하는 데에 어찌 귀천으로 제한을 둔단 말인가.
　이제 경장하는 때를 당하여 마땅히 사람을 등용하는 길을 넓혀야 하겠다.
　무릇 西北人, 松都人, 庶孽, 醫員, 譯官, 胥吏, 軍伍들도 일체 주요 관직
　에 등용하되 오직 재주에 따라 거용할 것이다. 만일 특이한 재능을 지닌
　자가 있으면 중앙에서는 公卿과 百官들이, 지방에서는 감사와 수령들이
　각기 아는 사람을 천거하여 銓曹에 보내라. 내 장차 뽑아 등용하도록 하
　겠다."하였다.98)

<hr>

95)『高宗實錄』, 高宗 19年 6月 10日(甲子).
96) 淸에 의해 단행된 대원군 납치 및 압송의 전말에 대해서는 權錫奉,『淸末 對朝
　　鮮政策史 硏究』, 一潮閣, 1986, pp.215~251 참조.
97) 고종 21년(1884) 의제개혁에서 고종이 임오군란 때 대신들의 불충을 거론하며 개
　　혁을 밀어붙인 것을 한 예로 들 수 있다(『大韓季年史』1, 高宗 21年, p.27. '秋七
　　月 更定公服 命冠服專用黑團領烏紗帽 一遵國初制樣 私服 則只着窄袖衣
　　卽周衣也戰服絲帶 以趨簡便 著爲定式 於是公私廣袖如道袍之類衣皆廢 前
　　議政金炳德上疏諫 不聽 人情大駭 以爲淪於夷狄之俗 先是炳德入對 言於
　　上曰治政如此 國必亡矣 上怒曰 壬午之變 無一大臣在側').
98)『承政院日記』, 高宗 19年 7月 22日(丙午).
　　'傳曰 我國之尙門地 誠非天理之公也 國家用人 何限貴賤 今當更始之日 宜

이 傳教에서 고종은 문벌과 귀천을 따지지 않겠다는 말과 함께 지역적으로 서북이나 개성의 인사를 중용하겠다고 공포하였다. 그런데 이와 같은 전교는 고종 초기 병인양요가 한창이던 때에도 내려진 적이 있었다. 이 지역에서 천거된 인재들에게 高官과 淸宦을 아끼지 않고 제수하겠다는 내용이었다.99) 이는 전시 상황에서 서북과 송도의 인심을 무마하고 군사·재정적 지원을 원활히 받기 위한 조치였을 것이다. 마찬가지로 임오군란 이후에 내려진 전교에서 서북이 첫머리에 언급된 것은 지역차별을 해소하려는 취지도 있었겠지만, 실질적으로는 국가 운영에서 차지하는 서북인의 역할과 협조가 그만큼 긴요해졌음을 의미하는 것이라 생각된다. 그리고 이것은 고종 즉위 이래 정부의 시책에 대해서 적극적으로 협력했던 평안도인의 자세에서 기인하는 바가 컸다고 판단된다.

이를테면 영남에서는 대원군 집권기에 강행된 서원 철폐를 지역의 존망이 갈리는 일로 결부시키면서 격렬하게 저항하였다. 戶布制를 시행할 때도 양반의 불만이 팽배하여 연일 官家에 하소연하는 등 노골적으로 적대적인 입장을 드러내었다.100) 士氣가 왜곡되어 있어서 왕명을 따르지 않는 것이 이미 상투적인 풍습이 되었다고 말해지는 실정이었다.101)

恢用人之路 凡西北松都庶孽醫譯胥吏軍伍 一體通用顯職 惟才是擧 如有奇才異能者 內而公卿百官 外而方伯守令 各擧所知 送赴銓曹 予將擇而用之'
99) 『承政院日記』, 高宗 3年 10月 3日(戊子).
　　『平安監營關牒』2, 丙寅(1866) 10月 9日(규장각 소장, 奎 15134)[『各司謄錄』34, 국사편찬위원회 영인본, 1989, p.50).
100) 『承政院日記』, 高宗 9年 12月 4日(甲寅). 대원군 집권기의 정책에 대한 영남 유림의 전반적인 입장에 관해서는 鄭震英, 「19세기 후반 嶺南儒林의 정치적 동향: 萬人疏를 중심으로」, 민족문화연구소 편, 『韓末 嶺南 儒學界의 동향』, 영남대학교출판부, 1998, pp.165~169 참조.
101) 『承政院日記』, 高宗 21年 7月 9日(辛亥).
　　'副司果朴基溟疏曰 … 夫嶺南一道 土俗頑蠢 士氣輪困 年前當百淸錢通

1880년대 초반에 전개되었던 '嶺南萬人疏' 역시 개화정책에 逆行한 것이 었음은 두말할 나위가 없다.[102] 이에 비해서 대원군 집권기에 평안도와 황해도에서는 영남에서 거둔 願納錢보다 10배가 넘는 돈을 중앙으로 상 납하고 있었다.[103] 이 시기에 원납전은 경복궁 중건을 위한 용도로만 사 용한 것이 아니라, 地方砲軍의 설치와 같은 전국적인 군비 증강 사업에 서 가장 큰 비중을 차지하는 핵심 財源이었다.[104] 다른 지역에 비해 월 등히 많은 자금을 조달하는 평안도의 재정 기여도는 돋보일 수밖에 없 었다. 비록 전술한 조광순과 김선주의 사례에서처럼 원납전을 거두는 과정에서 지역사회에 폐단을 일으키는 경우도 없지 않았지만, 그 이면 에는 중앙으로의 상납액을 늘리기 위한 '충성 경쟁'의 측면도 개재되어 있었을 것으로 여겨진다.[105]

고종 20년(1883)에 평양 출신의 進士 盧燁이 1871년에 철폐된 仁賢書 院을 다시 설치해 줄 것을 청원하는 상소에서도 이와 같은 점이 지적되

用之時 不遵王令 已成套習'

102) 鄭震英, 앞의 논문, 1998, pp.146~152.

103)『羅巖隨錄』1,「道伯通文」, 己巳(1869년-필자), 正衙重建午人發揚.
    '大院君抵李參議書略曰 正衙重建 午人發揚 此由來秘識也 且況甲子(1864
    년-필자)以後 午人中淸宦達爵 相望耀赫 而至於願納等節 反不如黃平十分
    一焉'

104) 연갑수,「대원군 집권기 국방정책 : 지방포군의 증설을 중심으로」,『韓國文化』
    20, 서울대학교 한국문화연구소, 1997, pp.293~295.

105) 김선주는 고종 11년(1874) 6월에 원납전을 부당하게 징수하는 등의 非行으로 유
    배형에 처해졌다. 그러나 유배된 지 6개월 만에 解配되었고, 그에게 적용된 罪
    名도 얼마 지나지 않아 蕩滌되었다는 점에서 일정 부분 고종의 비호를 받았을
    여지가 있다[『承政院日記』, 高宗 11年 6月 4日(乙亥) ;『承政院日記』, 高宗
    12年 2月 13日(辛巳)]. 이러한 김선주는 광무 1년(1897)에 稱帝를 건의하는 상
    소를 올림으로써 대한제국의 탄생에 밑거름이 되기도 하였다[『承政院日記』,
    高宗 34年 9月 8日(甲午)].

고 있다.

> 평안도는 원래 京華世族이 점거하지 않은 곳이고, 풍속은 東南·畿湖
> 지방과 크게 다릅니다. 비록 비천한 하인이라고 하더라도 서로 업신여기
> 려 들지 않으며, 고을 官長의 위엄을 두려워하여 혹시라도 감히 거역하는
> 법이 없습니다. 남의 세력을 빙자하여 침범하고 소란을 피우려 하더라도
> 형편상 그렇게 할 수 없습니다.106)

즉 평안도는 여타 지역에서처럼 위세를 앞세워 소란을 일으키거나 공
권력을 거스르는 일이 없이 순종적인 鄕風을 지니고 있다는 것이다. 이
처럼 전반적으로 은근한 어조를 띤 상소는 東南·畿湖 지방의 유림들이
서원 훼철과 복설에 대해 격하게 峻論으로 응대했던 것과 현저한 차이
가 있었으며, 시기적으로도 인현서원이 폐지된 지 10여 년이 지난 시점
에 이르러서야 고심 끝에 道內의 유생을 대표하여 노창이 상소를 올리
고 있다는 점에서 국가 정책에 대한 평안도 유림의 조심스런 자세를 확
인할 수 있다.

고종 19년(1882) 서북인 중용을 내세운 전교의 반포와 맞물려서 평안
도 출신 관리는 국왕의 시책에 적극적으로 호응하는 면모를 보여주었
다. 그것은 우선 임오군란 때 국왕을 위험에 빠뜨렸거나 대원군의 黨與
로 행세했던 대신들을 탄핵·처단하고, 부국강병의 기조 아래 시무책을
제시하여 고종의 개화정책을 계승하는 방향으로 전개되었다. 동년 7월
17일, 고종은 임오군란에서의 호위 책임을 물어 무위대장 李景夏와 어영

---

106) 『承政院日記』, 高宗 20年 12月 24日(庚午).
　　'關西素無京華世族之占居者 其俗與東南·畿·湖大異 雖輿儓之賤 不欲相
　　侮 畏官長之威 罔敢或違 雖欲假藉而侵援 抑亦勢有所不能耳'

대장 申正熙를 유배형에 처하도록 지시한 바 있었다.107) 이러한 조처에 대해서 前 持平 李㝡榮과 前 正言 具健喜는 더욱 엄중한 처벌을 내릴 것을 촉구하였다.108) 이런 가운데 8월 18일, 평안도 의주 출신의 사헌부 지평 趙尙學은 현직 관료로는 처음으로 두 군문 대장을 극형으로 다스릴 것을 주청하였다. 이경하와 신정희는 임금의 위험을 좌시하고도 자리를 보전하였는데, 이는 충의가 없고 몰염치함이 극에 달한 것이라고 일갈하면서 '極律'로 다스려야 한다고 주장했던 것이다. 이와 같은 조상학의 진언에 대해 고종은 "臺諫의 체모를 깊이 체득한 것으로 매우 가상하다. 이경하와 신정희의 일은 마땅히 처분이 있을 것"이라고 하면서 흡족한 비답을 내려 주었다.109) 그리고 바로 다음 날 고종은 "지금 공론이 거세게 일어나서 여론을 막을 수 없다"면서 이경하와 신정희에게 위리안치의 처분을 내렸다.110) 곧바로 兩司에서는 일전에 사헌부에서 올린 탄핵 상소를 계기로 公議가 빗발치고 있다고 傳言하면서 두 將臣을 역시 극형에 처할 것을 세차게 요구하였다.111) 대간의 논의가 비등하자 고종은 이경하와 신정희에게 加棘의 형벌을 추가하였다.112)

임오군란 과정에서 中殿의 國喪을 진행했던 대신들을 처벌해야 한다는 공론을 조성한 것도 평안도 출신 관리에 의해서였다. 9월 22일과 23일에 각각 幼學 金炳㫌과 定州 출신의 校書館 判校(정3품 당하관) 方孝隣은 藝文館提學 任應準과 禮曹判書 李會正을 극렬히 탄핵하였다. 임응준

---

107) 『承政院日記』, 高宗 19年 7月 17日(辛丑).
108) 『承政院日記』, 高宗 19年 8月 12日(乙丑).
    『承政院日記』, 高宗 12年 8月 17日(辛巳).
109) 『承政院日記』, 高宗 19年 8月 18日(辛未).
110) 『承政院日記』, 高宗 19年 8月 19日(壬申).
111) 『承政院日記』, 高宗 19年 8月 20日(癸酉).
112) 『承政院日記』, 高宗 19年 8月 23日(丙子).

은 군란중에 중전의 시신이 없는데도 불구하고 서둘러 장례를 강행하였고, 이회정은 淸에 보내는 咨文에서 "宗社와 生靈의 복이다"라고 썼는데, 이들의 처사는 곧 倫常을 무너뜨리고 임금과 나라를 저버린 행위라고 성토한 것이다. 이와 같은 상소에 대해 고종은 이제 그러한 여론이 있음을 알겠다고 호응하였다.113) 이후 임응준과 이회정을 극형으로 다스려야 한다는 주장은 兩司의 최대 현안 중 하나가 되었다. 대사헌 洪鍾軒과 대사간 申泰寬을 필두로 양사 관원의 合啓가 한 달 가까이 거의 하루도 빠짐없이 상달되었고,114) 그 뒤에도 몇 달에 걸쳐 수십 차례 그러한 요구가 집요하게 반복되었다. 결국 고종 20년(1883) 5월 1일에 임응준과 이회정이 모두 賜死 처분을 받고서야 이 사안은 종결될 수 있었다.115)

한편 방효린은 8월 24일에 재정의 위기와 청의 내정 간섭에 직면해서 다음과 같이 시무책을 제시하였다.116) ① 외관직인 감사 이하 수령에 이르기까지 녹봉을 반으로 줄여서 내직과 외직에 균배할 것 ② 급하지 않은 官員은 없애고, 긴요치 않은 官司는 혁파해서 재정을 보충할 것 ③ 京外 吏胥의 定額을 줄이고, 減員한 자에게 주었던 급료를 元額에게 줌으로써 책임감 있게 공무에 진력하게 하고, 경상비용에도 보탬이 되게 할 것 ④ 부서 업무의 요지를 파악하여 종류별로 구분하고, 관리들로 하여금 날마다 條規를 익히게 해서 일의 권한이 하급 관리에게 돌아가지 않도록 할 것 ⑤ 輪對하는 법을 폐지하지 말고 언로를 확장하여 아랫사

---

113) 『承政院日記』, 高宗 19年 9月 22日(乙巳).
　　　『承政院日記』, 高宗 19年 9月 23日(丙午).
114) 『승정원일기』의 해당일자 기록에 따르면, 고종 19년(1882) 9월 24일~10월 18일 사이에 임응준과 이회정을 극형에 처하라는 요구는 10월 8일과 10월 9일의 단 이틀을 제외하고 지속적으로 제기되었다.
115) 『承政院日記』, 高宗 20年 5月 1日(庚辰).
116) 『承政院日記』, 高宗 19年 8月 24日(丁丑).

람에게 소회를 다 진술할 수 있도록 할 것 ⑥ 말이 통해야 속사정을 간
파할 수 있으므로 중국과의 교섭을 譯員에게 일임하지 말고, 교섭의 주
체가 되는 문신이 중국어를 숙달할 수 있도록 매달 한 차례씩 漢語 考講
을 시행할 것 등이다. 이는 재정의 절용과 補用, 民瘼의 제거, 행정의 효
율성 제고와 독단 견제, 외교 경쟁력 강화 등을 골자로 한 견해로서, 이
무렵 정부에서 설치한 機務處나 減省廳과 같은 개혁기구의 설립 취지와
목표를 같이하고 있었다.[117] 방효린의 상소를 접한 고종은 "治道의 요체
를 잘 파악하였으며 매우 시의적절하다"는 평가를 내리면서, 의정부에
지시하여 裁稟해서 시행하겠다고 화답하였다.[118]

8월 27일에는 中和 출신인 兵曹佐郎 李禧龍[119]이 훈련도감의 將卒을
혁파하라는 상소를 올렸다. 군주를 친애하지 않는 장수와 제어할 수 없
는 병사는 함께 할 수 없는 원수와 같다는 것이다. 또한 朝野에서 제기
되고 있던 호포제의 철폐 주장을 일축하였다. 백성들은 양반을 포함해
서 布를 거두는 호포제를 다행스럽게 생각하고 있는데, 그러한 호포제
를 갑자기 없애게 되면 백성들 사이에서 반드시 소요가 일어날 것으로
보았기 때문이었다. 상소의 말미에서는 한가한 官司나 쓸모없는 관원
및 추가로 뽑은 胥吏와 員役을 제거하여 재용을 넉넉히 할 것을 건의하
였다. 이러한 진술에 대해 고종은 여러 조항들이 채택할 것이 많다고 하
면서 긍정적인 비답을 내렸다.[120]

---

117) 김태웅, 앞의 책, pp.134~135 참조.
118) 『承政院日記』, 高宗 19年 8月 24日(丁丑).
    '省疏具悉 爾之所論 旣識治體 又合時措 能非無益之言 極庸嘉尙 疏辭 下
    議政府 裁稟施行'
119) 李禧龍의 원래 이름은 李禧懿이다. 문과에 급제한 후 이희룡으로 개명하였다
    [『承政院日記』, 高宗 17年 7月 29日(乙未). '文科新及第李禧懿名字 改以禧
    龍'].

9월 5일에는 泰川 출신의 刑曹佐郞 康鴻擧가 임오군란의 조짐을 제대로 살피지 못한 觀象監의 무능을 논책하였다. 아울러 임오군란 당시에 고위 관료로 있으면서 휴가를 청한 자들을 모두 파면시키고 영원히 禁錮에 처할 것을 요청하였다. 그는 임금과 나라를 버리고 살기를 도모했다는 점을 탄핵의 근거로 내세웠다. 이와 함께 군란 중에 대원군이 해체한 통리기무아문을 속히 복구시키고, 三軍府를 복설하라는 대원군의 명령은 중지시켜서 개화정책을 추진하던 임오군란 이전의 상황으로 되돌려야 한다고 제언하였다. 그 밖에 인재 천거를 활성화할 것과, 인물의 능력과 기예를 따져 직책을 배정하라는 말도 잊지 않았다.[121] 9월 22일에 의주 출신의 弘文館 修撰 趙尙學은 讀書·窮理·正心·誠意를 학문의 요체로 삼아 聖學에 힘쓰고 인재를 구하여 적재적소에 기용하는 것이 富强의 근본이라고 하면서 인재 등용의 중요성을 재차 강조하였다.[122]

고종 20년(1883) 3월 11일 安州가 고향인 前 掌令 安翊豊은 淸肅宮闈, 安頓民心, 嚴立綱紀, 委任內修, 誠信外交의 다섯 가지를 부국강병의 요체로 제시하였다. 이 중에서 특히 誠信外交의 구체안으로 '才德者'를 각국에 파견해서 公法을 조약하고, 나이는 어리지만 智巧가 있는 자를 골라 다른 나라의 제도를 익히도록 하는 방안을 거론하였다. 또한 교섭통상에서 신의를 잃지 않고, 무예를 연마하여 변방 방어를 충실히 한다면 부국강병을 이룰 수 있을 것으로 자신하였다. 이 상소에 대해서도 고종은 "진달한 여러 조항이 대부분 절실한 것"이라고 평가하면서 "매우 가상하니 마땅히 유념할 것"이라는 비답을 내려 주었다.[123]

---

120) 『承政院日記』, 高宗 19年 8月 27日(庚辰).
121) 『承政院日記』, 高宗 19年 9月 5日(戊子).
122) 『承政院日記』, 高宗 19年 9月 22日(乙巳).
123) 『承政院日記』, 高宗 20年 3月 11日(辛卯).

무엇보다 평안도 문관의 親국왕적인 행보는 고종 21년(1884) 閏5월에 착수된 衣制改革을 둘러싸고 인상 깊게 발휘되었다.[124] 이 의제개혁은 公服과 私服을 막론하고 소매가 좁은 옷을 입게 하는데, 그 중에서 특히 사복은 軍服에 해당하는 戰服을 입고 絲帶를 착용하게 하자는 것이었다. 이는 戰時를 방불케 하는 정세에 대비해서 복장을 간편하게 하고, 崇儉·節用을 추구하여 사치와 낭비를 없애며, '因時制宜'에 입각해서 변통한 것이라고 설명되었다.[125] 하지만 반대론자들은 '衣冠整齊'를 신분의 표상이자 문명국의 척도로 내세우면서 "천하가 사모하는 것" 혹은 "만세에 변경할 수 없는 법"이라고까지 말해지는 衣制를 함부로 바꾸는 일에는 절대 동의할 수 없다고 하였다. [126] 黃玹이 당시의 의제개혁에 대해 "이 일로 나라 안은 발칵 뒤집혀지고, 그 명령에 불복하는 사람이 많았으며", "임금과 신하가 서로 줄다리기를 해서 조정이 소란했다"고 지적한 것은 의제개혁을 둘러싼 논쟁이 그만큼 치열하게 전개되었음을 보여준다고 하겠다.[127]

이러한 의제개혁의 반포로 임금과 반대론자 사이에는 첨예한 갈등이

124) 高宗朝 衣制改革의 구체적인 내용에 관해서는 金垠呈, 「朝鮮時代 高宗代의 衣制改革에 따른 官服의 變遷」, 전남대학교 석사학위논문, 1997 ; 洪秀暻, 「甲申年間·甲午更張期의 服制改革 研究」, 단국대학교 석사학위논문, 1999 ; 강상규, 「1884년 '의제 개혁'에 대한 정치적 독해-문명사적 전환기의 현실정치 공간과 한일관계의 한 측면-」, 『세계정치』12, 서울대학교 국제문제연구소, 2010 참조.

125) 『承政院日記』, 高宗 21年 閏5月 25日(戊辰).
『承政院日記』, 高宗 21年 閏5月 29日(壬申).
'答曰 … 公私服變通 卽因時制宜也'

126) 『承政院日記』, 高宗 21年 閏5月 29日(壬申).

127) 『梅泉野錄』1, 甲午以前 上, 衣制改革(黃玹 著 金濬 譯, 『梅泉野錄』, 教文社, 1994, pp.153~154).

연출되었다. 대체로 의제개혁을 반대하는 여론이 비등한 가운데 영의정 김병국을 위시하여 개혁의 주무부서인 예조의 판서, 공론을 주도하는 三司(사헌부·사간원·홍문관)의 간관, 전·현직 대신, 성균관 유생, 지방의 이름 없는 선비에 이르기까지 '조선을 오랑캐로 만드는 개혁'을 철회해 달라는 상소가 한 달 넘게 폭주하고 있다.[128] 이에 대해 고종은 번번이 반대 주장을 물리치는 동시에 개혁에 비판적인 간관들을 파직하고, 우의정 김병덕과 영중추부사 홍순목은 도성 밖으로 추방하였으며, 예조판서 이인명은 유배형에 처하는 등 강경한 입장을 고수하였다.[129] 임오군란 발발 2주기에 단행된 의제개혁은 文弱과 兵制의 해이를 일소하고, 나태와 안일로 묵수하는 풍조를 쇄신하려는 '更張'의 하나로 추진되었기 때문에 고종으로서도 결코 물러서려 하지 않았다.[130]

이렇듯 중차대한 시점에서 당시 개화정책의 견인차 역할을 했던 金玉均, 朴泳孝와 같은 초기 개화파들은 임오군란 이후 민씨 세력의 견제로

---

128) 강상규, 앞의 논문, 2010, pp.196~211.

129) 『高宗實錄』, 高宗 21年 閏5月 28日(辛未).
　　　『高宗實錄』, 高宗 21年 6月 5日(丁丑).
　　　『高宗實錄』, 高宗 21年 6월 6일(戊寅).

130) 『承政院日記』, 高宗 21年 閏5月 27日(庚午).
　　　'批曰 … 顧今國勢文弱 兵制靡弛 擧懷苟安 全事顧忌 上令不行於下 下情不違於上 迨此時也 豈可因循偸惰 不思所以振興之乎'
　　　『承政院日記』, 高宗 21年 閏5月 28日(辛未).
　　　'數年以來 國步多艱 營壘相望 不可謂之以平常無事之時 故戎事所着則删繁就簡 予果有深意存焉 今若株守膠黏 莫之更張 則是豈大易變通之義'
　　　『承政院日記』, 高宗 21年 6月 1日(癸酉).
　　　'答曰 … 再昨年事(壬午軍亂) 尚忍言哉 狃於靡敝 綱紀陵夷 致此萬古所無之變 君臣上下 戮力同心 凡屬制度繁縟 亟宜琴瑟更張 御邦導民 蔚然有可觀之美 是爲切急之務 則今此衣制變通 卽更張中一事爾'

인해 의제개혁을 추동하기 어려운 처지에 있었다.[131] 그리하여 의제개혁의 필요성에 공감을 표하고 그 실행을 촉구한 인사들은 재야의 유생을 통틀어 십여 명에 불과할 정도로 지지 기반이 취약한 상황이었다. 이들 지지자들을 지역별로 나타내면 평안도 3명(趙尙學, 金永柱, 李仁煌), 경상도 3명(許薦, 宋殷成, 權鳳熙), 충청도 2명(金商鳳, 朴東洙), 함경도 1명(池見龍), 미상 2명(金敎煥, 朴基溟)으로 모두 11명에 지나지 않았다.[132] 이처럼 조정에서는 복제 변경에 반대하는 기류가 압도적이었고, 평안도와 함경도를 제외한 다른 지역에서 반발 상소가 우세했음을 감안하면,[133] 의제개혁에서 가장 많은 지지를 보낸 평안도 출신의 행보는 비록 소수일지라도 그만큼 독자적이고 국왕 중심의 정국 운영을 뒷받침하는 면모를 강하게 띤 것이라고 할 수 있었다.

의제개혁에 찬동한 평안도 출신 인사들은 의복의 개정에 머무르지 않고 기존의 사회질서와 인식의 변동을 촉구하는 주장들을 자신들의 시무책에 투영하고 있었다. 고종 21년(1884) 6월 8일, 평안도 출신 인사 중에서 가장 먼저 의제개혁에 동조하는 상소를 올린 趙尙學은 의복제도에서 시작해서 공정한 상벌 부과와 세금 징수, 병사에 대한 엄격한 관리, 올

---

131) 洪秀曍, 「甲申年間·甲午更張期의 服制改革 硏究」, 단국대학교 석사학위논문, 1999, p.11, 각주 35.

132) 본문 내용은 강상규, 앞의 논문, 2010, pp.196~197에서 정리되어 있는 의제개혁의 찬반 견해 중에서 찬성 입장을 표명한 사람의 출신지를 『승정원일기』에서 찾아 지역별로 구분한 결과이다. 그 중에서 김교환은 兩湖(전라도와 충청도)에서 태어나 자랐다고 되어 있으나, 그 이상 자세한 사항은 알기 어려워 미상으로 처리하였다[『承政院日記』, 高宗 21年 7月 24日(丙寅). '副護軍金敎煥疏曰 … 臣生長兩湖之地'].

133) 고종 21년(1884) 의제개혁에서 서울 및 경기·전라·황해·강원도에서는 찬성자가 단 한명도 없었다. 그리고 반대자로 實名이 거론된 사람은 서울 21명, 충청도 9명, 경기도 6명, 경상도 3명, 전라도 2명, 평안도와 강원도가 각각 1명씩이었다.

바른 인재를 뽑는 選擧 등에 이르기까지 개혁의 외연을 넓혀 나갈 것을 역설하였다.134) 그는 지난날 사헌부 지평과 홍문관 수찬 등의 언관 직분을 띠고 연거푸 상소를 올려 고종의 국정 쇄신에 힘을 실어준 인물이기도 하였다.135)

동년 6월 10일에 평양 출신의 副護軍(종4품) 金永柱는 의제개혁에 대해 절용과 애민의 뜻에 근본을 두어 時宜에 부합하는 것이라고 평가하면서 이로 말미암아 질박한 군사제도가 성대하게 되었다고 극찬하였다. 여기에 덧붙여 그는 재용을 넉넉하게 하고 군사를 강하게 하는 '財足兵强'의 계책을 제시하였다. 그는 우선 재정의 보용과 확충을 위해 다음과 같이 네 가지 방안을 구상하였다. 그것을 요약하면, ① 지방의 각 고을에 土兵을 설치할 때 役土를 주고 屯田으로 삼는 것, ② 각종 명목의 私結을 濫捧·橫斂하는 폐단을 바로잡는 것, ③ 結總에서 누락되고 숨긴 토지에 대해 세금을 공평하게 매겨 상납하는 것, ④ 田賦 이외에 雜稅라고 할 수 있는 工商의 세금에 대해 국가적 수취를 강화하는 것 등이다. 그런 다음 도성에만 敎鍊局을 설치할 것이 아니라 지방 각 道의 요해처에도 두루 교련국과 같은 기능의 '營團'을 설치할 것을 주문하였다. 그리고 ①~④의 조항에서 은닉된 재물을 찾아내서 養兵할 밑천으로 쓰게 하면 백만 명의 정예병을 확보할 수 있을 것으로 전망하였다. 또 장정을 뽑아서 급료를 후히 주고 날마다 연습시킨 다음, 매년 우등한 자를 선발하여 관직에 등용하는 방안을 제출하기도 하였다.136) 이처럼 정예화된

---

134) 『承政院日記』, 高宗 21年 6月 8日(庚辰).
135) 『承政院日記』, 高宗 19年 8月 18日(辛未).
　　　『承政院日記』, 高宗 19年 9月 22日(乙巳).
　　　『承政院日記』, 高宗 19年 9月 25日(戊申).
　　　『承政院日記』, 高宗 19年 9月 27日(庚戌).

군사를 급료병으로 양성하고 상비군으로 배치하는 방안은 근대적 군사 강화의 추세를 반영한 것이다.[137) 또한 김영주가 전국적인 설치를 건의한 교련국은 우리나라 최초의 근대식 군대로 꼽히는 敎鍊兵隊(일명 別技軍, 倭別技)를 직속에서 관장한 기관이었다.[138) 아울러 김영주의 둔전론은 전국 각 지방에 둔전을 설치하여 정예병을 대거 양성하자는 주장으로, 김윤식이나 민영목과 같은 집권층이 둔전을 수도권에 한정해서 중앙군 육성의 계기로 삼으려던 구상과 차별화된 발상이라고 할 수 있었다.[139)

　동년 6월 17일 중화 출신의 幼學 李仁煌은 의제개혁을 반대하는 조정 신하들의 연명 상소에 대해서는 언론이 살아있는 것을 뜻하므로 심하게 처벌할 필요는 없다고 하면서 유연한 입장을 보였다. 그러나 "한 사람도 임금의 뜻을 받들어 널리 알리고 백성에게 모범을 보이는 자가 없다"고 개탄하면서 의제개혁의 당위성을 설파하였다. 그에 따르면 옷이라는 것은 어디까지나 시의에 따라 損益하면 되는 정도에 불과하였다. 威儀는 의복의 겉모습에 따라 좌우되는 것이 아니라는 판단에서였다. 그는 의복에 한정하지 않고 사람들이 타고 다니는 가마도 의당 바꾸어야 한다고 주장하였다. 國初에는 문·무관이 각자 軍衡을 띠고 위급한 상황에서는 모두 軍務에 종사하였는데, 지금은 누구나 말을 타지 않고 가마만을

---

136) 『承政院日記』, 高宗 21年 6月 10日(壬午).
137) 金鍾秀, 『朝鮮後期 中央軍制硏究-訓練都監의 設立과 社會變動』, 혜안, 2003, pp.137~150.
　　연갑수, 앞의 책, 2001 pp.149~153.
138) 교련국의 직제와 세부적인 직능에 대해서는 崔炳鈺, 『開花期의 軍事政策硏究』, 景仁文化社, 2000, pp.170~172 참조.
139) 현광호, 「外勢에 대응한 大韓帝國의 强兵論」, 고려대학교 박사학위논문, 2001, pp.65~66.

타고 다닌다고 하면서 세태를 비판하였다. 특히 말은 가축이고 가마를 메는 것은 사람인데, 가축을 버려두고 사람이 메는 가마를 타는 것은 차마 하지 못할 일이라고 설득하였다. 그러면서 公私를 막론하고 항상 말을 타는 습관을 들이되 다른 사람의 도움을 받지 않고 손수 말을 몰게 해야 한다고 결론지었다.[140] 이러한 이인황의 주장은 의제개혁과 더불어 일상의 신분성을 크게 약화시키는 견해라고 할 것이다. 게다가 법적으로 지체가 높은 양반만이 가마를 탈 수 있었다는 점을 상기한다면, 이들에게 평상시 가마가 아닌 말을 직접 몰도록 주문한 것은 고위층의 기마 군사로서의 활용과 軍役 從事를 염두에 둔 파격적인 방안으로 여겨지기도 한다.

그러나 고종 21년(1884) 의제개혁을 비롯한 평안도 출신의 시무책은 동년 10월에 발발한 갑신정변의 실패와 급진적인 개화에 대한 우려로 불발되었다. 청의 내정 간섭이 더욱 강고해지면서 정부의 부국강병 추진은 고종 31년(1894) 갑오개혁이 있기 전까지 10년간의 잠복기를 지나야 했다. 그런데 또한 일본군의 경복궁 점령으로 시발된 갑오개혁은 그동안 평안도인의 중앙 진출을 정책적으로 뒷받침하던 고종의 君權을 크게 약화시키면서 추진되었으므로 평안도인의 정계 진출에는 장애가 될 수 있었다. 고종 33년(1896) 평안도 출신으로 6품 관리였던 李容晢은 평안도 사람들이 낮은 품계나 하찮은 벼슬자리도 얻지 못하고 있는데, 갑오경장 이후에 그러한 현상이 더욱 심해졌다고 하소연하였다.[141] 그 자

---

140) 『承政院日記』, 高宗 21年 6月 17日(己丑).
　　평소에 말이 아닌 가마를 타게 하자는 주장은 '財足兵强'의 계책을 제시한 평양 출신의 김영주도 제안한 바가 있다[『承政院日記』, 高宗 21年 6月 10日(壬午)].
141) 『高宗實錄』, 高宗 33年 10月 19日(양력). 이하 『고종실록』의 일자는 양력이다.

신이 6품의 현직 관리였다는 점에서 하찮은 벼슬도 얻지 못하고 있다는 말은 다소 어폐가 있는 것이었지만, 이 무렵 정부에서의 인재 등용이 평안도인의 기대에 현저히 미치지 못하고 있는 상황을 토로한 것만은 틀림없었다. 정리하면 韓末 직전 단계의 평안도인은 정치상으로 조선왕조 오백년 동안 가장 혁혁한 성취를 이룩하고 있었으나 그것이 정국을 좌우할 만한 수준에는 이르지 못하였고, 또 확고한 정치 기반을 갖추지도 못하였으므로 그들의 기대치를 충족하기에는 미흡한 상태에 있었다고 할 수 있겠다.

2. 향촌의 학문풍토와 西京 豐慶宮의 건설

1) '正學'의 추구와 衛正斥邪의 고양

高宗朝에 평안도인의 중앙 진출이 확대되는 한편 평안도 현지에서는 성리학 본연의 正統道學을 추구하면서 '功利'를 멀리하려는 경향이 주된 학문 풍토로 자리잡고 있었다. 또한 위정척사에 충실하였던 華西學派의 일원으로서 유학을 본위로 하여 '邪學'과 '邪說'의 침투를 경계하고 '正學'을 수호하려는 면모를 지니고 있었다. 여기에서는 당시 평안도에서 사상적으로 절대적인 영향력을 끼친 朴文一·朴文五 형제 및 이들과 현실 인식을 같이 한 지방관을 중심으로 정통 도학을 추구한 향촌에서의 학문 풍토와 위정척사의 지배적인 움직임을 확인하고자 한다.[1]

19세기 후반 조선 왕조는 제국주의 열강의 '서세동점'에 따라 크게 동요하였다. 고종 3년(1866) 새해 벽두에 프랑스 선교사와 승지 南鍾三을 비롯한 천주교 신자 8천여 명이 처형된 丙寅邪獄은 그 과정에서 일어난 대표적인 사건이었다. 조정에서는 '邪學·邪說'에 현혹되어 洋夷를 돕는 조선인들을 '怨國失志之輩'라고 규정하면서 전국에 금압령을 내려 발본 색원할 것을 지시하였다.[2] 이에 따라 전국적으로 체포된 邪學 죄인은

---

1) 박문일·박문오 형제의 생애와 사상에 관해서는 李光麟, 『開化派와 開化思想 研究』, 一潮閣, 1989, pp.287~292 ; 금장태, 『華西學派의 철학과 시대의식』, 태학사, 2001, pp.281~301 ; 張裕昇, 앞의 논문, 서울대학교 박사학위논문, 2010, pp.75~80 참조.

先斬後啓하고 극형에 처하는 등 '超寇·通外'의 무리를 근절하기 위한 조치가 강력하게 취해지고 있었다.[3] 그럼에도 불구하고 서양세력의 침입에 따른 위기감과 사회 혼란은 증폭되었다. 동년 7월에는 미국 군함 제너럴 셔먼 호가 중무장을 한 채 평양으로 진입했다가 軍民에 의해 소각되는 사건이 발생한데 이어 바로 다음 달에는 프랑스가 병인사옥을 빌미로 강화부를 침공한 병인양요가 일어나 조야를 긴장시켰던 것이다.[4] 이즈음 평양의 감영에서는 "근래 불령한 무리들이 異類와 체결하여 邪術을 익히고 본받는다"고 하면서 당시 향촌의 사정을 보고하였다.[5] 이런 불안정한 시류를 틈타 '無恒産之類'들이 떼지어 다니면서 錢糧을 약탈하거나 軍器를 주조하였으며, 백성을 선동해서 난리를 도모하다가 감영에 적발되는 사건이 일어나기도 하였다.[6]

유교 질서가 위협받고 가치가 전도되는 사회 혼란의 와중에서 전통적으로 상업이 발달한 평안도에서는 '謀利營産'하는 이익 추구의 경향이 더욱 노골화하고 있었다. 평안도에서 縉紳氏族이 많고 禮를 숭상하는 고장으로 알려진 定州조차도 이익을 다투는 債訟의 폐단이 극심하였다.[7]

---

2) 『承政院日記』, 高宗 3年 1月 24日(甲申).
3) 이원순, 『한국천주교회사연구』, 한국교회사연구소, 1986, pp.137~139.
4) 제너럴 셔먼 호 사건과 병인양요의 처리 및 대응에 관해서는 김명호, 『초기 한미관계의 재조명-셔먼호 사건에서 신미양요까지-』, 역사비평사, 2005, pp.23~112 참조.
5) 『平安監營關牒』2, 丙寅(1866) 10月 9日(규장각 소장, 奎 15134)[『各司謄錄』34, 국사편찬위원회 영인본, 1989, p.50)
   '我東之於洋夷 … 檀君以後 四千二百年 初無聲氣之相干 而挽近一種不逞之徒 締結異類 服習邪術'
6) 邊柱承, 「朝鮮後期 流民硏究」, 고려대학교 박사학위논문, 1997, pp.137~138.
7) 『新安集略』天, 下帖, 四月初五日 報巡營[『敬窩集略』(上), 국사편찬위원회, 2009, p.343].
   '竊伏念本州 淸北都會之官 縉紳尙禮之鄕也'

謀利하는 풍조로 인해 각 마을에는 社契·學契·校契·軍契 등 온갖 명목
의 契가 활성화되어 있었고, 염치와 恩義가 없는 것이 이 고장보다 심한
데가 없다는 말까지 나오는 형국이었다. 심지어 부모형제 사이에도 이
해관계를 앞세워 아버지가 쓴 것을 자식이 모른다고 하고, 자식이 갚아
야 하는 부채를 아버지가 외면하는 지경에 있었다. 그리하여 至親간에
는 채권·채무로 인한 송사를 금지하도록 하는 수령의 傳令이 각 面에
내려지기까지 하였다.8) 또한 대청무역의 창구 역할을 했던 義州는 灣商
의 근거지로 상업이 발달한 지역이었다. 이런 속에서 상인들이 무리를
이루어 경쟁적으로 이익을 다투는 관계로 평소 弓馬를 익히는 풍습이나
文藝를 닦는 공부는 뒷전으로 밀려나고 있었다.9) 더욱이 평안도 상인은
상업적 이익을 확대하려는 목적에서 국법으로 엄격히 금지되어 있던 선
교사와의 접촉에도 거리낌이 없었다. 고종 10년(1873)에 존 로스(John
Ross)라는 스코틀랜드 선교사가 압록강변에 있는 滿洲 鳳凰城 근처의 高
麗門에서 서북 출신 상인들을 만나고 남긴 다음의 기록은 그러한 모습
을 여실히 보여주고 있다.

『新安集略』天, 下帖, 傳令各面[『敬窩集略』(上), 국사편찬위원회, 2009, p.319].
'本州債訟之弊 何其甚也 … 盖玆州 箕聖遺教之所及 縉紳氏族之所居也 胡
爲人心之不淑 俗風之壞傷 乃若是哉'
8) 『新安集略』天, 下帖, 傳令各面[『敬窩集略』(上), 국사편찬위원회, 2009, p.319].
9) 『龍灣集略』上, 勸學境內儒生文[『敬窩集略』(中), 국사편찬위원회, 2009, p.351].
'竊惟本州 是殷師建都之域 兩聖朝駐蹕之地 遺教餘化 非不存焉 而距京師
千里之外 接燕界一江之間 物貨相續 駔儈成羣 而素稱弓馬之習 尙猶屬餘
事 爭趁商賈之牟利 或恐後人人皆貿蔑 俗多紛競 而至若文藝之工 視若芭
籬邊物 深切慨歎于玆'
『敬窩漫錄』6, 「外任拾略」, 義州境內勸學文(『敬窩漫錄』, 국사편찬위원회, 2010,
p.448).

그들과 그들의 나라에 대해 가능한 많은 것을 얻기 위한 목적으로, 나
는 그들에게 내 숙소에 자유롭게 드나들 수 있도록 최대한 허락했다. 그들
은 아침 8시부터 들어오기 시작했고 밤 10시에서야 그만두었다. 그들이
가서 잘 때까지 외국인들을 만나는 것에 호기심이 있고, 서구 나라들에 대
해서 가능한 한 많은 것을 알려고 하는 목적에서 그들의 질문은 끝이 없
었다. 그러나 내가 그들에게 많은 정보를 주었던 것과는 반대로 나는 아무
것도 얻지 못했다.10)

여기에서 존 로스는 서북 출신 상인들이 서양에 대해 호기심이 많았
고, 또 그러한 호기심을 표출하는 것에 주저함이 없이 질문을 이어나갔
다고 증언하고 있다. 비록 존 로스는 아무런 소득이 없었다고 말했지만,
이와 같은 접촉이 적극적으로 이루어지면서 고종 13년(1876)에는 만주에
장사하러 갔던 의주 출신 李應贊, 李成夏, 白鴻俊, 金鎭基, 李益世 등 5명
이 스코틀랜드 장로회 목사 맥킨타이어(John McIntyre)를 만나 세례를 받
았고, 또 의주상인 徐相侖도 고종 16년(1879)에 로스를 만나 세례를 받게
되었다.11)

평안도 유림의 종장으로 꼽히던 박문일은 이상과 같은 지역 현실을
크게 우려하였다.12) 그는 華西 李恒老의 문하에서 重菴 金平默, 省齋 柳

10) John Ross, "Christian Dawn in Korea, *Missionary Review of the World*, April 1890,
p.241(Chull Lee, *Social Sources of the Rapid Growth of the Christian Church in
Northwest Korea: 1895-1910*, Boston University Graduate School of Arts and
Sciences doctoral dissertation, 1997, p.171 재인용).
11) 白樂濬, 『韓國改新敎史 1832-1910』, 연세대학교 출판부, 1973, pp.50~51.
李光麟, 「開化期 關西地方과 改新敎-改新敎 收容의 一事例-」, 『韓國開化思
想硏究』, 一潮閣, 1979, p.240.
12) 『梅泉野錄』2, 高宗 31年 甲午(1894), 田愚等의 登用(黃玹 著 金濬 譯, 『梅泉
野錄』, 敎文社, 1994, pp.308~309).
'以鄭敬源爲湖西宣撫使 李重夏爲嶺南宣撫使 以前持平金興洛·兪萬柱爲承

重教, 勉菴 崔益鉉 등 중망있는 학자들과 동문으로 교유하였고, 문하생들 사이에서 장차 도학의 정맥을 이어나갈 적임자로 평가받는 인물이었다.13) 이들 화서학파는 화이론적 세계관에 철저하여 중국과 조선을 華로 간주하고 일본과 서양을 夷로 배척하는 위정척사의 핵심 유림세력이기도 했다.14) 예를 들어 유중교가 동문인 박문일에게 편지를 보내 "천지가 막혀 夷狄이 횡행하고 禽獸가 이르니 그 형세가 마치 홍수가 하늘에 닿아도 막을 수 없는 듯하다"15)는 위기의식을 공유하고, "儒者의 옷을 입고 유자의 관을 쓴 사람은 聖人의 門徒이니 위정척사를 大義로 삼지 않을 수 없다"16)고 하면서 이에 입각한 의식과 행동을 주문하고 서로 독려하는 것이 화서학파의 전형적인 모습이었다. 이러한 학적 배경을

旨 前都事金炳昌爲執義 前都事田愚爲掌令 前執義朴文一爲泰川縣監 五人皆林下也 … 是時五人 愚與文一 寒門崛起 有時望 然亦皆不出 未幾文一卒 關西自鮮于浹後 儒學久絶 文一操履端確窮老勅經 只爲浹之繼云'

13) 朴文一, 『雲菴集』, 「雲菴先生年譜」, 戊申[先生二十七歲](『韓國文集叢刊 續』 136, pp.337~338).
'與重菴金平默槐園李埈黃溪李璞省齋柳重教參判崔益鉉 爲同門交遊 … 此儒志大行高 前程可畏 斯文之托 其有人乎'
박문일은 대한제국이 일제에 의해 강점되기 열흘 전인 1910년 8월 19일에 정부로부터 박지원, 정약용 등 조선왕조가 배출한 大儒들과 함께 贈職·贈諡를 받기도 하였다. 이 때 박문일은 정약용과 같은 正2品 奎章閣提學에 추증되었고, 諡號는 학문이 순수하고 독실하며 지조와 행실이 단정하다는 의미에서 '文憲'이라 하였다(『純宗實錄』, 純宗 3年 8月 19日 ; 『純宗實錄』, 純宗 3年 8月 20日).
14) 정욱재, 「關西地方 華西學派의 思想的 轉換-華史 李觀求를 중심으로-」, 『華西學論叢』Ⅳ, 華西學會, 2010, pp.38~39.
15) 『省齋集』10, 「往復雜稿」, 與朴雲庵[文一 甲戌(1874-필자) 九月 十五日], p.38.
'天地閉塞 夷狄橫而禽獸至 其勢若洪流之稽天而不可遏'
16) 『省齋集』10, 「往復雜稿」, 與朴雲庵[甲申(1884-필자) 九月], p.41.
'凡服儒冠儒 爲聖人之徒者 莫不以衛正斥邪 爲大義諦'

가진 박문일도 위정척사의 시각에서 주로 學理的인 방식을 통해 현실
문제에 접근하고 있었다.

우선 박문일은 '利'를 바깥의 사물에 얽매인 人欲이라 하고 '仁義'는
내 마음에 고유한 天理라고 하면서 義와 利를 公·私와 正·邪를 가르는
기준으로 제시하였다. 그는 인욕의 사사로움을 따르게 되면 邪와 亂의
폐해를 초래할 것으로 보았다. 즉 인욕의 私를 행하면 人心의 邪妄과 국
가의 亂亡으로 귀결된다는 것이다. 반면에 天理의 公을 행하여 사업에
미루어나가면 道·德이 갖추어지고 治·功이 융성해져서 개인으로는 賢
人·聖人이 될 수 있고 국가로는 王·帝가 될 수 있다고 하였다. 요컨대
義와 利의 분변을 통해 修養論과 經世論의 문제를 일관해서 파악하고
있었다.17)

또한 박문일은 공리를 쫓아 과거 공부만을 일삼는 지역 학풍의 근본
적인 변화를 촉구하면서 정통 도학을 추구하였다. 그가 볼 때 학문은 道
를 구하는 것이며, 道의 형체는 바로 經義에 있었다. 그런데도 선비가 본
연의 공부는 제쳐둔 채 온통 과거 공부에만 몰두하여서 詩賦의 작법이
나 記誦에 급급하고 의리에는 전혀 어둡게 된 현실을 통렬히 비판하였
다. 이러한 풍조로 인해 현인과 성인이 배출되지 않고, 모든 것이 亂·亡
에 귀착되는 것으로 인식했기 때문이었다.18) 이는 단순히 도학자의 세
태 한탄이 아니라 평안도의 지역 위상 및 차별의 根因과 직결되는 사안
이었다. 과거 합격으로 얻을 수 있는 즉각적인 이익에 매몰된 나머지 성
리학의 본래적 의미를 모범으로 하는 주류 학계에서 배제되는 결과를

---

17) 금장태, 앞의 책, 2001, pp.289~290.
18) 朴文一, 『雲菴集』11, 「序」, 宣川經義齋序(『韓國文集叢刊 續』135, p.467).
　　'夫學所以求道也 而經義者 道之形體也 … 此所以賢聖不作 而盡歸亂亡之
　　轍也'

초래했다는 판단에서였다. 이런 점에서 그는 名利가 아닌 '正學'에 종사
해서 학문적인 내실을 다지고 주류 담론에 참여하려는 지향을 뚜렷하게
드러내고 있었다.[19]

위정척사의 유력한 방도 역시 道學을 토대로 강구되었다. 그는 평안
감사 閔丙奭에게 보낸 편지에서, 5백 년을 이어온 聖學을 붙들어주고 위
태로운 生靈의 목숨을 구제해주는 방법이 格物致知·誠意·正心·修身에
달려 있으며, 이를 실천하는 것이 '斥邪說·衛正學'의 기회이자 억만 년
宗社를 굳건히 지켜주는 '忠義'가 된다고 역설하였다.[20] 그리고 古代부
터 반복된 一治一亂의 상황, 이를테면 태평한 문명의 시대나 邪說이 횡
행하는 시대를 좌우하는 것도 道의 밝고 어두움에서 결정된다고 보았
다.[21] 따라서 비록 洋夷를 섬멸하더라도 洋學을 끊지 못하면 斥邪의 근
원적인 해결책이 될 수 없을 것으로 전망하고, 오직 '崇正學·養人材'하
는 방법을 통해 도학을 수호할 것을 천명하였다.[22]

이상과 같은 신념하에 박문일은 자신 스스로 과거 공부를 끊어버리고
이항로를 師事하여 도학에 충실한 공부를 이어나갔다. 그는 고종 3년
(1866) 朴珪壽가 평안감사로 있을 때 遺逸로 천거된 이래 여러 번 사헌부
의 벼슬에 임명되었으나, 끝내 사양하고 벼슬길에 나아가지 않았다.[23]
다만 그는 동생 박문오와 함께 학교를 세우고 제자들을 양성하면서 학
문 전수와 덕성 함양에 주력하였다.[24] 철종 13년(1862) 박문일이 泰川 西

19) 張裕昇, 앞의 논문, 2010, pp.148~153.
20) 금장태, 앞의 책, 2001, pp.298~299.
21) 朴文一, 『雲菴集』11, 「序」, 三希齋序(『韓國文集叢刊 續』135, p.464).
22) 張裕昇, 앞의 논문, 2010, pp.77~78.
23) 『梧下記聞』2, 是月望間 瑃準開南等 大會于南原, 7月 16日.
   '(朴)文一居泰川 朴珪壽薦其遺逸 屢以臺衛召不起'
24) 朴文一, 『雲菴集』, 「雲菴先生年譜」, 辛丑[先生二十歲](『韓國文集叢刊 續』

面 松德村에 세운 經義齋와, 고종 21년(1884) 박문오가 泰川 東面 宣化洞에 세운 藏修齋는 그 요람이었다.[25] 이들 형제의 강학은 다른 지방에까지 널리 알려져서 찾아오는 학생으로 촌락을 형성할 만큼 성황을 이루었다. 경의재와 장수재 근처에서 거주하는 門徒가 100여家나 되었고, 왕래하여 수업을 받는 학자도 1,000명에 달하였다.[26] 이에 대해 평안감사 민병석은 국왕에게 올리는 글에서 "최근 經明行修하는 선비가 많은데 때때로 모여서 강학하는 자가 백이나 천명에 이르며 먼 곳과 가까운 곳에서 禮讓이 풍속을 이루었다"고 전하는 등 도학을 중심으로 왕성하게 이루어지는 평안도의 학문 풍토는 조정에서도 익히 알려지고 있었다.[27]

이처럼 박문일·박문오 형제의 강학 활동에 힘입어 평안도의 학문 풍토는 크게 쇄신되었다. 宣川 經義齋의 건립에 관한 다음의 기록에서 평안도의 변화된 학문 풍토를 구체적으로 확인할 수 있다.

136, p.335).
'謝絶詩學 專意經術 先生嘗自言自二十歲後 不復業詩'
『誠菴集』1, 本傳(국립중앙도서관 소장 한古朝46-가1467, pp.5~6, 이하 쪽수만 표시함).
'關西之士 專治功令 雲菴先生始得李華西之傳 而先生與有聞焉 俱以其躬行心得者 開諭諸生 德輝薰人藹然如春 士皆感化知所趨嚮'
25) 조준희, 「평안도 화서학파의 항일독립운동-광복회·대한독립단 결성을 중심으로-」, 『華西學論叢』V, 華西學會, 2012, p.107.
26) 『誠菴集』1, 本傳(p.6).
'徒居兩齋傍者爲百餘家 自餘往來受業者千餘人 講學之成實 近古所未有 雲菴所居曰雲谷之經義齋 先生所居曰鹿門之藏修齋也'
27) 『誠菴集』3, 「疏」, 代平安道觀察使(p.167).
'臣所接境內 近多經明行修之士 而往往聚會講學者 至有百千人之多 遠近之間禮讓成俗 臣亦聞而佳之'

　　　上舍(생원) 田耆然28)은 宣北의 大儒이다. 이에 분연히 일어나 앞뒤를
　　돌아보지 않고 族人 田學駿과 함께 아침 저녁으로 주선해서 齋舍 건물
　　10여 칸을 만들어 아침 저녁으로 공부하는 장소로 삼았다. 聖人의 책이
　　아니면 읽는 것을 허락하지 않았다. 온 경내의 선비가 비로소 과거 공부
　　외에 특별히 힘쓸 곳이 있음을 알게 되어 각자 힘썼다. 그리하여 시나 글
　　씨 쓰는 것을 싫어하면서 性理를 공부하였고, 名利를 부끄럽게 어기면서
　　仁義를 숭상하였다.29)

　　즉 전기연과 전학준 등이 만든 齋舍에서 공부하는 유생들은 聖人의
책이 아니면 읽는 것이 허락되지 않았고, 온 경내의 선비들도 과거 공부
가 아닌 도학에 몰두하면서 名利를 멀리하고 仁義를 숭상하게 되었다는
것이다.
　　평안도의 학문 풍토가 크게 변하게 된 데는 평안도 유생의 자체적인
노력 외에도 지방관의 興學이 뒷받침되었다. 이와 관련해서 정주목사
(1878.6~1880.12)와 의주부윤(1884.8~1886.1)을 역임한 李鑣永이 주목된다.
그는 종친관료로서 내외의 주요 요직을 두루 역임하였고, 의주부윤에
부임하기 전인 고종 18년(1881)에는 朝士視察團의 일원으로 일본에 파견
되어 개화의 실정을 살필 기회를 가지기도 하였다.30) 이헌영은 '修身齊
家治國平天下'의 요체가 학문에 있다는 인식 아래 정주와 의주에서 목

<hr>

28) 전기연은 고종 25년(1888) 생원시에 三等 50位로 합격한 인물이다[『崇禎紀元後
　　五戊子式年司馬榜目』, 한국학중앙연구원 장서각(B13LB-39)].
29) 朴文一, 『雲菴集』11, 「序」, 宣川經義齋序(『韓國文集叢刊 續』135, p.467).
　　'田上舍耆然 宣北大儒也 於是乎奮然興起 不顧前後 仍與族人學駿 夙宵拮
　　据 創立齋舍十餘架 以爲早晏藏修之所 而非聖人之書則不許其讀 闔境之士
　　始知功令之外 別有用力處 而各俛焉 厭騷墨而講性理 恥名利而尙仁義'
30) 이헌영의 일생과 주요 관력은 『敬窩漫錄』7, 「年錄」 참조(『敬窩漫錄』, 국사편
　　찬위원회, 2010, pp.541~559).

민관으로 지내는 동안 두 지역에서 공히 학문의 흥기와 지역민 교화에
진력하였다.31) 그리하여 부임 초기에는 지역의 명망 있는 인사들로 鄕
約長과 講長을 삼고, 이들과 함께 목민 활동의 始終을 '權講學', '行鄕約
會', '行鄕飮酒禮'. '講學會', '考講施賞', '考鄕約講', '行鄕射禮', '考接生
講' 등 강학과 교화를 수행하는 것으로 일관하였다.32) 宋代 道學者 周敦
頤의 「愛蓮說」에 빗대어 자신의 號를 '東蓮'(東海의 蓮)이라고 했다거나
혹은 '敬'을 인생의 지침으로 삼아 '敬窩'라고 했다는 데서 알 수 있듯이
그의 학문 방향은 도학을 기축으로 삼고 있었다.33) 이와 같은 자세는 조
사시찰단으로 일본의 사정을 둘러보았을 때도 마찬가지였다. 그는 유교
의 仁政을 중시하는 기조 아래, 일본이 비록 부국강병책을 취하여 외형
적인 발전에 도달할 수 있었지만 실질적으로는 자주적으로 裁制를 하지
못해서 곤란을 겪고 있다고 분석하였다.34) 한마디로 그는 예의를 버리
고 異俗을 따르는 것은 개화가 아니라는 신념을 가진 인물이었다.35)

  이러한 이헌영은 의주와 정주에서 홍경래 난 때 의병을 일으키다 순

---

31) 『新安集略』人, 勸學境內儒生文[『敬窩集略』(上), 국사편찬위원회, 2009, p.392].
    '夫修齊治平之道 莫不由乎文學中'
    『龍灣集略』上, 勸學境內儒生文[『敬窩集略』(中), 국사편찬위원회, 2010, p.351].
    '夫學校之興 是治務之先也 修禮明倫之節 化民成俗之道 莫不由於學術中'
32) 『敬窩漫錄』7, 「年錄」, 戊寅(1878년)~丙戌(1886년)[『敬窩漫錄』, 국사편찬위원
    회, 2010, pp.547~549].
33) 김현영, 「해제」, 『敬窩漫錄』, 국사편찬위원회, 2010, p.561.
34) 許東賢, 「1881年 朝鮮 朝士 日本視察團에 관한 一研究-"聞見事件類"와 《隨
    聞錄》을 중심으로-」, 『韓國史研究』52, 한국사연구회, 1986, pp.122~123.
    김도형, 『근대 한국의 문명전환과 개혁론-유교 비판과 변통-』, 지식산업사, 2014, p.89.
35) 『日槎集略』人, 「問答」, 橫濱港大淸理事署譯員日人林又六 來訪問答[『敬窩
    集略』(上), 국사편찬위원회, 2009, p.613].
    '我曰 聞甚愀然 棄禮義從異俗 胡爲開化也'

절한 '忠義'의 후손들을 방문한 뒤 그 충절을 기리고 장려하는 뜻에서 鄉孤禮를 설행하기도 했다.36) 이 때 만난 정주의 충의세력인 司諫 白仁行, 獻納 白義行, 幼學 白禮行 등은 모두 이헌영이 都講長으로 있던 藏修所講會의 강학 회원이었는데,37) 그 중 백인행은 정주 19面 중에서 南面의 講長을 담당하였다.38) 충의세력인 白愈行과 白彝行 역시 각각 향교의 훈장과 掌議로서 도학과 향약에 기반한 이헌영의 목민 활동에 적극 협조하였다.39) 평안도 유림의 종장 박문일은 교화에 힘쓰는 이헌영에게 詩를 전하면서 監司의 포폄장계의 내용을 빌어 수령 중에 치적이 최고라고 칭송하기도 하였다.40)

이헌영이 한 두 군현의 목민관으로 평안도의 학문 진흥에 기여했다면,41) 감사 민병석은 평안도 전역에 걸쳐 도학을 진작시킨 인물이라고

---

36) 『新安集略』天, 下帖鄉校[『敬窩集略』(上), 국사편찬위원회, 2009, p.334].
    '依饗孤禮設行矣'
    『新安集略』人, 東蓮遺愛錄跋[『敬窩集略』(上), 국사편찬위원회, 2009, p.460].
    '特慰忠義而餉其遺孤'
    『龍灣集略』上, 饗孤禮時下帖·饗孤禮笏記[敬窩集略(中), 국사편찬위원회, 2009, pp.364~369].
37) 『新安集略』人, 藏修所復舊序[『敬窩集略』(上), 국사편찬위원회, 2009, pp.425~430].
38) 『新安集略』人, 各面講長[『敬窩集略』(上), 국사편찬위원회, 2009, p.393].
    白景濟 編, 『東蓮先生李文貞公遺愛錄』, 1934, 定州十九面敎長.
39) 『新安集略』天, 下帖齋所·鄉里約束跋·下鄉校行鄉射禮帖[『敬窩集略』(上), 국사편찬위원회, 2009, p.344·p.403·p.451].
40) 『新安集略』地, 朴雲菴又和示[『敬窩集略』(上), 국사편찬위원회, 2009, p.382].
    '偉哉箕伯啓章中 (參於守令治蹟薦故云) 治務誰爲第一功 無民不借三年化'
41) 이헌영은 고종 33년(1896) 8월 5일에 평안남도 관찰사에 임명되었다. 그러나 반년이 채 지나지 않은 고종 34년(1897) 1월 31일에 봉상시 제조로 임명되어 체직되었으므로 관찰사로서 평안도의 학문을 진흥시키기에는 기간이 짧았고 영향도 적었

할 수 있었다. 고종 27년(1890) 정월에 부임한 민병석은 "急於息邪 邑邑
設齋"[42]라 하였듯이 위정척사에 입각해서 평안도 각지에 齋舍를 설치하
고 正學을 부식하는데 힘을 쏟았다. 그가 세운 尊道齋는 곧 '闢淫祀 崇正
學'의 뜻을 담고 있었다.[43] 아울러 과거제의 無實을 비판하면서 추천으
로 인재를 등용하는 德行科를 신설하자고 상주하여 국왕의 윤허를 받았
다.[44] 세상은 邪說로 가득한데 士風은 날로 천박해져 名利를 향해 내달
리니, '文學經行'의 선비에게 덕행이 우수한 자를 선발·천거하도록 해서
점차 面→邑→公都會로 올려 쓰자는 방안이었다.[45] 공도회 단계에서는
策問과 經義를 시험하게 했는데, 책문은 經史와 時務를 위주로 하고, 經
義는 『小學』, 『書』, 『程朱遺書』 중에서 疑義에 답하는 것을 원칙으로 하
였다.[46]

그런데 민병석은 평안도 각 읍에 설치된 존도재의 학규 절차와 교수
선택에 관해서 전적으로 박문오의 견해를 수용하였고, 그 결과 박문일
의 문도들이 사방에 퍼져 있는 존도재의 교수로 취임하게 되었다. 그렇

을 것으로 생각된다(『高宗實錄』34, 高宗 33年 8月 5日 ; 『高宗實錄』35, 高宗
34年 1月 31日).

42) 朴文一, 『雲菴集』11, 「序」, 三峯齋序(『韓國文集叢刊 續』136, p.465).

43) 朴文一, 『雲菴集』11, 「序」, 尊道齋序(『韓國文集叢刊 續』136, p.467).
'闢淫祀崇正學 有何不可者 特爲之額曰 尊道'

44) 『承政院日記』, 高宗 28年 12月 30日(庚申).

45) 『德行敎範』, 德行科事目.
『德行敎範』, 序.
'觀夫今日 邪說橫流 彌滿寓內 … 嗚摩 世級日降 士風益嬀 入學之初 意先
馳於名利 父兄以是敎之 鄕黨以是勖之 剽竊之工 希覬之想 躁競之習 浸漬
陷溺 喪其良心 而不之覺 洵可慨可憫之甚者'

46) 具姬眞, 「韓國 近代改革期의 敎育論과 敎育改編」, 서울대학교 박사학위논문,
2004, pp.67~68.

기 때문에 존도재의 확산은 사실상 박문일·박문오가 추구한 정통 도학
과 위정척사의 기풍이 확산되는 것을 의미하였다. 동시에 덕행과는 현
실적으로 박문일·박문오의 문도에 의해 양성된 향촌의 士人을 官人으로
입신시키는 장치가 되어 그들의 학풍은 평안도에서 더욱 공고한 위치를
차지할 수 있었다.47)

결국 청일전쟁 이전 평안도에서는 박문일이 執守한 도학 위주의 학풍
과 위정척사가 향촌지배의 주도적인 이념으로 작동하였다. 다시 말해
평안도 문인들은 항상적인 차별에 따른 반발감으로 근대로의 행보를 서
둘렀던 것이 아니라 청일전쟁 이전까지는 위정척사를 견지하면서 한편
으로는 성리학적 주류 문화에 합류하기 위한 최대의 노력과 성취를 보
여주고 있었던 것이다.

이상과 같은 평안도인의 중앙 진출과 정치 활동, 정통 도학의 추구와
발달로 인해 평안도 유생의 자부심은 고양되었다. 이는 箕子, 東明王, 檀
君을 매개로 지역의 문화적 역량을 높이고 선전하는 활동으로 나타났으
며, 고종의 황제권 강화 노력과 맞물려 光武 6年(1902) 서경 풍경궁 건설
의 정치·문화적 배경이 되었다.

2) 풍경궁의 건설 내력과 지역민 참여

청일전쟁 이후 전개된 삼국간섭과 을미사변, 그리고 아관파천의 정치
적 격변을 지나 고종은 광무 1년(1897) 10월 大韓帝國을 선포하였다. 군
주국에서 황제국으로 國體가 변동됨에 따라 그간 제후도시로서의 위상

---

47) 盧官汎, 「1875~1904년 朴殷植의 朱子學 이해와 敎育自强論」, 『韓國史論』43,
    서울대학교 국사학과, 2000, pp.109~110.

을 지니고 운영된 漢城 역시 王都에서 皇城으로의 재편이 요구되었다.[48] 대한제국 출범 한 해 전부터 착수된 서울 도시개조사업은 그러한 皇都 만들기의 구상에서 비롯된 것이었다.[49] 국정운영의 중심공간인 궁궐도 새롭게 정비되지 않을 수 없었다. 고종은 建陽 1年(1896) 2월에 아관파천 을 단행한 후 러시아 공사관 근처의 慶運宮을 本宮으로 삼기 위해 동년 9월 경복궁에 있던 왕비의 殯殿 및 御眞을 봉안한 眞殿(璿源殿)을 경운 궁으로 옮기도록 하였다.[50]

아관파천 1년 만인 1897년 2월 경운궁으로 환궁한 고종은 東門(大安 門) 방면에 있던 청국 사신 숙소인 南別宮을 헐어버리고 환구단을 세웠 으며, 10월 12일 그 자리에서 황제 즉위식을 거행하였다.[51] 기존에 正殿 으로 사용하던 即祚堂의 편액은 황제의 위상에 걸맞게 우주 만물의 근 원인 太極의 의미를 담아 太極殿으로 고쳤다가, 다시 명·청대 正宮으로 사용된 紫禁城의 正殿 이름과 같은 中和殿으로 개칭하였다.[52] 이와 같은

48) 中華體制下에서 운영되었던 王都 한양의 도시 위상에 관해서는 고동환, 「조선 시대 한양의 수도성-도시의 위계와 공간표현을 중심으로」, 『歷史學報』209, 역사 학회, 2011, pp.43~45 참조.

49) 이태진, 「대한제국의 서울 황성(皇城) 만들기」, 『고종시대의 재조명』, 태학사, 2000, pp.357~386.
전우용, 「1902년 皇帝御極 40년 望六旬 稱慶禮式과 皇都 정비-대한제국의 '皇 都' 구상에 담긴 만국공법적 제국과 동양적 제국의 이중 表象-」, 『鄕土서울』81, 서울特別市 市史編纂委員會, 2012, p.143.

50) 李潤相, 「대한제국기 국가와 국왕의 위상제고사업」, 『震檀學報』95, 진단학회, 2003, p.88.
홍순민, 「광무 연간 전후 경운궁의 조영 경위와 공간구조」, 『서울학연구』40, 서울 학연구소, 2010, p.31.

51) 이태진, 「고종 황제가 慶運宮을 세운 뜻-克日과 對淸 독립 의지-」, 『국학연구논 총』10, 택민국학연구원, 2012, pp.14~15.

52) 이윤상, 「황제의 궁궐 경운궁」, 『서울학연구』40, 서울학연구소, 2010, pp.13~14 ;

일련의 조치들은 고종 황제가 '天子'의 位格을 지닌 최고 지존으로서 국
내주권을 확고히 하는 동시에 청의 종주권을 부인하고 열강과 대등한
관계를 갖는 국외주권의 확보를 만방에 과시함으로써 자주적 근대 주권
국가를 수립하려는 의지의 발현이었다.53)

그러나 경운궁은 궁궐의 규모나 입지 등에서 '제국'으로서의 위용과
정치적 함의를 담아내기 곤란하였다. 자체 공간이 협소하여 내부의 전
각 배치가 무질서하였고, 大殿의 부속 건물이 부족하거나 궁궐의 필수
적인 공간인 中宮殿을 갖추지 못하는 등의 제약이 있었기 때문이다.54)
뿐더러 1900년 10월에 어진을 봉안한 璿源殿이 失火로 全燒된데 이어
1901년 11월에는 황실도서관인 漱玉軒마저 燒失되면서 어수선한 분위기
에 휩싸여 있었다.55) 이런 차에 1902년 1월 한반도를 둘러싸고 러시아와
각축을 벌이던 일본이 영국과 동맹을 체결하여 대한제국을 압박해 오면
서 주권 국가의 유지는 더욱 절실한 과제로 다가왔다. 이에 고종은 皇都
에서 경운궁 중화전의 신축을 서두르는 한편,56) 그와 별개로 1902년 5월
에 평양을 西京으로 삼고 황제의 궁궐인 豐慶宮을 세우는 이른바 '西京
役'을 단행하였다. '豐慶'이란 말처럼 1902년은 고종황제의 '望六旬 御極

고동환, 앞의 논문, 2011, p.45.
53) 김태웅, 「大韓帝國의 역사적 위치」, 『大韓帝國期 古文書』, 국립전주박물관,
   2003, p.234.
   _____, 「大韓帝國期의 法規 校正과 國制 制定」, 『韓國 近現代의 民族問題
   와 新國家建設-金容燮敎授停年紀念韓國史學論叢』3, 지식산업사, 1997, pp.192~
   196.
54) 홍순민, 앞의 논문, 2010, pp.43~45, pp.58~67.
55) 『承政院日記』, 高宗 38年 10月 7日(己亥).
56) 金純一, 「慶運宮의 營建에 관한 硏究-工事의 體制와 執行을 中心으로-」, 동국
   대학교 박사학위논문, 1983, pp.7~9.

40년(51세, 즉위 40년)'이자 조선 건국 이래 태조, 숙종, 영조에 이어 네 번째로 耆老所에 들어가는 경사스런 해였기 때문에, 西京役은 황제권 강화를 통해 중흥을 이루고자 하는 고종의 특별한 관심 속에 진행되었다.[57]

西京役은 광무 6년(1902) 5월 1일 궁내부 특진관 金奎弘의 제안에서 시작된 것으로 알려져 있다.[58] 이 때 김규홍이 올린 장문의 상소 내용을 요약하면 다음과 같다. ① 중국의 周·漢·唐·明이 모두 兩京制를 시행했고, 지금 동서양의 여러 나라들도 모두 두 개의 수도를 두고 있다. ② 고종은 황제 즉위 후에 중흥의 업을 이루었으나 유독 兩京을 두는 제도만은 시행하지 못하였다. ③ 평양은 우리나라에서 맨 먼저 人文이 열린 고장으로 세 聖人(단군, 기자, 동명성왕)이 연이어 도읍을 정하고 나라를 다스린 지가 천여 년이며, 지금도 인물이 번성하고 고을은 웅장하며 화려하다. 풍속과 기질은 굳세고 질박하며 물품과 재화가 폭주하는 곳이다. ④ 고려 태조는 西京이 水德을 지녀 우리나라의 명맥을 조절한다고 했고, 선조 때 명나라 사람 李文通은 평양이 萬年 王氣를 가지고 있다고 했는데, 이와 같은 말들은 풍수와 관계되지만 邑誌에 전해지고 있으니 거짓이 아니다.[59] ⑤ 서경을 두고 離宮을 신축한 뒤 군사를 증설하여 지키게 함으로써 나라의 위엄을 세우고 터전을 공고하게 한다면 그 고장

---

57) 金允貞,「平壤 豐慶宮의 營建과 轉用에 관한 연구」, 부산대학교 석사학위논문, 2007, pp.26~33.

58) 『高宗實錄』, 光武 6年 5月 1日.

59) 陰陽五行의 풍수 개념을 차용한 이 말은 평양의 '水德'이 조선 왕실(李)이 지닌 木의 요소를 번성하게 하면서, 또 다른 한편으로 木을 위협하는 '日本'의 火氣를 잠재울 수 있다는 의미를 나타낸 것으로 이해된다(Eugene Y. Park, "The Phantasm of the Western Capital (Sŏgyŏng) : Imperial Korea's Redevelopment of P'yŏngyang, 1902-1908", International Journal of Asian Studies, vol.12, no.2, Cambridge University Press, 2015, p.170).

은 더욱 중해지고 백성은 충성을 다하려고 생각할 것이다. ⑥ 당당한 황
제의 나라로서 두 개의 수도를 두지 않을 수 없는데, 서경 건설은 평안
도의 선비와 백성들이 기꺼이 따르는 것인 만큼 모든 사업의 경영이 얼
마 가지 않아서 이루어질 수 있을 것이다.

　이러한 상소를 접한 고종은 김규홍의 상소가 있은 지 닷새 만인 5월
6일에 전격적으로 西京 定都와 皇宮 豐慶宮의 건설을 다음과 같이 명하
였다.

　　平壤은 箕子가 정한 천 년의 역사를 가진 옛 도읍으로서 禮義와 文明
　이 여기서 시작되었다. 이것은 비록 사람의 일에서 나온 것이지만 그 고장
　이 지닌 영험함도 논할 만하다. 周나라에는 東京과 西京이 있었고 明나라
　에는 南京과 北京이 있었다. 요즘에 이르러서는 외국의 경우에도 역시 두
　개의 수도를 세우고 있다. 그리고 고려 때의 역사를 상고해 보아도 특별히
　평양에 西京을 두고 松京과 함께 양대 수도로 삼았는데, 이는 모두 나라
　를 공고히 하여 반석처럼 안정시키려는 것이었다. 짐은 이것에 대해서 생
　각한 지가 오래되었는데 마침 重臣이 상소를 올려 논하였다. 이제 평양에
　行宮을 두고 西京이라고 부름으로써 나라를 천만년 동안 공고히 지킬 터
　전으로 삼고자 한다. 더구나 이것은 그 곳 백성들이 모두 바라고 기꺼이
　응하는 일인 데야 더 말할 나위가 있겠는가? 이것은 매우 중대한 공사이
　니 의정부의 신하들로 하여금 해당 관찰사와 자세히 의논하여 보고하게
　하라.60)

---

60) 『高宗實錄』, 光武 6年 5月 6日.
　'詔曰 平壤箕聖千年之故都也 禮義文明 玆焉肇創 是雖出於人事 而其地靈
　亦可以論矣 周有東西京 明有南北京 至若近日 外國亦建兩京 且考勝國之
　史 特置西京於平壤與松京爲兩京 皆所以鞏固邦國 期於磐泰者也 朕嘗念此
　者久矣 適有重臣之疏論 肆將於平壤置行宮 稱曰西京 以爲國家萬年鞏固之
　衛 況其該地人民之所咸願樂趨者乎 此是莫重莫大之役也 令政府諸臣與該
　道臣 爛商會議以入'

여기에서 서경 定都의 근거로 첫째, 평양 자체가 도읍으로서 자격을
갖추고 있다는 점을 들고 있다. 평양은 예의와 문명이 시작된 곳이며 내
력이 깊고 영험한 옛 도읍지이므로 조선의 두 번째 도읍으로서 손색이
없다는 것이다. 둘째, 주나라와 명나라 등 중국의 전례나 일본·유럽과 같
은 외국의 사정, 그리고 고려 때 우리 역사를 상고해 보면 나라를 공고히
하기 위한 장치로 도읍을 두 군데에 설치한 경우가 많았으므로 우리나라
도 두 번째 도읍을 두어 나라를 천만년 동안 공고히 지킬 필요가 있다는
것이다. 이 모든 사정은 고종이 이미 염두에 두고 있는 것이었다는 사실
도 위 인용문에서 확인된다. 이에 따라 5월 10일에는 "서경을 설치하는
일에 모두가 동의하여 이미 재결을 거쳤다"고 하면서 평안남도 관찰사
閔泳喆을 사업의 총책임자인 西京 監董堂上에 임명하였다.[61] 이어서 5월
14일에는 특별히 內帑錢 50만 냥을 下賜하여 공사비에 충당하게 했고,[62]
5월 22일에는 의정부, 궁내부, 홍문관으로 하여금 西京의 正殿과 便殿, 正
門의 殿號와 門號를 議定해서 보고하도록 하였다.[63] 6월 5일에는 西京 監
董을 임명하였는데, 거기에는 正3品 金道濬을 위시해서 參領 鄭觀朝, 6品
尹履璿, 前侍讀 田錫元, 前主事 黃業, 前縣監 玉昌鎬, 前郡守 劉興柱 등 다
수의 전·현직 평안도 출신 관원들이 포함되어 있었다.[64] 6월 9일에는 황
제와 황태자의 畵像인 御眞과 睿眞을 西京에 봉안하라는 지시가 내려졌
다.[65] 6월 10일 고종은 監董堂上 민영철이 입시한 자리에서, "평양은 箕
子께서 남기신 도읍이고 王氣가 모여 있는 곳"으로 그 지역에 서경을 두

---

61) 『承政院日記』, 高宗 39年 4月 3日(양력 5월 10일).
62) 『承政院日記』, 高宗 39年 4月 7日(양력 5월 14일).
63) 『承政院日記』, 高宗 39年 4月 15日(양력 5월 22일).
64) 『承政院日記』, 高宗 39年 4月 29日(양력 6월 5일).
65) 『承政院日記』, 高宗 39年 5月 4日(양력 6월 9일).

어 국운이 무궁하게 이어지도록 하겠다는 뜻을 밝히고 공사에 만전을 다
할 것을 당부하였다.66) 6월 23일에는 議定해 올린 宮闕과 殿閣, 門의 호칭
에 대해서 宮號는 豊慶, 正殿은 太極, 便殿은 至德, 東宮殿은 重華, 正門은
皇建, 東門은 建元, 西門은 大有로 결정한다는 勅旨를 내렸다.67) 이러한
전각의 名號에는 국가의 안녕과 백성의 洪福을 기원하고 대한제국의 중
흥을 염원하는 의미가 깃들어 있었다.68) 이 모든 일이 고종의 진두지휘
아래 불과 두 달여 만에 일사천리로 진행되고 있었던 것이다.

　하지만 사안의 중대성을 감안할 때 西京役이 이렇게 갑작스럽게 추진
되었다고 보기는 어렵다. 즉 고종 자신이 "이것에 대해서 생각한 지가
오래되었다"고 말한 것처럼 西京役은 장기간의 구상을 거쳐 착수되었다
고 보는 것이 타당할 것이다.69) 이에 대해서 선행 연구에서는 러시아식
군제 개편과 맞물려 사전에 러시아와 긴밀한 협의가 있었다고 하거

---

66) 『承政院日記』, 高宗 39年 5月 5日(양력 6월 10일).
　　'上御咸寧殿 西京監董堂上入侍時 … 上曰 自昔帝王家之有兩京 厥惟久矣
　　且平壤箕聖遺都 而王氣所萃之處也 朕思欲置西京於其地 與鎬洛以比隆 垂
　　帶礪於無壃也 故委卿以是役 卿其懋哉'
67) 『承政院日記』, 高宗 39年 5月 18日(양력 6월 23일).
68) 풍경궁 전각 이름의 함축적 의미에 관해서는 金允貞, 앞의 논문, 2007, pp.31~33
　　참조.
69) 平安南道 殷山郡에 거주한 金寬鎬는 김규홍의 상소가 있기 석 달 전인 1902년
　　2월 5일에 이미 西京 豊慶宮을 看役하였다. 이러한 김관호는 1903년 12월 11일
　　에 御眞奉安의 공로를 인정받아 정3품으로 승격하였다(『대한제국관원이력서』4,
　　p.126). 이와 더불어 『윤치호일기』에는 늦어도 1901년 7월 24일 이전에 고종이 평
　　양에 이궁을 짓고 양경체제를 추진할 결심을 굳혔음을 보여주는 정황이 소개되어
　　있다(신명호, 「光武·明治시기 兩京체제 추진과 君主이미지 활용 비교연구」,
　　『동북아문화연구』23, 동북아시아문화학회, 2010, pp.8~10). 따라서 시기상으로 흔
　　히 알려져 있는 것처럼 김규홍의 상소를 始發로 해서 西京役이 추진되지 않았다
　　는 점은 확실하다고 하겠다.

나,70) 혹은 서울 中人 계층의 협조가 수반되었다는 점을 거론하였다.71)
이와 더불어 西京役은 사업의 한 주체인 평안도인의 인식과 역할을 중
심으로 풍경궁의 건설 내력과 지역민 참여의 양상을 집중적으로 조명할
필요가 있다.

앞서 김규홍은 평양을 서경으로 삼으면 평안도의 위상이 높아져서 지
역민의 충성심을 높일 수 있을 것으로 전망하였는데, 과연 평안도의 士
民들은 西京役을 즐거이 따른다고 하면서 지역의 분위기를 傳言하였다.
고종 역시 지역민의 호응을 사업 추진의 당위로 내세우고 있다는 점에
서 서경역은 이미 평안도인과 충분한 교감이 있었음을 알 수 있다. 현실
적으로 서경 건설의 비용과 물자의 대부분을 평안도인에 의지해서 충당
해야 했기 때문에 지역민의 적극적인 협조 없이는 이 거대한 국가사업
의 추진 자체가 불가능한 것이기도 하였다.

그렇다면 고종이 평안도인의 움직임과 연계해서 황실의 권위를 높이
기 위한 서경역을 착상할 수 있었던 배경이나 시기가 궁금해진다. 이와
관련해서 고종이 청의 내정간섭에서 벗어나기 위해 고종 21년(1884) 갑
신정변이 있던 즈음부터 皇帝 位號를 희망해 왔다는 사실을 하나의 단
서로 삼을 수 있을 것 같다.72) 이 무렵 일본에서는 千年 古都인 교토[京
都]를 西京으로 삼아 천황의 위상을 강화시키려는 논의가 한창 진행 중
이었다. 광무 6년(1902) 고종이 서경 定都를 밝힌 조칙에서 "요즘에 이르

70) 金允貞, 앞의 논문, 2007, pp.27~30.
71) Eugene Y. Park, "The Phantasm of the Western Capital (Sŏgyŏng) : Imperial Korea's
    Redevelopment of P'yŏngyang, 1902-1908", *International Journal of Asian Studies*,
    vol.12, no.2, Cambridge University Press, 2015, pp.174~180.
72) 『駐韓日本公使館記錄』12, 機密 第71號「皇帝稱號의 起因 및 그 承認에 관한
    意見 上申」, 1897년 10월 25일.

러서는 외국의 경우에도 두 개의 수도를 세우고 있다"라고 한 것은 바로
1880년대 이후 兩京制를 검토한 일본이나 유럽 제국을 염두에 둔 발언
이었다.73) 대한제국 설립시 稱帝를 주청하는 상소에서 만국공법 체제
하에 서양의 여러 나라들이 황제를 칭한 사례를 들며 청과 일본이 모두
황제의 칭호를 가지고 있으니 우리나라도 황제라고 불러서 동등한 위격
을 갖추어야 한다고 주장했던 것과 동일한 맥락이라고 할 수 있었다.74)
또한 우리나라가 단군과 기자 이래로 예악과 문물이 찬란하고 漢·唐·
宋·明의 법전과 제도를 따르고 있으므로 청과 더불어 우리가 황제를 칭
하는 것은 독일과 오스트리아가 로마의 계통을 이어받은 것과 다름없다
는 소중화의 논리가 칭제의 유력한 근거로 제시되기도 하였다.75)

---

73) 쓰키아시 다쓰히코 著 최덕수 譯, 『조선의 개화사상과 내셔널리즘』, 열린책들,
  2014, p.216.
  Eugene Y. Park, "The Phantasm of the Western Capital (Sŏgyŏng) : Imperial Korea's
  Redevelopment of P'yŏngyang, 1902-1908", *International Journal of Asian Studies*,
  vol.12, no.2, Cambridge University Press, 2015, pp.170~171.

74) 『承政院日記』, 高宗 34年 9月 8日(양력 10월 3일).
  '臣等謹按萬國公法 有曰 各國自主者 可隨意自立尊號 故在昔俄羅斯彼得
  第一之初稱皇號也 普魯士荷蘭先認之 而他國後認之 其後法蘭西之那波崙
  第一 墺地利之富蘭斯第二之稱帝也 無人沮之 此皆以自主之權 任意建號
  而他國從而認之 寔遵乎公法者也 … 況東亞大國 淸與日本 皆有此號 但我
  邦則迄今未擧者多 有關於局面也'
  『大韓季年史』2, 建陽二年 丁酉(光武 元年, 1897년-필자).
  '前郡守鄭喬上疏曰 … 東亞之大國 淸與日本皆有此號 惟我邦則迄今未擧
  者 大有關於東洋局面也'

75) 『承政院日記』, 高宗 34年 9月 1日(양력 9월 26일).
  『承政院日記』, 高宗 34年 9月 3日(양력 9월 28일).
  『承政院日記』, 高宗 34年 9月 4日(양력 9월 29일).
  『承政院日記』, 高宗 34年 9月 5日(양력 9월 30일).

이런 점에서 箕子 이래 중화문명을 담지한 것으로 파악되는 천년 고
도의 평양은 일본과 서양의 나라들과 '제국'으로서의 위상을 나란히 하
는 데 적격지라고 할 수 있었다. 마침 1880년대를 전후해서 평안도에서
는 기자를 존숭하는 열기가 고조되면서 평양의 상징성이 더욱 부각되고
있었다. 잘 알려져 있듯이 평안도는 성인 기자가 교화를 베푼 땅으로 明
이 망한 뒤에는 조선에서 中華의 精髓를 계승하여 소중화를 칭할 수 있
게 되었다는 것이 조선후기 유자들의 보편적인 인식이었다. 이에 기반
한 기자 숭배는 평안도 지역 권위의 중심을 이루었던 까닭에 평안도 문
인들이 지역 차별의 부당함을 호소할 때면 으레 자기 지역을 '箕聖의 고
장'으로 강조하기도 했다.[76]

그런데 여기에서 한 발 더 나아가 박문일·박문오 형제를 중심으로 한
평안도 문인들은 1880년대를 전후하여 기자 존숭의 절정을 보여주고 있
었다. 이 때 추앙된 기자의 중요성은 우리나라의 관계 속에서 孔子나 三
皇五帝 등을 능가하는 수준에까지 도달하고 있어 주목된다. 먼저 이들
은 復命을 앞둔 奏請使에게 글을 올려 '尊師重道'가 士林의 직분이라고
하면서 대원군에 의해 고종 8년(1871)에 철폐된 仁賢書院의 복설을 요청
하였다.[77] 箕子의 畵像을 모시고 있어 '箕院'으로 별칭되는 인현서원은
명종 19년(1564)에 進士 楊德禧 등이 監司에게 청원하여 평안도에서 건
립된 가장 이른 시기의 서원이었으며, 선조 41년(1608)에는 參奉 金乃聲
등이 상소로 請額하여 賜額을 받았다.[78] 정조 1년(1776)에는 평안감사로
부임한 徐命膺(1716~1787)에 의해 首書院으로 지정되어 평양부 내의 서

---

76) 吳洙彰, 앞의 책, 2002, pp.41~42, pp.172~174.
77) 『誠菴集』3, 「狀」, 代白永祚以仁賢書院復享事呈奏請使狀(p.176).
78) 『平安南道誌』, 平安南道誌編纂委員會, 1977, pp.654~655.
    『平壤續志』, 「學校」, 仁賢書院(규장각 소장, 奎 4885).

원을 통솔하였다.[79] 이처럼 인현서원은 유서 깊은 서원이었기 때문에 평안도 유생에게는 그 의미가 각별했던 것이다. 서원 철폐령이 내려질 당시 조정에서는 기자를 향사하는 崇仁殿이 있으므로 疊設이라고 하여 인현서원을 혁파해 버렸다. 이에 대해 평안도 문인들은 우리나라에서 기자의 지위는 임금이자 스승이어서 각각 그 지위에 맞게 숭인전과 인 현서원에 모신 것이니 첩설이라고 할 수 없다고 반박하였다.[80] 특히 공 자와 기자 숭배의 현실을 비교하면서, 공자는 읍마다 받드는 것을 지나 치다고 하지 않는데, 기자에 대해서는 도읍을 세워 교화를 베푼 땅에서 황량하게 서원 하나를 세웠을 뿐인데도 첩설로 지목하여 훼철·폐기하 니 이는 크게 잘못된 조치라고 역설하였다.

서원의 복설 주장과 별도로 평안도 유림들은 『箕子實記』의 重刊을 추 진하기도 했다. 평안도의 여러 유생을 대표해서 박문오는 巡營에 글을 올려 이 책의 간행 동기를 다음과 같이 밝혔다.

殷나라 太師 箕子는 곧 우리나라의 五帝이고 三王입니다. … 오랑캐 의 비루한 풍속들을 환히 빛나게 하여 '小華'의 칭찬이 있게 하였고, 천년 동안 내려온 은택이 끊어지지 않았다. 아! 三皇五帝가 중국에서 德과 功 을 만든 것이 어찌 이것보다 나은 것이 있겠는가? 그러나 삼황오제의 일 은 역사책에 두드러져서 천하에 외우고 전하기를 한 글자라도 누락될까 염려하였다. 그런데 기자의 일에 대해서는 모두 우리나라 사람과 관계된 것이어서 그 전하고 외우는 것이 본디 삼황오제의 역사보다 백배는 되어 야 하는데, 노숙한 선생이나 훌륭한 선비로서 古史에 익숙한 사람들도 아 득해서 어떤 일이 있었는지 알지 못한다. 이것이 우리나라 사람들이 매번

---

79) 金文植, 「18세기 후반 徐命膺의 箕子 認識」, 『于松趙東杰先生停年紀念論叢』 I, 나남출판, 1997, p.351.

80) 『誠菴集』3, 「狀」, 代白永祚以仁賢書院復享事呈奏請使狀(pp.178~179).

외국 사람들에게 굽힘을 당하는 까닭이다.[81]

즉 '오랑캐'였던 우리나라를 소중화로 탈바꿈시킨 기자를 史籍에 남겨 기리는 일은 삼황오제의 그것보다 훨씬 중요한데, 실제로는 그렇게 하지 못하고 있으니 이런 점이 우리가 외국에게 굴욕을 당하는 소치가 된다는 것이다. 마찬가지로 박문일은 우리나라 사람들이 요순이나 공자·맹자와는 직접 함께하지 못하였으나 기자는 바로 우리의 임금과 스승이 되었으니 한 글자 한 획이라도 우리에게 親傳한 것은 바로 기자의 大訓이요 遺箴임을 환기시켰다.[82] 이런 연유에서 박문일은 16세기 후반 尹斗壽가 편찬한 『箕子志』의 결점을 보완하여 『箕子實記』를 重刊한다고 밝히고, 고종 15년(1878)에 서울에서 8道의 뛰어난 학자[名碩]를 모아 2년여의 작업 끝에 사업을 완수하였다.[83] 이 과정에서 박문일·박문오 형제와 同鄕인 泰川의 士人 白永祚는 수천 냥의 재물을 평안도의 여러

---

81) 『誠菴集』3,「狀」, 代諸儒生以箕子實記重刊事呈巡營狀(p.182).
    '殷太師箕子 卽我東之五帝也三王也 … 至使畎方陋俗貿然有小華之稱 而千載之下流澤不斬 噫三五之於中土之德之功 豈有尙於此哉 然而三五之事 則著之史而天下傳誦 猶恐一字之訛漏 至於箕聖之事 則凡係我東之人 其所傳誦固當百倍於三五之史 而雖老師宿儒之嫺於古史者 漠然不知有何事 此東土人士之所以每每見屈於域外之人'

82) 朴文一, 『雲菴集』10,「序」, 箕子實記序(『韓國文集叢刊 續』135, pp.445~446).
    '唐虞鄒魯所不與也 然則使其隻字片劃有傳於此者 則此便是吾先君之大訓 吾先師之遺箴也'

83) 朴文一, 『雲菴集』10,「序」, 箕子實記序(『韓國文集叢刊 續』135, p.446).
    '此梧陰尹相公所述箕子誌一書者 政所以編次本末而大有功於斯文者也 然顧其爲書也 一則創述而未免於遺漏 一則務博而不遑於詳細 故世之學者 亦多以是病焉 區區於此 妄不自揆 頗以重刊爲意 而顧未易以爲力矣 適於戊寅(1878년-필자) 八域名碩 殷會于洛 始與之博采散逸 精加訂詳 而登梓之役 亦從以跨歲告竣'

고을에 '均排'하는 등 기자가 남긴 자취를 수합함에 있어 재정적인 지원을 아끼지 않았다.[84]

종래 기자가 요순·공맹과 비견되어 聖人으로 존중받는 사례는 여럿 있지만, 우리와의 관계에 비추어 요순, 공자, 맹자, 삼황오제보다 비중 있는 존재로 언급된 경우는 찾아보기 어렵다.[85] 예컨대 고종 1년(1864)의 경연자리에서 侍讀官 姜長煥이 "기자가 평양에 도읍을 정하고 예악문물은 한결같이 중화를 따랐으므로 소중화라고 일컫게 되었다"라고 한 말에 고종이 "기자의 성스러움은 공자와 같다"라고 응대한 것은 공자를 절대기준으로 삼아 기자의 위상이나 비중을 설명하고 있음을 보여준다.[86] 삼황오제 역시 조선의 역대 군왕이 모범으로 삼는 治化의 표준이자 목표로 상정되었을 뿐이고,[87] 삼황오제의 역사보다 우리와 직접 연

---

84) 『誠菴集』3, 「狀」, 代諸儒生以箕子實記重刊事呈巡營狀(pp.183~184). 西京役을 처음 제안한 궁내부 특진관 김규홍은 평안도 태천을 중심으로 『기자실기』의 간행 준비가 한창이던 1879년 2월에 안주목사로 부임하였다[『承政院日記』, 高宗 16年 2月 28日(壬寅)]. 그리고 1880년 7월에는 안주목사에서 성천부사로 자리를 옮겨 근무하였다[『承政院日記』, 高宗 17年 7月 29日(乙未)]. 안주목사 재임 중에는 박문일과 교분이 두터웠던 정주목사 이헌영 및 태천군수 조인승과 영변 묘향산을 오르기도 했고(『敬窩漫錄』7, 「年錄」, 己卯(四十三歲)[『敬窩漫錄』, 국사편찬위원회, 2010, p.548. "遊寧邊妙香山(同本官洪萬植 安牧金奎弘 泰川倅曹寅承)"], 1881년 7월에는 평안도에서 水災를 당한 백성을 위로하는 慰諭使로 임명되기도 했다[『高宗實錄』, 高宗 18年 閏7月 29日(己未)]. 이러한 정황을 미루어 볼 때 김규홍은 당시 평안도에서 활발히 진행 중이던 기자 존숭에 관한 분위기와 구체사업을 충분히 인지할 수 있었을 것이며, 또한 서경역을 제안할 수 있었던 배경으로 작용했을 것으로 짐작된다.

85) 16세기에 저술된 李珥의 『箕子實記』에서는 箕子가 孔孟·程朱에 비견되는 東方道學의 시조로 설명되었다(韓永愚, 「高麗~朝鮮前期의 箕子認識」, 『韓國文化』3, 서울대학교 한국문화연구소, 1982, p.53).

86) 『承政院日記』, 高宗 1年 11月 8日(庚戌).

관된 箕子史가 백배는 더 중요하다는 인식이 표출된 적은 없었다. 이런 점에서 전례없이 고양된 평안도 문인의 기자 존숭은 사대주의의 발로가 아니라 우리 문화를 존중하고 발전시키는 방향성을 내포하면서 한편으로는 기자의 본고장인 평안도의 위상 강화를 동반하는 움직임이었다고 할 수 있었다.

지역 위상을 강화하는 매개체는 기자에 한정하지 않고 동명성왕과 단군으로 확대되었다. 여기에는 고종의 정책적인 배려와 호응도 작용하였다. 고종 22년(1885, 乙酉)에 고종은 고구려 동명왕이 '乙酉年'에 나라를 세웠다는 점을 상기시키면서 단군과 동명왕을 모시는 崇靈殿에 道臣을 보내어 제사지내게 하고, 기자를 모시는 崇仁殿에도 일체 제사를 드리라고 전교하였다. 이 때 祭文은 고종이 직접 작성하여 보내주었다.[88] 고종 25년(1888) 4월에는 평양 출신의 前 持平 金命來가 箕子墓를 무덤의 최고 격식에 해당하는 '陵'으로 봉해 달라고 상소하였다.[89] 이 제안에 따라 기자묘는 그 해 11월 箕子陵으로 승격될 수 있었다.[90] 고종 26년(1889) 1월, 영의정 沈舜澤은 기자릉으로 높이 받든 것은 열성조에서 하지 못한 일이니 致祭를 올려 감개한 뜻을 드러내자고 해서 그대로 시행

87) 『承政院日記』, 正祖 12年 10月 19日(丁未).
   '前大靜縣監朴尙春疏曰 伏惟我殿下 … 庶可以四三王而六五帝矣'
   『承政院日記』, 純祖 11年 閏3月 13日(辛卯).
   '志淵曰, 以治化言之 三代以上 五帝之治化爲第一 而帝堯以前 固尙矣'
   『承政院日記』, 純祖 20年 4月 18日(癸卯).
   '今殿下春秋鼎盛 以有爲之資 當有爲之時 五帝可爲也 三王可爲也'
88) 『承政院日記』, 高宗 22年 10月 14日(己卯).
   『承政院日記』, 高宗 22年 10月 17日(壬午).
89) 『國史編纂委員會所藏 古文書』1, 「朝報87 ＫＭ－8775」, 戊子(1888년-필자) 4月 13日, 국사편찬위원회, 2008.
90) 『承政院日記』, 高宗 25年 11月 23日(庚午).

되었다.91) 이어서 고종 28년(1891) 7월에는 祥原 출신의 副司果 朴鍾善이
동명왕의 묘를 추봉해 달라는 상소를 올렸다. 고종은 시·원임대신과 예
조당상에 하문해서 결정하자는 의정부의 건의에 대해 따로 하문할 것
없이 草記대로 시행하라는 전교를 내렸다.92) 또한 광무 4년(1900)에 泰
川 출신의 정3품 中樞院議官 白虎燮은 江東의 檀君墓를 기자릉과 동명
왕릉으로 숭봉한 전례에 따라 단군릉으로 격상해 줄 것을 주정하였다.
그에 따르면 평양은 단군, 기자, 동명왕의 세 성인이 도읍한 땅인데, 기
자와 동명왕의 무덤은 '陵'으로 격상하여 주민들이 모두 기뻐하였으나,
아직 단군묘는 단군릉으로 높여 봉축하지 않고 있어서 성인을 崇報하는
처사에 흠이 된다는 것이다. 여기에 대해서도 고종은 단군을 숭보하는
조치가 늦었다고 共鳴하면서 의정부로 하여금 품처하도록 명을 내렸
다.93)

　이로써 평양은 기자릉과 동명왕릉, 그리고 단군릉이 포진한 위용 있
는 황제의 도시로 거듭나고 있었으며, 평안도의 문화적 위상은 古代의
榮光에 머물지 않고 현재 진행형으로 크게 제고될 수 있었다.94) 이런 가

---

91) 『承政院日記』, 高宗 26年 1月 25日(辛未).
92) 『承政院日記』, 高宗 28年 7月 18日(庚辰).
93) 『高宗實錄』, 高宗 37年 1月 29日.
　　『承政院日記』, 高宗 36年 12月 29日(양력, 고종 37년 1월 29일).
94) 평안도가 단군과 기자의 본거지라는 인식은 그 지역에서 위정척사파가 활동하기
　　에도 좋은 명분이 되었다. 일례로 광무 5년(1901)에 유인석은 평안도로 건너가
　　'崇華活動'을 전개하면서 단군이 묘향산을 구경하고 내려왔다는 석굴에 '小華
　　始根'이라는 글을 새겼고, 광무 6년(1902)에는 자신이 講學을 했던 介川지역에
　　崇華廟를 짓고 孔子·箕子·朱子·宋時烈·李恒老를 배향하였다(金度亨, 『大韓
　　帝國期의 政治思想硏究』, 지식산업사, 1994, p.272 ; 李相周, 「柳麟錫의 關西
　　지방에서의 崇華活動과 「石溪九曲歌」」, 『고전과 해석』19, 고전문학한문학연구
　　학회, 2015, pp.112~116).

운데 고종은 광무 6년(1902)에 서경역을 전격적으로 선포하였으며, 황궁인 풍경궁의 입지는 기자의 궁궐터(箕子宮基)와 井田(箕子井)이 있다고하는 平壤 外城으로 낙착되었다.[95] 이와 같은 서경역의 추진으로 평안도인은 대단히 고무되었다. 동년 5월 27일, 의주 출신으로 칙임관의 반열에 오른 金禹用은 평안도인의 소원을 가지고 상소한다면서 다음과 같이 지역민의 동정을 전하고 있다.

삼가 살펴보건대, 西京의 설치는 훌륭한 地勢에 의거하여 국가의 기반을 공고히 하려는 것이니, 실로 만세토록 끝이 없는 아름다운 일입니다. … 이에 평안도의 인사들이 모두 기뻐하며 서로 말하기를, "우리 皇上의 西土에 대한 관심이 이처럼 크고 우리 평안도 백성에 대한 사랑이 이처럼 깊으시니, 분발하고 흥기하여 아름다운 덕을 받들 때는 바로 지금이다." 하였습니다.[96]

---

95) 金允貞, 앞의 논문, 2007, pp.34~42. 한편 1899년에 日本 外務大臣은 평양의 開市場을 탐색하는 과정에서, 箕子의 유적지가 있는 평양의 外城을 開市場으로 설정하려 하면 대한제국 정부가 '유일한 靈地'임을 내세워 쉽게 수긍하지 않을 것으로 보았다. 그럼에도 불구하고 外城의 입지 조건과 상징성을 고려해서 公園으로 가꾼다거나 아니면 汽船의 수하물을 쌓아두는 荷積場, 또는 장래에 부설될 京義鐵道의 노선을 염두에 두고 停車場으로 활용하는 여러 가지 방안 등을 거론하면서 반드시 外城을 점유할 것을 강조하기도 했다(『駐韓日本公使館記錄』 13, 機密送 第53號「平壤 開市區域에 관한 件」, 1899년 9월 16일).

96) 『承政院日記』, 高宗 39年 4月 20日(양력 5월 27일).
'前議官金禹用疏曰 … 第臣以西州之産 目熟西州之情 耳飫西州之論 不宜自阻於孔邇之天 敢以西州人民之願 仰達重宸鞋繢之聰 伏望垂察焉 竊伏覩 西京建置 據形勝而鞏基圖 實萬世無疆之休 … 于是西州人士 擧欣欣焉胥告曰 我皇上軫我西土 若是其重矣 愛我西民 若是其深矣 奮發興起 以承休德 此其時也'

평안도인들은 서경의 설치를 고종의 평안도에 대한 관심과 사랑으로 받아들이고 기뻐했음을 확인할 수 있는 대목이다. 이와 같은 김우용의 언설은 단순한 수사가 아니었다. 실제로 평안도인은 서경역에 따른 공사비의 거의 전액을 감당하면서 '분발'하고 있었던 것이다. 고종은 1902년 5월과 10월에 50만 냥씩 총 100만 냥의 자금을 지원하였는데, 그 나머지 1,000만 냥을 상회하는 공사대금의 대부분은 평안남·북도 각 郡에서 結戶錢, 赴役錢, 鄕禮錢, 願助錢의 명목으로 나누어 부담하였다. 이 중 공사대금의 약 70%를 차지하는 향례전의 분담금 총액이 8,891,065냥으로 책정되었는데, 실제 평안도에서 걷힌 수납금은 6,731,368냥에 그친 것으로 보아 재원 염출에서 차질을 빚고 있음도 확인된다.[97]

본시 조정에서는 各 郡別로 鄕大夫案을 신설케 하고, 발급한 鄕大夫 帖紙마다 일정한 금액을 거두겠다는 시행령을 전국에 반포하였다. 그러나 畿湖地方에서는 호응이 없었으므로 서경역의 본거지인 평양에 監督局을 설치하고 이 기구를 통해 西北 5道(黃海·平南·平北·咸南·咸北)를 總管하게 하였다. 그리고 각 郡에서는 郡守의 책임 아래 鄕案을 개정하는 鄕事堂을 설치하고 실무자를 임명하여 풍경궁 사업에 필요한 경비를 마련하는 이른바 '壬寅鄕事'를 진행하였다. 開鄕의 규칙은 고종 황제가 어필로 쓴 "西京人 鄕大夫" 6字로 표제를 하였다. 이 때 定州의 충의세력인 白義行이 西京 監董堂上官 다음 자리인 副司令官에 임명되어 사업에서 중추적인 역할을 감당하였다.[98] 壬寅鄕事에 평안도 사람들은 "어린 아이들의 옷고름에 매었던 돈까지도 끌러서 첩지를 사려고" 했을 만큼

---

97) 金允貞, 앞의 논문, 2007, pp.59~64.
98) 『平壤誌』, 「甲午新續」(국립중앙도서관 소장, 古 2772-4)[『朝鮮時代私撰邑誌』 47, pp.217~218, 이하 책명과 쪽수만 표시함].
   『定州郡誌』, 定州郡誌編纂委員會, 1975, pp.320~321.

적극 호응하였다.[99]

풍경궁의 건설과 짝하여 광무 7년(1903) 봄에는 궁궐 주변인 外川 1里와 2里에 민가를 새로 세웠는데, 대로 좌우변에는 아름다운 거리[街巷]가 즐비했다고 한다. 윤 5월에는 숭령전, 숭인전, 대성전을 중수하였고, 이어서 음력 8월에는 箕子陵을 중수하는 등 皇都의 위상과 규모에 어울리는 도시 개조와 황궁 건설이 착착 진행되고 있었다.[100] 물론 이와 같은 서경역에는 막대한 예산이 투입될 수 밖에 없었다. 그것은 고스란히 평안도 주민의 몫이 되고 있었다. 고종은 세금이 편중된 평안도에 2년 동안 加結의 1/3을 특별히 감해주는 조치를 취하고 주민들을 격려하였다.[101] 하지만 이런 조치에도 불구하고 평안도에 집중된 재정 부담은 커져만 갔으며, 여기에 지방관의 작간·횡령 등이 더해지면서 급기야 民擾로까지 이어지는 상황이 연출되고 있었다.[102]

---

99) 金基錫, 『南崗李昇薰』, 世運文化社, 1970, p.41.
　　이와 관련된 내용은 서경 감동당상 민영철의 부정과 탐학에 반대해서 남강 이승훈이 향대부첩의 판매를 저지시켰다는 취지에서 기술한 것이지만, 당시 평안도 주민들이 壬寅鄕事에 적극 동참하였음을 알려주는 대목이다.

100) 『平壤誌』, 「甲午新續」(『朝鮮時代私撰邑誌』47, pp.217~218).
　　'癸卯春(1903년 음력) 民家新建于外川一二里 大路左右邊街閭櫛比 … 閏五月重修崇靈殿崇仁殿大成殿 八月重修箕子陵 十月西京豊慶宮成 十三日 御眞奉安于太極殿 睿眞奉安于重華殿[詳見西京創建事蹟]'. 이 기사에 따르면 서경 건설의 구체적인 내용이 『西京創建事蹟』에 기록되어 있다고 하나 현재로는 이 자료의 소재가 파악되지 않고 있다.

101) 『承政院日記』, 高宗 39年 12月 20日(양력 고종 40년 1월 18일).
　　'詔曰 西京創建之役 民樂趨事 殊爲可嘉 而其勞瘁煩費 亦不可不念矣 增稅一款 寔出不獲已之擧 而至於西土 宜有斟量 平安南北道 自今年 限二年就加結中 特減其三分之一 以示朝家顧恤之至意'

102) 이영호, 「鄕人에서 平民으로」, 『한국문화』63, 서울대학교 규장각 한국학연구원, 2013, pp.64~67.

서경역에 따른 평안도인의 자긍심과 불만이 교차하는 가운데 광무 7
년(1903) 11월 6일 풍경궁의 正殿인 太極殿과 東宮正殿인 重華殿이 완공
되었다.[103] 이즈음 46명의 평안도 전·현직 관리와 유생들은 定州 출신으
로 정3품 중추원 의관을 지낸 바 있는 金聖基를 疏頭로 하여 연명상소를
올렸다. 이에 따르면 자신들은 성대한 세성을 만나 서울 한복판에 살고
있는 것과 다름없다고 하였다. 또한 두 전각을 완공하고 장차 御眞과 睿
眞을 봉안하여 지척에서 뵐 수 있게 되었으니 만년 장수를 송축한다고
하면서, 이제 "平壤이 畿甸과 같게 되었다"고 감격해 했다. 그러면서 "서
경은 지금 더없이 중요하고 공경해야 하는 곳[西京 今爲莫重莫敬之地]"
이니 宮內府 소속 벼슬자리를 몇 십 개 만들어 엄중하게 守直할 수 있도
록 해 달라고 청원하였다. 이러한 평안도 문인들의 건의는 당일에 고종
의 윤허를 받아 그대로 시행되었다.[104]

한편 이보다 몇 달 앞선 7월 19일에 김성기는 몇 해 전부터 평안북도
인사들이 '忠義契'를 만들어 뜻밖의 사태에 대비해 왔다고 하면서 이 조
직을 확장시키고 공식화할 것을 주청한 일이 있었다. 관찰사가 충의계
를 관할하게 하는데 그 중 우수한 사람이 있으면 중앙의 元帥府로 올려
등용해 달라는 것이었다. 만약 그렇게만 된다면 평안도 사람들이 절로
고무되어 모두 무예를 익힐 것이니 나라에서는 조금의 비용도 들이지
않고 몇 십만 명의 병사를 얻는 효과가 있을 것이라고 장담하였다.[105]
이러한 충의계의 채택 여부는 알 수 없으나 평안도 사회에서 '忠義'의
표명은 여전히 향촌 지배와 중앙 진출에 효과적인 機制로 작용했음을

---

103) 『承政院日記』, 高宗 40年 9月 18日(양력 11月 6日).
104) 『高宗實錄』, 高宗 40年 11月 16日.
105) 『高宗實錄』, 高宗 40年 7月 19日.

알 수 있다. 그리고 풍경궁 건설을 매개로 해서 평안도인의 관직 자리가 대폭 늘어날 수 있었던 점도 일정 부분 서경 건설에 적극적으로 참여한 평안도인의 '충의'를 공인받은 결과라고 할 수 있겠다.

마침내 광무 7년(1903) 12월 1일에는 어진과 예진을 太極殿과 重華殿에 봉안하였다.[106] 議政府議政 李根命은 서경을 다녀와서 고종에게 아뢰기를, "어진과 예진을 평안하게 봉안하니 모든 사람들이 기뻐 춤을 추었습니다"라고 하면서 당시 평안도민의 고조된 반응을 생생하게 전해주었다.[107] 그러나 광무 8년(1904) 2월에 러일전쟁이 발발하면서 서경 건설은 중단되고 말았다. 전쟁 기간 중 일본군은 평양에서 230만평이 넘는 토지를 군사·철도 용지로 수용하였는데, 이 수용지에 풍경궁을 포함시킴으로써 어진이 봉안된 서경의 황궁은 일본군의 숙소와 병영기지로 轉用되었다.[108] 또한 서경역의 최고 책임자인 민영철과 예하 관리들이 평안도민에게서 거둔 공사대금 1,000만 냥 중에서 무려 800만 냥에 달하는 금액을 착복한 것이 드러났다. 이로 인해 공사비 지급이 연체되고, 대금을 받기 위한 청구소송이 줄을 잇게 되었다.[109] 결국 천년 고도 평양에서 대한제국의 중흥을 염원하며 평안도 출신 전·현직 관리 및 지역민의 지지와 참여 속에 진행되었던 서경 풍경궁 건설은 러일전쟁의 소용돌이에 휩쓸리면서 일제의 군사기지로 전락하였으며, 수탈과 비리의 온상으로 낙인되어 부정적인 기억이 大宗을 이룬 채 미완의 사업으로 일단락되고 말았다.

---

106) 『高宗實錄』, 高宗 40年 12月 1日.
107) 『高宗實錄』, 高宗 40年 12月 10日.
　　'御眞睿眞 安寧奉安 而群情歡欣蹈舞矣'
108) 金允貞, 앞의 논문, 2007, pp.92~98.
109) 金允貞, 앞의 논문, 2007, pp.78~84.

제5장
한말 평안도인의 시세파악과 문화계몽운동

1. 지역사회의 변동과 지역민의 대응양상

1) 기독교계의 확산과 동학계의 팽창

고종 31년(1894)에 발발한 청일전쟁은 중국을 宗主로 하던 동아시아 세계에 심대한 변동을 초래하였다. 일본의 승전은 곧 수천 년간 지속된 중화질서의 해체와 종식을 의미하는 것이었기 때문이다. 청일전쟁의 진행 과정과 결과는 특히 평안도인에게 지대한 영향을 끼쳤다. 일본군이 평양에 포진해 있던 청군을 격퇴한 뒤 북상하여 중국 본토로까지 진격하는 상황은 전쟁 피해의 당사자로서 그 현장을 직접 체험하고 목도하였던 평안도 사람들에게 커다란 충격을 주었던 것이다.[1] 그리하여 청과 일본의 격돌이 평안도인에게는 단지 전쟁에서의 승패로 마감되는 것이 아니라 향후 그들의 진로를 좌우하는 하나의 分岐이자 尺度로 작용하게 되었다.

청일전쟁 초기에 평안도의 지방관과 지역민들은 청군의 승리를 예상하며 일본과 서양문명을 동일시해서 斥倭·斥洋의 태도를 견지하였다. 동년 9월 監司 閔丙奭은 淸軍이 평양에 들어올 때 직접 평양 외곽의 順安 40里까지 나가서 맞이하는 성의를 보여주었다.[2] 또한 민병석은 평안

---

1) 車瓊愛, 「淸日戰爭 당시의 戰爭見聞錄을 통해서 본 전쟁지역 민중의 삶」, 『明淸史硏究』28, 명청사학회, 2007, pp.114~116.

_____, 「청일전쟁(淸日戰爭) 당시 조선 전쟁터의 실상(實相)」, 『한국문화연구』14, 이화여자대학교 한국문화연구원, 2008, pp.79~91.

도 각 고을에 人馬와 식량 등 군수물자 일체를 청군에게 제공할 것을 지
시하고, 매일같이 청군의 진영을 방문해서 연회를 베푸는 등 물심양면
으로 지원을 아끼지 않았다.3) 나아가 명사수로 유명한 江界砲手를 포함
해서 평안도 군사 3,000명을 차출하여 청군의 지원병으로 배치하였고,4)
일본인에 대해서는 보이는 대로 '살육'하라는 명령을 내리기까지 하였
다.5) 청군이 倭兵을 쳐부수고 조선인의 원수를 갚아준다는 내용의 포고

2) 朴殷植, 『韓國痛史』, 「中日之平壤大戰」, 1915.
   '八月(음력-필자) 淸將馬玉崑左寶貴等 領兵來平壤 觀察使閔丙奭 出順安四
   十里迎之'
   5장의 본문과 각주에서 "(음력)"을 따로 표시하지 않은 날짜 표기는 모두 양력에
   해당한다.
3) 『駐韓日本公使館記錄』2, 機密 第20號 「平壤監司 閔炳奭의 飭令件」, 1894년
   8월 15일.
   "The Battle of Pyeng Yang-As seen by a Korean", *The Korean Repository*, vol.2,
   Sept. 1895, p.350. 당시 평양에 체류했던 미국인 선교사 모펫은 청나라 군사를 위
   해서 진력하는 민병석을 두고 흡사 淸兵의 下吏가 된 것 같았다고 말하기도 했
   다(『駐韓日本公使館記錄』3, 臨庶 第87號 「近頃平安道平壤ヨリ歸來セル米
   國人宣敎師モフエツト氏ノ直話」, 1894년 9월 3일).
4) 朴宗根 著 朴英宰 譯, 『淸日戰爭과 朝鮮-外侵과 抵抗-』, 一潮閣, 1989, pp.196~
   197.
   평양전투에 참여한 평안도 병사의 수에 대해서는 자료마다 차이를 보인다. 당시
   外務衙門 大臣이던 김윤식이 일본 사신에게 들은 전보 내용에 따르면, 평양성
   전투에서 청병이 일본군에 의해 거의 전멸을 당하였는데, 거기에는 조선인 병사
   도 3천명이나 포함되어 있었다고 한다[金允植, 『續陰晴史』7, 高宗 31年 甲午
   (『續陰晴史』上, 국사편찬위원회, 1971, p.337). '八月(음력)十八日壬戌晴 赴會
   議所 赴外署 日使信又到言 平壤軍電 來到言 十七日日兵 克平壤 淸兵擒殺
   殆盡 無一人得免者 朝鮮兵三千 亦在其中云 聞之甚慘 日人揭榜通衢 我民
   慣淸人之敗 至有製破榜紙者云']
5) 『駐韓日本公使館記錄』3, 臨庶 第87號 「近頃平安道平壤ヨリ歸來セル米國
   人宣敎師モフエツト氏ノ直話」, 1894년 9월 3일.

문을 보고 이를 맹신하여 일본인을 깊이 증오하는 평안도 사람도 적지
않았다.6) 중국인은 수백만 명이고, 일본인은 단지 수천 명에 지나지 않
기 때문에 청군이 "패배할 위험은 없다"고 확언하는 자도 있었다.7) 이
때 언급된 청군의 병력 규모는 사실과 크게 동떨어진 것이었지만, 그만
큼 청군에 호감을 지니고 절대적인 우세를 낙관한 발언임에는 틀림없
었다.

　평안감사의 영향 아래 하급 관리와 지역민에 이르기까지 청군에 대한
우호적인 반응은 평양에 와 있던 기독교 선교사에 대한 敵對로 표출되
기도 했다. 그것은 평안도에서 위정척사의 분위기가 고양되어 있던 것
과 함께 청과 결전을 앞둔 일본 세력이 서구 문명과 친연성을 가진 것으
로 간주되었기 때문이었다. 1894년 평양에서 청일전쟁을 겪은 장로교 선
교사 사무엘 마펫(Samuel Austin Moffett, 馬布三悅)의 다음과 같은 증언은
당시 반일정서와 결부해서 기독교 선교사를 적대하는 평안도인의 태도
를 선명하게 보여주고 있다.8)

　　一. 本人은 초여름부터 포교를 위하여 平壤城內에 거주하였으나 6월
　　　　중순경부터는 그곳의 官民들이 同 氏를 대하는 대우도 냉담하다고
　　　　하기보다는 차라리 薄待한다고 할 수 있으며 움직이려 하면 下等

　'清兵到着以來城內ノ人心日ニ激昂シ殊ニ清將幷ニ監司共日本人ハ見當リ
　次第殺戮スヘシトノ命令ヲ發シタル'

　6)『大阪朝日新聞』, 明治 27年(1894) 9月 8日[『東學農民戰爭史料叢書』23, 동학
　　농민전쟁백주년기념사업추진위원회, 1996, p.86].

　7) "The Battle of Pyeng Yang-As seen by a Korean", The Korean Repository, vol.2,
　　Sept. 1895, p.351.

　8)『駐韓日本公使館記錄』3, 臨庶 第87號「近頃平安道平壤ヨリ歸來セル米國
　　人宣敎師モフエツト氏ノ直話」, 1894년 9월 3일.

官吏들 때문에 종종 방해를 받았다. 원래 前 監司 閔丙奭은 閔氏
家門中에도 유명한 虐政家9)로서 그가 평양에 오고부터는 인민을
억압하여 致富에만 힘썼다고 하였다.

一. 7월 하순경이었다. 평양에 在留中인 日本人 3명은 免狀 없이 內
地에 들어왔다고 해서 平壤中軍의 명으로 체포되어 하인들에
의해 구타를 당했다고 하였다. 그래서 본인도 7월 27일, 28일경
은 路上에서 監司의 하인 때문에 2~3회 투석당한 일이 있었다.
그 설명하는 바에 따르면, 내가 일본인과 내통한다는 혐의가 있
어서였다. 이후 나는 城門 옆 한집에 잠복하여 외출하지 않으려
고 노력했기 때문에 다행히 아무런 상해를 입지 않았지만, 만일
당시에 함부로 외출하였다면 혹 치명적인 곤란을 당했을지도
모른다.

위 기록에 따르면 마펫은 평안도 官民에게 '박대'를 당하였으며, 일본
인과 내통한다는 혐의로 자칫 치명상을 입을 수 있는 험악한 상황에 처
해 있었다. 마펫 개인의 기록이지만 당시 친청적인 성향을 지닌 평안도
관민에 의해 다른 기독교 선교사들도 신변의 안전을 장담하기 힘든 처

---

9) 민병석은 평안감사로 있을 때 학문을 강론한다고 하면서 유생에게 『중용』·『대학』
을 가르쳤으나, 다른 한편으로 하루도 빠짐없이 뇌물을 받았고, 또 그 모든 이윤
은 아랫사람이 차지하여 평안도 사람들에게 '講學賊'으로 불렸다(『梅泉野錄』2,
高宗 31年 甲午(1894), 淸兵의 平壤進駐(黃玹 著 金濬 譯, 『梅泉野錄』, 敎文
社, 1994, pp.306~307). 또는 민병석이 날마다 『논어』·『맹자』만 읽고 학자들은 營
門에 떼를 지어 들락거렸는데, 민병석 자신은 청렴을 표방했지만 아전들과 부하
들의 '갈퀴질'로 백성들이 혜택을 보지 못했다고도 전해진다(一鄕暗, 「朝鮮高官
盛衰期, 半島天地를 흔들든 閔氏後裔의 今日, 當年勢道=於今安在」, 『別乾坤』
64, 1933.6.1.).

지였을 것으로 생각된다.[10]

그러나 청군에 대한 평안도인의 호의적인 자세는 차츰 혐오와 반감으로 바뀌어 갔다. 조선에 들어온 청나라 장수들은 '속국'을 보호한다는 명목으로 주둔하였기에 행동에서 거리낌이 없었던 것이다.[11] 당시 전쟁의 경과를 日誌 형식으로 기록한『平讓誌』의「甲午新續」에는 청군의 노략질을 감내해야 하는 평안도인의 처지가 잘 담겨져 있다. 그 한 대목을 뽑아서 소개하면 다음과 같다.

> 7월 4일에(음력) 淸兵이 평양에 도착하였다. 統領大人 左寶貴·馬玉崑·衛汝貴·聶桂林이 각자 5천의 군사를 이끌고 와서 주둔하였다. 좌보귀는 本郡의 吏廳, 마옥곤은 練光亭, 위여귀는 大同舘, 섭계림은 本郡의 鄕廳에 거처하였다. 거느리고 온 병사들이 많았으므로 각자 外城의 含毯門 밖과 蒼光山 근처에 진을 쳤다. 논밭에 참호를 파놓고 士民의 場屋을 무너뜨리니 주민들이 하루아침에 사방으로 흩어져서 돌아갈 곳이 없었다. 위여귀가 거느리고 온 병사는 山明塢라는 촌락에 진을 치고 外村으로 나가서 牛馬와 財貨를 빼앗으니 평양의 인심이 크게 소란하였다. … 청나라 병사가 우리나라에 온 뒤로부터 救援을 칭하면서 다소의 군량 및 馬草 등의 물품을 전적으로 지나가는 列邑에 책임지웠다. 그러나 평양에 도착해서는 조금도 전진하려는 뜻이 없고, 온전히 오랫동안 머물려는 계획만 일

---

10) 청일전쟁 한 해 전의 기록이지만 1893년 2월 감리교의 노블(W.A.Noble) 목사는 조선의 여행 경험담을 기술하면서 "평양에서 외국인에게 증오심을 가진 어느 관리의 영향으로 군중들이 들고 일어난 적이 있었다. 조선인들의 적개심이 어떻게 터져 나올지 예측할 수 없는 상태"라고 하여 官의 선동과 영향으로 기독교 선교사에 적대하는 평안도인의 모습을 전해주고 있다(서우드 홀 著 김동열 譯,『닥터 홀의 조선회상』, 東亞日報社, 1984, pp.95~96).

11) 권혁수,「청일전쟁 전후 조선에 관한 중국인의 체험과 기록 : 섭사성(聶士成), 허인휘(許寅輝) 및 당소의(唐紹儀)를 중심으로」,『한국학연구』29, 인하대학교 한국학연구소, 2013, p.750, pp.756~758.

삼았다. 여러 날 동안 軍餉, 馬草, 汁物을 한결같이 營府에 가혹하게 요
구하였기 때문에 감영과 관청에서도 청군의 요청을 감당하기 위해서 항목
마다 민간에 징색하고, 吏校輩도 중간에서 일을 보면서 못된 버릇이 생겨
났다. 그리하여 役 위에 役을 더하고, 거두는 것 외에 또 거두었다. 여기
에 겸해서 청나라 진영의 불량한 무리들이 사방으로 흩어져 약탈하므로
평양 일대에서 열 집 중 아홉 집은 비게 되었다. … 이보다 앞서 牙山浦
에 정박해 있던 청나라 장수 葉之超가 일본인의 습격으로 대패하여 경
상·강원·황해도의 경계를 지나 돌아가는데, 평양을 지나가는 邑村마다 노
략질을 당하지 않은 곳이 없었다.12)

　여기에서 알 수 있듯이 청군은 자신들이 필요로 하는 군량 및 馬草 등
을 평안도의 여러 고을에 전담시켰다. 평양 일대는 청군의 불량한 무리
들이 약탈을 일삼는 바람에 '十家九空'으로 표현되는 것처럼 마을이 황
폐화되는 형세를 면할 길이 없었다. 병에 걸려서 머리를 깎은 채로 있던
조선인을 청군이 일본인 첩자로 지목하고 죽이는 바람에 평안도의 승려
들이 모두 다른 곳으로 달아나 버리는 참혹한 일까지 벌어지는 상황이
었다.13)

---

12) 『平壤誌』, 「甲午新續」(『朝鮮時代私撰邑誌』47, pp.201~203).
　　'七月四日(음력) 淸兵到平壤 統領大人 左寶貴馬玉崑衛汝貴聶桂林 各率五
　　千兵以來屯 而左寶貴處於本郡吏廳 馬玉崑處於鍊光亭 衛汝貴處於大同館
　　聶桂林處於本郡鄕廳 而所統來兵衆 則各各結陣於外城含毯門外及蒼光山
　　近處 截塹禾穗之田疇 毁壞士民之墻屋 居民一朝四散無所佑歸 衛汝貴之所
　　統來兵陣於山明塢 各出外村劫掠牛馬及財貨 平壤人心大擾 … 淸兵之東來
　　稱以救援 多少軍糧及馬草等物 專責於所經列邑 及到平壤一無前進之意 全
　　事久留之計 而多日軍餉馬草汁物 一幷苟責於營府 故營府亦固其所請逐項
　　徵索於民間 吏校輩亦從中見事生風 役上加役 斂外及斂 兼以淸陣中不良之
　　徒 四散劫掠 平壤一境十家九空 … 先次來泊牙山浦淸將葉之超 大敗於日
　　人之掩擊 歷慶江黃三道界 而逃歸 平壤所經邑村 無不劫盜'

심지어 청군은 평양전투에서 대패했음에도 불구하고 아직 전투의 결과를 모르고 있던 평안도인들에게 완벽한 승리를 거두었다면서 戰況을 호도하였다. 그리고 '청군의 승리'를 기뻐하고 감사의 인사를 건네는 지역민들을 갈취하기까지 하였다. 이러한 청군의 모습을 지켜 본 평양 사람은 "한 때 신뢰와 존경이 있던 자리에 지금은 아무것도 없고 혐오와 증오만이 남아 있을 뿐이다. 이것은 지금까지도 그렇다. 평양 사람이 일본을 더 좋아해서가 아니라 중국을 더 큰 증오로 미워하기 때문이다"라고 회고하면서 청에 대해 적대로 변한 감정을 드러내었다.[14]

평양전투 이후에도 평안도 사람들은 일본군에게 연패를 당해 죽은 청병을 수도 없이 목격하였다. 일본군은 미처 도망가지 못하고 숨어 있던 청의 군사들까지 샅샅이 수색해서 체포하였다. 포로로 잡힌 청군은 노끈으로 두 손을 묶인 채 사람들의 구경거리가 되었다. 이러한 광경을 지켜 본 평안도인은 곰이나 호랑이가 여우와 살쾡이를 잡는 것과 다를 바 없는 형상이라고 하면서 "이들 淸兵이 결박당한 모습을 보니 지난날 함부로 민간을 노략질하던 기상이 없다"라는 말로 조소하였다.[15] 결국 청일전쟁의 패배로 청은 조선에서의 방어거점과 민심을 상실하였다. 이와 더불어 '종주국'으로서의 위상도 사라지게 되었다.

물론 전쟁 중에 일본군에 의한 방화와 약탈도 끊이지 않았다. 일본군이 평양에서 강탈해 간 귀금속만 해도 金이 26상자, 총량 25貫 350目이

---

13) 『平讓誌』, 「甲午新續」(『朝鮮時代私撰邑誌』47, pp.202~204).

14) "The Battle of Pyeng Yang-As seen by a Korean", *The Korean Repository*, vol.2, Sept. 1895, p.353.

15) 『平讓誌』, 「甲午新續」(『朝鮮時代私撰邑誌』47, pp.210~211).
　　일본은 포로로 잡은 청군을 결박하고 끌려가는 모습을 삽화로 그려서 홍보하기도 했다(武信由太郎·村松恒一郎 著, *An Illustrated Report on The Japan-China War* (日淸戰爭寫眞畵譜)2, "The Contrast(Physical)" (勇兵と弱卒), 1895.

었으며, 銀은 그보다 훨씬 많은 113貫 910目에 달했다.[16] 그리고 폭력적
인 방법을 동원하여 군량을 조달하고 인마를 징집하였다. 인부들에게
임금을 지불하거나 사용한 물품에 값을 지불하는 형식을 띠기도 하였지
만, 이는 궁극적으로 원활한 전쟁 수행을 위해 현지 주민들의 협조를 유
도하고 물자를 안정적으로 조달하려는 술책에 지나지 않았다.[17] 평안도
에서 반일운동이 전개되어 "일본 척후병이 생포되거나 살해된 것은 모
두 조선인에 의한 것"이라고 하거나 "대동강변에 돌을 쌓아 놓고 일본
병이 오면 청병을 도와 모두 죽이려고 한다"는 일본측의 보고가 있게 된
것은 당연한 귀결이었다.[18] 평안도인은 일본의 압력이 개입된 정책에
거부 반응을 보이면서 단발령을 따르지 않기도 하고,[19] 심지어 "조정의
대신들을 모두 일본의 앞잡이"로 여겨 지방관의 부임을 받아들이지 않
는 모습을 보이기도 하였다.[20]

　하지만 그렇다고 하더라도 평안도인의 대체적인 정서는 서양 문명의
외피를 입은 일본의 '문명화'에 많은 영향을 받았던 것이 분명하다. 『평
양지』에서는 청일전쟁 당시 평양에 주둔한 일본군이 폐단을 일으키지
않았고, 어지럽게 재물을 빼앗아 가는 일도 없었다고 하였다. 길가에 널
브러져 있는 청군의 시체를 방치하지 않고 役夫를 시켜 값을 치르고 묻
어주도록 해서 일본군을 '仁義之師'로 칭송하는 일까지 있었다.[21] 이에

---

16) 『日淸戰爭實記』7, 「(平壤)分捕金銀の類別」, 1894, p.91.
17) 차경애, 앞의 논문, 2008, pp.72~84.
　　姜孝叔, 「청일전쟁기 일본군의 조선병참부-황해·평안도 지역을 중심으로-」, 『한
　　국근현대사연구』51, 한국근현대사학회, 2009, pp.143~166.
18) 朴宗根 著 朴英宰 譯, 앞의 책, 1989, p.196.
19) 『平讓誌』, 「甲午新續」(『朝鮮時代私撰邑誌』47, p.216).
20) 『梅泉野錄』2, 高宗 31年 甲午(1894)[黃玹 著 金濬 譯, 『梅泉野錄』, 敎文社,
　　1994, pp.319~320].

비해 청군은 平壤 外城의 羊角島 주민들을 향해 총을 난사한 경우가 있었는데, 일본군은 그러한 청군과 대조적으로 주민들의 구호에 진력함으로써 수백 명의 목숨을 건질 수 있게 되었다는 등의 일화들이 미담으로 소개되기도 하였다.[22] 이런 맥락에서 의주 출신으로 司憲府 執義(종3품)를 역임한 金禹用은 청을 '敵國'으로 표현하면서 효종 때 이루지 못한 '北伐'을 제기하며 구체적인 군사방략을 상주하고 그 실행을 타진하는 상황이었다.[23] 이처럼 중국 중심의 중화질서가 힘을 잃게 되면서, 그 자리를 대신하여 새로운 사회 질서와 사상 변환이 요구되고 있었다.

중국을 중심으로 한 중화질서의 폐기는 서구 문명과 표리관계에 있는 기독교에 대해 한층 수용적인 자세를 갖는 것으로 나타났다.[24] 당시 선교사들에 따르면, 청일전쟁에서 만일 중국이 승전했다면 한국에서의 선교 활동은 중지되었을 것이라고 하였다. 그러나 일본이 승리함으로 말미암아 시대의 변천과 새로운 사상에 민감한 조선인들이 일본(서양) 쪽으로 기울게 되었다고 진단하였다.[25] 그동안 기독교에 배타적이던 사람들도 마음을 바꾸어 선교사가 스스로 느끼기에 '놀랐다'고 할 정도로 친근감을 표시하는 경우가 부쩍 늘어나고 있었다.[26]

---

21) 『平壤誌』, 「甲午新續」(『朝鮮時代私撰邑誌』47, pp.213~214).
22) 『平壤誌』, 「甲午新續」(『朝鮮時代私撰邑誌』47, pp.206~207).
23) 『承政院日記』, 高宗 32年 2月 2日(己巳).
24) 金相泰, 『近現代 平安道 出身 社會指導層 硏究』, 서울대학교 박사학위논문, 2002, pp.29~30.
25) 서명원(Roy E.Shearer) 著 이승익 譯, 『한국교회성장사』, 대한기독교서회, 1966, p.54.
26) 이철, 「개신교 선교 초기 평양지역민들의 선교사 인식 연구-1894년 평양기독교박해사건과 청일전쟁을 중심으로-」, 『한국민족운동사연구』55, 한국민족운동사학회, 2008, pp.23~24.

청에 빌붙어 백성을 착취하던 평안감사 민병석의 교체도 기독교의 확산에 우호적인 여건을 조성하였다.27) 고종 31년(1894) 7월 일본군에게 경복궁을 점령당한 조선 정부는 일본의 압력을 받아 친청적인 민병석을 대신해서 金晩植을 평안감사로 내려 보냈다.28) 그러나 민병석은 청나라 北洋大臣 李鴻章이 만류한다는 점을 내세워 김만식과 교체하지 않고 자리를 보전하고 있었다. 세간에는 "민병석은 청의 감사이며, 김만식은 일본의 감사"라는 말이 회자되는 상황이었다.29) 그러다가 전황이 일본에게 유리하게 흘러가자 민병석은 한동안 소재불명인 채로 도주하기까지 하였다. 반면에 평양에서 선교사들이 머무르던 거주지와 예배당은 물품의 약탈을 피할 수는 없었으나 청군이 떠난 자리에서 평안도 주민에게 일종의 치외법권적인 피난처로 기능하였다.30) 전쟁이 끝난 뒤 관찰사로 부임한 김만식은 여전히 소재 파악이 되지 않는 민병석에 관한 일과 사라진 印信 및 兵符 등을 새로 만들어 보내 달라는 내용을 담아 장계를 올렸다.31) 아울러 평양에서 병원과 학교의 운영 등을 통해 전쟁 수습을

---

27) 민병석 집안은 임오군란 과정에서 민비(명성황후)의 피난길을 호종하고 청군을 앞세워 환궁한 뒤 민씨척족의 핵심으로 부상한 가문이다. 민병석은 평안감사 재임시 부정한 방법으로 막대한 재산을 축적하여 백성들에게 '악귀'와 같은 공포의 대상이었다고 한다(남금자, 「대한제국기 민씨척족 민병석과 충주지역의 토지소유」, 『한국사연구』162, 한국사연구회, 2013, pp.393~407).

28) 『承政院日記』, 高宗 31年 6月 26日(辛未)[음력].

29) 『梅泉野錄』2, 高宗 31年 甲午(1894), 淸兵의 平壤進駐(黃玹 著 金濬 譯, 『梅泉野錄』, 敎文社, pp.306~307).

30) Samuel Austin Moffett 著 옥성득 譯, 『마포삼열 서한집 제1권(1868~1894)』, 두란노아카데미, 2011, pp.612~613.
서우드 홀 著 김동열 譯, 앞의 책, 1984, p.121.

31) 『承政院日記』, 高宗 31年 9月 19日(壬辰).
김만식은 청일전쟁 기간 중에 私邸에 머물다가 1894년 8월 27일(음력)에야 정식

돕는 선교사에게 호의적인 태도를 보여주었다.[32] 이를 계기로 평안도내에서 '위정척사'의 배타적인 분위기가 한동안 잠잠해지고 기독교에 대한 공식적인 접근이 한결 용이하게 되었다.

이른바 네비우스 방법(Nevius methods)으로 불리는 기독교 선교정책도 평안도의 교세 확장에 주효하였다. 1890년 이전까지 기독교 선교본부는 당시 정치정황으로 보아 대규모 선교사업이 불가능하다는 판단하에 인원과 사업비를 늘리지 않고 있었다. 이런 가운데 1890년에 한국에 온 네비우스 목사의 자립(自立), 자치(自治), 자전(自傳)을 골자로 하는 방침을 공식적인 선교정책으로 채택함으로써 선교사측의 인력과 경제력의 투입을 가급적 억제하여 평안도인이 점차 자력으로 교회 운영의 한 축을 담당할 수 있게 되었다.[33] 여기에 1893년부터 부녀자들과 하층민의 傳道에 주력하고, 모든 문서는 한글로 기재한다는 선교방침도 기독교세의 확산을 이끈 전반적인 요인으로 작용하였다.[34]

기독교는 단순히 신앙의 차원을 넘어 지방관의 '虐政'에서 벗어날 수 있는 유력한 방패막이가 되어 지역민으로부터 환영받을 수 있었다. 광무 3년(1899) 『皇城新聞』의 기사에 따르면, 평안도 사람들은 "亂離도 不畏오 凶年도 不畏오 虎狼도 不畏로듸 但 此觀察 此郡守가 大畏"라고 하듯이 거듭되는 난리와 흉년과 호랑이는 두렵지 않지만 관찰사와 군수의

으로 평안감사에 부임할 수 있었다[『平讓誌』, 「甲午新續」(『朝鮮時代私撰邑誌』 47, p.214). '八月二十七日 觀察使金晩植 新差到任(姑留私邸)'].

32) Samuel Austin Moffett 著, 옥성득 譯, 『마포삼열 서한집 제1권(1868~1894)』, 두란노아카데미, 2011, pp.617~618.
서우드 홀 著 김동열 譯, 앞의 책, 1984, pp.123~125.
33) 白樂濬, 앞의 책, 1973, pp.168~171.
이만열, 『한국기독교와 민족의식』, 지식산업사, 1991, pp.271~272, p.452.
34) 이만열, 앞의 책, 1991, p.15.

탐학은 견디기 힘든 것으로 여겼다고 한다. 그러나 이들 지방관이 천주교인에게 錢兩을 침탈하려다가 선교사에게 '大困境'을 당한 뒤로는 기독교인을 함부로 하지 못했다는 것이다. 그리하여 "今에는 西道民이 上自千石富家로 下至一角農民이라도 錢分이 有호 者는 殆乎西教로 毆入호 地境"이라고 말해질 정도로 기독교로 '달려 들어가는' 사람들이 많아지게 되었다.35)

평안도에서 기독교세의 확장은 통계 자료에 의해서도 뒷받침된다. 1885년부터 1910년까지 설립된 전국 683곳의 교회 중에서 평안도는 38%에 해당하는 260곳(평북 98, 평남 162)을 차지할 정도로 한국 기독교계의 중심을 형성하였다. 1891년에 1곳에서 시작된 평안도의 교회 설립은 1900년 한 해에만 33곳이 설립되는 등 義和團의 亂으로 기세가 꺾이기 전까지 지속적인 성장을 해나갔다.36) 교인 수에서도 1894년 이전까지는 전국적으로 100~150명에 불과했으나,37) 1898년 현재 개신교인으로 추산되는 9,721명 중에서 평안도·황해도 교인은 6,475명으로 66.6%의 비율을 차지할 만큼 교세가 확장 일로에 있었다.38) 한국의 초기 개신교 발전에

---

35) 『황성신문』, 論說, 1899년 8월 10일. '太華山農이 硯田을 設호고 雲橋北麓에서 傭耕호더니'
36) 李光麟, 「開化期 關西地方과 改新教-改新教 收容의 一事例-」, 『韓國開化思想研究』, 一潮閣, 1979, p.242.
37) 서명원(Roy E.Shearer) 著 이승익 譯, 『한국교회성장사』, 대한기독교서회, 1966, p.53.
38) 장규식, 『일제하 한국기독교민족주의 연구』, 혜안, 2001, p.34.
    다른 자료에 의거해서 산출한 통계에서는 1898년 한국 장로교 교인 총 2,079명 중 1,058명(약 50.9%)이 평안도에 있었고, 1900년대 초반에는 평안남북도와 황해도의 세례교인이 전국 장로교인의 80%에 이르렀다고 한다(한국기독교역사연구소 북한교회사집필위원회 편, 『북한교회사』, 한국기독교역사연구소, 1996, p.68의 <표 Ⅱ-4> 참조).

대해 셰어러(R. E. Shearer)는 평양의 세례교인 수가 1895년에 75명이었던 것이 1898년에는 1,058명으로 3년 동안 10배 이상이 되었음을 지적하며, 서울에서는 세례교인 수가 10배가 되기까지 10년이 걸렸다는 사실과 대비하였다.[39] 개신교의 성장은 초기 선교사들이 활동을 집중시켰던 서울보다도 평안도를 위시한 서북 지방에서 두드러지게 나타나고 있었던 것이다.[40]

평안도에서 기독교세의 비약적인 성장은 다음과 같이 지역 내에 공간 분할을 가져오고 기독교 계열의 사립학교가 많이 설립되는 배경이 되었다.

> 평양부의 城 서쪽 景昌門 안과 上水口門의 바깥에는 별도로 번창하고 왕성하며 크고 아름다운 경계가 있으니, 곧 耶蘇敎 敎堂의 건축으로 날로 달로 증가해서 크고 넓게 썩 잘 지은 집(甲第)과 그림 같은 집(畵甍)들이 높은 하늘(雲宵)에 여러 채가 솟아 있었다. 장대현 및 남산현은 中城地와 더불어 몹시 크고 넓은 敎堂을 갖추고 大·中·小學校와 敎堂이 또한 그 중에 있었다. 과목을 나누어서 가르치는 것은 날마다 발전하는 實效가 있어서 어린 학도로서 각 기술에 몸소 능통한 자가 수천 명이나 되었다고 한다. 학교의 興旺을 여기에서 볼 만하다.[41]

---

39) 서명원(Roy E.Shearer) 著 이승익 譯, 『한국교회성장사』, 대한기독교서회, 1966, p.141.
40) Chull Lee, *Social Sources of the Rapid Growth of the Christian Church in Northwest Korea: 1895-1910*, Boston University Graduate School of Arts and Sciences doctoral dissertation, 1997, p.1.
41) 『平讓誌』, 「甲午新續」(『朝鮮時代私撰邑誌』47, p.225).
　'府之城西景昌門內 上水口門之外 別有興旺宏麗之界 乃耶蘇敎敎堂之建築 日增月倍 甲第畵甍 絡澤於雲宵之間 將臺峴及南山峴與中城地 俱宏濶之敎 堂 大中小學校敎堂亦在於其中 分課敎授 有日就月將之實效 而幼年學徒身 通各技者 乃至數千人云 學校之興旺於此可見矣'

이처럼 평양성 경창문 안과 상수구문 밖에 들어선 기독교 교회들은 평양의 도시 경관을 새롭게 바꾸고 있었다. 이 지역에 예배당과 더불어 학교가 속속 설립되면서 근대 학문과 기술이 전파되는 중심지로서의 역할과 인식이 새로 부과되고 있음도 알 수 있다. 1900년에 촬영된 것으로 알려진 <그림 5>의 평양 장대현 교회 건물 사진은 인용문에서 언급된 "크고 넓게 썩 잘 지은 집과 그림 같은 집"들이 웅장하게 솟아 있는 광경의 한 장면을 압축적으로 보여주고 있다.

<그림 5> 평양 장대현 교회 건물 전경(1900년)

* 출전 : 한국저작권위원회(http://terms.naver.com/entry.nhn?docId=2204497&cid=51267&categoryId=51267)

교회와 학교가 나란히 자리를 잡은 평안도 사회에서 기독교는 부와 풍요를 한 눈에 보여주는 징표이자 근대 교육을 접하는 매개체로 인식되어 갔다.42) 이는 학교 수의 설립 현황에서 단적으로 드러난다. 1910년

---

42) 블레어(W. Blair)라는 평양 선교사는 "우리 선교 공동체는 집 7채와 미국 아동을 위한 학교를 갖추고 있습니다. 또 한국인을 위한 학당(Korean Academy)과 예배당 3개도 있습니다. 사실상 작은 미국인 마을입니다. 몇 마일 밖에서 구경하러 온 한

현재 學部에서 조사한 전체 학교 수는 2,237개교였다. 평안도는 전국에서 가장 많은 805개교(36%)가 설립되어 있었는데, 그 중에서 사립학교가 784개교로 절대 다수를 차지하였다. 그리고 여러 계통의 사립학교 중에서 절반이 넘는 370개교가 대부분 기독교 계열의 학교였다. 이는 당시 漢城府에서 관·공립과 사립을 모두 합해 113개교(5%)의 학교가 세워졌던 것에 비하면 현격한 차이를 보이는 것이라고 할 수 있었다.[43]

기독교는 개인만이 아니라 국가와 민족을 부강하게 만드는 유력한 방도로 간주되었다. 서구 열강의 권력과 번영이 기독교를 추구한 결과라고 판단했던 것이다. 이 시기 기독교인의 민족의식은 '충군애국'을 표방하는 것으로 나타났는데, 그 밑바탕에는 강력하게 침투해 오는 외세로부터 국가를 보위해야 한다는 위기감이 강하게 작용하고 있었다.[44] 특히 평안도 기독교인들은 일요일마다 집과 교회에 태극기를 내걸며 다른 지역보다 충군애국의 감정을 뚜렷이 드러내고 있었다.[45] '문명개화'에

국인들에게는 살아있는 경이(marvel)입니다."라고 보고하고 있다[W. N. Blair, "Pyengyang, Korea, to The Presbyterian Church at Solomon, Kansas, L."(21 January 1902), Presbyterian Historial Society, Philadelphia[Chull Lee, "Social Sources of the Rapid Growth of the Christian in the Northwest Korea : 1895~1910", Ph. D. Boston University Graduate School of Arts and Sciences, 1997, p.26 재인용-)].

43) 李光麟, 「開化期 關西地方과 改新敎-改新敎 收容의 一事例-」, 『韓國開化思想硏究』, 一潮閣, 1979, pp.243~244.

44) 한국기독교역사학회 편, 『개정판 한국기독교의 역사』1, 기독교문서, 2015, p.256.

45) 일요일에 교회와 집에 태극기를 거는 것이 전국적으로 보편적인 관행은 아니었지만 평양에서는 흔한 일이었다. 대동강변을 따라 대나무 대에 작은 태극기들이 집집마다 펄럭이고 있는 것을 볼 수 있었다[J. H Well. "Missions in Pyengyang, Korea", Missionary Review of the World, 11(Nov 1898)(Chull Lee, "Social Sources of the Rapid Growth of the Christian in the Northwest Korea : 1895~1910", Ph. D. Boston University Graduate School of Arts and Sciences, 1997, p.201에서 재인용-)].

대한 열망과 민족의식이 종교적인 요인보다 더욱 중시되어 표출되기도
하였다. 가령 기독교 계열의 학교에 다니는 학생들이 과중하게 聖經을
가르친다는 이유로 동맹휴학을 하거나 학교운영에 '반발'하는 사태가
발생하곤 했던 것이다.46) 1894년에 장로교에 입교한 安昌浩가 "최초 평
양에서 야소교를 신앙할 때 선교사가 노예와 같은 대우를 한다하여 이
를 구타한 바 있"었다는 사건도 같은 맥락에서 이해될 수 있다.47)

기독교를 통한 정치 참여와 사회적 연대도 늘어나고 있었다. 『독립신
문』의 기사에 따르면 평안도와 황해도의 기독교인들은 정부에서 새로
제정한 법률 장정을 숙지하고 있는 경우가 많아서 고을의 수령이 부당
하게 세금을 징수하고자 하면 법에 의거하거나 동네 사람의 단합된 힘
으로 저지한다는 것이다. 그러면서 이와 같은 '개명 진보'를 성취하기
위해 젊은이들을 권면할 것을 촉구하고 있었다.48) 특히 1898년에는 기
독교인을 중심으로 독립협회의 평안도 지회가 조직되고 있었다. 전반적
으로 독립협회가 지방의 지회 설립에 소극적이었던 만큼,49) 독립협회의
지회 설립은 중앙에서가 아닌 각 지역민의 자발적인 노력의 산물로 여
겨진다. 그 중에서도 1898년 10월 11일까지 인가를 받은 지회 8곳(공주,
평양, 대구, 선천, 의주, 강계, 북청, 목포) 중 4곳(평양, 선천, 의주, 강계)
이 평안도에 집중적으로 설치된 것을 보아 평안도인의 사회활동과 정치
참여에 대한 의지는 매우 강했던 것으로 여겨진다.50)

---

46) 白樂濬,『韓國改新敎史 1832-1910』, 연세대학교 출판부, 1973, p.416.

47) 최기영,『한국 근대 계몽사상 연구』, 일조각, 2003, p.326, p.338.

48)『독립신문』, 1898년 2월 19일.

49) 주진오,「1898년 독립협회 운동의 주도세력과 지지기반」,『역사와 현실』15, 한국
    역사연구회, 1995, p.204.

50)『독립신문』, 1897년 2월 19일.
   『독립신문』, 1898년 8월 27일.

그 중 평양지회는 충청남도의 공주지회가 1898년 봄에 가장 먼저 설립된 데 이어 그 해 7월 31일에 전국에서 두 번째로 인가를 받아 조직되었다.[51] 이러한 평양지회는 1897년에 독립협회에 가입하여 사회운동에 참여해온 안창호를 필두로 김종섭, 한석진, 방기창 등 기독교인들에 의해 주도되었으며, 1898년 9월 말 현재 80여명의 회원을 보유하고 있었다.[52] 평안도의 지회 활동을 주도한 평양지회는 정치·사회적 참여의 영역을 넓혀 나갔다. 예컨대 1898년 가을에는 총대위원을 서울에 보내 독립협회에서 모화관을 독립관으로 바꾼 것과 같이 평양에도 종래 청국 사신을 영접하던 公廨를 보수하여 '독립관'처럼 사용하겠다고 청구하였다.[53] 지방관의 폭정과 부패를 고발하는 일도 주저하지 않았다. 1898년 10월 평양지회의 회의석상에서 당시 평안남도 관찰사 조민희와 평양 군수 이계필을 부정한 관리로 성토하였다. 그 결과 이들이 사직하려 한다는 기사가 『독립신문』에 게재되기도 하였다.[54] 의연금을 모아 재정적인 곤란을 겪고 있던 독립협회 중앙본부를 돕기도 하였다. 1898년 11월 15일에 정부의 탄압을 받아 중앙 본회의 지도자들이 구속되고 경비도 부족하다는 소식을 듣고는 "忠君愛國ㅎ는 目的에 興替가 一般이오 休戚이 同數이온바 其在血心相保之義"로서 중앙 본회에 총대위원 3명을 파견하여 보조금 50원을 봉정한 것이 한 예이다.[55] 동년 12월에는 만민공동회

『독립신문』, 1898년 9월 13일.

　　『독립신문』, 1898년 9월 20일.

　　『독립신문』, 1898년 10월 12일.

51) 鄭喬, 『大韓季年史』4, 光武 2年(1898) 10月.

52) 장규식, 「일제하 기독교 민족운동의 정치경제사상 : 안창호, 이승만 계열을 중심으로」, 연세대학교 박사학위논문, 2000, p.19.

53) 『독립신문』, 1898년 9월 13일.

54) 『독립신문』, 1898년 10월 27일.

의 경비 부족을 보충하기 위해 평양의 부민을 회집하여 자원하는 바에 따라 義助金을 청구하여 400원을 먼저 송금하고 500원을 추가로 모금하는 운동을 추진하기도 하였다.[56]

이렇듯 기독교 세력이 평안도에서 영향력을 발휘하며 다양한 활동을 전개하는 것에 대해 반발하는 세력도 적지 않았다. 특히 1900년에 중국에서 '扶淸滅洋'의 기치를 내걸고 일어난 의화단의 난은 국내에서 노골적으로 反기독교적인 움직임을 분출시키는 기폭제가 되었다. 1900년 7월 의화단이 한국 국경에까지 접근하면서 東學徒 중에는 의화단을 따르고 모방하는 자들이 있어 평안도의 기독교 사회를 바짝 긴장시켰다.[57] 선교사들은 의화단의 영향에서 벗어나는 동시에 기독교회를 정치적 소용돌이로부터 보호하려는 취지에서 1901년 9월 교회의 비정치화를 규정한 '政敎分離'의 결의안을 채택하였다. 이를 계기로 평안도인 중에는 기독교를 외면하는 경우가 많아 1905년 국권 피탈의 위기로 항일운동에 적극 나서기 전까지 기독교는 한동안 침체기를 겪게 되었다.[58]

평안도에서 기독교가 의화단의 난을 계기로 침체된 반면에 동학은 교세가 크게 진작되었으며 전국적으로도 가장 활발한 성장세를 보여주었

55) 『황성신문』, 1898년 11월 17일.
   鄭喬, 『大韓季年史』4, 光武 2年(1898) 11月.
56) 『황성신문』, 1898년 12월 19일.
57) 이혜원, 「의화단 운동이 한국 개신교 선교현장에 미친 영향」, 『한국기독교와 역사』, 한국기독교역사연구소, 2010, pp.225~227.
58) 李萬烈, 『韓國基督教와 歷史意識』, 지식산업사, 1981, pp.270~272.
   1901년~1905년 사이에 기독교가 침체기를 겪는 동안 평안도 지역의 사립학교를 설립하는 주체도 점차 선교사에서 지방 관리나 지역민으로 바뀌어 갔다(임인재, 「1895~1910년 평안도 사립학교 설립 과정과 주체」, 『사학연구』120, 한국사학회, 2015, pp.89~90).

다. 동학이 평안도 지방에 처음 전래된 것은 1879년경이었다. 그러나 1894년 동학농민전쟁의 우두머리인 全琫準이 체포되었을 때 西北 3道 (황해·평안·함경도)에 동학이 전파되었는지 모른다고 했을 정도로 당시까지 평안도에서 동학의 교세는 부진한 편이었다.59) 그러다가 三南에서 해산된 동학농민군이 흘러들어 1897년부터 입교자 수가 점차 늘어나더니 1900년 의화단의 난을 거친 이후에는 비약적으로 수가 증가하여 1903년에 이르면 전국에서 동학의 교세가 가장 왕성한 지방으로 자리매김하였다.60) 그리하여 이 무렵 평안도에서는 "眞所謂 家家東學이오 人人이 呪文을 외우게 되엿엇다"고 하는 형국이었다.61)

평안도에서 동학의 교세가 팽창하는 추세는 포교 조직을 확대·정비하는 과정을 통해서도 확인된다. 즉 1896년에 동학 교단에서 평안도인을 接主(교도 105명 이상 관리)로 임명한 이후, 1899년경에는 首接主(500명 이상 관리)와 大接主(1,000명 이상 관리)를 두었으며, 1903년 2월에는 10,000여명을 관리하는 義昌大領을 4명 임명하였는데, 그 중에서 3명이

---

59) 조규태,「舊韓末 平安道地方의 東學-敎勢의 伸張과 性格에 대한 檢討를 중심으로-」,『東亞硏究』21, 서강대학교 동아연구소, 1990, pp.51~56.

60) 韓末 동학과 천도교의 전개과정에서 서북지방은 크게 세 시기에 걸쳐 비중 있게 취급된다. 첫째는, 1894년 말 동학농민운동이 와해되어 교단활동의 중심지가 삼남지방에서 서북지방으로 이동하게 된 1896~97년의 시기이다. 둘째는, 1900년 의화단의 난 이후에 동학 교세가 전국에서 최고 수준에 도달하는 시기이다. 셋째는, 1906년 동학에서 갈라져 나와 친일단체 일진회를 이끌던 이용구세력이 천도교에서 黜敎되는 과정에서 상당한 재정을 가져감에 따라 재정난에 봉착한 천도교가 서북지방의 재정을 흡수하기 위해 서북의 신자를 적극적으로 포섭하던 시기이다. 이에 관해서는 高建鎬,「韓末 新宗敎의 文明論 : 東學·天道敎를 中心으로」, 서울대학교 박사학위논문, 2002, p.18 각주 25참조.

61) 李敦化,「第3編 第6章 聖師의 外遊」,『天道敎創建史』, 天道敎中央宗理院, 1933, p.31.

평안도 사람이었을 정도로 평안도에서 동학교세는 가파른 상승세를 보여주고 있었다.[62] 홍경래의 후손인 洪基兆와 그 從兄인 洪基億도 각각 1893년과 1894년에 동학에 입교하였는데, 이들은 1896년에 崔時亨을 만나 接主의 任帖을 받은 뒤에 태천, 영변, 박천 등지에서 활발하게 포교활동을 전개함으로써 1900년에는 平安道 大接主로 임명될 수 있었다.[63]

위에서 언급했듯이 '滅洋'을 내세운 의화단의 난은 평안도에서 反기독교적인 움직임과 짝하여 동학의 교세가 확장되는데 직접적인 계기가 되었다. 이와 관련해서 1900년 9월 10일 마펫 선교사가 기독교 탄압에 대한 풍문을 듣고 알렌 공사에게 보낸 보고서에는 당시 평안도에서 東學徒와 일부 지방관들이 기독교인을 배격하는 태도를 적나라하게 보여준다.

> 1. 雲山 광산 지구의 서쪽에 위치한 국경 지역인 龜城에서 두 명의 지방 관리가 현지 기독교인들을 비방하고 체포하면서 많은 문제를 일으키고 있습니다. 이들은 天馬面과 沙機面의 執綱입니다. 천마면의 집강은 기독교인 두 명을 체포하여 심문을 많이 하고 심하게 때린 후에 방면하였습니다. 그렇지만 그는 추수가 끝난 후에 외국인들과 현지 기독교인들을 모두 살해하거나 쫓아낼 것이라고 말하였습니다.
> 1. 義州, 龜城, 龍川 등의 각 郡에는 음력 10월에 보부상과 동학도가 함께 일어나 기독교인들과 외국인들을 일체 屠戮할 것이라는 말이 퍼져 있습니다.
> 1. 북쪽 지역에서 동학도의 수가 더욱 늘어나고 있으며, 그들은 기독교

---

62) 조규태, 앞의 논문, 1990, pp.71~77.
　　1903년 2월에 임명된 의창대령은 李謙洙(定州), 羅仁協(成川), 文學洙(介川), 朴永九 등 4명인데, 이 중에서 박영구를 제외하면 모두 평안도 출신이었다(天道敎史編纂委員會, 『天道敎百年略史』上, 1981, p.337).
63) 조규태, 앞의 논문, 1990, pp.63~64, p.68.

인의 재산을 탈취하고자 기독교인을 모아들이기 위해서 마치 기독교
인이 자신들의 교리에 마음을 쏟는 것처럼 (기독교인의) 흉내를 내고
있다고 합니다.

1. 淸國과의 邊界에서 의화단은 가톨릭이나 개신교인을 잡아오는 한국
   인에게 15兩(10元)을 상금으로 지급하였습니다.

1. 의주는 안정되어 있지만 지방관은 기독교인을 억압하며 기독교인을
   보호하라는 서울의 훈령을 따르지 않습니다[외부대신은 기독교인을
   보호하는 훈령을 이미 승인했습니다].

1. 의주의 많은 상인들이 소요와 난리를 두려워하여 모두 떠났습니다.

1. 용천에서는 폭도들이 교회를 공격하고 파괴하였습니다. 그들은 10명
   의 기독교인들을 잡아다가 무참히 두들겨 패고 풀어주었습니다. 또 그
   들은 지방관에게 편지를 보내 기독교인들을 盡滅해도 될지를 문의하
   였는데, 지방관은 "西學을 하는 비적들(Western Learning Boxers)을
   어찌 파괴하지 않을 수 있겠는가"라고 대답하였습니다[밑줄 필자].[64]

---

64) 『舊韓國外交文書』12, 美案 3, 1900年 9月 14日. No.2209 宣教師 및 教民保護
   要請, 附. 모페드報告(基督教士·教民의 拘留 및 詰難風聞, 1900. 9.10)[고려대
   학교 출판부 영인본, pp.14~15 漢譯]. "龜城, 卽採礦雲山西隣邑也, 該郡居兩
   姓, 拘毀教徒, 大致騷擾 而此兩人卽天馬面·沙機面執綱也, 天馬面執綱, 拘
   留教徒兩名 多經詰駁, 加以酷打, 乃爲放還, 而該執綱稱, 至於秋收後, 將外
   國教士與本土教民一幷殺了或逐出, 在義州·龜城·龍川各郡傳言, 則擬於十
   月, 負商與東學並起, 將教徒與外國人一切屠戮, 東學則增熾於北邊 方欲奪
   取教人之財產, 所以該等聚集, 如教人專心於自己等教道, 在淸國邊界, 義和
   團給賞金拾五兩[十元]於韓人, 能拿到天主教或正教者, 義州則近於安靖, 然
   地方官抑壓教人, 而不遵京部安護之訓令[外部大臣已准 安護之訓令也], 在
   義州多數商民, 畏此擾亂, 幷爲離發, 在龍川匪徒, 破壞教堂, 一面拿去教人
   十名, 猛打放送, 且送牒於該地方官, 請盡滅教徒與否, 地方官答內, 何以能
   此耶, 不爲打損西國教師也". 漢譯의 밑줄 친 부분에 해당하는 마켓 보고서의
   英文은 "The Magistrate replied How is it possible not to destroy the 'Western
   Learning Boxers'"라고 되어 있어 서양의 선교사를 손상(打損)시켜서는 안된다고
   한 漢譯本의 내용과 차이를 보인다. 여기에서는 英文을 漢譯으로 옮기는 과정
   에서 착오가 있었을 것으로 보고 英文에 의거해서 해석하였다.

이상에서 東學徒가 의화단에 편승해서 외국인과 현지 기독교인들을 '屠戮·盡滅'하려는 뜻을 가지고 있었고, 일부 지방관은 거기에 동조하는 태도를 분명히 하였음이 확인된다. 비록 동학은 불법으로 간주되어 官의 탄압을 받았지만 반외세의 측면에서 위정척사를 견지하는 지방관과 동조하는 부분이 있었던 것이다. 그리하여 신교사 마펫은 1900년에 평안북도 관찰사 겸 察邊使로 부임한 李道宰[65]를 '耶蘇敎 排斥者'로 지목하면서, 일전에 관찰사가 기독교인을 도륙하겠다는 뜻을 휘하의 군수들에게 밝힌 것과 의주·선천 등지에서 체포된 동학당을 풀어주도록 훈령을 내렸다는 說을 거론하며 이도재가 거의 동학의 무리와 한패일 것으로 추정하기도 했다.[66]

평안도에서 동학이 기독교를 배척한 이유는 신분 구성과도 밀접한 관련이 있었다. 1900년까지 동학을 수용하는 데 앞장섰던 인물들은 상당수가 양반 신분을 가진 자로 전통적인 漢學을 배운 지식인이 많았다. 인적

---

65) 『高宗實錄』, 高宗 37年 7月 23日.
　　『高宗實錄』, 高宗 37年 8月 20日.
66) 『駐韓日本公使館記錄』15, 公信 第20號「耶蘇敎排斥ニ關シ韓民不穩云々ニ
　　付情況報告」, 1900년 11월 25일.
　　그러나 한편으로 이도재는 광무 5년(1901) 2월 평안북도 관찰사 겸 평안북도 재판
　　소 판사로서 보고서를 작성할 때 '惑世誣民之弊'를 우려하여 '邪敎'인 동학을
　　발본색원해야 한다는 입장을 표명하였다[『非章訓學存案』2, 光武 5年 2月 17日
　　(규장각 소장, 古 5125-4)[『各司謄錄』37, 국사편찬위원회 영인본, 1989, pp.357~
　　359, 이하 책명과 쪽수만 표시함). 이도재가 자신의 관할에 있는 평안북도 21개郡
　　의 郡守에게 내린 訓令에서 鄕長을 선발할 때는 반드시 鄕會의 公議를 따르도
　　록 하고, 또 儒林의 公薦에 따라 齋長과 掌議를 差定하라고 지시하였으며, 儒
　　風의 쇠퇴를 염려하는 대책을 세우기도 하였다[『非章訓學存案』4, 光武 4年 9
　　月 25日(『各司謄錄』37, pp.397~399). 이상을 종합하면 이도재는 儒林을 중심으
　　로 향촌을 운영하면서 기본적으로 동학을 탄압하였으나, 反외세적인 측면에서는
　　동학의 反기독교 활동을 어느 정도 묵인해주었던 것으로 판단된다.

사항을 확인할 수 있는 東學徒 중에서 의창대령의 직위를 가진 자는 7명
으로 나타나는데, 이 중 龍岡 출신 洪基兆, 江西 洪基億, 中和 羅龍煥, 成
川의 羅仁協 등 4명이 양반 출신이었다. 또한 지주인 부농층이 높은 비
율을 차지하였다. 대체로 평안도인 중 상공업자나 개화사상에 관심을
가졌던 지식인층이 개신교에 호감을 가졌던 데 비해서, 守心正氣와 誠·
敬·信을 행동강령으로 하는 동학사상은 유학과 상통하는 요인이 많았
다.67) 당시 평안도 유림은 박문일·박문오 형제가 구축한 위정척사의 기
조가 중심을 이루고 있었기 때문에 동학에서 주문을 외우는 방식 등은
'邪術'로 간주하였지만, 기독교에 대한 거부감을 강하게 드러냈던 동학
의 반외세적인 활동에 대해서는 입장을 같이하였을 것으로 여겨진다.

그런데 동학의 3대 교주 孫秉熙가 "문명의 바람을 배불리 먹어서 문
명의 領袖가 되지 못하고는 뜻을 이룰 수 없다"68)는 인식하에 1902년 渡
日하여 1906년 1월에 귀국할 때까지 일본에 장기간 머물며 '문명개화'를
강조하게 되면서 그동안 동학이 밀고 나갔던 반외세의 노선은 궤도를
수정하게 되었다.69) 이미 손병희는 갑오농민전쟁의 탄압을 피해 1895년
경에 평안도로 들어가 장사와 포교를 병행한 적이 있었으므로 당시 평
안도에서 기독교 교세의 확장을 통한 서구식 개화의 진행 상황을 충분
히 인지하고 있던 터였다.70)

---

67) 조규태, 앞의 논문, 1990, pp.63~65.
68) 朴孟洙·崔起榮 編, 「본교력〈」, 『韓末 天道教 資料集』2, 국학자료원, 1997,
　　p.272.
69) 손병희의 문명개화론에 관해서는 金烇宅, 「韓末 東學教門의 政治改革思想 硏
　　究」, 연세대학교 석사학위논문, 1990, pp.24~31 참조.
70) 조규태, 앞의 논문, 1990, p.58.
　　이은희, 「東學教團의 '甲辰開化運動'(1904~1906)에 대한 연구」, 연세대학교 석
　　사학위논문, 1991, p.11.

일본에 머물면서 손병희는 동학을 중심으로 내정개혁 및 '문명개화'를 이루고, 아울러 동학의 합법화, 곧 종교의 자유를 획득하는 방안을 모색하였다. 그리고 이러한 구상을 실현하기 위한 방편의 하나로 일본에 망명해 있던 趙羲淵, 吳世昌, 權東鎭, 朴泳孝 등의 개화파 전직 관료들과 교유하였다.71) 1903년에는 러일전쟁이 임박했음을 간파하고 전쟁이 발발한다면 일본의 승리가 확실하므로 러시아와 전쟁을 벌여 우리가 전승국의 지위를 획득하는 것이 최상의 계책이라고 역설하였다. 동시에 일본군과의 연대를 통해서 그동안 조정을 장악한 채 동학을 탄압해 왔던 친러정권을 무너뜨리려는 복안을 갖고 있었다.72) 1904년 3월에는 동학의 지도자를 일본 東京으로 불러들여 民會를 조직할 것을 명하였고,73) 동년 4월에는 세계 문명에 참여하는 표준이 되면서 동시에 회원들의 단결심을 강화시키려는 목적으로 東學徒로 하여금 일제히 斷髮을 하도록 지시하였다.74)

이상과 같은 손병희의 지도는 러일전쟁기에 동학교도가 일본을 우호적으로 대하게 하는 중대 지침이 되었으며, 종전의 척왜·척양과 같은 반

義菴孫秉熙先生紀念事業會, 『義菴孫秉熙先生傳記』, 1967, p.131.

71) 高建鎬, 「韓末 新宗教의 文明論 : 東學·天道教를 中心으로」, 서울대학교 박사학위논문, 2002, pp.23~27.

72) 李敦化, 「第3編 第7章 甲辰革新運動」, 『天道教創建史』, 天道教中央宗理院, 1933, pp.31~33. 이 책에서는 손병희가 '日勝露敗'를 예상한 근거를 세 가지로 제시하고 있다. 첫째, 지리상으로 러시아가 불리하며, 둘째, 러시아의 전쟁 목적은 부동항을 얻는데 불과하지만 일본은 생명을 걸고하는 싸움이어서 정신적 동기가 다르다는 점, 셋째, 러일전쟁기의 일본은 독일에게 精銳의 述을 배운 것이 많아서 경시할 수 없고, 청일전쟁 당시의 일본과도 현저히 다르다는 점을 꼽았다.

73) 天道教史編纂委員會, 『天道教百年略史』上, 1981, pp.345~346.

74) 李敦化, 「第3編 第7章 甲辰革新運動」, 『天道教創建史』, 天道教中央宗理院, 1933, p.44.

외세의 기조를 누그러뜨리고 개화를 전면화하는데 결정적인 역할을 하였다. 러일전쟁 기간 중에 동학의 중앙조직으로 개편된 一進會에서는 손병희의 뜻을 받들어 "日人에 대한 妨害嚴禁"을 행동 강령으로 채택하고, 동학의 지방조직인 進步會에서는 "會員은 一齊 斷髮할 事"라는 통고문을 전국에 발송하였다.75) 단발에 앞장선 까닭에 서울에서 일진회는 백성들 사이에서 '삭발회'라고 불릴 정도였다.76) 심지어 1904년 9월에 작성된 동학의 通文에서는 "지금 五大洲가 通和·交涉하는 때를 당하여 儒敎·佛敎·西敎가 다 동포들이 하는 것이니 서로 방해치 말되 서교는 관계가 긴중하여 각국이 극히 존숭하고 모두 主敎를 삼으니 각 敎堂을 극진히 보호하라"고 하면서 기독교를 보호하라고 당부하는 모습까지 나타나고 있었다.77)

이러한 '문명개화'로의 노선 변화에 평안도 출신 동학교도는 적극 동참하였다. 이미 평안도에서는 1900년대 들어 "邑屬과 平民을 막론하고 걸핏하면 開化說을 말한다"고 운위되고 있었다.78) 1902년에 손병희가 東學徒의 자제 중에서 24명을 대동하고 渡日하여 京都官立中學校에 입학시킨데 이어 1904년에 다시 40명의 유학생을 선발해서 일본으로 불러들였을 때 평안도 출신의 동학도가 다른 지방에 비해 압도적으로 많은 수를 차지했던 것은 신학문을 접하려는 자세가 그만큼 진지했음을 보여준다.79)

---

75) 邢文泰, 「1904·5年代 東學運動에 대한 一考究」, 『史學論志』4·5, 한양대학교 사학과, 1977, pp.80~81.

76) 『대한매일신보』, 1904년 12월 19일. '속충단발회'

77) 『황성신문』, 1904年 9月 21日. '東學通文'
   『대한매일신보』, 1904年 9月 21日. '동학방문'

78) 『非章訓學存案』4, 光武 4年 9月 25日(『各司謄錄』37, p.398).
   '無論邑屬與平民 動稱開化之說'

1904년 民會運動의 일환으로 조직된 진보회의 설립 현황과 회원 수를
보더라도 평안도 지방의 진보회 회원 수는 전국에서 가장 많은 69,410명
(58.9%)을 차지하였다. 그리고 평안도 44개郡 중에서 39郡에 진보회가 설
치되어 조밀한 분포를 보이기도 하였다. 평안도의 뒤를 이은 전라도는
22,990명(19.5%)의 회원 수를 보유했으며, 60개郡 중에서 22郡에 진보회
가 설치되었던 것과 비교해도 평안도와 격차가 상당하였음을 알 수 있
다.[80] 『大韓每日申報』 9월 10일자 기사에서 "각 도에 동학당이 다투어
갱기한다는데 그 중 평안남북도가 우심"하다고 한 것은 평안도에서 동
학이 치성한 상황을 단적으로 표현한 말이었다.[81]

'개화'의 일환이자 표징으로 인식되던 단발에 대한 호응도 뜨거웠다.
1904년 10월 15일 평안도 관찰사 李重夏는 각처의 인민들이 서울의 通文
에 의거해서 진보회를 개최하고 "處處聚會斷髮"을 한다는 향촌 동정을
內部에 電報하였다.[82] 실제로 이 무렵 평안도의 각 지역에서는 수천 수
백 명이 모여 한꺼번에 단발하고 洋服을 입었다는 보고가 속출하고 있
었다.[83] 함경도 정평과 평안도 선천에서 활동하는 진보회에 대해 "한국

---

79) 高建鎬, 「韓末 新宗教의 文明論 : 東學·天道教를 中心으로」, 서울대학교 박
   사학위논문, 2002, p.22, p.28.
   1907년 10월 경 동학도의 자제 중에서 귀국하지 않았던 일본 유학생은 32명이었
   는데, 이 중에서 평안도인은 23명에 달했다(조규태, 앞의 논문, 1990, p.88).
80) 金鍾俊, 「進步會·一進支會의 활동과 鄕村社會의 동향」, 『韓國史論』48, 서울
   대학교 국사학과, 2002, pp.190~191.
81) 『대한매일신보』, 1904년 9월 10일. '동학쟁개'
82) 『황성신문』, 1904년 10월 15일. '四方東學'
   『대한매일신보』, 1904년 10월 15일. '사방쟁기'
83) 『대한매일신보』, 1904년 10월 12일. '개천동학'
   『대한매일신보』, 1904년 10월 13일. '명활진보회'
   『대한매일신보』, 1904년 10월 18일. '개천진보회'

독립을 공고케 하고, 시정 개선을 실행하고, 일본군에게는 아무쪼록 편리하게 하여 주고, 또 회원들은 일변 단발하는데 회원이 구름같이 모인다더라"고 하는 모습이 신문에 소개되기도 하였다.[84] 이런 동학도의 기세가 등등하여 정부에서는 朝令을 어기고 집단으로 모여 삭발하는 것은 '亂民'이니 처벌을 하겠다고 訓飭을 내릴 정도였다.[85]

러일전쟁이 한창이던 1904년 9월 14일 평안도 동학의 지도자로 의창대령을 역임한 羅仁協[86]은 『대한매일신보』에 다음과 같은 광고를 실어 문명개화의 방도와 의의를 설파하였다.

동학 次회장 라인협이가 각처에 광고문을 발송하였는데 우리 대한이 한 모퉁이에 궁벽하게 처하여 인심이 열리지 못한 고로 세계 각국의 문명 개화한 풍속을 알지 못하고 각부 대신은 윗사람의 총명을 막아서 매관매작할 줄만 알고 여러 고을의 수령은 백성의 기름만 긁어서 인민에게 탐학만 하는 고로 세계 각국이 야만국이라 일컬으니 어찌 傷痛치 아니하리오. 지난번에 러시아군이 함경도와 평안도에 돌입하여 가옥에 불을 지르며 부녀를 겁탈하되 방어할 줄을 모르고 황망 분주하니 인심이 開明치 못하여 합심하지 못한 연고라. 이런 까닭에 8道에 뜻있는 자가 공론하되 會社를 皇城(서울)에 설립하고 8도 인민이 회합하여 타국의 문명개화를 본받아 한·일·청 삼국이 동양을 평화하여 국가를 공고케 하고 대신과 수령의 포

『대한매일신보』, 1904년 10월 21일. '평찰우보'
『대한매일신보』, 1904년 10월 28일. '평찰치보'
『대한매일신보』, 1904년 10월 28일. '의주군보'
『대한매일신보』, 1904년 11월 15일. '회원삭발'
84) 『대한매일신보』, 1904년 10월 13일. '명왈진보회'
85) 『대한매일신보』, 1904년 10월 24일. '연속상경'
　　『황성신문』, 1904년 10월 28일. '광고'
86) 나인협은 평안도 성천 출신으로 1919년 3·1운동시 천도교측의 민족 대표로 참여했던 인물이다.

학한 政事를 없게 하고 人心을 扶持할 뜻으로 통지가 있는 고로 이같이
회집하니 대한이 개명하면 러시아의 强暴를 방어할지라. 인민이 개명 귀
화함이 비단 대한의 다행이라 또한 일본에 구원이 되리니 살펴서 밝히 알
라 하였더라.[87]

인용문에 따르면 대한제국의 인민이 문명개화하지 못해서 세계 각국
으로부터 야만국의 취급을 받으며 러시아의 침략에도 적절하게 대응하
지 못하였다. 그러므로 서울에 단체를 두고 8도의 인민이 회합하여 문명
개화를 실천함으로써 동양 평화를 수호하고, 국가를 공고케 하며, 잘못
된 정치를 바로 잡고, 인심을 붙들어 지키자는 뜻으로 모이게 되었는데,
모든 인민이 '개명'하면 우리나라에 다행일 뿐만 아니라 러시아를 방어
할 수 있고 일본에도 구원이 된다는 것이다.[88]

이러한 일진회·진보회에 대해 일본측은 舊동학당과 달리 자신들에게
위험하지 않을 것으로 여기고 전략적인 필요에 따라 후원을 하였다.[89]
이런 가운데 1904년 12월 일진회가 일본측의 비호를 받아 정부에 의해
공인되면서 이들의 '문명개화'를 내세운 활동들은 정치 분야를 비롯해
서 교육과 식산흥업, 부세징수 등에 이르기까지 적극적이면서도 폭넓게
진행되었다.[90] 1905년 11월에는 일진회를 이끌던 李容九·宋秉畯의 주도
로 을사늑약을 찬성하는 친일매국의 성명서를 발표하기까지 하였다.[91]

---

87)『대한매일신보』, 1904년 9월 14일. '동학광고문'
88) 1904년 동학교도들이 일으킨 민회운동에서 평안도가 문명개화와 동양평화를 내
    세운데 비해서 삼남의 동학교도들은 토지의 평균분작과 같은 토지 문제의 해결에
    집중하는 경향이 있었다(金正仁,「天道教의 3·1운동 前史」, 한국민족운동사연
    구회,『한국민족운동과 민족문제』, 국학자료원, 1999, p.89).
89) 金鍾俊, 앞의 논문, 2002, pp.186~188.
90) 金鍾俊, 앞의 논문, 2002, pp.200~215.
91)『元韓國一進會歷史』2, 1905年 11月 5日.

이러한 일진회의 활동은 지방에서 재지사족과 향촌의 주도권을 둘러싸고 충돌하는 배경이 되었으며, 한편으로는 국권의 위기를 맞아 위정척사를 고수하던 유림의 변화를 이끌어내는 동인이 되었다.

2) 유림계의 사상 변환과 新學 수용

세계적으로는 중국 중심의 중화 질서가 붕괴되고 평안도 내에서는 기독교와 동학세력이 문명개화를 내세우며 부상함에 따라 유림도 자구책을 모색해야 했다. 동시에 유림의 내부에서도 변화의 움직임이 나타나고 있었다. 그것은 위정척사의 바탕 아래 전통 유학을 고수하던 데에서 점차 떨어져 나와 서양의 물질문명과 新學을 흡수·접목하여 현실에 맞게 변통하자는 改新儒學으로 전환해 가는 양상을 보였다.

평안도 유림은 청일전쟁 전후만 하더라도 박문일 형제의 영향 아래 도학의 학문 전통을 수호하는 것을 행동원리로 삼았고, 시대변화에 즉각적으로 반응하는 것에는 신중한 모습을 보였다. 예를 들어 청일전쟁이 한창일 때 임종을 앞둔 박문일에게 제자들이 戰亂에 대처하는 방법을 묻자, 박문일은 다음과 같이 대답하였다.

특별히 다른 도리가 없다. 단지 여러분들은 一心同力하여 오로지 학업에 뜻을 두어야 할 것이다. 혹시 事變이 일어나면 그 動靜에 따라 머물

1905년 당시 일본에 체류 중이던 손병희는 一進會가 을사늑약을 찬성했다는 소식을 접하고는 국내에서 동학교단의 운영을 책임졌던 이용구를 질타하는 동시에 기존의 교단을 일신하기 위하여 天道敎로 이름을 바꾸었다. 그리고는 1906년 1월에 급거 귀국한 뒤 이용구와 송병준에게 일진회의 地方支部를 폐지할 것과 새롭게 '輔國安民'을 강구할 것 등을 지시하였으나 불응하자 黜敎 처분을 내렸다(李敦化, 『天道敎創建史』3編, 天道敎中央宗理院, 1933, pp.52~58).

만하면 머물고 피할 만하면 피하라. 이렇게 서로 붙들어 지켜준 연후에야 재난을 면할 방도가 있을 것이다.[92)]

즉 전란 속에서 박문일이 제시한 현실 대응은 학문에 전념하고 형편에 따라 처신하되 힘을 합지고 서로 도울 것을 당부할 따름이었다. 이러한 시세 인식과 처신은 동생인 박문오 역시 마찬가지였다. 고종 32년 (1895) 제천의병 총대장 柳麟錫이 을미사변과 단발령을 계기로 倡義하여 서북지방으로 북상하는 과정에서 박문오에게 연락을 취하였으나, 박문오는 강학처인 經義齋와 藏修齋를 의병들의 기지로 제공하는 정도에 그치고 직접적인 擧義에는 참여하지 않았다.[93)]

이러한 박문오의 태도는 기본적으로 박문일에 의해 정립된 학문 성향에 토대를 두고 있었다. 박문일·박문오 형제는 經世 문제를 爲學과 修養의 기초 위에서 접근하여 상소나 직접적인 행동으로 抗議를 하기보다 일상에서 도덕을 실천하고 도학을 수호하는데 치중하였던 것이다.[94)] 청일전쟁이 발발했을 때 박문오는 民安이 곧 國安이라는 인식 아래 자기집 뒷산에 民堡를 조성하고 마을사람들을 安頓시키면서 전쟁의 와중에

---

92) 朴文一, 『雲菴集』, 「雲菴先生年譜」, 甲午(1894)[先生七十三歲] 6月 14日(음력)(『韓國文集叢刊 續』136, p.24).
  ‘門人問今亂離莫甚 而先生萬一不諱 未知將何以處之 曰此別無他道理 只是諸君一心同力 專意學業 脫有事變則隨其動靜 可以居則居 可以避則避 如是其互相扶持 然後庶有免禍之道’(금장태, 앞의 책, 2001, pp.299~300).
93) 조준희, 「海山 朴東欽의 항일민족운동」, 『崇實史學』24, 숭실사학회, 2010, pp.50~51.
94) 盧官汎, 「대한제국기 朴殷植과 張志淵의 自强思想 연구」, 서울대학교 박사학위논문, 2007, pp.149~150.
  금장태, 앞의 책, 2001, pp.298~301.

서도 精舍를 열어 講學을 이어나갔다.[95] 단발령이 시행되었을 때는 개
화와 부국강병의 미명아래 온 나라 백성들이 '禽獸'가 되는 것을 면치
못하게 되었다고 개탄하면서도 단발은 천하와 국가의 일에 관계되어서
참으로 난처하다는 입장을 표명하였다. 이처럼 박문오는 위정척사의 자
세를 견지하면서도 의병을 일으키는 것과 같은 직접적인 무력 투쟁의
방식과는 다르게 처신을 하고 있었다.[96]

建陽 1年(1896) 12월, 유인석의 막하에서 종사관으로 있던 李肇承은 박
문오의 강학처인 장수재를 방문하고 그 인상을 다음과 같이 남겼다.

> 장수재는 朴敬軒 어른이 道를 강론하던 곳으로 산색이 아름답고 또 박
> 문일이 世居하던 고장이다. (장수재에) 새로 집을 지었으며 선비들이 많이
> 모여들었다. 박경헌 어른이 우리를 맞이하여 위로해주며 그의 자제와 문
> 인들을 불러 서로 인사를 나누게 하였는데, 모두 질서가 정연하고 예절이
> 바름을 보아 묻지 않아도 학문하는 선비임을 알 수 있었다.[97]

이 글 역시 박문오의 가르침 아래 문하생들이 격변하는 세태에 요동

---

95) 朴文五, 『誠菴集』別上, 「記」, 鹿門山堡記.
96) 朴文五, 『誠菴集』別下, 「雜著」, 通牒.
　　'開化雖不知何等規模 而至有此剃髮之擧 擧國臣民莫不痛哭 … 使我八域
　　臣庶 不遠間未免爲禽獸 言之痛心念之酸骨 奈何奈何 今之議者 例皆曰富
　　國强兵 噫此髮存則 不能富國 而此髮斷然後可以富國乎 此髮存則 不能强
　　兵 而此髮斷然後可以强兵乎 … 何不思之甚也 然此繫天下事也國家事也
　　非吾輩所敢與論 此髮誠可謂難處也'
97) 李肇承, 『西行日記』, 1896年 12月 20日(李九榮 編譯, 『湖西義兵事蹟』, 堤川
　　郡文化院, 1994, p.126, p.938).
　　'二十日 庚辰 晴寒 發到藏修齋 齋卽朴敬軒丈講道之所也 山氣佳麗乃雲菴
　　世居之鄕也 新起齋舍 多士聚集 敬軒丈迎而勞之 使其子弟門人來相叙禮
　　皆循雅飭 不問可知爲學問士也'

하지 않고 질서정연하게 도학을 추구하는 모습을 전해주고 있다. 이조
승이 장수재 주변의 巖頭里라는 곳에 묵었을 때는 "서재에 가득한 영재
들의 목소리, 단정한 자세로『春秋』를 읽는구나"라는 詩를 남기기도 하
였다.98)

　그러나 청일전쟁의 격동 이후 기독교와 동학이 세력을 확장해 가는
추세에서 평안도 유림은 대응책을 강구해야 했다. '邪學'과 '邪術'의 확
산은 전통질서의 균열과 사회적 동요를 초래하여 향촌의 지배세력인 유
림의 입지를 점차 협소하게 만들고 있었기 때문이다. 실제로 향촌에서
는 "近日 儒風寢微 鄕俗頹敗 法綱陵夷 名分紊亂…以下犯上 以少陵長 甚
至詬辱毆打"라고 하였듯이 유교의 가치 체계가 이미 무너진 장면도 연
출되고 있었으며,99) 유교의 본령으로 여겨지던 인의예지와 효제충신도
기독교를 통해 이룰 수 있다고 말해지는 상황이었다.100) 박문일이 생전
에 경계하였던 '功利' 추구의 풍조가 유림 내에서 치성하기도 했다. 앞
서 언급한 이조승이 平安道 中和의 어느 주막에서 견문한 이야기는 장
수재에서 도학자의 풍모를 지닌 선비의 모습과는 다르게 상당수 평안도
유림의 현재적 관심을 역력히 보여준다.

　　일찍 주막에 들었다. 서울에서 오는 행려자들로 방이 꽉 찼는데 모두
　　평안도 사람들이었다. 세상 이야기로 떠들썩한데, 보아하니 서북인은 국
　　초부터 벼슬길을 금지당하여 마음대로 벼슬길에 나갈 수 없었기 때문에

---

98)　李肇承,『西行日記』, 1896年 12月 15日(李九榮 編譯,『湖西義兵事蹟』, 堤
　　川郡文化院, 1994, p.123, p.939).
　　'丁丁餘韻重 抱膝讀春秋'
99)『非章訓學存案』4, 光武 4年 9月 25日(『各司謄錄』37, p.398).
100) 盧大煥,「柳麟錫의 국권 회복 운동과 華夷의식의 변용」,『유교사상문화연구』
　　62, 한국유교학회, 2015, p.78.

대대로 한이 쌓여 있었는데, 오늘날 개화한 뒤로는 벼슬길에 구애됨이 없게 되었고, 또 조정에 나아가 외국과 통모하는 자들 가운데도 서북인들이 많았는데 대부분이 서로 친척이거나 사돈이었다. 이리하여 전보다 獵官하는 무리들이 부쩍 심해졌고, 시대의 의리와 형편을 알지 못하고, 오로지 벼슬을 얻어 분풀이하는 것만이 영화가 되고 쾌사가 되는 줄로만 알고 있으니, 비록 그 죄는 말할 필요가 없다고 하더라도 국가의 보전을 생각할 때 이들에게 크게 기대할 것이 없으니 탄식하지 않을 수 없다.101)

이 인용문에서는 우선 개화 이후 서북인들에 대한 대우가 변화하여, 서북인들의 관직 진출이 활발하고 외국과 연결되는 정치 활동에도 두각을 나타내고 있는 사정이 나타난다. 하지만 이러한 활동은 국가를 보전하는 것과 무관하게 개인의 영달을 추구하기에 급급한 모습으로 비추어졌다. 그리하여 이조승은 유림의 시각에서 시대의 의리와 형편을 알지 못하고 벼슬을 얻기에 분주한 평안의 유림의 행태를 지적하면서 국가 장래에 무엇 하나 기대할 것이 없다고 탄식했던 것이다.

이상과 같은 지역사회의 변화에 직면해서 정통 도학을 추구하던 평안도의 유림은 위정척사를 재정비하고 굳건히 하는 태도를 고수하였다. 그 구심점이 된 인물은 박문오의 장남 朴東欽이었다. 고종 31년(1894)에 박문일이 세상을 떠나고, 광무 3년(1899)에 박문오마저 타계하면서 박동흠은 평안도 유림의 종장이 되어 유림계를 이끌어 나갔다.102) 그는 의병

---

101) 李肇承, 『西行日記』, 1896年 12月 26日(李九榮 編譯, 『湖西義兵事蹟』, 堤川郡文化院, 1994, p.128, p.937).
'早入焉 自京來行旅滿室 皆是居西土人 紛論議世 第觀西人自國初有仕路禁 不得任意仕進 此爲世積恨 及今開化之後 仕禁無拘 且登朝与外國通謀者多 西北人皆其族戚姻婭也 以此奔競之流尤甚於前 而不知時義形便之如何 惟以得官雪憤爲榮爲快 其罪雖不可言 然國家之所全亦不可厚望於此輩可歎也'

장 閔龍鎬와 함께 의병항전의 전말을 담은 『關東倡義錄』을 編次하였는데, 이 때 박동흠은 책의 이름을 '海東尊周錄'이라고 쓸 것을 제안하였다.103) 이 책은 사사로운 기록이 아니라 온 유생이 왕을 위해서 죽은 것을 다룬 것이므로 尊周의 뜻에 비추어 하등 부끄러움이 없다는 이유에서였다. 동시에 頭髮을 보전케 하여 衣冠과 文物이 존재할 수 있게 하였고, 또 우리나라가 부모를 위하고 의리를 지키며 왜적을 토벌했다는 사실을 천하에 알린 것이 의병의 공로라고 추켜세웠다.104) 이를 통해서 위정척사에 대한 자부심과 이를 계승·지탱하려는 자세를 확인할 수 있다. 훗날 박동흠은 이 시기 자신의 모습을 회상하면서, 좁은 소견으로 변화하는 세상에 무지하며 새롭게 바뀌어야 한다는 주장에도 냉담한 반응을 보이는 '固守의 儒者'와 같았다고 술회하였다.105)

박동흠 이외에도 화서학파로 명망이 높았던 유인석이 평안도를 근거지로 삼아 의병을 일으키고 강학 활동을 전개하면서 평안도 유림의 위정척사는 더욱 진작될 수 있었다. 광무 2년(1898) 10월 중국에서 망명 중이던 유인석은 西間島 通化縣 八王洞에 공자를 위시해서 주자와 송시열을 배향하는 聖廟를 세우고, 그 옆에 사당을 따로 세워 이항로, 김평묵, 유중교와 더불어 박문일의 영정을 봉안하였다. 유인석은 자신을 찾아와

---

102) 松南,「因海山朴先生仍舊就新論告我儒林同志」,『서북학회월보』18, 1909.12.
    '海山 朴先生은 卽贈奎章閣提學朴先生之令胤也라. 其世襲之道學淵源이 固
    洋洋焉有自來矣오 且其自修之力과 心得之工이 實關西儒林界之宗匠也라'
103) 『關東倡義錄』,「附錄」, 行狀.
    '至泰川西經義齋 朴雲菴講學所也 觀先生之遺風 謁誠菴朴先生於藏修齋
    暴痛累日 冒寒驅馳之餘崇也 公與誠菴胤東欽 編次關東倡義錄 東欽書以
    海東尊周錄 公嫌其事大之意 仍之以舊'
104) 『關東倡義錄』, 西征日記.
105) 松南,「因海山朴先生仍舊就新論告我儒林同志」,『서북학회월보』18, 1909.12.

가르침을 청하는 평안도 유생들에게 지역 士友들과 心力을 합하여 이
묘당과 사당 건립을 주관하게 하였다.106) 광무 3년(1899) 3월에는 박문오
에게 편지를 보내 "충청도 이북 여러 郡에서 창의하는 일은 문하의 사람
들을 지휘하여 힘써 하라"고 하면서 擧義를 독려하기도 하였다.107)

광무 4년(1900) 7월 의화단의 난이 일어나자 유인석은 망명처를 떠나
평안도 江界로 移居하였다. 그 뒤 평안도 龍川의 玉山齋, 介川의 崇華齋,
황해도 平山의 山斗齋, 殷栗의 興道書社 등을 활동 기지로 삼고 그 주변
의 鐵山·安州·肅川·宣川·泰川·平陽·龍岡·海州 등지를 왕래하면서 문인
을 양성하는 한편 주민들에게 위정척사·존화양이에 입각한 항일의식을
고취하는데 주력하였다. 평안도 일대는 소중화의 견지에서 볼 때 단군
과 기자의 舊鄕에 해당하여 체류명분이 뚜렷하였다. 특히 최익현에게
보낸 편지에서 "雲菴의 문하 선비들이 매우 성대해서 의관과 예의풍속
이 온 나라에 이와 같음이 없으며, 우리를 같은 淵源이라 하여 후하게
대해 주고 함께 義를 지킬 것을 허락해주었다"108) 라고 한 것처럼 박문
일·박문오 형제가 일찍부터 강학을 통해 많은 제자를 양성하였던 까닭
에 유인석이 활동하기에는 적격지라고 할 수 있었다.109) 유인석이 肅川에
이르렀을 때 마중 나온 평안도의 선비가 수백 명에 달할 정도였다.110)

그런데 이 시기 평안도에서 전개된 유인석의 활동은 기독교의 확산을
의식하며 견제하는 의미를 담고 있어서 주목된다. 그는 당시 일본과 서

106) 『毅庵集』38,「雜著」, 書贈關西九友.
107) 『毅庵集』6,「書」, 與朴都事[文五], 己亥(1899) 3月 3日.
    '淸北諸郡事 幸望指揮門下人 設力就緖焉'
108) 『昭義續編』1,「內篇」, 答崔勉菴[益鉉]書.
    '雲菴門下士友甚盛 衣冠禮俗 一國之所無 謂我同淵源 待之厚而許共守義'
109) 朴敏泳, 『大韓帝國期 義兵硏究』, 한울아카데미, 1998, pp.66~67.
110) 『毅庵集』55,「附錄」, 年譜, 辛丑(1901) 4月.

양을 '夷狄'보다 강등된 '禽獸'로 인식하였으므로,111) 평안도에서 기독교의 교세가 확장되는 상황을 위정척사의 관점에서 크게 우려했던 것이다. 광무 5년(1901) 유인석은 평안도 유생들의 요청에 응하여 介川의 崇華齋에서 강학을 열었다. 광무 6년(1902) 3월에는 숭화재 곁에 崇華廟를 창건112)하여 공자·기자·주자의 초상을 봉안하고, 또 송시열과 자신의 스승인 이항로를 배향하였다. 그리고 매월 초하루와 보름에 강회를 열고, 봄·가을의 享禮에는 大講會를 하거나 鄕飮禮를 거행하였다.113) 동년 4월 10일에는 諸道의 士友들과 만나 유교가 쇠미해지는 상황을 논의하고, 또 衣冠大會를 개최해서 "우리의 것을 강하게 하고 저들을 곤란케 하는 道"를 수립하고자 하였다.114) 여기에서 언급된 '저들'은 기독교를

---

111) 『毅庵集』24, 「書」, 呈同志諸公, 丁酉(1897년) 9月 9日.
  '今日淸固夷狄 而倭洋又夷狄之降爲禽獸者也'
112) 유인석에 따르면 개천 숭화재의 창건에는 자신의 독실한 벗이자 박문일의 제자로 지역의 대표적인 유림이기도 한 玄熙鳳의 공로가 가장 컸다고 한다(『義菴集』37, 「雜著」, 瑣記). 현희봉과 같은 위정척사계열의 유림들이 지역에서 끼치는 영향력이 지대하였던 까닭에 개천은 평안도 지역 중에서 가장 보수적인 성향이 강하였다. 그리하여 朴殷植은 同門이었던 현희봉을 직접 찾아가 古今時勢의 변천과 時務의 필요성을 가지고 설득하여 '篤於守舊'의 자세를 버릴 것을 종용하였으나 효과가 없었다고 한다(『황성신문』, 1910년 6월 21일, 6월 22일. '西道旅行記').
113) 『毅庵集』55, 「附錄」, 年譜.
114) 『毅庵集』6, 「書」, 答崔勉菴[壬寅-1902].
  『昭義續編』1, 「內篇」, 答崔勉菴[益鉉]書.
  '四月十日 約曾數道士友 欲一講範義 泄慟情於仁賢住魄之前 亦以衣冠大會 有爲强此艱彼之道也'
  『昭義續編』1, 「內篇」, 答林會中[賨民]書.
  '顧麟也前後處事 專以抗世邪爲主 凡可以難彼强此之道 正欲不量己分 不顧利害而爲之 爲此衣冠之會 庶亦無害於義'

가리키는 것이었다. 지금 세상에서는 耶蘇나 天主를 높이 받드는데, 유교는 극히 쇠미한 날을 당했으므로 기자의 고향인 평안도에서 유교를 진작시키겠다는 뜻을 송시열의 9대손인 宋秉璿에게 보내는 편지에서 적시하고 있었다.[115] 아울러 기독교인들이 예수나 천주를 신봉하고 정기적인 모임을 갖는 것을 의식하면서 箕子陵을 배알하고 강학을 하는 '箕陵會'를 조직하려 했으나 무산되기도 하였다.[116] 의주군수 金有鉉이 여러 번 편지하여 아들의 수업을 요청하였으나, 유인석은 아들에게 글을 배우게 하려면 의당 '개화의 관직'부터 제거하라면서 거절한 일도 있었다.[117] 유인석은 유학의 五典과 五禮에 이미 학문의 요체가 들어 있는데도 불구하고 新學이 성행하여 '無君無父'의 일을 권면하는 추세를 한스러워 하였다. 신학은 '新革命'이 아니라 재앙만 새롭게 한다는 것이다. 인심이 서양의 풍조로 기울고 있지만 윤리를 멸하면서 학문을 논할 수는 없다는 것이 그의 평생에 일관된 주장이었다.[118]

유인석에 의해 위정척사가 활발히 전개되자 평안도의 동학교도 중에는 유인석의 명성을 이용하여 기독교를 '一掃'하려는 자도 있었다. 1900년 9월 鐵山의 東學徒가 柳麟錫의 이름을 빌려 주민들을 선동하는 사건이 발생한 것이다. 이를 보고한 주한일본공사관의 기록은 다음과 같다.

鐵山 거주자로 東學黨의 한사람인 鄭某(이름 不明)라는 자가 鐵山, 龍川, 宣川 등 각지의 인민에게 설명하기를 "우리 동지들은 음력 9월 京城

---

115) 『義菴集』6, 「書」, 與宋淵齋[秉璿].

116) 盧大煥, 앞의 논문, 2015, p.79.

117) 『毅庵集』55, 「附錄」, 年譜, 壬寅(1902) 9月.

118) 『毅庵集』3, 「詩」, 恨新學.
    『毅庵集』3, 「詩」, 新學校.

에 진입하여 지금의 한국 황제를 폐하고 忠淸道 아무개를 세워 善政을
베풀고, 耶蘇敎 선교사와 기타 외국인을 일소하여 국외로 추방하며, 한국
에 부정을 없애고 깨끗이 할 것이다"라는 요지로 愚民을 현혹하였음. 또
이를 따르는 수많은 부하가 있으며 피스톨, 엽총 등을 휴대하고 있어서 상
황이 다소 험악한 징조가 있어, 이곳 鎭衛隊에서 兵員을 파견하여 위의
鄭을 포박하고자 했으나 소재 불명으로 체포하지 못했으므로, 大隊長은
이곳 부근의 각 郡守에게 명하여 수색 중에 있음. 또 원래 충청도 출신으
로 동학당 두목 柳仁碩[119]이란 자는 현재 청나라 懷仁縣에 거주한다는데,
이 사람은 이전부터 義和團과 기맥을 통해 1만여 명의 한국인 부하가 있
으며 전부터 요주의 인물임. 위의 鄭아무개는 이 유인석의 幕下인 자로
혹은 피차 통고해서 이 지방의 인민을 선동하므로 언제 폭발할지 예측하
기 어렵다는 설이 있음.
　　추신 : 의화단은 근래 상류 지방 懷仁縣, 通化縣 방면에 집합하고 있는
데, 최근 한국에서 온 것이라는 이야기가 있음.[120]

　　요컨대 평안도의 東學徒를 이끌고 서울에 진입하여 고종 황제를 폐위
하고 유림 출신 의병장인 유인석을 옹립하며, 기독교 선교사와 외국인
을 모조리 국외로 추방시키자는 내용이었다. 鐵山의 鄭아무개가 유인석
의 幕下로 소개되고 있다는 점에서 평안도의 유림 출신일 가능성도 배

───────────

119) 동학에서는 1만 여명을 거느릴 만한 동학의 지도자로 '柳仁碩'이라는 인물이 존
　　재하지 않는다. 한편 위정척사에 투철했던 華西學派의 儒林으로 명망이 높았던
　　'柳麟錫'의 행적을 살펴보면, 그는 1896년에 의병을 거느리고 중국 봉천성 懷仁
　　縣에 이르렀다가 1898년에 通化縣 팔왕동으로 이주하였다. 1900년 7월 의화단
　　의 난이 일어나 귀국한 뒤에 평안도의 각지를 순회하면서 주민들에게 항일의식
　　을 고취시켰다(이상근, 「유인석 의병진의 북상과 항일투쟁」, 『毅菴學硏究』5, 의
　　암학회, 2008, pp.82~83). 이런 점에서 봤을 때 원문에 표기된 柳仁碩은 韓末
　　義兵長으로 활약했던 儒林 柳麟錫의 誤記로 보는 것이 타당하다고 생각된다.
120) 『駐韓日本公使館記錄』15, 公信 第14號 「[上件 第五回報告] 別紙 北境情
　　況」, 1900.9.22.

제할 수 없지만, 그보다 중요한 것은 의화단의 난이 있던 시기에 평안도
에서는 동학에서건 유림에서건 반외세와 '척사'의 공통분모인 기독교를
견제하고 적대시하는 움직임이 최고조에 달해 있었다는 점이다.

그런데 이 무렵 평안도 화서학파는 내부에서 균열이 발생하고 있었
다. 이 지역 유림사회를 이끄는 양대 축인 박동흠과 유인석의 관계가 박
문일의 영정을 모시는 문제로 인해 소원해졌던 것이다.[121] 광무 4년
(1900) 말엽, 유인석은 박문일의 영정을 모신 雲谷祠에 주자와 이항로의
영정을 새로 모시라는 배향 건의를 하였다. 이 일은 "박문일 후손들의
반대를 받아 풍파가 일어났는데 하나의 변괴"라고 할 만큼 커다란 저항
에 부딪혔다.[122] 박동흠 역시 격렬한 언사로 유인석에게 항의했던 것으
로 보인다. 유인석이 광무 5년(1901) 8월 13일자(음력) 편지에서 박동흠
에게 답한 내용을 보면 그러한 정황이 잘 나타난다.

인석이 朴斯文 喪制에게 회답합니다. 座下는 이에 앞서 세 유생을 보
내 안부를 물었으며 지금 또 서한을 보내왔습니다. … 수천 자가 넘는 긴
긴 편지를 받쳐 들고 읽노라니 그 말씨가 벗을 대하는 체통이 아닌듯하여
또한 아주 부끄럽고 민망합니다. 인석과 좌하의 관계는 보통의 벗의 관계
라고 말할 수 없습니다. 인석은 좌하의 伯父(박문일)와 동문의 옛적 학생
이며 또 덧없이 나이를 많이 먹었지만 좌하의 부친보다는 육칠 세 아래입
니다. 나이를 따진다면 좌하의 아버지뻘이라고 해도 안될 것이 없습니다.
… 雲谷의 일은 朱子·華翁(이항로)과 관계되기 때문에 처음에 어쩔 수

---

121) 1900년 말엽 이후로 박동흠과 유인석이 대립하게 된 자세한 사정은 조준희, 「평
　　안도 화서학파의 항일독립운동-광복회·대한독립단 결성을 중심으로-」, 『華西
　　學論叢』Ⅴ, 華西學會, 2012, pp.111~114 참조.
122) 『義菴集』18, 「書」, 答白賢復, 庚子(1900) 11月.

없이 한두 번 말하였는데 만약 끝까지 힘써 다툰다면 잘못된 것입니다.[123)]

유인석의 답장에 따르면 '雲谷의 일'을 둘러싸고 여러 차례 박동흠의 항의가 담긴 편지를 받았는데 그 어조가 대단히 거칠었다는 것을 알 수 있다. 그리하여 유인석은 인간적인 情理까지 거론하며 자식뻘인 박동흠을 나무랐던 것이다. 뿐만 아니라 원래 박문일의 영정만을 봉안하던 義州의 曾谷齋에서는 유인석을 따르던 趙秉準에 의해 송시열을 主壁에 봉안하고 박문일에 대해서는 從享으로 처리하는 일도 있게 되었다.[124)] 이처럼 유인석과 박동흠 사이에서 박문일의 영정 봉안 문제로 생긴 갈등은 그 뒤에도 쉽게 해소되지 못하고 지속되고 있었다.

이런 가운데 러일전쟁을 전후해서 유인석을 중심으로 전개된 '講修契'의 운영은 박동흠을 위시하여 그 문인들이 위정척사 노선에서 점차 이탈하게 되는 중대 계기가 되었을 것으로 판단된다. 광무 7년(1903) 최익현은 『華東綱目』의 간행 등 이항로를 추모하기 위해 강수계를 설치하고 화서학파 유생에게 契錢을 징수하였으며 그 진행을 유인석과 긴밀히 논의하였다.[125)] 그러나 광무 8년(1904) 2월 러일전쟁의 발발로 혼란스런 상황에서 막대한 비용이 요구되는 사업 추진은 난항을 겪게 되었다. 유

---

123) 『義菴集』13, 「書」, 答朴勳汝[東欽], 辛丑(1901) 8月 13日.
  '麟錫覆朴斯文哀座下 前此送來三儒士 存問安否 今又俯施書疏 … 然長幅數千言奉覽 其辭令似不若待朋友之體 亦甚愧仄 麟錫之於座下 且不可以尋常朋友言 盖麟錫於尊伯父先生 爲同門舊生 顧又不幸喫年多而少先丈六七歲 以年計之 雖謂之座下父執 未有不可也 … 雲谷事 事係朱子華翁 故初不得不一二次言之 若終力爭則過矣'
124) 『義菴集』42, 「記」, 曾谷齋事實記.
125) 吳瑛燮, 『華西學派의 思想과 民族運動』, 國學資料院, 1999, p.117, pp.166~167.

인석의 말처럼 "세상이 어지러워 혹 장난꺼리가 되지나 않을까 근심"하
는 형국이었다.126) 그 해 8월 유인석은 평안도 유림에게 강수계에 적극
동참할 것을 호소하면서 사업의 원활한 진행을 위해 각 고을에 有司를
정하고, 청남과 청북에서는 都有司를 정하게 하였다.127)

　그러나 전란 중에 강수계를 추진하는 일은 쉽지 않았다. 무엇보다 사
업의 주체가 되는 유생들을 제대로 설득하지 못하는 상황이었다. 가령
유인석은 자신이 신임하던 門人 文鳳岐가 "한번 소요를 겪은 뒤로는 풀
이 죽고 의구심만 생긴다"고 운운한 것을 다독이면서 강수계의 사업이
중대한 만큼 평안도의 士友들을 힘써 주선하도록 당부하였다.128) 그러
면서도 한편으로는 진행하던 일을 중단하고 時態의 변천을 기다리자는
유생들의 지적에 일정 부분 동의를 표할 수밖에 없는 實情이었다.129) 우
여곡절 끝에『華東綱目』의 간행은 광무 7년(1907) 5월에 가서야 완료될
수 있었다. 여기에는 광무 4년(1900) 이후 평안도와 황해도에서 배출된
유인석의 제자들이 핵심적인 역할을 수행하였다.130) 하지만 박문일의
영정 봉안 문제 이래로『華東綱目』의 간행에 이르는 일련의 과정에서
박동흠을 위시한 평안도 화서학파 세력의 일부는 유인석의 활동에 협조
하지 않고 안팎으로 위기감이 고조된 현실에서 위정척사와는 다른 길을
모색하고 있었다.

　지역사회의 변동과 유림 내부의 변화, 그리고 국권의 위기 속에서 평

126)『義菴集』14, 「書」, 答李景學[承祖].
127)『義菴集』24, 「書」, 與關西士友, 甲辰(1904) 8月 21日.
128)『義菴集』22, 「書」, 答文翼叟, 甲辰(1904) 8月 21日.
129)『義菴集』22, 「書」, 答白景源, 甲辰(1904) 8月.
130) 吳瑛燮, 앞의 책, 1999, pp.167~168.

안도 유림 중에는 이른바 '新學'으로 지칭되는 서구 문물의 수용과 섭취를 주장하는 논자가 본격적으로 대두하게 되었다. 이와 관련해서 평안도에서 선구적으로 유학의 改良·求新을 촉구했던 이는 박문일 형제의 제자 朴殷植이었다. 박은식은 황해도 출신으로 평안도 유림의 거두인 박문일과 박문오를 師事하여 위정척사에 철저하였다. 그리하여 광무 2년(1898) 서울에 상경했을 때만 하더라도 "守舊를 義理로 알고 開化를 邪說로 배척"하면서 新學에 비판적이던 위정척사파 유생의 전형적인 면모를 지니고 있었다.131)

그러나 박은식은 광무 4년(1900)에 출간된『燕巖集』의 간행 작업에 참여하고, 또 영국 침례교 선교사 티모시 리처드(Timothy Richard, 李提摩太)가 지은『泰西新史』를 접하기도 하면서 점차 유교를 본위로 하되 時宜에 따라 서구 사상과 문물을 접목해가는 유교의 자기 혁신을 주장하게 되었다.132) 광무 10년(1906) 10월에는 서울에서 황해도와 평안도 지방민을 중심으로 조직한 西友學會의 발기인으로 참여하였으며, 隆熙 2年(1908) 1월에 함경도 지방민이 조직한 漢北興學會와 통합하여 西北學會를 결성할 때도 중심인물로 활동하였다. 그리고 서북학회의 支會 및 支校를 방문하여 學界 情況을 시찰하고 新學을 독려하는데 중추적인 역할을 감당하였다.133)

---

131) 「賀吾同門諸友」,『서북학회월보』1, 1908.6.
　　'本 記者(박은식-필자)도 亦嘗屈膝於諸先生之門ᄒ며 周旋於僉章甫之後ᄒ
　　야 討論性命ᄒ며 講行飮射홀 時에ᄂ 以守舊爲義理ᄒ고 祗開化爲邪說ᄒ
　　며 以自靖爲法門ᄒ고 認通達爲忘想ᄒ야 … 其來留京師ᄒᄂ 始也에도 猶
　　是宿志를 不變ᄒ고 新學를 厭聞ᄒᄂ 主義러니'
132) 盧官汎, 앞의 논문, 2000, pp.115~132.
133)『황성신문』, 1910년 6월 21일~6월 26일, 6월 30일, 7월 1일. '西道旅行記'

이러한 박은식은 당시 일반 여론이 유림계를 비판하는 내용을 다음과 같이 크게 네 가지로 분류하였다. ① 頑迷·固陋하여 舊習를 굳게 지키고 時宜에 어두운 자, ② 은둔을 달게 여겨 潔身을 숭상하고 民國을 잊어버리는 자, ③ 죽을 때까지 옛 책만을 연구하고 새 이치를 궁구하지 않는 자, ④ 거만하게 自重하여 의리를 空談ᄒᆞ고 經濟를 강구하지 않는 자가 그것이다. 박은식은 이처럼 유림이 "開明時代에 一大 障碍物"로 치부되는 현실을 개탄하였다. 그리고는 유림이 유가의 본령과 종지를 추구하는 동시에 "시무의 필요와 신학의 실용을 강구"함으로써 국가를 보전하고 사회적 책무에 진력할 것을 촉구하였다.134)

박문일의 제자 중에는 白彝行처럼 기독교로 개종하는 경우도 있었다. 백이행은 홍경래 난때 의병으로 활약하여 당상관을 역임한 백경해의 후손으로 대표적인 충의세력의 일원이었으며, "精通經史 斥邪執正"했다고 평가되듯이 도학 중심의 학풍과 위정척사를 충실히 따랐던 인물이었다.135) 그는 문관과 문과 급제자가 많은 定州에서 향약과 향사례 등을 거행할 때 주요 역할을 감당할 만큼 지역의 핵심유림에 속한 인사이기도 하였다.136) 1904년 러일전쟁 이후에는 新學校를 설립하고 기독교를 신봉하였는데, 이 때 '排難冒謗'이라 하였듯이 주변의 심한 배척과 비방을 받기도 하였다.137) 하지만 新學과 新敎의 두 가지 외에는 '革世救民'

『황성신문』, 1910년 8월 11일. '西道旅行記事'

134) 「賀吾同門諸友」, 『서북학회월보』1, 1908.6.
135) 玄相允, 「恥堂白彝行先生挽 並小引」, 『新東亞』5-7, 東亞日報社, 1935.7. '先生定州人 守窩慶楷之曾孫 止山宗杰之孫也 … 受業于朴雲菴 精通經史 斥邪執正 議論剛直 爲世所推重'
136) 『新安集略』人, 鄕射禮儀註(庚辰九月十一日 行禮于鄕社堂)[『敬窩集略』(上), 국사편찬위원회, 2009, pp.487~488].
137) 白鶴濟, 『水原白氏定州族譜』3(上), 1940, p.223.

을 이룰 수 없다는 신념으로 분투하여 점차 주위의 여러 군현에서 개화
와 진보의 성과가 나타날 수 있었다.[138] 이러한 백이행의 사상 변환은
그동안 평안도 유림계에서 '斥邪'의 대상이던 기독교가 전통 유림과 결
합할 수 있는 轉機가 될 수 있었으며, 상업자본가 이승훈과 더불어 오산학
교의 설립에 기여함으로써 평안도에서 상인과 기독교, 그리고 유림 세력이
손을 잡을 수 있는 계기를 제공했다는 점에서 의의가 적지 않았다.[139]

백이행은 광무 8년(1904) 이후 급변하는 시국의 추이를 목도하면서 舊
學만을 고집해서는 난국을 타개하기 어렵다고 판단하였다. 그리하여 솔
선해서 상투를 자른 다음 興學을 통해 풍속을 바꾸고자 하였다.[140] 그
구체적인 양상은 定州 鼇湖里에 신식학교인 鼇湖育英小學校를 설립하는

'先生履試明經受學于朴雲菴 硏究性理 甲辰(1904년-필자)以後 先覺世變
排難冒謗 設育英及五山學校 信奉基督 改革建設爲己任 終身不衰 有記念
碑'

138) 玄相允, 「恥堂白彛行先生挽 並小引」, 『新東亞』5-7, 東亞日報社, 1935.7.
'與南崗李昇薰同心協力 設立五山學校 且設育英學校後 又信耶蘇敎 逢人
輒勸以新學敎 曰革世救民 舍此二者更無他道 時世俗尙習舊慣 嘲謗四至
雖然先生少不屈折 以砥柱障川之勢 屹然奮鬪 隣近數郡 稍稍開進'

139) 오산학교의 설립에는 1907년에 평안북도 관찰사로 부임한 朴勝鳳의 역할도 크
게 작용하였다. 박승봉은 1895년에 미국으로 건너가 4년 동안 외교관으로 일하
면서 일찍이 서구문명을 접한 경험이 있었다. 그는 정주의 유림들에게 시국의
변천과 교육사업의 긴요함을 내세워 향교 재산의 일부를 오산학교 설립 기금으
로 충당하게 하였다. 아울러 정주 뿐 아니라 서북학회의 博川 支校인 博明學
校를 후원하였고, 또 畿湖興學會에도 관여하여 기호학교의 교장을 역임하는
등 각 지역의 학교 발전과 新學 보급을 위해 노력하였다(趙顯旭, 「西北學會의
關西地方 支會와 支校」, 『한국민족운동사연구』24, 한국민족운동사학회, 2000,
pp.171~172 ; 『五山百年史 1907~2007』, 五山學園, 2007, p.30).

140) 玄相允, 「恥堂白彛行先生挽 並小引」, 『新東亞』5-7, 東亞日報社, 1935.7.
'逮夫乙巳(1905년-필자)政變 見時局之推移 慷慨大悟 率先斷髮 以興學改
俗爲己任'

것으로 나타났다. 이 소학교는 홍경래 난 때 순절한 백경한의 강학처이
던 鳧湖齋를 개편한 것이라는 점에서 전통 유림과의 연계라는 상징적인
의미까지 지닌다고 할 수 있었다.[141] 1907년에는 상업자본가 이승훈과
함께 정주에서 평안도 최초의 사립중학교인 오산학교를 세우는 일에 힘
을 보탰다. 오산학교도 역시 종래 박문일의 강학처로 사용된 昇薦齋의
터에 자리를 잡았다. 승천재는 박문일이 죽은 뒤에 박문일의 제자이자
백이행과 8촌 형제인 백예행이 선비들에게 도학을 전수하던 곳이기도
하였다. 이승훈은 新學에 뜻을 두고 있으면서도 유림을 포섭하거나 협
조를 구하기에 용이한 백이행에게 오산학교 초대 교장의 직분을 맡아주
기를 청하였다.[142] 이는 士族勢가 강한 정주에서 "상놈 이승훈이가 학교를
한대서야 양반집 자제가 오겠"냐는 현실 인식에 바탕한 것이었다.[143]

　이와 같은 과정을 거쳐 설립된 오산학교의 교과내용은 수신, 역사, 지
리, 산수, 법제, 경제의 전문 과목과 군사 교육을 방불하는 체조와 훈련,
그리고 전통식 漢學 등이 어우러져 신학과 구학, 문과 무의 조화를 꾀할
수 있었다. 그리하여 오산학교는 평민 출신 안창호가 평양에 설립한 大
成學校와 함께 근대 민족교육의 중추적인 역할을 감당하면서 인재를 양
성하였다. 융희 3년(1909) 2월 대성학교와 더불어 오산학교의 학생들이
순종 황제가 평안도를 방문한 西巡幸에서 일제의 강압에 굴하지 않고
일장기를 거부하고 태극기만을 든 채 순종을 맞이했던 것은 민족의식에
기반한 교육의 精髓를 단적으로 표출한 것이라고 할 수 있었다.[144]

141) 張裕昇, 앞의 논문, 2010, p.72, p.210.
142) 趙顯旭, 「五山學校와 西北學會定州支會」, 『문명연지』3-1, 한국문명학회, 2002,
　　 p.44.
　　 張裕昇, 앞의 논문, 2010, pp.209~210.
143) 五山七十年史編纂委員會 編, 『五山七十年史』, 1978, p.71.

백이행을 신호탄으로 점차 신학의 필요성을 인정하는 유림들이 늘어나기 시작하였다. 융희 2년(1908) 6월 박은식이 『서북학회월보』에 실은 논설에서 "최근 소식을 접한즉 우리 동문 중에 신사상이 있는 자가 점점 들리기 시작하니 곧 박문일·박문오 두 선생 문하의 몇몇 사람이 그들이다"라고 하였는데,145) 이들은 박문일 사후에 평안도 화서학파를 이끌었던 박동흠, 백예행, 盧德濟, 梁鳳濟 등의 改新儒林에 해당하였다.

먼저 양봉제(1851~1926)는 평안북도 박천 출신으로 박문일의 문하에서 동창인 박동흠과 함께 성리학을 공부하였다. 그는 1879년 문과 식년시에 급제한 뒤 1885년에 성균관 전적, 1886년에 사간원 정언 등을 제수받아 중앙관으로 복무하였다. 그리고 1895년부터 일제 강점기에 이를 때까지 三登, 宣川, 肅川, 雲山, 寧邊, 博川 등 출신지인 평안도에서 지방 군수직을 두루 역임하기도 했다.146) 그는 박문일의 제자 중에서 박은식을 제외하면 가장 이른 시기인 1906년 11월에 서우학회에 가입하였다.147) 1908년에는 영변군수로 재직하면서 향교가 있던 자리에 維新學校를 설립하고 경서와 법학 등 구학과 신학을 겸하여 배울 수 있게 함으로써 온고지신의 교육을 실행하였다.148) 유신학교의 校費는 면장들을 설득해서 각 面里에 있는 私塾의 자본을 모아 충당하였는데, 1908년 7월 4일 유신

144) 『五山百年史 1907~2007』, 五山學園, 2007, pp.51~53.
    순종의 서순행 과정에서 발생한 일장기 거부와 훼손 사건의 전반적인 내용에 관해서는 김소영, 「순종황제의 南·西巡幸과 忠君愛國論」, 『한국사학보』39, 2010, 고려사학회, pp.175~180 참조.
145) 「賀吾同門諸友」, 『서북학회월보』1, 1908.6.
146) 정욱재, 「한말·일제하 梁鳳濟의 활동」, 『한국인물사연구』16, 한국인물사연구회, 2011, p.57.
147) 「신입회원씨명(제4회)」, 『서우』4, 1907.3.
148) 『영변지』, 영변군민회, 1971, p.221.

학교가 서북학회의 영변군 지교가 되었을 때는 학생 수가 150여 명에 달할 정도로 성장하였다.[149] 1908년 1월에는 자신의 고향인 박천 德安面에 德明學校를 설립하여 4학년 4학급에 이르도록 발전시켰는데, 그 경비는 전국적으로 유명했던 이 지역의 蘆田을 경영해서 마련하였다.[150]

무엇보다 평안도 유림의 종장으로 추앙받던 박동흠의 사상 전환은 평안도에서 위정척사의 학풍이 개신유학으로 선회하는데 지대한 영향을 미쳤다. 융희 3년(1909) 박동흠은 개신유학자로 전환하기 이전 자신의 모습에 대해, 대부분의 儒者처럼 향촌에 은거하면서 현대 풍조를 알지 못하고, 新學은 '異端'이라고 배척하였으며, 開化黨을 두고는 '異類'로 논박하였다고 회고하였다. 그러다가 몇 년 전부터 신학 서적을 구해본 결과, 윤리와 도덕은 옛 것을 준수하고 물질상의 연구는 신학을 講明해서 이용후생의 밑천으로 삼게 하면 국가를 부지하고 유교를 보존할 수 있을 것으로 판단했다고 한다.

이처럼 신학의 필요성을 인정한 박동흠은 국가 공익에 헌신하면서 人民 開導에도 열심인 개화당이 홀로 자신만을 깨끗하다고 여기는 '腐儒'들보다 낫다고 평가하였다. 그러면서도 개화파들이 '袪舊就新'의 목적에서 옛 것을 배척하고 새로운 것으로 나가기만 하여 무수히 많은 국민들을 '잘못된 개화[孼開化]'로 이끌었다고 지적하였다. 이런 가운데 박동흠은 구학과 신학을 절충하여 수구와 개화의 어느 한쪽에 편벽되지 않는 '仍舊就新'의 방도를 제시하였다. 융희 2년(1908)에 嘉山 芹場里에 설립한 育英學校는 그 결실이었다.[151] 이 학교의 설립에는 박문일의 '高弟'

---

149) 趙顯旭, 앞의 논문, 2000, pp.175~179.
150) 『博川郡誌』, 博川郡民會, 1969, pp.65~66, p.70.
151) 松南, 「因海山朴先生仍舊就新論告我儒林同志」, 『서북학회월보』18, 1909.12.

로 칭송받는 정주의 핵심 유림인 노덕제와 백예행이 동참하였고, 가산
에 거주하는 前進士 金鏡麟이 3,000圜의 의연금을 내놓아서 박동흠과 뜻
을 같이하였다. 이와 관련해서 『황성신문』에서는 박동흠을 '儒林界의
新敎育家'로 소개하고,[152] 노덕제와 백예행의 교육 활동에 대해서는 '兩
儒新事業'으로,[153] 김경린은 '金氏熱心'[154]이라는 항목을 두고 각각 별도
로 기사화했을 만큼 커다란 호응과 기대를 보여주었다. 특히 융희 3년
(1909) 2월에 純宗은 西巡幸 과정에서 특별히 이승훈과 더불어 박동흠을
불러 접견하고 신교육가로서의 공로를 치하하기도 했다.[155]

잉구취신의 방침에 따라 설립된 육영학교의 수업과목은 구학과 신학
을 망라하였다. 다만 학습에서 經義를 主旨로 하고, 物理·化學·生理學은
格致의 공부로 注意케 하며, 數學·歷史·地理學은 옛날부터 강습하였으
므로 신학이라고 할 수 없다고 한 것을 볼 때 전체적인 공부의 무게중심
은 유학에 두고 있었음을 알 수 있다. 이는 학교 구성원이 대부분 유림
으로 구성된 것에서도 확인된다. 박동흠은 先代부터 함께 도학을 연마
하던 학우 및 다른 동지들을 일체 권고하여 육영학교에 입학하게 하였
다. 또한 노덕제에게 校監의 직을 맡기고, 그 문하생도 모두 취학하도록
하였다.[156] 박동흠의 고모부인 李允實도 융희 2년(1908)에 태천의 장수
재를 校舍로 삼아 신식학교인 明誠學校를 운영하였으며, 여기에서 자신
이 초대 교장으로 활동하면서 개신유학자의 길을 걸었다.[157] 그는 융희

---

152) 『황성신문』, 1908년 7월 24일. '儒林界의 新敎育家'
153) 『황성신문』, 1909년 4월 6일. '兩儒新事業'
154) 『황성신문』, 1909년 4월 6일. '金氏熱心'
155) 『황성신문』, 1909년 1월 31일. '朴儒招待'
     『황성신문』, 1909년 2월 9일. '擧李承薰氏歷史ᄒ야 告我全國人士'
156) 松南, 「因海山朴先生仍舊就新論告我儒林同志」, 『서북학회월보』18, 1909.12.
157) 『泰川郡誌』, 태천군민회, 1973, pp.198~199.

3년(1909) 4월에는 서북학회의 태천지회 학사시찰위원에 선임되어 지역의 교육계를 주도하였다.158)

---

158) 「會事記要」, 『서북학회월보』11, 1909.4.

2. 문화계몽운동의 추진과 지방간 주도 경합

1) 계몽운동의 논의 주도와 지역위상 제고

조선은 청일전쟁 이후 러일전쟁까지 10여 년간 혹심한 전란을 겪었다. 격동의 세월을 지나면서 '十室九空'의 지경에 처했던 평안도 사람들 역시 완전히 회복되지 못한 상태에 있었다. 러일전쟁으로 한반도가 외세의 각축장이 되면서 서경 풍경궁 공사는 중단되었고, 鄕錄錢의 징수로 富戶貧氓은 모두 凋弊해지는 사태를 겪기도 하였다.[1] 나아가 광무 9년(1905) 을사늑약의 체결로 국권 상실이 가시화되고 있었다. 이런 시국에서 신문과 잡지에서는 고종 황제 대신에 점차 단군과 기자를 연칭하거나[檀箕] 혹은 단군만을 언급하면서 민족의 구심체로 삼는 경우가 많아졌다.[2]

---

1) 『황성신문』, 1904년 3월 4일. '鳴乎西北之民'
   '凡我韓之民이 一則痼病於貪虐官吏之侵漁剝割하고 一則困瘁於饑饉盜賊
   之流離刦搶하야 到處一般이오 無土不然이로딕 惟獨西北諸路之民은 纔經日
   淸之兵禍하고 數被胡匪之侵擾하야 十室九空에 瘡痍未蘇라 平安一道난 尤
   因鄕錄之排歙히야 富戶貧氓이 俱凋獘矣러니 今年에 又値日俄之交戰하야
   騷擾渙散에 魚駭鳥竄이라'
   『황성신문』, 1904년 4월 27일. '西來之客은 曰關西之民은 獨羅厄運이라'
2) 앙드레 슈미드 著, 정여울 譯, 『제국 그 사이의 한국』, 휴머니스트, 2007, pp.419~421.
   삿사 미츠아키, 「한말·일제시대 단군신앙운동의 전개: 대종교·단군교의 활동을 중심으로」, 서울대학교 박사학위논문, 2003, pp.27~28.

국권을 회복하기 위해서는 정부가 아닌 민간단체가 새로운 시대를 주
도해야 한다는 주장이 사회 전면에 부상하였다.3) 정부를 '舊習의 樊'로
비판하면서 인민의 지식과 학문을 모을 수 있는 학회를 설립하여 '新精
神'을 배양하자는 주장도 함께 제기되고 있었다.4) 광무 10년(1906) 10월
15일 평안도와 황해도 출신으로 구성된 西友學會의 창립은 그 대표적인
결실로서 지역 단위 학회의 선구가 되었다.5) 이 서우학회를 필두로 함
경도의 漢北興學會, 전라도의 湖南學會, 경기·충청도의 畿湖興學會, 경
상도의 嶠南敎育會, 강원도의 關東學會가 지역별로 잇달아 출범하고 있
었다. 이러한 서우학회의 창립 목적은 다음의 「본회취지서」에 명확히
나타나 있다.6)

凡物이 孤ᄒ면 危ᄒ고 群ᄒ면 强ᄒ며 合ᄒ면 成ᄒ고 離ᄒ면 敗흠은
固然之理라. 矧今 世界에 生存競爭은 天演이오. 優勝劣敗ᄂ 公例라 謂
ᄒᄂ 故로 社會의 團體成否로써 文野를 別ᄒ며 存亡을 判ᄒᄂ니 今日
吾人이 如此히 劇烈ᄒ 風潮를 撞着ᄒ야 大而國家와 小而身家의 自保自
全之策을 講究ᄒ면 我同胞靑年의 敎育을 開導勉勵ᄒ야 人才를 養成ᄒ
며 衆智를 啓發흠이 卽 是國權을 恢復ᄒ고 人權을 伸張ᄒᄂ 基礎라. 然
이나 此 重大事業을 振起擴張코ᄌ ᄒ면 公衆의 團體力을 必資흘지니

3) 『황성신문』, 1905년 9월 12일. '社會希望論'.
   러일전쟁의 발발로 서울에 진주한 일본군이 대한제국 정부의 정치적 통제력을 제
   약하면서 민간 정치세력들이 민권운동을 전개할 수 있는 여건이 조성되었다. 이
   에 관해서는 鄭崇敎, 「韓末 民權論의 전개와 國粹論의 대두」, 서울대학교 박사
   학위논문, 2004, pp.22~51 참조.
4) 『대한매일신보』, 1905년 10월 14일. '社會精神'
5) 서우학회의 창립 일자는 한상준, 「서우학회에 대하여」, 『역사교육논집』1, 역사교
   육학회, 1980, p.170에 의거함.
6) 「本會趣旨書」, 『서우』1, 1906.12.

此는 今日 西友學會의 發起훈 所以라

즉 우승열패의 경쟁세계에서 문명과 야만, 생존과 멸망은 사회단체의 결성 여부로 판가름 난다는 인식하에, 국권 회복과 인권 신장의 기초가 되는 인재 양성과 衆智 계발을 振起·擴張하기 위해서 서우학회를 조직하게 되었다는 것이다. 그러면서 다음과 같이 학회 설립에 따른 기대와 당부의 말도 곁들이고 있었다.

今玆學會의 成立이 亦豈偶然哉아 卽是全國進步之起點이니 此로 由ᄒ야 邦人耳目이 聳其觀聽ᄒ야 互相 感發心과 爭勝意로 明日 三南에 學會가 起ᄒ며 又 明日東北에 學會가 起ᄒ야 百脈一氣와 衆流一源으로 全國大團體가 成立홈은 吾人의 一大希望이니 此 目的을 達ᄒᄌ면 本學會가 完全 鞏固히 著其實效ᄒ야 他方의 標準을 建立홈에 在ᄒ니 惟我社友의 責任이 愈其重大라 念之勉之어다

이 서우학회의 성립으로 말미암아 다른 지역의 분발을 촉구하고 경쟁심을 유도하는 동시에 스스로 막중한 책임감을 가지고 다른 지역의 표준이 되도록 힘써서 '全國大團體'를 이루어 낼 것을 희망하고 있는 것이다. 이상과 같은 취지와 구상 아래 설립된 서우학회의 임원과 발기인의 면면을 略記하면 다음과 같다.7)

會　長 : 鄭雲復(京城日報 記者)
副會長 : 金明濬(前 秘書丞)
評議員 : 李甲(軍部大臣 副官), 金達河(前 敎官), 柳東說(陸軍正尉),

---

7) 「會錄」, 『서우』1, 1906.12.
　韓國內部警務局, 『顧問警察小誌』, 1910, pp.105~106.

柳東作(檢事), 安秉瓚(前 主事)
發起人 : 朴殷植 金秉燾 申錫廈 張應亮 金允五 金秉一 金達河 金錫
桓 金明濬 郭允基 金基柱 金有鐸

여기에서 서우학회 회장 정운복과 부회장 김명준은 투표로 선정하였
고, 평의원은 15명을 택정하려 했으나 시간이 촉박해서 우선 5명을 투표
로 추천하여 선발하였다. 이렇게 진행된 서우학회의 개회식에는 평안·
황해도의 인사가 운집한 가운데 불과 몇 분 안에 660여圓의 기부금이 모
인 관계로 그 의협심을 흠탄할 만하다는 기사가 『대한매일신보』를 통해
전국적으로 소개되기도 하였다.8)

그런데 위에서 언급한 정운복, 김명준, 이갑, 안병찬 등 서우학회 임원
의 상당수는 과거에 독립협회 활동을 비롯해서 改革黨, 國民敎育會, 憲
政硏究會, 大韓自强會 등 일련의 정치·교육활동에 관여하였으며, 조선의
보호국화를 기도한 을사늑약에 처하여 종래의 개화운동을 계몽운동으
로 전환시켜 나갔던 인사들이다.9) 서우학회의 발기인이자 기관지 『서우』
의 주필인 박은식 역시 독립협회에 몸담은 이래 현실 정치를 개선하고
자 개혁당의 중심인물로 참여하였고, 『황성신문』과 『대한매일신보』 등
의 언론 활동을 통해 자주독립과 애국사상을 고취하는데 진력하였음은
잘 알려진 사실이다.10) 1907년 미국에서 귀국하여 서우학회에 가담한
안창호도 일제의 국권침탈을 비판하는 연설을 쏟아내었으며, 비밀결사
新民會를 발기하여 국권회복운동에 매진하였다.11) 이와 같은 사정에서

---

8) 『대한매일신보』, 1906년 10월 28일. '西友開會第一回'
9) 李松姬, 「韓末 西友學會의 愛國啓蒙運動과 思想」, 『韓國學報』8-1, 일지사,
   1982, pp.37~40, pp.45~47.
10) 柳子厚, 『李儁先生傳』, 東邦文化社, 1947, p.59.
   愼鏞廈, 『朴殷植의 社會思想硏究』, 서울대학교 출판부, 1982, pp.10~14.

일본 경찰 당국은 서우학회가 교육 진흥을 통한 인재 양성을 표방했지만 실질적으로는 일종의 政社的 組織으로 간주하고 있었다.[12]

실제로 서우학회는 광무 10년(1906) 10월 말 함경도 출신이 설립한 한북흥학회와 더불어 排日·反日思想이 가장 투철한 단체였다.[13] 이 두 단체는 교육 진흥과 국권 회복이라는 설립 취지와 목적이 같을 뿐더러 역사·지리적 친연성과 '同病相憐'으로 표현된 지역차별의 공통 경험을 내세워 융희 2년(1908) 1월 西北學會로 통합하였다.[14] 그 통합의 배후에는 '自新한 국민의 統一聯合'을 원칙으로 하는 신민회의 지도가 있었으므로, 서북학회가 발족한 후에는 신민회와 밀접한 관련을 가진 단체로 활동하게 되었다.[15]

이러한 서북학회는 단결의 필요성을 한층 강조하였다. 「서북학회취지서」는 "原夫團合者는 人群固有之性이라"는 말로 시작하여 단합의 여부가 윤리의 整齊, 사업의 성취, 국가의 유지, 인간의 생존을 결정짓는 것으로 설명하였다. 이 글의 말미에서는 형체의 단합만이 아니라 정신적인 단합을 위해 분발함으로써 전국적으로 '一體團合'을 완성하게 되면 새로운 '文明 帝國'을 건설할 수 있을 것이라고 전망하면서 마무리를 짓

---

11) 朝鮮總督府 編, 『朝鮮ノ保護及併合』, 1918, p.54.
    愼鏞廈, 「新民會의 創建과 그 國權回復運動(上), 『韓國學報』8, 일지사, 1977, pp.35~36.
12) 鄭崇敎, 앞의 논문, 2004, pp.114~115.
13) 柳子厚, 『李儁先生傳』, 東邦文化社, 1947, pp.123~124.
14) 장지연, 「축사」, 『서우』1, 1906.12.
    '邇日에 關北諸紳士도 亦組織漢北學會ㅎ야 其主旨는 與西友會相同ㅎ니'
    「西北學會趣旨書」, 『서우』15, 1908.2.
    反求室主人, 「本會 第一回紀念日祝辭」, 『서북학회월보』15, 1909.8.
15) 愼鏞廈, 「新民會의 創建과 그 國權回復運動(下), 『韓國學報』9, 일지사, 1977, pp.128~129.

고 있었다.16) 이 서북학회의 개회식에 참석한 바 있는 雲養 金允植은 성
황리에 개최되었던 당시 행사에 대한 소감을 다음과 같이 전하고 있다.

　　校洞 서북학회 개회식에 참석하였다. … 서북 사람들이 구름처럼 모였
　다. 그들은 차례로 연설을 하였는데 규모는 정숙하고 말과 얼굴빛은 淸亮
　하였다. 맨 나중에 안창호가 연설하였는데 수천마디의 말을 계속하였다.
　그의 말은 흥분과 감격으로 뒤섞여 있었다. 이 자리에 모였던 사람들은 감
　동되어 조용히 듣고 있었다. … 바야흐로 西北地方의 구름은 열리고 風
　氣는 날로 진보되어 三南地方이 깊이 잠들어 있는 것과 같지 않으니 심
　히 훌륭하고 감탄할 만하다.17)

　여기에서는 서북학회의 개회식 행사가 안창호의 연설로 절정에 달했
음을 묘사하고 있다. 그 구체적인 내용은 소개되어 있지 않지만 평소 그
의 연설에서 "國民의 義務는 團合盡力 二件事外에는 無ᄒ다"고 하면서
단합과 진력을 강조했던 것이나,18) "卽自今日로 我國을 侵害ᄒᄂ 强國과
傳檄開戰ᄒ야 國權을 回復홀지니"라고 하여 상무정신을 고취하고 독립
전쟁을 준비하자고 촉구했던 것에서 미루어 볼 때 전체적으로 국권을
회복하자는 취지의 연설이었을 것이다.19) 이에 김윤식은 안창호의 연설
에 도취된 서북인들을 인상 깊게 바라보면서 삼남지방에 대비하여 훌륭
하고 감탄할 만하다는 총평을 남긴 것으로 추정된다.

---

16)「西北學會趣旨書」,『서우』15, 1908.2.
17) 金允植,『續陰晴史(下)』12, 隆熙 2年 1月 10日.
　　'往參校洞西北學會開會式 … 西北人士雲集 次第演說 規模整肅 辭氣淸亮
　　最後安昌浩演說 娓娓數千言 激昂感慨 一座灑然動聽 … 見方西北雲開 風
　　氣日進 不似三南之兀兀昏睡 甚可嘉歎'
18)「會報」,『서우』5, 1907.4.
19) 安昌浩,「演說」,『서우』7, 1907.6.

그런데 서우학회와 그 뒤를 이은 서북학회는 지역단위의 학회임에도 불구하고 '漢城 中央'에 거점을 마련하고 활동하였다는 점에 주목할 필요가 있다. 서우학회는 설립 취지서에서 한성에 입지하게 된 까닭을 해명하는 가운데, "中央一位의 鼓動掖引ㅎᄂᆞᆫ 機關이 不立"하여 교육과 遊學 활동을 제대로 수행하지 못했기 때문이라고 하거나, 매달 기관지인 『서우』를 발간하려면 사방의 견문을 접수할 수 있는 곳이 편의하다는 등의 사유를 거론하였다.[20] 그러나 서우학회와 서북학회의 한성 입지는 여기에 국한되지 않고 다음의 '漢城 崛起'라는 표현에서 감지되듯이 강렬한 자긍심과 지역 의식을 내포하고 있었다.

> 今日 本學會가 漢城中央에 崛起ᄒᆞᆫ 것슨 實로 前古 千百年間에 未曾有ᄒᆞᆫ 盛事라 謂ᄒᆞᆯ지며 全國 三千里內에 最先起點의 光線이라 稱ᄒᆞᆯ지로다. … 今日 新文化의 開進은 반다시 西路로 붓터 倡始ᄒᆞ리라 ᄒᆞ니 然則 本學會가 全國 三千里內에 最先起點의 光線이 아닌가[21]

서우학회에서는 한성 중앙에서 두드러진 활약을 전개하는 것을 천년 동안 없었던 장한 일로 평가하고, 新文化의 開進을 창도하는 '最先起點의 光線'이라는 표현을 반복해서 사용함으로써 자신들의 긍지를 나타내었던 것이다. 이와 마찬가지로 서북학회에서도 자기 학회의 위치를 다음과 같이 표명하고 있다.

> 貴學會가 漢城中央에 特然崛起ᄒᆞ야 西北人士의 一大標準을 建作ᄒᆞ얏스미 於是乎 八域之內가 風動影從ᄒᆞ야 學校星羅ᄒᆞ고 社會林立ᄒᆞ니 猗歟 我東方의 文明基礎요 獨立機關이라. 一代偉業이 엇지 此의 加ᄒᆞᆫ

---

20) 「本會趣旨書」, 『서우』1, 1906.12.
21) 朴殷植, 「社說」, 『서우』1, 1906.12.

者 有하리요22)

다시 말하면 전국에 '一大標準'을 만들매 그 영향에 따라 학교와 사회
가 즐비하게 되니 서북학회는 곧 우리나라 문명의 기초이자 독립기관이
라 할 수 있으며, 지금 세상에서 이보다 훌륭한 일은 없다는 자부심을
한껏 드러내고 있는 것이다.

한성 중앙에서 굴기했다고 하는 서북인에게 이제 문명의 起點과 標準
은 공공연하게 한성이 아닌 서북에 소재한 平壤과 開城 등지로 표방되
고 있었다.23) 이즈음 『대한매일신보』에서는 을사늑약 직후 동양평화를
부르짖다가 자결한 니시자카 유타카(西坂豊)의 遺言, 즉 "畿湖人은 진취
가 어렵고 西北人이 훌륭한 일을 할 수 있다"고 하거나, "皇都를 평양으
로 옮겨서 서북의 형세를 확장해야 조선의 독립을 이룰 수 있다"고 주장
한 그를 '東洋의 義士'로 평가하고, 그 탁월한 식견이 인멸되면 대단히
애석한 일이므로 채록해서 알린다는 기사를 게재하기도 했다.24) 세간의
논자 중에는 평안도와 황해도를 일컬어서 메이지 유신을 주도하여 막부
체제를 무너뜨린 일본의 쵸슈번[長州藩]과 사쯔마번[薩摩藩]에 비유하는
경우도 있었다. 서북은 더 이상 조선의 변방이 아니라 문명화를 이끌어
낼 혁명적인 장소이자 정신적인 중심지로 상정되고 있었던 것이다.25)

기존의 중심과 변방이라는 구분틀을 전복할 수 있었던 서북인의 명분

---

22) 「會事記要」, 『서북학회월보』5, 1908.10.
23) 朴殷植, 「平壤과 開城의 發達」, 『서우』9, 1907.8.
24) 『대한매일신보』 1907년 1월 5일.
25) 방흥주, 「축사」, 『서우』5, 1907.4.
   정주아, 『서북문학과 로컬리티 : 이상주의와 공동체의 언어』, 소명, 2014, pp.42~
   43.

과 주장은 '自强'의 여부에 달려있었다. 주지하듯이 을사늑약 이후 국권
상실의 위기에 직면하여 전국에서는 교육진흥과 식산흥업을 통해 자강
을 이룸으로써 국권을 회복하려는 계몽운동이 활발하게 진행되고 있었
다.26) 이러한 계몽운동은 특히 서북 지방에서 두드러지게 나타났다. 이
는 朝野에서 공히 인정하는 바였다. 가령 고위관료 중에서 평안남·북도
관찰사를 역임한 李道宰는 西土의 風氣를 慷慨·好義·效忠하다고 긍정하
고, 오늘날 청년들이 해외에 유학하거나 紳民들이 재물을 내어 학교를
설립한 것이 다른 道에 비해 '最多'라고 하면서 그 발전상을 격려하였
다.27) 宮內府 特進官 李容稙도 서우학회의 교육 활동과 잡지 간행의 효
과로 인해 蒙昧, 怯弱, 鄙私, 抛棄, 惰怠의 풍조가 각각 文明, 强勇, 忠愛,
作爲, 興殖으로 변하게 되어 지식의 발달 외에도 사람의 성질을 변화시
키고, 國勢를 다시 떨치며, 국권을 회복할 수 있는 시작과 기초가 될 것
이라고 높이 평가하였다.28) 弘文館 學士 南廷哲은 서쪽 지방 사람들이
강개와 의기를 좋아하여 국가를 위해 힘을 다했던 것이 '最焯'이었다고
하면서 이들의 활동에 기대어 '大局의 만회'를 기약할 수 있으리라는 기
대를 드러내기도 하였다.29) 같은 맥락에서 張志淵은 "근일 학교의 蔿興
과 교육의 발전이 諸道에 으뜸이 되어 開明을 말하면 반드시 西道로 첫
째를 꼽는다"30)고 하였고, 黃玹은 "학교는 關西가 더욱 盛하여 龍川의
一郡만 해도 20餘區나 설립되었다"31)고 함으로써 서북 지방에서 교육활

---

26) 金度亨, 『大韓帝國期의 政治思想研究』, 지식산업사, 1994, pp.131~144.
_____, 『근대 한국의 문명전환과 개혁론-유교 비판과 변통-』, 지식산업사, 2014,
    p.332. pp.385~390.
27) 李道宰, 「序」, 『西友』2, 1907.1.
28) 李容稙, 「序」, 『西友』1, 1906.12.
29) 南廷哲, 「祝辭」, 『西友』1, 1906.12.
30) 張志淵, 「祝辭」, 『서우』1, 1906.12.

동이 왕성하였던 實況을 분명히 말해주고 있다.

이 때 교육의 취지와 내용은 애국심과 민족의식에 기반하고 있었다. 예컨대 학교 설립과 짝하여 부족한 교원을 충당하기 위해 서우사범야학교를 개설하고 다시 서북협성학교로 확대 개편하였는데 그 설립의 목적과 운영은 '救國·救族'에 초점을 두고 있었다.[32] 의주 출신 李東初는 근대교육을 실시한다는 미명 아래 일본교사를 초빙하여 학생들에게 '日本主義'를 가르치는 일을 '有失無得'하다고 비판하면서, 유생출신 학자를 中央師範學校에 모집하여 신교육으로 재교육시키고 이들을 다시 지방학교에 파견할 것을 제안하였다.[33] 평양 출신 金有鐸은 교육을 국민의 의무로 강조하면서 정부의 조치를 기다리지 말고 의무교육을 시행하자고 촉구하여 전국 최초로 평안도에서 의무교육이 실시되기도 하였다.[34]

實業의 진흥도 활발하였다. 평양에서 설립된 磁器製造株式會社는 그

---

31) 黃玹, 『梅泉野錄』5, 光武 10年 丙午(1906) 9月, 學會(黃玹 著 金濬 譯, 『梅泉野錄』, 敎文社, 1994, p.693).
   '學校則關西尤盛 龍川一郡至二十餘區'
   황현이 지목한 용천 지역 외에도 평안도에서 교육의 성행은 도처에서 진행되었다. 한 예로 1906년 9월 현재 평안북도 龜城은 12面, 2,600餘戶 규모로 4等郡에 속하는 小邑이지만, 郡內에는 22개의 학교에 1,387명의 학생이 재학하여 '盛況'을 이루고 있었다. 다만 교사는 22명에 지나지 않아 당시 교사 양성은 시급한 문제였을 것으로 생각된다(『대한매일신보』 1906년 9월 23일. '龜城興學' ; 『황성신문』 1906년 9월 24일. '龜城校況' ; 『황성신문』 1906년 10월 1일. '龜城郡學校盛況').
32) 金孝貞, 「韓末 民立 師範學校의 設立과 敎育救國運動」, 서울대학교 석사학위논문, 2015, pp.28~31, p.36.
33) 李東初, 「精神的 敎育의 必要」, 『太極學報』11, 1907.6.24.
34) 金有鐸, 「十一年一月二日에 在京ᄒᆞ 兩西學員을 請邀ᄒᆞ야 懇親會를 開ᄒᆞ엿ᄂᆞᆫ딘 會員 金有鐸氏의 演說ᄒᆞᆷ이 如左ᄒᆞᆷ」, 『서우』3, 1907.2.
   『대한매일신보』 1907년 2월 26일. '夕陽寸心'

대표적인 결과물이었다. 상공업은 곧 '富强之業'이라는 인식 아래 이 주식회사의 설립에는 인천항 상공회의소를 비롯해서 각지의 상인들도 적극 찬성하였다.35) '富國 第一金鑛'으로 알려진 평안도 雲山 鑛山은 1년 산출액이 약 100萬圓에 달했고, 그 다음은 殷山으로 약 50만원 정도였으며, 그 밖에 昌城과 泰川도 손에 꼽는 鑛山地여서 내국인은 물론이고 외국인까지 그 개발을 적극적으로 모색하고 있었다.36)

애국심에 바탕한 實業敎育이 강조되고 성행한 것도 특징적이다. 박은식은 학자 중에서 "最히 救國活民의 要素가 되는 者는 實業學家"라고 단언하였다.37) 오늘날의 생존경쟁에서 승리하고자 한다면 먼저 '物産競爭'에서 이겨야 한다는 신념에서였다. 한 예로 황해도에는 목면, 평안도는 明紬亢羅, 함경도는 細布 등속이 유명하지만 현재의 기술과 품질로는 外國의 洋木 絨緞을 대적하기 어렵다고 판단하였다. 그리하여 뜻있는 사람들이 협력해서 선진 기계를 갖춘 織組會社를 설립하고 또 실업학교를 졸업한 '良工'을 고용하여 외국 제품에 손색없는 물품을 제조하면 이익이 클 것으로 전망하였다. 아울러 寧邊의 水鐵과 端川의 靑玉 등 각종 물품을 개량·수출해서 물산경쟁에서 승리하여 생활의 복지를 향유할 수 있기를 기원하였다.38) 이런 취지와 목적에서 평안도에서는 영변, 강계, 진남포, 삼화, 용천 등지에서 상인들의 주도로 실업학교가 설립되고 있었다.39)

---

35) 柳承烈, 「韓末·日帝初期 商業變動과 客主」, 서울대학교 박사학위논문, 1996, pp.193~194.
36) 朴聖欽, 「我韓의 鑛産槪要」, 『西友』4, 1907.3.
37) 朴殷植, 「孰能救吾國者며 孰能活吾衆者오 實業學家가 是로다」, 『서북학회월보』7, 1908.12.
38) 朴殷植, 「物質改良論」, 『서북학회월보』8, 1909.1.
39) 柳承烈, 앞의 논문, 1996, pp.194~207.

이제 서북인들은 '자강'을 기준으로 자신들의 위상을 재정립해 나가고 있었다. 『서북학회월보』에 게재된 「西北諸道의 歷史論」에서는 자강의 내력과 자질을 갖춘 서북과 그렇지 못한 여타 지역을 명확히 구분하였다. 이 논의에 따르면 서북은 단군과 기자가 '開荒'한 문명의 장소이자 중국에 맞서 독립의 형세를 유지한 고구려의 정신을 계승한 지역이었다. 더불어 국가를 부강하게 하는 상무정신과 상업발달이 구비된 곳이기도 하였다. 반면에 檀箕 2천년 동안 서북 이외의 동남 지역은 거칠고 어두운 '未開'의 상태에 있었으며, 삼국시대 신라와 백제는 중국에 사대하고 일본과 친선하여 타국에 의뢰하는 습관이 생겨나게 하였다. 또 조선에서 권력을 잡은 동남지역 출신은 尙武를 배척하고 文雅를 채택하여 나라를 쇠약하게 만들었고, 자유로운 상업도 억압하여 나라를 가난하게 만든 주범이 되었다. 이에 더해서 대소관리들은 서북인을 노예로 대우하고 희생으로 삼았다는 것이다. 요컨대 서북과 비서북은 문명과 야만, 自主獨立과 依賴畏怯, 武强과 文弱, 상업 증진과 상업 억제로 표상되고 후자에 의해 전자가 지배당하는 구도로 설명되었다. 그럼에도 불구하고 이 글의 말미에서는 국가의 자강을 저해하고 서북을 핍박한 동남과의 묵은 감정[宿憾]을 일체 씻어버리고 전국의 동포가 동일한 애국사상으로 서로 협력하자고 당부하였다.40)

특히 안창호는 서우학회와 신민회 회원으로서 대중 연설을 통해 단결을 강조하며 국권 회복의식을 고취시키는데 열심이었다. 그가 동포들에게 웅변했던 일관된 主旨는, 지금 세계가 민족 경쟁의 시대이므로 독립

---

40) 「西北諸道의 歷史論」, 『서북학회월보』17, 1908.5.
　　조형래, 「학회(學會), 유토피아의 미니어처-근대계몽기의 지역학회 및 유학생 단체를 통해서 본 지역성과 고향 의식」, 『한국문학연구』31, 동국대학교 한국문학연구소, 2006, pp.79~80.

한 국가가 없으면 민족이 서지 못하고 개인이 존재할 수 없다는 것, 국민 각자가 각성하여 큰 힘을 내지 않고는 조국의 독립을 유지할 수 없다는 것, 큰 힘을 발휘하는 길은 국민 각 개인이 각자 분발·수양하여 도덕적으로 거짓 없는 참된 인격이 되고 지식과 기술에서 유능한 인재가 되어 국가 大計를 위해서 견고한 단결을 이루어야 한다는 것이었다.[41] 안창호는 柳瑾·朴殷植·張志淵 등 언론인 지도자, 兪吉濬과 같은 官界의 선각자, 李甲·李東輝·盧伯麟 등의 청년 장교, 李東寧·李始榮·全德基·崔光玉·李昇薰·柳東說·柳東作·金九 등의 志士들과 동지의 관계를 맺고 있었으므로 대동단결의 호소는 하나의 시대적 명제로 제창되고 있었다.[42]

이와 같은 주장에 호응해서 국권 회복을 공동의 목표로 삼아 교육과 산업을 중핵으로 자강 운동에 매진했던 애국계몽단체들은 긴밀한 협력 관계를 유지하였다. 그것은 대한자강회(뒤에 대한협회), 서우·서북학회, 호남학회, 기호흥학회, 교남교육회, 관동학회의 임원 구성이 중복되거나 지회 설치 등에서 효율적인 역할 분담이 이루어지고 있는 점을 통해 알 수 있다.[43] 특히 서북인의 행보는 다른 지역 인사들의 호응과 분발심, 그리고 자기반성의 심정을 자아내었다. 예컨대『서우』의 축사에서 湖西 출신의 李章薰은 평안도가 維新의 시대를 맞아 해외로 유학하여 신문명을 흡수하고 士林들은 의연금을 내어 학교를 설립함으로써 교양 있는

41) 이광수,『島山安昌浩』, 대성문화사, 1947, p.18.
    李松姬,『大韓帝國末期 愛國啓蒙學會研究』, 이화여자대학교 박사학위논문, 1985, p.54.
42) 안창호가 교유한 인사들의 면면에 관해서는 이광수,『島山安昌浩』, 대성문화사, 1947, p.17 참고.
43) 鄭灌,「舊韓末 愛國啓蒙團體의 活動과 性格」,『大丘史學』20·21, 대구사학회, 1982, pp.280~288. 전재관,「한말 애국계몽단체 지회의 분포와 구성-대한자강회·대한협회·오학회를 중심으로-」,『崇實史學』10, 숭실사학회, 1997, pp.155~191.

빚게 되었다. 이 사설에서는 古代 馬韓이 고조선의 箕準에게 굴복한 것
은 호남인이 '昧劣'했기 때문이며, 고려 왕조에서 호남이 가장 불평등한
대우를 받아 정치상의 '劣敗'만이 아니라 文學·實業·美術 등의 분야도
다른 지역보다 낙후되었다는 등의 보도를 했던 것이다. 호남학회측은
마한만이 아니라 한강 이남의 삼남 지방이 모두 部落酋長과 같은 상태
여서 箕準을 대적할 수 없었는데 오직 호남인만을 昧劣로 지목하고 모
욕했다면서 항의하였다. 여기에서 서북이 '문명'의 상태에 있었다는 것
은 자연스럽게 이 논쟁의 전제가 되어 기정사실화 되었는데, 이와 같은
역사 이해는 일반 대중의 역사인식에도 많은 영향을 끼쳤을 것으로 생
각된다.49)

이상에서 살펴본 것처럼 서울에서는 서북의 지역성을 강조하는 서우
학회와 서북학회가 설립되어 국권이 위태로운 현실에서 '자강'을 내세
워 계몽운동을 주도하고자 노력하였다. 이 과정에서 평안도 지역은 변
방이 아닌 문명화의 선진 지역으로 논의되고 주목받았으며, 과거에 차
별의 근거로 지목되었던 서북 지방의 여러 조건들이 오히려 서북의 위
상을 강화할 수 있는 여건으로 변용되어 선전되기도 하였다. 이러한 서
북인의 행보는 평안도 지역 위상을 전반적으로 고양시켜 다른 지방과의
주도권 경쟁을 야기하는 동시에 보다 적극적으로 중앙 정치에 참여하려
는 시도로 이어지고 있었다.

---

49) 『대한매일신보』, 1907년 7월 19일.
　　『대한매일신보』, 1908년 8월 16일.
　　박찬승, 「한말 호남학회 연구」, 『國史館論叢』53, 국사편찬위원회, 1994, pp.135~
　　137.

2) 지방사이의 주도권 경쟁과 서북의 參政 노력

을사늑약 이후 계몽운동가들은 국권회복의 유력한 방도를 교육과 식산을 통한 '자강'의 달성에서 찾았다. 이 때 자강을 신속하고 효과적으로 이룰 수 있는 방법으로 '경쟁'이 강조되었다. 그 필요성은 "現今은 生存競爭의 時代"[50]라고 하거나 혹은 "生存競爭은 天演이오 優勝劣敗는 公例"[51]라고 하는 절박한 현실인식에 바탕을 두고 정당화되었다. 이들은 천하의 허다한 사업이 모두 경쟁심에서 나온다고 보았다.[52] 그러므로 개인과 국가를 막론하고 "생존경쟁은 도저히 면하고자 하여도 면할 수 없을 것"이며, 我가 彼를 이길 수 없을 때에는 반드시 굴종과 멸망에 이를 수 있다는 것을 각오해야 한다는 주장이 개개인의 각성과 분발을 촉구하려는 의도에서 공공연하게 거론되었다.[53] 이런 점에서 국권을 위협하는 외세와의 '경쟁'에서 승리하는 것은 하나의 시대적 목표이자 화두라고 할 수 있었다.

---

50) 朴庠鎔,「敎育이 不明이면 生存을 不得」,『태극학보』10, 1907.5.24.
朴殷植,「人의 事業은 競爭으로 由ᄒ야 發達홈」,『서우』16, 1908.3.

51)「本會趣旨書」,『서우』1, 1906.12.

52) 尹孝定,「本會會報」,『대한자강회월보』1, 1906.7.31.
'知其有自以後에 乃知有他오 知有自他之別則必有比較競爭心ᄒ야 天下之詐多絶大事業이 皆從競爭心做出來ᄒᄂ니 顧今全球가 豈非大比較大競爭的 世界乎아'

53) 尹孝定,「生存의 競爭(演說)」,『대한자강회월보』11, 1907.5.25.
'今日의 生存競爭은 到底히 免코자하여도 可免치 못할 者니 個人이든지 國家이든지 我가 彼를 制勝키 不能한 同時에는 반다시 彼의 下風에 屈趨하야 種種滅亡에 至함을 覺悟치 아니함이 不可하고 盖他人의 下風에 屈趨하야 滅亡에 竟至함은 雖何人이라도 厭避코자아니할 者 無하니 此는 競爭의 熱이 極烈極度에 達한 現時代를 形成한 所以로다'

이런 가운데 국권을 회복하려는 공동의 목표 아래 학회를 중심으로 통합 단체를 모색하면서 동시에 주도권을 둘러싼 지방간의 경쟁의식도 생겨났다. 이 시기에 학회는 계몽운동에서 대단히 중요한 의미를 갖고 있었다. 優勝의 방도는 학문에 있고, 劣敗로 가는 지름길은 不學으로 인식되었기 때문이다.[54] 경쟁 세계에서 단체가 없으면 힘을 발휘할 수 없는데, 그 단체 중에서도 '學'이 없이는 정치, 법률, 경제, 농·공·상의 단체가 자립할 수 없으므로, 학회는 모든 사회단체의 모체가 된다고 할 정도였다.[55]

한말 지역의 특성에 따라 설립된 학회들은 다른 지역 학회와 연대하면서 자기 지역에서의 책임과 역할을 의식하고 있었다. 호남학회의 의무를 설파한 邊基纘의 다음과 같은 주장은 그러한 사정을 잘 보여준다.

> 上自政府로 下至閭巷히 莫不熱心ᄒᆞ야 校黌이 相望ᄒᆞ고 各會가 相起ᄒᆞ야 畿湖人士ᄂᆞᆫ 畿湖의 敎育을 擔任ᄒᆞ고 西北人士ᄂᆞᆫ 西北의 敎育을 擔任ᄒᆞ고 嶠南關東의 人士ᄂᆞᆫ 嶠南關東의 敎育을 擔任ᄒᆞ야 各其 區域을 各自 擔任ᄒᆞᄆᆡ 我湖南學會도 亦 其 固有ᄒᆞᆫ 義務를 擔任ᄒᆞᆯ지라[56]

즉 정부로부터 민간에 이르기까지 열심을 내어 학교가 잇달아 설립되고 지방마다 교육을 담당하는 학회가 생겨났는데, 자신이 몸담고 있는 호남학회도 역시 지역의 고유한 의무를 책임지고 맡아야 한다는 것이다. 이 논의에서 변기찬은 한 잔의 물도 모이면 능히 큰 바다를 이루고 한 움큼의 흙도 모이면 대륙을 만들 수 있으니 호남 전체가 합심하여 열

---

54) 「本報祝辭 補」, 『호남학보』4, 1908.10.25.
  '優勝維何오 學問이 是也며 劣敗維何오 不學이 是也라'
55) 金成喜, 「圻湖興學會의 責任」, 『기호흥학회월보』3, 1908.10.25.
56) 朴殷植, 「社說」, 『서우』1, 1906.12.

심히 정진한다면 무궁한 발전을 이루어 전국의 선진지역이 되며 세계만
국에 우리나라의 문명을 떨칠 수 있을 것이라고 장담하였다. 이는 본디
호남의 내력이 道德文章과 忠義英傑을 배출한 인재의 고장이라는 점에
서 그러한 저력을 충분히 갖추고 있는 것으로 자부하였다.[57]

　기호흥학회의 李春世는 다른 지방에 비해 오늘날 기호지방의 모습이
사리에 어둡고 게으른 풍조를 지니었다고 자평하였다. 하지만 자신이
생장한 기호의 인심과 물정에 대해 "용감하게 나아가는 힘은 작지만 끊
이지 않고 이어가는 힘은 심대하고, 처음 시작하는 마음은 모자라지만
일을 끝마치는 마음은 뛰어나다"고 긍정하면서, 기호지방이 興學을 생
활화하면 몇 년 안에 '村村學會'와 '家家學敎'를 이루고 나아가 전국의
학회를 합하여 '大韓興學會'를 만들 수 있을 것이라고 자신하였다.[58]

　마찬가지로 '기호흥학회의 책임'을 역설한 金成喜는 18세기 영국의
사례를 들어 기호지방의 나아갈 바를 제시하였다. 즉 당시 영국의 동부
에는 대지주가 많고 서부에는 職工이 많았는데, 維新의 초기에 동부의
지주귀족은 '守舊厭新'하고 진취의 생각이 없으므로 18세기 이후에는 서
부에 의해 밀려나게 되고 나라의 표준도 서부가 되었다고 설명하였다.
그러면서 영국 동부에 빗댄 기호는 각성하고 분발함으로써 명실공히
'帝國의 中央學會'라고 할 수 있는 통일 조직을 건설하자고 당부하고 있
었다.[59]

　이러한 지방간의 경쟁의식은 다른 나라와의 경쟁에서 이길 수 있는
자양분이 될 것으로 긍정하는 경우가 많았다. 이와 관련해서 大韓學會

---

57) 邊基纘, 「本會義務」, 『호남학보』2, 1908.7.25.

58) 李春世, 「客의 問」, 『기호흥학회월보』1, 1908.8.25.

59) 金成喜, 「圻湖興學會의 責任」, 『기호흥학회월보』3, 1908.10.25.

회원 柳承欽은 '客'과의 문답 형식을 통해 먼저 경쟁에 따른 세간의 우려를 소개하였다. 客의 물음에 의하면, 우리나라가 쇠퇴하게 된 첫째 원인은 계급주의에서 말미암은 '私黨私派'의 폐단에 있다고 지목하였다. 각 학회가 지역에 따라 설립되면서 장차 13道에 13色이 표출할 것이니 과거 四色黨派는 오히려 '兒戲'에 속한다고 할 수 있으며, 이와 같은 餘毒은 국내 뿐 아니라 외국의 유학생 사회에까지 악영향을 끼칠 수 있다는 것이다. 그러나 유승흠은 다음과 같은 말로 지방간 경쟁의식에 대한 염려를 일축하였다.

> 至若地方的各學會와 及某階級의 會與團은 決코 可喜오 不可憂라. 大概 此世에 必要者는 競爭이 爲最인디 一個人의 競爭心은 他個人에 對ᄒ야 起ᄒ고 一地方의 競爭心은 他地方에 對하야 起ᄒ고 一國家에 競爭心은 他國家에 對ᄒ야 起ᄒ는지라. 今에 地方競爭의 思想도 不足ᄒ 人民에게 卒然히 國家競爭의 行動으로 導率코져 흘진디 엇지 下智者에 對ᄒ야 上智의 事를 語홈과 異ᄒ리오. … 余의 言흔 바 無憂者ㅣ 此也로다. 試ᄒ야 一步를 進ᄒ야 思ᄒ라 競爭心을 他國家와 國家에 對흔 程度에 及케 ᄒ는 日엔 決코 是弊가 無흘 거시오. 且有爲時代에는 熱이 極度에 達치 아니코는 新鮮흔 功業을 奏케 難흘지니 造熱ᄒ는 方法은 摩擦ᄒ는 力을 不資ᄒ고는 不能ᄒ는지라.[60]

이처럼 유승흠의 답변에 따르면 각 지방의 학회와 특정 계급의 단체들은 결코 우려할 만한 대상이 아니었다. 지금 세상에서 필요한 것은 경쟁이 최상인데, 현재 지방 경쟁의 사상도 부족한 사람들에게 갑자기 국가 경쟁의 행동으로 이끌려고 하는 것은 무리라는 것이다. 지방간의 경

---

60) 柳承欽, 「在內外흔 我國現社會의 狀態에 對ᄒ야 我의 所感」, 『대한학회월보』 5, 1908.6.25.

쟁심을 통해 전체적으로 실력을 배양한 뒤 다른 나라에 대한 경쟁심으로 유도하게 되면 폐단이 없을 것이며, 또 행함이 있는 시대에는 '熱'이 극도에 달하지 않으면 功業을 이룰 수 없는데 그 열을 만드는 방법은 '마찰'하는 힘을 밑천으로 삼지 않고서는 불가능하다는 생각에서였다.

박은식도 역시 "人의 事業은 競爭으로 由ㅎ야 發達"[61]한다고 말한 것처럼 지역마다 분발심을 자극하는 선의의 경쟁은 조선 전체를 향상시키고 공익을 증진시킬 것으로 낙관하고 있었다. 1909년 10월 14일자 『황성신문』에서는 지역학회 사업의 진보가 곧 해당 지방문화의 발전이 되므로 서로 앞서기를 다투고 뒤처지기를 근심하는 사상을 가지고 학회마다 진보의 방법을 힘써 이행할 것을 권고하기도 하였다.[62]

지역학회의 경쟁의식은 기득권을 가진 기호지방과 신문화의 주역을 자처하는 서북지방 사이에서 치열하게 전개되었다. 이를테면 西北에서는 畿湖에서 한걸음을 나아가면 자신들은 열걸음을 나아가서 문명 발달을 이룰 수 있을 것으로 전망하고,[63] 畿湖에서는 자신들이 新學界를 선도하면 西北·東南의 2천만 동포가 畿湖의 '主權'과 版圖에 기꺼이 복종할 것[64]이라고 하는 바와 같이 자기 지역의 처지에서 경쟁의 효과를 설

---

61) 박은식, 「人의 事業은 競爭으로 由ㅎ야 發達홈」, 『서우』16, 1908.3.
62) 『황성신문』, 1909년 10월 14일. '勸告各學會人士'
63) 박은식, 「人의 事業은 競爭으로 由ㅎ야 發達홈」, 『서우』16, 1908.3.
    '此는 敎育界競爭이니 實로 國民全體에 公益이 되는 競爭이로다. 然則西北과 畿湖間에 互相敎育事業으로 競爭ㅎ되 彼進一步어든 我進十步ㅎ기로 決心勇往ㅎ면 文明事業이 豈不發達乎아'
64) 李璣鉉, 「設會興學의 原因」, 『기호흥학회월보』3, 1908.10.
    '平等自由四個字로 一大模範을 做出혼즉 西北東南이 我의 主權을 厭忌ㅎ야 悻悻然他之홀가 必將喜悅我誠服我ㅎ야 我의 新舞臺에 翩翩飛登홀지라 二千萬同胞가 一團을 合成ㅎ야 國民의 義務를 覺知혼즉 民의 生計와 民의 自由로 國의 富强을 可期홀지니 此ㅣ 全國의 競爭에서 從生ㅎ는 效果니라'

명하였다. 동시에 서북에서는 새 시대에 걸맞는 신문화 창달과 국난 극복이 자신들의 어깨에 달려 있다고 자부하면서, 만약 그러한 소임을 제대로 감당하지 못하면 역사의 죄인이 될 것이라고 경계하였다.[65] 마찬가지로 기호에서는 자신들이 모든 분야에서 一位的인 위상을 가지고 있으므로 선구적인 역할을 감당해야 하며 국가가 잘되든 못되든 그것은 모두 畿湖民의 책임이니 특별히 기호지방이 다른 지방의 귀감이 되도록 분발할 것을 촉구하였다.[66]

이와 같은 기호·서북의 지역 의식은 경쟁에서의 우위와 주도권을 둘러싼 다툼이 되어 총화와 단결을 손상시킬 여지가 있었다. 그리하여 기호학회와 서북학회는 국권회복을 공동의 목표로 환기시키면서 상호간에 연대감을 잃지 않으려고 노력하였다. 1908년 3월 14일자『황성신문』에서는 두 단체가 친목의 情을 표하기 위해 任員 懇親會를 개최한다고 보도하였다.[67] 그리고 며칠 뒤 두 단체의 모임을 '金蘭之交'에 비유하며 축하하는 논평을 실었다. 그 내용을 발췌하면, 두 학회가 표방한 국권회복의 취지를 살피지 않은 사람들은 각자 편당이 생겨 분열이 있을 것이라고 말하기도 하지만, 신문의 필자는 오히려 "편당의 경쟁이 斷無하고 친목의 好意가 必有"하다고 확언하였다. 오늘날은 우리 민족이 모두 한 배를 타서 풍랑을 만난 형세이므로 함께 위기를 극복해야 하는데, 두 학회가 공익사업에 뜻을 두고 서로 협력하므로 문명사업은 조금도 장애됨이 없고 단합의 정신은 날로 견고해져 간다는 것이다.[68] 이런 상황에서

---

65) 박은식,「社說」,『서우』1, 1906.12.
　　'我兩西數百萬同胞兄弟가 其將何顔으로 對天下之人耶아'
66) 李鉉淙,「畿湖興學會에 대하여」,『史學硏究』21, 韓國史學會, 1969, p.301.
67)『황성신문』, 1908년 3월 14일. '兩會懇親'
68)『황성신문』, 1908년 3월 17일. '賀畿湖西北兩學會懇親'

서북학회 회원 柳春馨은 "團體 進步ᄒᄂᆞᆫ 方法 親和力이 第一"이라고 하면서 동서남북 2천만 동포가 '私'를 버리고 서로 猜疑·驕傲하지 말며, "해와 같이 정신을 새롭게 해서 '强親和力'에 힘써 보자"고 재차 강조하면서 단합의 정신을 독려하였다.[69] 이런 가운데 忠北 堤川의 李熙直은 家産의 대부분을 기호·서북학회에 기부함으로씨 두 학회에 대한 높은 기대감을 드러내기도 하였다.[70]

하지만 지방간의 주도권 경쟁이 과도해지면서 국권 회복의 의지로 잠복해 있던 문제들이 수면 위로 떠오르기도 했다. 그것은 우선 재정을 고려하지 않은 경쟁적인 학교 설립으로 인해 학교 운영이 부실해졌다는 점을 들 수 있다. 1910년 1월 4일자 『대한매일신보』의 「교육계에 비참ᄒᆞᆫ 경황」이라는 논설에 따르면, 각 지방 학교에서 경비의 부족으로 인해 폐지할 지경에 이른 것이 절반이 넘는다고 보도되고 있었다. 이렇게 된 결정적인 이유 중의 하나는 자본이 부족한 것을 생각지 않고 남에게 지지 않을 마음만 가지고 학교를 설립한 점을 꼽고 있었다. 한 고을에 학교를 2~3개교만 세워서 착실히 운영해도 지역의 청년들을 교육시키기에 충분한데, 재정을 돌아보지 않고 속히 학교를 경영할 욕심에 여러 학교가 일시에 설립되어 어떤 지방에는 한 고을에 100여개의 학교가 난립하는 곳도 있게 되었다는 것이다.[71]

다음으로 종전의 지역감정이 표출되고 있었다는 점이다. 1909년 일본 유학생 통합단체인 대한흥학회의 기관지 『大韓興學報』에서는 「新韓國人은 新韓國熱을 要홀진더」라는 논설에서, "昨日에 西北이 起ᄒᆞ거든 今

---

69) 柳春馨, 「祝辭」, 『西友』15, 1908.2.
70) 琴洲山人, 「甲乙討論」, 『기호흥학회월보』1, 1908.8.25.
71) 『대한매일신보』, 1910년 1월 4일. '교육계에 비참ᄒᆞᆫ 경황'

日에 畿湖가 起ㅎ고 今日에 關東이 興커든 明日에 嶺南이 興ㅎ야 汪汪
勃勃흔 競爭的 地方熱心이 各各 本土에 獻身ㅎㄴ니 此 新韓國의 第一聲
이 안인가"라고 하여 경쟁적으로 이루어지는 '地方熱心'이 새로운 한국
을 건설하는 움직임으로 높이 평가하였다. 그러면서도 "一地方의 宿嫌
으로 國家 百年大計를 그르쳐 私的인 보복을 期하지 말아야 한다"고 당
부하고 있었다.[72] 『대한흥학보』의 또 다른 논설에서는

> 今日 我韓半島에 一熱이 燃盛ㅎ야 其 勢는 鯨濤의 懷裏홈과 無異ㅎ
> 고 其 害는 猩紅熱의 幾億倍로다. 此 熱이 何熱인고 地方熱이 是라 此
> 熱이 熾盛ㅎ니 各 地方에 間隔이 生ㅎ고 間隔이 生ㅎ니 團合은 姑捨ㅎ
> 고 서로 越視치 아니ㅎㄴ지 甚ㅎ야 서로 敵視치 아니홀ㄴ지[73]

라고 하면서 '地方熱'에 대해 좀 더 강도 높은 우려를 표명하였다. 오늘
날 한국에서 猩紅熱의 수억 배에 달하는 지방열이 치성하여 각 지방에
간격이 생기니 단합은 고사하고 서로의 환난을 예사로 보아 넘기며 적
대시한다고 지적하고 있는 것이다.

지방열이 출현한 원인으로는 다음의 세 가지가 거론되었다. ① 다른
지방민을 下土愚氓으로 하대하는 陋習이 남아 있어 지난날의 세력을 유
지코자 하는 것 ② 畏怯心이 많은 자는 다른 지방이 새롭게 진출하는 기
세를 회피하고 시기하며 저들에게 모욕당함이 멀지 않았다 하여 '鬼胎'
를 품는 것 ③ 과거 수백 년 동안 다른 지방에서 능욕을 받거나 政權에
참여하지 못해서 유감이 골수에 스며들어 일대 설욕을 하고자 하기 때
문이라는 것이다.[74] 이 글에서는 각각의 지방을 특정하지 않았지만, 당

---

72) 趙鏞殷, 「新韓國人은 新韓國熱을 要홀진뎌」, 『대한흥학보』1, 1909.3.
73) 洪命憙, 「一塊熱血」, 『대한흥학보』1, 1909.3.

대의 여러 자료들에서 지목하는바 ①은 기호지방, ③은 서북지방, ②는 기타 지방을 가리키는 것이 틀림없었다.[75]

지방열에서 표출되었듯이 서북인의 중앙 정계 진출은 오랜 '宿怨'이었다. 그동안 이들은 정치 참여, 좀 더 정확하게는 정권을 장악할 만한 수준의 정치 참여에서 배제되어 왔다. 조선왕조 5백년 동안 서북인사는 아무리 뛰어난 능력을 가졌어도 등용이 제한되어 과거에 급제하거나 미관말직을 얻는 데 급급하였고,[76] 문관으로 오를 수 있는 최고 관직은 司憲府의 持平(정5품)이나 掌令(정4품)을 넘을 수 없었다고 일컬어지고 있었던 것이다.[77] 이는 홍경래 난 이후 평안도인들이 경험한 차별의 실상보다 다소 과장된 것이었지만, 서북인의 연대와 분발을 이끌어내는데 효과적이었다. 아울러 망국을 초래한 원인과 책임에서 상대적으로 자유로울 수 있다는 점과 근대의 새로운 무대에서 자신들의 입지를 강화시키는데 유용한 측면이 있었다. 그런데 이처럼 근대 서북의 발전 양상을 "오로지 오백년 학대가 준 부산물"[78]로 설명하자면, 홍경래 난 이후 평

---

74) 洪命憙, 「一塊熱血」, 『대한흥학보』1, 1909.3.
75) 『대한매일신보』, 1909년 1월 28일, '시스평론'.
76) 박은식, 「敬告社友」, 『서우』2, 1907.1.
77) 李昇薰, 「西北人의 宿怨新慟」, 『新民』, 1926, p.203.
　　이승훈이 작성한 '서북인의 숙원신통'은 1926년 순종의 죽음을 추모하기 위해 발간한 『新民』에 수록된 글이다. 이 글의 원문에서는 "文官으로는 最高가 持平(六品官)이나 掌令(三品官)"이라고 하여 품계에 다소 착오가 있어 본문에서 바로잡았다. '서북인의 숙원신통'은 서북인의 지역적 소외감을 잘 담고 있어 근·현대사의 평안도 관련 연구에서 자주 인용되는 자료인데, 회고 글이 가진 자료적 한계와 더불어 1920년대 일제의 문화통치를 뒷받침하려는 의도에서 『신민』이 발간되었다는 점에 유의하면서 독해할 필요가 있다. 이에 관해서는 윤대원, 「『純宗實紀』의 고종시대 인식과 을사늑약의 외부대신 직인 '강탈' 문제」, 『규장각』43, 서울대학교 규장각 한국학연구원, 2013, pp.278~284 참조.

안도인이 노정한 '충의'의 모습과 정치·문화적 성취는 소거되고 차별의 상황이 부각될 수밖에 없었다.

평안도인의 기억 속에서 안창호가 홍경래의 계보를 잇는 '혁명가'의 후예로 직접 연결되는 인식도 서북인에 대한 푸대접과 차별을 부각시키는 경향과 일정하게 관련이 있는 것으로 여겨진다.[79] 그러나 정작 안창호는 홍경래와 같은 급진적 방식의 정치 참여를 경계하였다. 정운복, 崔錫夏 등 일부 서북인 인사 중에서 지방열에 기대어 '안창호 내각'을 조직하고 정권을 장악하려던 움직임을 저지했던 것이 단적인 사례이다. 평안도 곽산 출신의 최석하는 일본 메이지대학에서 법학을 전공하고 서울로 돌아와 서북학회의 일원이 되어 정치운동에 깊숙이 관여한 인물이었다. 일찍이 그는 러일전쟁의 성격에 대해 일본이 동양평화를 해치는 한·중·일의 '公敵'인 러시아를 정의의 군대로 응징하는 것이라 규정하고, 스스로 일본군 통역이 되어 참전할 정도로 일본에 경도된 문명관을 지니고 있었다.[80] 그는 친일파의 거두인 일진회 회장 李容九와도 상종

---

78) 李昇薰, 「西北人의 宿怨新慟」, 『新民』, 1926, p.204.

79) 평안북도 용천 출신의 咸錫憲(1901~1989)은 홍경래가 칼과 활로 일으킨 '민중 혁명'의 불길이 이승훈, 안창호, 조만식에 의해 교회와 학교를 통한 정신 운동으로 발전·승화되어 다시 맹렬한 형세로 퍼져나갔다고 하면서 홍경래와 안창호를 계승 관계로 파악하였다(咸錫憲, 『죽을 때까지 이 걸음으로』, 三中堂, 1964, pp. 112~114 ; 장규식, 「도산 안창호의 민족주의와 시민사회론」, 『도산사상연구』6, 도산사상연구회, 2000, p.52). 하지만 이와 함께 안창호의 '점진적' 실력양성과 인격수양론은 박은식의 道德을 포괄한 자강사상과 연계된 것으로 이해된다(정숭교, 「한말 안창호의 인격수양론」, 『도산사상연구』6, 도산사상연구회, 2000, pp.32~43). 그리고 박은식은 성리학의 본령을 인격수양에 두고 착실하게 학문적 성취를 추구한 박문일에게 지대한 영향을 받은 것으로 알려져 있다(노관범, 앞의 논문, 2000, pp.111~113). 이런 점에서 안창호의 사상적 배경은 19세기 후반 이래 박문일을 중심으로 전개된 평안도 학풍의 磁場속에서도 검토할 여지를 남겨 놓고 있다.

하고 통감부에도 출입하면서 정계에서의 '실력'을 키워나갔다. 특히 서우·서북학회의 회장을 역임한 정운복과 함께 일본 세력을 이용하여 목전의 국면을 타개한다는 정치적인 견해를 같이 하면서, 畿湖勢力 중심의 李完用 內閣과 대결하려는 구상을 갖고 있었다. 그리고 그 대결의 입론과 현실적인 정치력을 갖추는 방안으로 地方色을 활용하는 경향이 짙었다.

1907년 11월 통감 이토 히로부미(伊藤博文)는 이러한 최석하의 주선을 통해 島山 安昌浩를 만나고, 그 자리에서 안창호를 중심으로 하는 청년내각을 제안하였다. 이토 통감은 1907년 5월 고종 폐위를 주장해 온 이완용을 참정대신으로 발탁하고 황제권에 대항할 수 있는 강력한 친일내각을 결성하면서 동년 7월 고종을 황제의 자리에서 끌어내린 장본인이었다.[81] 따라서 이토가 제안한 안창호 내각은 고종의 강제 퇴위 이후 격화된 반일감정을 누그러뜨리고 경색된 정국을 돌파하기 위한 기만책일 가능성이 농후하였다. 이에 안창호는 급진적인 정권 장악이 위험하다는 태도를 견지하면서 入閣을 권하는 동료들에게 일본의 후원을 받아 정권을 잡으면 일진회의 전철을 밟게 될 것이라는 이유를 내세워 '島山內閣 說'을 일축하였다. 그리고는 비밀결사 新民會의 조직 강화에 착수하면서 각 道에서 골고루 인물을 물색하여 지방색이 발현되지 않도록 부심하였다.[82]

융희 3년(1909) 9월 1일 일진회·대한협회·서북학회의 三派聯合이 추진되면서 서북의 지방열은 다시 솟아올랐다. 이 연합운동은 일제가 친

---

80) 細井肇, 『現代漢城の風雲と名士』, 1910, pp.227~230.

81) 서영희, 『대한제국 정치사 연구』, 서울대학교 출판부, 2003, pp.347~355.

82) 이광수, 『島山安昌浩』, 대성문화사, 1947, pp.19~24.
　　주요한, 『安島山全書』, 三中堂, 1963, pp.106~107.
　　주요한, 『秋汀 李甲』, 大成文化社, 1964, pp.36~38.

일단체인 일진회를 앞세워 한일병합을 성사시키기 위해 고안한 것이었
다. 日本 閣議에서는 동년 7월 6일에 이미 한국을 '倂合'하는 방침을 확
정한 상태에 있었으므로 평화로운 '合邦'을 가장하기 위한 여론 조성이
선결되어야 했기 때문이다.[83] 이 연합에는 최석하의 주선아래 일진회
회장 이용구, 대한협회 회장 김가진, 서북학회 회장 정운복이 중심인물
로 참여하였다.[84] 이 때 정운복과 최석하 등은 "500년간 두절되었던 서
북인 仕宦의 길을 열고자 하는 衷情"을 3파연합 참여의 명분으로 내세
우고 있었다.[85] 하지만 서북학회는 안창호의 영향을 받아 정운복을 배
제하고 3파연합의 논의에서 이탈하였다. 결국 정운복은 개인 자격으로
연합운동을 지속하다가 1909년 11월경에 서북학회와 공식적인 관계를
맺지 않고 결별하였다.[86]

　서북 사회를 이끌던 박은식이 '天下爲公'의 大同思想을 실천하기 위해
大同教를 결성한 것이나,[87] 이승훈이 서북지방 상공업자를 위시하여 호
남과 영남의 토착자본과 유대를 갖고 민족자본을 형성하고자 '關西資門
論'을 제창한 것[88] 등은 개인과 지역의 小乘的 경쟁과 이기심을 버리고

83) 일제의 한국 병합 방침을 草案한 外務次官 倉知의 설명에 따르면 '合邦'이란
　　한·일 양국이 대등하게 聯邦한다는 의미이고, '倂合'이란 한국을 盡滅시켜 일본
　　영토의 일부로 편입시킨다는 의미를 갖고 있었다(朴成壽, 「愛國啓蒙團體의 合
　　邦反對運動」, 『崇義論叢』5, 1981, pp.46~51).
84) 金度亨, 『大韓帝國期의 政治思想研究』, 지식산업사, 1994, pp.76~77.
85) 『統監府文書』8, 機密統發 第2085號 「韓日合倂 眞相에 대한 冊字 日本政府
　　要人에 郵送件 報告 - 別紙 附屬書」, 1905.12.15.
　　黑龍會, 『日韓合邦秘史』下, 原書房, 1966, p.291.
86) 鄭崇教, 앞의 논문, 2004, pp.149~150.
　　한명근, 『韓末 韓日合邦論 研究』, 國學資料院, 2002, p.159.
87) 愼鏞廈, 앞의 책, 1982, pp.195~206.
88) 尹慶老, 「「105人事件」을 통해 본 新民會 研究」, 고려대학교 박사학위논문,

일제의 전방위적 침략에 대응하기 위함이었다. 이런 점에서 지방색을 부추기며 "權勢에 굶주린 才士"로 운위되는 정운복[89]의 일탈적인 행보는 反日의 기조아래 대동단결하여 국권을 되찾으려 했던 서북학회와 노선을 달리할 수밖에 없었다.

하지만 서북학회의 불참속에 진행된 이 3파연합 운동도 융희 3년 (1909) 10월 26일 안중근 의사가 이토 히로부미를 사살한 것을 계기로 중단되었다가 일진회가 단독으로 '합방' 선언을 서두름으로써 완전히 깨어졌다. 일진회는 합방정국을 조성하기 위해 12월 4일 '일한합방성명서'를 발표하고 純宗과 내각, 통감부에 청원서를 제출하였다.[90] 한편 일제는 1909년 10월 31일 안창호, 이갑, 김명준 등 서북학회의 주요 인물들을 이토 히로부미의 암살에 연루되었다는 구실로 체포하였다.[91] 그러나 직접적인 관련 증거가 없을뿐더러 한일병합에 반대하는 격한 민심을 무마시킬 필요가 있었다.[92] 그리하여 12월에 안창호 등 체포된 인사들을 일

1988, p.68.

89) 細井肇, 『現代漢城の風雲と名士』, 1910, p.207.

90) 金項勾, 「대한협회(1907~1910)연구」, 단국대학교 박사학위논문, 1993, pp.139~146.
   한명근, 앞의 책, 2002, pp.159~172.

91) 『統監府文書』7, 憲機 第2096號 「哈爾賓事件 犯行連累者 逮捕 件」, 1909. 10.31. 한편 李甲은 1909년 2월 순종의 西巡幸에 동반한 이토 히로부미를 암살하려 했으나 경계가 엄중하여 목적을 달성하지 못한 일도 있었다고 한다(『105人事件訊問調書』II, 白用錫 訊問調書(第3回), 1912.4.25.(『韓民族獨立運動史資料集』4, 국사편찬위원회, 1987).

92) 『統監府文書』8에 수록된 「韓日合邦關係書類」 총 194건 중 특정 지역의 內探報告書로 특기한 문서는 30건이다. 통감부 내탐 보고서 30건을 道別로 분류했을 때 평양, 정주, 영변, 의주 등 평안도 지역에 해당하는 문서가 18건으로 과반수를 차지하고 있다. 나머지 12건은 경성(2건), 경기도(2건), 함경남도(2건), 강원도(2건), 충청남도(2건), 황해도(2건) 지역에 대한 것이다. 이는 통감부에서 한일병합

시 석방하였다. 그리고는 최석하를 다시 앞세워 2년 전에 무산된 안창호 내각을 조직하든지 아니면 서북 지역의 정당을 만들어 기호파에 대항하는 것을 석방 조건으로 내걸었다. 그렇지만 서북인이 양자 간에 어떤 결정을 내리든 그것은 일제가 한국민을 탄압하고 분열을 책동하려는 술수에 지나지 않았다. 서북인들은 서울 苑洞에 있는 이갑의 집에서 안창호를 비롯해 이동휘, 李鍾浩, 金志侃, 최석하 등이 참석하여 이 문제를 집중 논의하였다. 마침내 안창호는 자체적으로 정국을 주도할 만한 힘과 여건이 갖추어지지 못한 상태에서 섣불리 서북파 중심의 정권 장악에 나서는 것은 망국의 책임을 뒤집어쓰고 일제의 민족 분열과 강점 합리화에 이용만 당할 것이라고 결론지었다. 최석하는 통감부의 제안이 받아들여지지 않으면 민족진영에 대한 대규모 탄압이 있을 것이라고 예고하였기에 신민회 간부이기도 했던 안창호, 이갑, 이동휘, 이종호 등은 망명길에 오를 수밖에 없었다.[93] 일제의 한일병합이 가속화되는 속에서 융희 4년(1910) 8월 29일 대한제국은 결국 일제에게 주권을 강탈당하고 말았다.

이상과 같이 을사늑약 이후 평안도 사람들은 국권회복의 일환으로 계몽운동에 참가하여 교육진흥과 식산흥업을 통한 '자강'에 분발·매진하였으며, 다른 지역의 애국계몽단체들과도 긴밀한 협력 관계를 유지하였

직전 평안도의 民情에 각별히 주의를 기울이고 있었음을 방증한다. 실제로 평안도 지역의 내탐 보고서에는 "합방은 한국의 멸망이며 일치단결하여 죽음으로써 항쟁하지 않으면 안 된다"고 하는 등 평안도인의 적극적인 반일정서를 담은 내용들이 많이 수록되어 있다(『統監府文書』8, 高秘發 第432號 「韓日合邦問題에 관한 各道 報告書 送付 件」, 1909.12.10.)].

93) 이광수, 『島山安昌浩』, 대성문화사, 1947, pp.46~50.
   주요한, 『安島山全書』, 三中堂, 1963, pp.107~109.
   이태복, 『도산 안창호 평전』, 동녘, 2006, pp.172~173.

다. 이 때 자강을 신속하고 효과적으로 달성하기 위해 지방간의 '경쟁'
이 강조되고 긍정되었다. 그렇지만 주도권을 둘러싼 지방간의 지나친
경쟁의식은 재정을 고려하지 않은 학교의 과다한 설립이나 지방색을 부
추겨 정치권력에 다가서려는 부작용을 초래하기도 하였다. 이에 더해서
통감부는 민족분열과 탄압의 방편으로 '안창호내각설'을 활용하는 형국
이었다. 1910년 대한제국의 멸망으로 국권 회복이 좌절된 가운데 일제
총독부는 이른바 '105인 사건'(1911)을 조작하여 민족운동의 구심체였던
신민회마저 와해시켜 버리고 무단 통치를 자행하였다. 그럼에도 불구하
고 국권회복을 목표로 배태·축적된 평안도인의 민족의식과 역량은 사
그라지지 않고 일제시기에 광복회·대한독립단의 활동과 3·1 민족운동,
물산장려운동 등의 항일운동으로 면면히 이어져갔다.

제6장

결 어

  18세기 전반에서 20세기 초반, 조선후기에서 근대개혁기에 이르기까
지 평안도인의 정치·문화 운동과 지역위상 강화에 따른 중앙으로의 진
출 과정을 시기별·단계별로 검토하면 이상과 같다. 이제 본 연구의 내용
을 종합하여 요약하고 그 의미를 되새김으로써 작업을 마무리 짓고자
한다.

  (1) 조선왕조는 국왕을 정점으로 하여 전국 각 지역에 대한 지배를 실
현시켜 나갔던 집권관료제국가였다. 그 속에서 中央인 京畿는 사방의 근
본으로 설정하고 外方인 州郡은 각 지역의 특성에 따라 王室의 藩屛으
로 기능할 수 있게끔 편성되었다. 8道 중에서 평안도는 중국과 국경을
맞대고 있는 關防의 重地로서 군사상의 특징을 지니고 있었다. 조선 초
기에는 實邊政策의 추진으로 여진족의 위협에 효과적으로 대응함과 동
시에 중국의 대륙 정세도 안정됨에 힘입어 여진족과는 대규모의 충돌없
이 소강상태를 유지하였다. 그러나 임진왜란을 거치면서 누르하치의 建
州女眞이 성장하여 후금(청)을 세우고 변방을 위협하는 가운데 급기야
정묘·병자호란이 발생하였다. 조선은 이 두 차례의 전쟁에서 패배함으
로써 청의 견제와 감시를 받아 국경 지대인 평안도에서의 군사 활동이
전면 중단된 상태에 있었다.
  그러다가 17세기 후반 肅宗朝에 이르러 평안도 방어체계의 본격적인

정비가 가능해졌다. 三藩의 亂(1673~1681)에 따른 청나라의 내정 불안과 청의 간섭에서 벗어나려는 조정의 의지가 맞물리면서 대청전면전을 위한 군비강화가 추진된 것이다. 평안도에는 군사 활동의 중단으로 점차 재정이 축적되었고, 또 호란의 복구 과정에서 토지 결수와 호구 등이 증가하여 전쟁 수행에 필요한 인적·물적 자원이 확보되어 있었다. 이는 평상시에 점차 국가 재정으로 흡수되고 있었으며, 유사시에는 청과의 전쟁을 도모할 수 있는 기반이 될 수 있었다.

숙종조에 평안도의 군사·재정적 중요성이 확장되면서 국왕과 일부 대신들은 평안도인의 등용을 보다 적극적으로 모색하였다. 하지만 중앙의 官人 다수는 평안도를 '尙武之地'에 입각해서 다스리는 것이 바람직하다는 명분 아래 출신지와 '土風' 등을 근거로 평안도 문인의 중용을 저지하였다. 평안도의 국가 기여도가 커진 상황에서 마주하게 되는 지역 홀대는 유생들의 불만을 고조시킬 수밖에 없었다. 숙종 40년(1714) 암행어사 呂必禧가 공식보고서인 書啓에서 평안도의 풍속을 '夷狄'·'禽獸'로 지칭한 것에 반발하여 평안도 유생이 들고 일어난 '關西辨誣疏 事件'은 이와 같은 배경에서 촉발된 것이었다.

다만 관서변무소 사건이 당시 평안도 지역에 대한 홀대의 산물이라고 하더라도 오늘날에 알려진 내용과는 실상에서 많은 차이가 있었다. 즉 이 사건의 전말을 추적하면, 숙종조에 평안도 출신을 대상으로 30년 동안 과거 응시를 금지시켰다는 통설은 사실이 아니었다. 과거 시험을 거부한 것은 평안도 유생의 자발적인 행동이었으며, 지역 내에서 사회발전의 정도가 앞섰던 淸南과 그렇지 못한 淸北의 유생 사이에 갈등과 알력이 존재하였다. 암행어사 여필희의 처벌도 평안도 유생의 주청에 의해서가 아니라 중앙 정국의 변동에서 연유한 것이었다. 이는 관서변무소 사건을 추동한 평안도 유생의 정치 역량이 아직 중앙 정계에 직접적인 영향을 끼칠 수 있는 수준과 단계에는 미치지 못한 것이었음을 시사한다.

그렇지만 숙종조에 평안도 유생들은 차별적인 평안도 정책과 지역 인식에 대해 종전과는 달리 자기 지역의 문제를 명료하게 제기하였다. 이들은 평안도가 8도의 여느 지역과 같은 祖宗의 영토이며, 자신들은 그 백성임을 천명하면서 명실상부한 '一視同仁'의 처우를 요구하였다. 그리고 '토풍'과 같은 지역 차별의 여러 논거들이 원리와 실제에서 타당한 것이 아니라 중앙의 왜곡된 시선과 구조적인 문제에서 비롯되었음을 환기시켰다. 人事에 관해서는 평안도의 안녕이 곧 국가의 존망과 결부된다는 점을 강조하면서 평안도 출신을 중용할 것과, 지역사회에서 상무에 편중되지 않고 문무가 병용될 수 있게 하는 시책을 촉구하였다. 방어론에서는 평안도 지형의 이점을 활용해서 關防을 중첩적으로 운용할 것을 제안하였다. 이는 도성을 방어하는 외곽지대로서가 아니라 邊民의 여망에 부응하면서 주민 안집, 지역의 개발과 성장, 關防의 충실을 연계해서 설계한 것이었다. 조정에서는 이와 같은 평안도인의 차별 해소와 지역 발전의 요구에 부응하지 못하였다. 이후 순조 11년(1811)에 일어난 洪景來의 亂을 포함해서 '차별'을 부각시키는 것은 평안도인을 결집시키는 중요한 기제의 하나로 작동하였다.

(2) 18세기 중반 英祖朝에 적대적이던 대청관계가 안정적으로 변화하면서 평안도의 사회경제적 발전이 현저하였다. 대청무역이 국내 상업의 발달과 연계하여 활기를 띠고 진행되었으며, 연쇄적으로 수공업과 광업의 진전이 있게 되었다. 평안도의 번성은 인구의 급증으로 이어져 18세

기 후반 영·정조 시기에 평안도는 전국에서 두 번째로 많은 인구를 보유할 정도였다.

영·정조 연간 평안도 지역의 사회경제적 성장은 정부의 적극적인 관심을 유발하였다. 이 시기 정부는 나라에서 최고로 풍족하다고 평가되던 평안도의 재정을 常例로 끌어다 썼다. 더불어 당쟁이 극성했던 현실에서 사족중심의 문화와 질서가 평안도에 뿌리내리는 것을 막기 위해 文治를 억제하면서 尙武之地로 고착화하려는 정책을 더욱 강력하게 추진하였다.

정부의 문치 억제에도 불구하고 평안도는 서울의 상업적 발전과 궤를 같이하면서 문화적으로 한층 성숙한 모습을 보여주었다. 당시 京鄕分岐의 구도 속에서 설명하자면 평안도는 '半京半鄕'의 독특한 위상을 지니었다고 할 수 있었다. 평안도가 일정 부분 '京'으로서의 면모를 지니고 새롭게 진전하는 상황 속에서 지역 문화와 지역민의 움직임도 그만큼 이전 시기에 비해 다른 차원에서 개진될 형세가 커지고 있었다. 곧 청남에서 청북으로 文風이 확산되어 평안도 전역에서 문과급제자가 배출되고 敎學이 흥기하였다. 그리고 군현을 단위로 자기 지역 문화에 대한 전통을 정리·발굴해서 그 가치를 음미하거나 재조명하는 경향이 읍지 편찬 등을 통해 강하게 대두하고 군현의 독자성이 높아진 것도 새로운 동향이었다.

읍지 편찬이 성행하고 군현의 독자성이 제고되면서 지역 民人의 분화도 나타나고 있었다. 읍지 편찬은 지역 내에서 인물과 재력 등 제반 역량이 갖추어지고, 지역의 역사와 문화를 보존하고 선양하려는 의식이 뒷받침되어야 성사될 수 있었다. 이러한 읍지 편찬 과정에서 군현과 군현 사이에 地域史 인식이 상충하여 평안도 사회에 균열이 야기되는 사태가 발생하였다. 義州는 홍경래 난에서 '義兵'을 가장 많이 배출하였고, 龍川과 鐵山은 반란군의 소굴로 지목되어 혹심한 피해를 입은 지역이었다. 이들 군현들은 정묘호란 때의 事蹟인 '張士俊 事件'을 자기 지역의 처지에서 읍지에 기록하면서 서로 다툼을 벌였고, 그러한 갈등이 홍경래 난 때 군현 사이에 물리적인 충돌로 재현되기도 하였다.

각 군현의 개별적·독자적 문화 성장과 조응해서 평안도의 문화 역량이 질적 변화의 과정을 거치는 가운데 다른 道와의 관계도 재설정되고 있었다. 경향분기가 심화됨에 따라 道外 지역과의 관계는 三南地方을 넘어 權力과 財富가 집중된 서울과의 대결 의식을 전면화하는 것으로 표출되었다. 홍경래 난을 위시해서 19세기 전후에 평안도인에 의해 주도된 각종 반역·반란 사건에서 그러한 양상이 뚜렷하게 나타났다. 반면에 反京勢力이라고 부를 수 있는 이러한 부류와는 달리 현실 속에서 지위상승을 도모하는 세력도 존재하였다. 이들은 외형상 京華士族과 같은 벌열로서의 모습을 구축해 나갔다. 그 일환으로 문과 급제자를 지속적으로 배출하고, 족보와 문집 등을 대대로 편찬하였다. 홍경래 난을 맞이해서는 '忠義'를 내세워 '반란'을 진압하는 '의병'의 자세를 견지하였다.

순조 11년(1811)에 일어난 홍경래의 난은 평안도를 공통 지반으로 하는 反京勢力과 '忠義'勢力이 격돌한 사건이라고 할 수 있었다. 전자가 패배·와해되고 후자가 승리를 거두게 되면서 '충의'는 평안도인이 중앙으로 진출할 수 있는 유력한 근거가 되는 동시에 평안도 사회를 지배·운영하는 강력한 명분과 노선으로 자리매김하였다. 이렇게 향촌 지배권을 장악한 충의세력은 善의 강조와 상호부조, 三政策의 제시와 실천 등을 통해서 홍경래 난 진압 이후의 내부 갈등과 분열을 수습하고 향촌을 재건하는 노력을 보여주었다. 이는 평안도 향촌사회를 안정시키는 데 기여하였고, 아울러 19세기 후반 高宗朝에 평안도인의 중앙 진출이 활발히 이루어질 수 있었던 발판이 되었을 것으로 판단된다.

(3) 19세기 후반 高宗朝로 들어서면서 평안도 문·무관의 등용이 확대되었고, 중앙에서의 정치 활동과 역할도 증대하였다. 향촌에서는 평안도 유림의 宗匠으로 꼽히는 朴文一·朴文五 형제의 주도하에 衛正斥邪를 견지하는 한편 성리학적 주류 문화에 합류하기 위한 최대의 노력과 성취를 보이고 있었다. 이러한 평안도인의 정치·문화적 성장은 광무 6년(1902) 西京 豐慶宮을 건설할 수 있는 형세로 작용했으며, 평안도 출신 전·현직 官人과 儒生, 그리고 지역민은 평안도 지역 위상이 절정에 도달한 상태를 향유하면서 새 수도 건설에 적극적으로 참여하였다.

고종 즉위 후 부국강병의 추진과 洋擾의 극복으로 평안도의 재정·군사적 중요성이 커짐에 따라 종래 충의세력의 진출과 함께 砲手 선발과 道科 실시 등을 통해 평안도 문·무인의 등용이 확대되었다. 고종조(1863~1894)에 중앙관직을 역임한 평안도 출신 문관 397명의 官歷을 검토하면 관료체계에서 중핵을 이루는 1품의 관직에 오른 사람은 전무하였지만, 정3품 이상의 당상관은 57명(14%), 당하관(정3품 당하~종4품에 한정해서 분류)은 115명(29%), 참상관(정5품~종6품)은 130명(33%)이 배출되었고, 관인층이 두터워지면서 요직에 발탁되는 기회도 많아지게 되었다. 평안도 출신 당상관이 黨派를 형성하고 문·무관의 관직 경로에 지대한 영향을 미치는 文官 分館과 武官 宣薦의 인사권을 행사하는 경우도 있었다. 평안도 문관은 언론 활동의 중추가 되는 사헌부·사간원에 많이 배치되어 時務를 진단하고 방책을 강구하면서 국가 기강 확립과 土豪 懲治 등의 현안을 처리하는데 힘썼다. 특히 1880년대 이르러 국왕 중심

의 정국운영을 지지하고 시무책을 제시하여 개화정책을 보조하는 조력
자의 역할을 수행하였다.

한편 평안도 현지에서는 많은 제자를 양성한 박문일·박문오 형제가
지방관의 후원을 받아 과거 공부만을 일삼는 학풍을 쇄신하는데 주력하
면서 정통 도학을 추구하고 위정척사를 고양시켰다. 華西 李恒老에게 師
事한 박문일은 선비가 성리학 본연의 공부를 제쳐둔 채 과거 공부에만
몰두하여 義理에는 어둡게 된 현실을 비판하였다. 이는 평안도의 지역
위상 및 차별의 根因과 직결되는 사안이기도 하였다. 그는 평안도 유생
이 과거 급제로 얻을 수 있는 즉각적인 이익에 매몰된 나머지 성리학의
본래적 의미를 모범으로 하는 주류 학계에서 배제되었다고 진단했던 것
이다. '功利'를 배격하고 정통 도학을 추구하는 박문일 형제의 학풍은 지
방관의 興學 정책에 의해서 뒷받침되어 평안도 전역에서 영향력을 발휘
할 수 있었다.

이런 가운데 고종은 광무 1년(1897) 10월에 대한제국을 선포한 후 황
제국으로 國體를 재편하는 과정에서 평양을 西京으로 삼고 皇宮인 豐慶
宮을 조성하는 '西京役'에 착수하였다. 箕子 이래 중화문명을 담지한 것
으로 파악되는 千年 古都의 평양은 兩京制를 채택하고 있는 일본 및 서
양의 나라들과 '제국'으로서의 위상을 나란히 하는데 적격일 수 있었다.
이러한 고종의 구상은 1880년대 초반부터 시작된 것으로 파악된다. 1880
년대를 전후해서 평안도에서는 기자 존숭의 절정을 보여주고 있었다.
평안도 유생들은 기자가 우리의 임금과 스승이 되어 親傳하였으므로 요
순, 공맹, 삼황오제보다 중요하다는 점을 환기시키면서 『箕子實記』를 重
刊하였다. 고종 25년(1888)에는 평양 출신 前 持平 金命來의 상소에 따라
箕子墓를 箕子陵으로 승격하였다. 고종 28년(1891)에는 상원 출신의 副司

果 朴鍾善의 건의로 箕子陵의 예에 의거해서 東明王廟를 追封하였고, 광
무 4년(1900)에는 태천 출신의 정3품 中樞院議官 白虎燮이 檀君墓를 숭
봉해 달라고 주청하여 檀君陵으로 격상되었다. 이로써 평양은 기자릉과
동명왕릉, 단군릉이 포진한 위용 있는 황제의 도시로 거듭나고 있었으
며, 古代의 영광만이 아니라 평안도의 문화적 위상은 현재 진행형으로
크게 제고될 수 있었다. 이런 배경에서 고종은 광무 6년(1902)에 서경역
을 전격 선포하였으며, 이듬해인 광무 7년(1903)에 풍경궁을 건설하고
御眞과 睿眞을 봉안하였다. 이와 같은 서경역에 평안도의 전·현직 관리
와 유생, 지역민들은 적극 동참하여 힘을 보탰다. 하지만 광무 8년(1904)
러일전쟁의 발발로 서경 건설 사업은 완수되지 못하였고, 평안도민에게
서 거둔 공사대금의 대부분을 관리들이 착복한 것으로 알려지면서 이
사업은 부정으로 얼룩진 채 수포로 돌아가고 말았다.

　(4) 韓末 조선은 청일전쟁(1894)을 필두로 의화단의 난(1900)과 러일전
쟁(1904)을 거치면서 격심한 사회변동을 겪었다. 게다가 을사늑약(1905)
의 강제로 국권 상실의 위기가 목전에 임박하였다. 이런 형세에서 평안
도 현지에서는 기독교와 동학의 교세가 팽창한 것에 대응해서 위정척사
를 고수하던 유림의 改新 노력과 함께 '新學'을 흡수·접목하는 변화가
나타났다. 더불어 서울에서는 西北의 정체성을 강조하는 서우·서북학회가
설립되어 국권 회복의 일환으로 문화계몽운동이 활발하게 추진되었다.
　청일전쟁의 과정에서 평안도인들 사이에는 反淸意識이 팽배해졌다.
그리고 서양 문명의 외피를 입은 일본의 '문명화'에 영향을 받아 평안도
지역사회는 크게 변화하였다. 전쟁 초기만 해도 평안도인은 대부분 淸
軍의 압도적인 승리를 전망하면서 官의 지휘를 받아 물심양면으로 청군

을 지원하였다. 반면에 일본군이나 일본측과 친연성을 가진 것으로 간주되었던 기독교 선교사에 대해서는 노골적으로 적대하였다. 하지만 구원병을 자처하는 청군의 작폐와 패전 등을 목도하면서 평안도인의 청군에 대한 태도는 혐오와 반감으로 돌아섰다. 의주 출신으로 司憲府 執義(종3품)를 역임한 金禹用은 청을 '敵國'으로 표현하면서 효종 때 이루지 못한 '北伐'을 제기하며 구체적인 군사방략을 상주하고 그 실행을 타진하기까지 하였다.

清이 전쟁에서 패배하고 사실상 중국 중심의 중화질서가 폐기되면서 평안도에서는 서구식의 '文明開化'가 그 자리를 대신해 갔다. 이 과정에서 서구문명과 표리관계에 있는 기독교의 교세가 폭발적으로 증가하였다. 이와 짝하여 반외세의 성격이 짙은 동학의 교세도 급격히 팽창하였다. 그런데 동학은 광무 6년(1902) 교주 孫秉熙의 지시에 따라 종교의 합법화를 도모하면서 문명개화의 노선으로 전환하였고, 광무 8년(1904)에는 러일전쟁 중에 동학지도자 李容九의 주도로 一進會를 조직한 뒤 일본측의 비호를 받아 공인을 받기에 이르렀다. 이후 일진회의 활동은 향촌의 주도권을 둘러싸고 儒林과 충돌하는 경우가 잦았으며, 한편에서는 을사늑약을 찬성하는 친일매국의 성명서를 발표하는 등 국권을 심히 위태롭게 하였다.

평안도에서 기독교와 동학이 성행하자 유림 내부에서도 변화가 나타났다. 청일전쟁 전후만 하더라도 평안도의 유림은 박문일·박문오의 영향아래 道學을 수호하는 것을 행동원리로 삼았고, 시대변화에 즉각적으로 반응하는 것에 신중하였다. 그렇지만 박문일 형제 사후에 평안도 유림계를 이끌던 朴東欽과 柳麟錫이 박문일의 영정을 모시는 문제로 서로 疏遠해지면서 평안도 화서학파 내부에서는 균열이 발생하였다. 이와 함께 지역사회의 변동과 국권 상실의 위기에 당면하여 시세파악에 차이가 있게 되면서 평안도의 유림 중에는 新學으로 지칭되는 서구 문물의 수용과 섭취를 주장하는 논자가 본격적으로 대두하게 되었다. 특히 박문오의 장남 박동흠은 유학의 쇄신을 절감하고 '仍舊就新'의 방도를 제창·실천함으로써 평안도에서 위정척사의 학풍이 改新儒學으로 선회하는데 중요한 역할을 담당하였다.

서울에서는 광무 10년(1906)에 평안도와 황해도 인사들로 구성된 서우학회를 조직하고, 융희 2년(1908)에는 함경도 출신이 설립한 한북흥학회와 통합하여 서북학회를 결성하면서 서북인들이 문화계몽운동에 진력하였다. 서우·서북학회는 '自强'을 강조하면서 서북지역을 변방이 아닌 문명화를 이끌어 낼 혁명적인 장소로 선전하였다. 한성 중앙에서 굴기했다고 감격해하는 서북인에게 문명의 起點과 標準은 공공연하게 한성이 아닌 서북에 소재한 평양과 개성 등지로 표방되었다. 정치·문화적 차별을 받았던 서북 지역의 諸조건들이 오히려 서북의 위상을 강화할 수 있는 여건으로 변용되기도 하였다. 이러한 일련의 과정을 거쳐 평안도는 문명화의 선진 지역으로 논의되고 주목받았으며 지역 위상도 제고될 수 있었다.

이 때 자강을 신속하고 효과적으로 달성하기 위하여 '경쟁'이 강조되고 긍정되었다. 우승열패 적자생존의 세계와 국권이 위태로운 현실에서 외세와 벌이는 '경쟁'에서의 승리는 시대적인 목표이자 화두이기도 하였다. 서우·서북학회를 비롯한 전국의 여러 학회들은 분발과 각성을 촉구하면서 지방간의 경쟁심을 통해 전체적으로 실력을 배양한 뒤 이를 다른 나라에 대한 경쟁심으로 유도하는 것을 하나의 전략으로 공유하고 있었다. 특히 기득권을 가진 기호지방과 신문화의 주역을 자처하는 서

북지방의 학회는 국권회복을 공동의 목표로 환기시키며 상호간에 연대
감을 잃지 않으려고 노력하였다.

하지만 지방간의 주도권 경쟁이 과도해지면서 국권 회복의 의지로 잠
복해 있던 지역감정의 문제들이 수면 위로 떠오르기도 했다. 서북지방
에서는 조선왕조에서 정권을 장악할 만한 수준의 정치 참여에서 배제된
것을 '五百年의 宿怨'으로 내세우며 지역 홀대를 부각시켰다. 서북 사회
를 이끌던 安昌浩, 朴殷植, 李昇薰 등은 개인과 지역의 小乘的 경쟁과 이
기심을 버리고 민족의 단결을 이루어 일제의 전방위적 침략에 대응할
것을 촉구하였다. 그렇지만 일부 서북학회의 핵심 인사 중에는 지역갈
등을 조장하고 또 이에 편승해서 기호세력 중심의 이완용 내각을 전복
하고 서북인 중심의 안창호 내각을 수립하여 정권을 장악하려는 모습을
보였다. 이것은 현실 가능한 구상이었다기보다는 개인적 일탈과 일제
통감부의 분열 책동에 휩쓸린 결과라고 할 수 있었다.

안창호를 위시해서 단결을 통해 국권 회복을 도모한 서북학회의 주류
세력은 자칫 망국의 책임을 지고 민족 분열과 일제 침략의 정당화에 이
용당할 것이라고 결론짓고 내각의 참여를 거부하였다. 이후 민족진영에
대한 통감부의 대규모 탄압이 예상되어 新民會의 간부이기도 했던 안창
호, 이갑, 이동휘, 이종호 등은 망명길에 올랐다. 이런 속에서 일제는 한
일병합을 가속화하여 결국 융희 4년(1910) 8월 29일에 대한제국을 강점
하였다.

일제는 대한제국을 멸망시킨 후 본격적으로 민족운동에 대한 탄압을
개시하였다. 1911년에 이른바 '105인 사건'을 조작하여 민족운동의 구심
체였던 신민회를 해체시킨 것이 그 대표적인 사례이다. 이후 일제의 무
단통치는 1919년에 이르러 전민족적인 3·1운동의 저항을 받아 기만적인

'문화통치'로 전환될 때까지 지속되었다. 비록 을사늑약 이후 국권 회복의 과제는 실패했지만, 계몽운동의 전개 과정에서 구축된 평안도인의 민족의식과 역량은 일제의 탄압에도 불구하고 소멸되지 않고 3·1 민족운동 등의 항일운동으로 계승되어 나갔다.

본 연구를 통해서 살핀 조선후기~근대개혁기 평안도인의 정치·문화운동 양상은 중세 집권적 봉건국가에서 취해진 지방 정책이 내적 계기와 제반 요인에 따라 변동·조정되고 해체되어간 추이를 반영한다. 이 선상에서 평안도인은 지역적 특성을 지니면서도 중앙의 정치계와 주류 문화에 포섭되고 합류하며 경우에 따라서는 그것을 주도하였던 성장과 발전의 모습을 보여주었다. 그리하여 조선후기에서 근대개혁기로 이행하는 과정에서 평안도인은 항상적이고 고착화된 '차별'의 상태에 놓여 있었던 것이 아니라, 국가 정책에 조응하거나 지역 홀대의 제약을 극복해가면서 점진적으로 중앙으로의 진출을 확대하고 문화 역량을 증대시켜 갔음을 알 수 있었다. 이는 변방으로서의 평안도가 關防에 치중된 지역적 기능과 역할에 한정되지 않고 근대에 이르러 다방면에서 중심지의 한 축을 형성하게 된 동력과 기반이 되었다고 할 것이며, 또한 그 전체적인 진전 양상은 우리 역사가 人身과 地域에 제약을 가하던 중세 사회에서 벗어나 근대로 진입한 것과 궤를 같이하고 있었음을 '지역'과 '지역인'을 통해 확인할 수 있게 한다고 하겠다.

참고문헌

1. 資　料

1) 年代記

『承政院日記』,『朝鮮王朝實錄』,『備邊司謄錄』,『日省錄』

2) 歷史書·文集類

『遜菴全書』(鮮于浹),『和隱集』(李時恒),『安窩先生文集』(李萬秋),『鳳谷桂察訪遺集』(桂德海),『蓮溪志』(鄭趾顯),『守窩集』(白慶楷),『松滄鄭先生詩文全集』(鄭篆),『研經齋全集』(成海應),『經世遺表』(丁若鏞),『楓皐集』(金祖淳),『三賢集選』(白仁煥·白時源·白愈行),『止山集』(白宗杰),『雲菴集』(朴文一),『誠菴集』(朴文五),『梅泉野錄』(黃玹),『大韓季年史』(鄭喬),『新安集略』(李鑰永),『龍灣集略』(李鑰永),『日槎集略』(李鑰永),『敬窩漫錄』(李鑰永),『西行日記』(李肇承),『關東倡義錄』(閔龍鎬),『毅庵集』(柳麟錫),『昭義續編』(柳麟錫),『韓國痛史』(朴殷植),『韓國獨立運動之血史』(朴殷植).

3) 地理志·邑誌類

『擇里志』(李重煥)
『江西縣誌』(『邑誌』15, 아세아문화사 영인본, 1986)
『平攘誌』(『朝鮮時代私撰邑誌』45, 韓國人文科學院 영인본, 1990)
『平壤續誌』(『朝鮮時代私撰邑誌』46, 韓國人文科學院 영인본, 1990)
『平壤誌』(『朝鮮時代私撰邑誌』47, 韓國人文科學院 영인본, 1990)
『龍岡邑誌』(『朝鮮時代私撰邑誌』47, 韓國人文科學院 영인본, 1990)
『江西縣誌』(『朝鮮時代私撰邑誌』48, 韓國人文科學院 영인본, 1990)
『龍灣誌』(『朝鮮時代私撰邑誌』49, 韓國人文科學院 영인본, 1990)

『龍城誌』(『朝鮮時代私撰邑誌』49, 韓國人文科學院 영인본, 1990)

『寧邊誌』(『朝鮮時代私撰邑誌』51, 韓國人文科學院 영인본, 1990)

『銅山志』(『朝鮮時代私撰邑誌』51, 韓國人文科學院 영인본, 1990)

『成川誌』(『朝鮮時代私撰邑誌』52, 韓國人文科學院 영인본, 1990)

『龜城郡誌』(『韓國近代邑誌』60, 韓國人文科學院 영인본, 1991)

『寧邊誌』(『韓國近代邑誌』62, 韓國人文科學院 영인본, 1991)

『新安誌續編』(『韓國近代邑誌』63, 韓國人文科學院 영인본, 1991)

平壤實業新報社, 『平壤要覽』, 1909.

平壤民團役所, 『平壤發展史』, 1914.

平壤府, 『平壤府事情要覽』, 1923.

平安南道敎育會 編, 『平壤小誌』, 1934.

평양향토사편집위원회, 『평양지』, 평양시 국립출판사, 1957.

『博川郡誌』, 博川郡民會, 1969.

『寧邊志』, 寧邊郡民會, 1971.

『平安北道誌』, 平安北道誌編纂委員會, 1973.

『泰川郡誌』, 泰川郡民會, 1973.

『定州郡誌』, 定州郡誌編纂委員會, 1975.

『平安南道誌』, 平安南道誌編纂委員會, 1977.

『雲山郡誌』, 雲山郡誌編纂委員會, 1978.

『成川郡誌』, 成川郡誌編纂委員會, 1989.

『내고장 安州-安州郡誌-』, 安州郡民會, 1989.

4) 新聞·雜誌

『獨立新聞』, 『皇城新聞』, 『大韓每日申報』.

『大韓自强會月報』, 『西友』, 『西北學會月報』, 『太極學報』, 『畿湖興學會月報』, 『湖南學報』, 『嶠南敎育會雜誌』, 『大韓學會月報』, 『大韓興學報』.

李昇薰, 「西北人의 宿怨新慟」, 『新民』, 1926.

玄相允, 「恥堂白彝行先生挽 並小引」, 『新東亞』5-7, 東亞日報社, 1935.7.

一鄕暗,「朝鮮高官 盛衰期, 半島天地를 흔들든 閔氏後裔의 今日, 當年勢道二
    於今安在」,『別乾坤』64, 1933.6.1.

5) 族譜

白鶴濟,『水原白氏定州族譜』, 1940.
『水原白氏定州派譜』, 水原白氏定州派譜刊行會, 1980.
『延安金氏世史』1·2, 世史編纂委員會, 1982·1984.

6) 官署 文案 및 其他 文書

『關西搢紳錄』(규장각 소장, 想白古 920.051-G994)
『推案及鞫案』(亞細亞文化社 영인본, 1984)
『御眞圖寫都監儀軌』(1902)(규장각 소장, 奎 14000)[『高宗 御眞圖寫都監儀軌』,
    서울대학교 규장각 영인본, 1996]
『平安監營啓錄』(규장각 소장, 奎 15110-v.31)[『各司謄錄』33, 국사편찬위원회 영
    인본, 1989]
『平安監營關牒』(규장각 소장, 奎 15134)[『各司謄錄』34, 국사편찬위원회 영인본,
    1989)
『非章訓學存案』(규장각 소장, 古 5125-4)[『各司謄錄』37, 국사편찬위원회 영인본,
    1989)
『韓民族獨立運動史資料集』4, 국사편찬위원회, 1987.
朴孟洙·崔起榮 編,『韓末 天道教 資料集』1·2, 국학자료원, 1997.
Edward W. Wagner&宋俊浩,『補註 朝鮮文科榜目』(http://www.dbmedia.co.kr)

『駐韓日本公使館記錄』,『統監府文書』.
『日淸戰爭實記』7, 博文館, 1894.
武信由太郎·村松恒一郎 著, An Illustrated Report on The Japan-China War(日淸戰
    爭寫眞畵譜), 1895.
農商務省山林局,『韓國誌』, 東京書院, 1905.
韓國內部警務局,『顧問警察小誌』, 1910.

朝鮮總督府 編,『朝鮮ノ保護及併合』, 1918.

"The Battle of Pyeng Yang-As seen by a Korean", The Korean Repository, vol.2, Sept. 1895.

2. 論　著

1) 단행본

姜萬吉,『朝鮮後期 商業資本의 發達』, 고려대학교 출판부, 1973.

강상규,『19세기 동아시아의 패러다임 변환과 한반도』, 논형, 2008.

高東煥,『朝鮮後期 서울商業發達史研究』, 지식산업사, 1998.

고석규 외,『암행어사란 무엇인가』, 박이정, 1999.

권기석,『족보와 조선사회-15~17세기 계보의식의 변화와 사회관계망-』, 태학사, 2011.

권내현,『조선후기 평안도 재정 연구』, 지식산업사, 2004.

權錫奉,『清末 對朝鮮政策史 研究』, 一潮閣, 1986.

금장태,『華西學派의 철학과 시대의식』, 태학사, 2001.

김광진·정영술·손전후,『조선에서 자본주의적 관계의 발전』, 열사람, 1988.

金基錫,『南崗李昇薰』, 世運文化社, 1970.

金度亨,『大韓帝國期의 政治思想研究』, 지식산업사, 1994.

＿＿＿＿,『근대 한국의 문명전환과 개혁론-유교 비판과 변통-』, 지식산업사, 2014.

김　돈,『조선중기 정치사 연구』, 국학자료원, 2009.

김명숙,『19세기 정치론 연구』, 한양대학교 출판부, 2004.

김명호,『초기 한미관계의 재조명-셔면호 사건에서 신미양요까지-』, 역사비평사, 2005.

金鍾秀,『朝鮮後期 中央軍制研究-訓練都監의 設立과 社會變動』, 혜안, 2003.

김태웅,『韓國近代地方財政研究-地方財政의 改編과 地方行政의 變更』, 아카넷, 2012.

나카츠카 아키라 著, 박맹수 譯,『1894년, 경복궁을 점령하라』, 푸른역사, 2002.

朴敏泳, 『大韓帝國期 義兵研究』, 한울아카데미, 1998.

박정애, 『조선시대 평안도 함경도 실경산수화』, 성균관대학교 출판부, 2014.

朴宗根 著, 朴英宰 譯, 『淸日戰爭과 朝鮮-外侵과 抵抗-』, 一潮閣, 1989.

박찬승, 『한국근대정치사상사연구-민족주의 우파의 실력양성운동론-』, 역사비평사, 1992.

배우성, 『조선후기 국토관과 천하관의 변화』, 일지사, 1998.

裵亢燮, 『19世紀 朝鮮의 軍事制度 研究』, 國學資料院, 2002.

白樂濬, 『韓國改新敎史 1832~1910』, 연세대학교 출판부, 1973.

백승종, 『한국의 예언문화사』, 푸른역사, 2006.

서명원(Roy E.Shearer) 著 이승익 譯, 『한국교회성장사』, 대한기독교서회, 1966.

서영희, 『대한제국 정치사 연구』, 서울대학교 출판부, 2003.

_____, 『일제 침략과 대한제국의 종말-러일전쟁에서 한일병합까지』, 역사비평사, 2012.

孫禎睦, 『朝鮮時代都市社會研究』, 一志社, 1977.

셔우드 홀 著 김동열 譯, 『닥터 홀의 조선회상』, 東亞日報社, 1984.

Samuel Austin Moffett 著 옥성득 譯, 『마포삼열 서한집 제1권(1868~1894)』, 두란노 아카데미, 2011.

愼鏞廈, 『朴殷植의 社會思想研究』, 서울대학교 출판부, 1982.

쓰키아시 다쓰히코 著 최덕수 譯, 『조선의 개화사상과 내셔널리즘』, 열린책들, 2014.

앙드레 슈미드 著, 정여울 譯, 『제국 그 사이의 한국』, 휴머니스트, 2007.

연갑수, 『대원군집권기 부국강병정책 연구』, 서울대학교출판부, 2001.

五山七十年史編纂委員會 編, 『五山七十年史』, 1978.

『五山百年史 1907~2007』, 五山學園, 2007.

吳洙彰, 『朝鮮後期 平安道 社會發展 研究』, 일조각, 2002.

吳瑛燮, 『華西學派의 思想과 民族運動』, 國學資料院, 1999.

柳子厚, 『李儁先生傳』, 東邦文化社, 1947.

李康旭 譯, 『은대조례』, 한국고전번역원, 2012.

李景植, 『朝鮮前期土地制度研究-土地分給制와 農民支配-』, 一潮閣, 1986.

이광수, 『島山安昌浩』, 大成文化社, 1947.

李光麟, 『開化派와 開化思想 研究』, 一潮閣, 1989.

李九榮 編譯, 『湖西義兵事蹟』, 堤川郡文化院, 1994.

李敦化, 『天道敎創建史』, 天道敎中央宗理院, 1933.

李萬烈, 『韓國基督敎와 歷史意識』, 지식산업사, 1981.

_____, 『한국기독교와 민족의식』, 지식산업사, 1991.

이상배, 『조선후기 정치와 괘서』, 국학자료원, 1999.

李瑄根, 『(震檀學會 編)韓國史 : 最近世篇』, 乙酉文化社, 1959.

이성무, 『한국의 과거제도』, 한국학술정보, 2004.

이세영, 『朝鮮後期 政治經濟史』, 혜안, 2002.

이원순, 『한국천주교회사연구』, 한국교회사연구소, 1986.

이태복, 『도산 안창호 평전』, 동녘, 2006.

장규식, 『일제하 한국기독교민족주의 연구』, 혜안, 2001.

鄭灐, 『舊韓末期 民族啓蒙運動研究』, 螢雪出版社, 1995.

鄭杜熙, 『朝鮮時代의 臺諫研究』, 一潮閣, 1994.

정주아, 『서북문학과 로컬리티 : 이상주의와 공동체의 언어』, 소명, 2014.

趙恒來, 『韓末 社會團體史論考』, 螢雪出版社, 1972.

주요한, 『安島山全書』, 三中堂, 1963.

_____, 『秋汀 李甲』, 大成文化社, 1964.

車美姬, 『朝鮮時代 文科制度研究』, 國學資料院, 1999.

_____, 『조선시대 과거시험과 유생의 삶』, 이화여자대학교출판부, 2012.

車長燮, 『朝鮮後期 閥閱研究』, 一潮閣, 1997.

天道敎史編纂委員會, 『天道敎百年略史』上, 1981.

최기영, 『한국 근대 계몽사상 연구』, 일조각, 2003.

崔炳鈺, 『開化期의 軍事政策研究』, 景仁文化社, 2000.

한국기독교역사연구소 북한교회사집필위원회 편, 『북한교회사』, 한국기독교역사연구소, 1996.

한국기독교역사학회 편, 『개정판 한국기독교의 역사』1, 기독교문서, 2015.

한국역사연구회 편, 『조선정치사』상·하, 청년사, 1990.

한명기, 『역사평설 병자호란』1, 푸른역사, 2013.

한명근, 『韓末 韓日合邦論 研究』, 國學資料院, 2002.

한영우, 『科擧, 출세의 사다리: 족보를 통해 본 조선 문과급제자의 신분이동』2·3·4, 지식산업사, 2013.

咸錫憲, 『죽을 때까지 이 걸음으로』, 三中堂, 1964.

현광호, 『外勢에 대응한 大韓帝國의 强兵論』, 고려대학교 박사학위논문, 2001.

홍희유, 『조선 중세 수공업자 연구』, 지양사, 1989.

_____, 『(개정판) 조선상업사(원시-중세편)』, 사회과학출판사, 2012.

_____, 『조선상업사(고대·중세), 과학백과사전종합출판사, 1989.

후지무라 미치오 著 허남린 譯, 『청일전쟁』, 小花, 1997.

武信由太郎·村松恒一郞, 『日淸戰爭寫眞畵譜』, 1894.

細井肇, 『現代漢城の風雲と名士』, 1910.

小田省吾, 『辛未洪景來亂の硏究』, 小田先生頌壽記念會, 1934.

黑龍會, 『日韓合邦秘史』, 原書房, 1966.

Anders Karlsson, *The Hong Kyŏngnae Rebellion 1811~1812 : Conflict between Central Power and Local Society in 19th-Century Korea*, Stockholm University Institute of Oriental Languages, 2000.

Sun Joo Kim, *Marginality and Subversion in Korea : The Hong Kyŏngnae Rebellion of 1812*, Seattle : University of Washington Press, 2007.

_____(ed.), *The Northern Region of Korea : History, Identity, & Culture*, Seattle : Center for Korean Studies, University of Washington, 2010.

_____, *Voice from the North : Resurrecting Regional Identity Through the Life and Work of Yi Sihang(1672-1736)*, California : Stanford University Press Standford, 2013.

2) 論 文

강상규, 「1884년 '의제 개혁'에 대한 정치적 독해-문명사적 전환기의 현실정치 공간과 한일관계의 한 측면-」, 『세계정치』12, 서울대학교 국제문제연구소, 2010.

강석화, 「조선후기 평안도지역 압록강변의 방어체계」, 『韓國文化』34, 서울대학교 한국문화연구소, 2004.

姜孝叔, 「청일전쟁기 일본군의 조선병참부-황해·평안도 지역을 중심으로-」, 『한국근현대사연구』51, 한국근현대사학회, 2009.

高建鎬, 「韓末 新宗敎의 文明論 : 東學·天道敎를 中心으로」, 서울대학교 박사
       학위논문, 2002.

고동환, 「대원군집권기 농민층 동향과 농민항쟁의 전개」, 한국역사연구회 편, 『1894
       년 농민전쟁연구』2, 역사비평사, 1992.

_____, 「조선시대 한양의 수도성-도시의 위계와 공간표현을 중심으로」, 『歷史學
       報』209, 2011.

高錫珪, 「18세기말 19세기초 평안도지역 鄕權의 추이」, 『韓國文化』11, 서울대학
       교 한국문화연구소, 1990.

_____, 「19세기 농민항쟁의 전개와 변혁주체의 성장」, 『1894년 농민전쟁연구 1-농
       민전쟁의 사회경제적 배경』, 역사비평사, 1991.

高成勳, 「正祖朝 鄭鑑錄 관련 逆謀事件에 대하여-李京來·文仁邦 사건을 중심
       으로-」, 『何石 金昌洙敎授華甲紀念史學論叢』, 범우사, 1992.

고승희, 「조선후기 평안도지역 도로 방어체계의 정비」, 『한국문화』34, 서울대학교
       한국문화연구소, 2004.

郭東璨, 「高宗初 土豪에 관한 硏究-1867年 暗行御史 土豪別單의 分析-」, 서울
       대학교 석사학위논문, 1973.

具玩會, 「선생안을 통해 본 조선후기의 수령」, 『慶北史學』4, 경북사학회, 1982.

_____, 「조선 후기 군현 사이의 갈등과 수령의 역할」, 『大丘史學』86, 대구사학회,
       2007.

具姬眞, 「韓國 近代改革期의 敎育論과 敎育改編」, 서울대학교 박사학위논문,
       2004.

권내현, 「숙종대 지방통치론의 전개와 정책운영」, 『역사와 현실』25, 한국역사연구
       회, 1997.

_____, 「17세기 전반 對淸 긴장 고조와 평안도 방비」, 『한국사학보』13, 고려사학
       회, 2002.

_____, 「조선후기 戶曹의 平安道 재정 활용」, 『東洋學』35, 단국대학교 동양학연
       구소, 2004.

_____, 「번암 채제공의 평안도 인식」, 『한국인물사연구』5, 한국인물사연구소,
       2006.

_____, 「정묘호란 의병장 정봉수의 활약과 조선왕조의 인식」, 『韓國史學報』42,
       고려사학회, 2011.

권혁수,「청일전쟁 전후 조선에 관한 중국인의 체험과 기록 : 섭사성(聶士成), 허인 휘(許寅輝) 및 당소의(唐紹儀)를 중심으로」,『한국학연구』29, 인하대학교 한국학연구소, 2013.

金炅宅,「韓末 東學敎門의 政治改革思想 硏究」, 연세대학교 석사학위논문, 1990.

金大豪,「淸日戰爭 後 朝鮮의 平安道 通商開放과 外勢의 干涉」, 서울대학교 석 사학위논문, 2012.

金相泰,「近現代 平安道 出身 社會指導層 硏究」, 서울대학교 박사학위논문, 2002.

金垠呈,「朝鮮時代 高宗代의 衣制改革에 따른 官服의 變遷」, 전남대학교 석사 학위논문, 1997.

金文植,「18세기 후반 徐命膺의 箕子 認識」,『于松趙東杰先生停年紀念論叢』 Ⅰ, 나남출판, 1997.

_____,「조선후기 지식인의 자아인식과 타자인식-대청교섭을 중심으로-」,『대동문 화연구』39, 성균관대학교 대동문화연구원, 2001.

金宣旼,「雍正-乾隆年間 莽牛哨 事件과 淸-朝鮮 국경지대」,『중국사연구』71, 중 국사학회, 2011.

金善珠,「조선 후기 평안도 정주의 향안 운영과 양반문화」,『歷史學報』185, 역사 학회, 2005.

김소영,「순종황제의 南·西巡幸과 忠君愛國論」,『한국사학보』39, 고려사학회, 2010.

金純一,「慶運宮의 營建에 관한 硏究-工事의 體制와 執行을 中心으로-」, 동국대 학교 박사학위논문, 1983.

金允貞,「平壤 豐慶宮의 營建과 轉用에 관한 硏究」, 부산대학교 석사학위논문, 2007.

김전배,「조선조의 읍지연구」, 성균관대학교 석사학위논문, 1973.

金正仁,「天道敎의 3·1운동 前史」, 한국민족운동사연구회,『한국민족운동과 민족 문제』, 국학자료원, 1999.

_____,「孫秉熙의 文明開化路線과 3·1運動」,『한국독립운동사연구』19, 독립기 념관 한국독립운동사연구소, 2002.

金鐘圓,「Ⅱ. 정묘·병자호란」,『한국사』29(조선 중기의 외침과 그 대응), 국사편찬위원회, 1995.

金鍾俊 「進步會·一進支會의 활동과 鄕村社會의 동향」, 『韓國史論』48, 서울대학교 국사학과, 2002.

_____, 「대한제국 말기(1904~1910년) 一進會 연구」, 서울대학교 박사학위논문, 2008.

金泰雄 「大韓帝國期의 法規 校正과 國制 制定」, 『韓國 近現代의 民族問題와 新國家建設-金容燮教授停年紀念韓國史學論叢』3, 지식산업사, 1997.

_____, 「朝鮮末 勢道政治下 地方官衙 財政危機의 원인과 실제」, 『典農史論』7, 서울시립대학교 국사학과, 2001.

_____, 「大韓帝國의 역사적 위치」, 『大韓帝國期 古文書』, 국립전주박물관, 2003.

_____, 「해방 이후 地方誌 편찬의 추이와 시기별 특징」, 『역사연구』18, 역사학연구소, 2008.

_____, 「淸日戰爭 前後 일제의 戰爭 捏造와 일본 언론의 煽動」, 『歷史教育』123, 역사교육연구회, 2012.

_____, 「近代改革期 全國地理誌의 基調와 特徵-奎章閣 所藏 邑誌를 중심으로-」, 『奎章閣』43, 서울대학교 규장각 한국학연구원, 2013.

金項勺 「대한협회(1907~1910)연구」, 단국대학교 박사학위논문, 1993.

金炯睦 「自强運動期 平安道地方 '夜學運動'의 實態와 性格」, 『한국민족운동사연구』22, 한국민족운동사학회, 1999.

金孝貞 「韓末 民立 師範學校의 設立과 教育救國運動」, 서울대학교 석사학위논문, 2015.

남금자, 「대한제국기 민씨척족 민병석과 충주지역의 토지소유」, 『한국사연구』162, 한국사연구회, 2013.

남미혜, 「18세기 영조대 양잠정책과 양잠업」, 『한국문화연구』16, 이화여자대학교 한국문화연구원, 2009.

盧官汎 「1875~1904년 朴殷植의 朱子學 이해와 教育自强論」, 『韓國史論』43, 서울대학교 국사학과, 2000.

_____, 「대한제국기 朴殷植과 張志淵의 自强思想 연구」, 서울대학교 박사학위논문, 2007.

盧大煥 「1880년대 전반 『徒法』에 나타난 安民富國論」, 崔承熙教授停年紀念論文集刊行委員會 편, 『조선의 정치와 사회』, 집문당, 2002.

_____, 「柳麟錫의 국권 회복 운동과 華夷의식의 변용」, 『유교사상문화연구』62, 한국유교학회, 2015.

노영구, 「조선후기 평안도지역 內地 거점방어체계」, 『한국문화』34, 서울대학교 한국문화연구소, 2004.

柳承烈, 「韓末·日帝初期 商業變動과 客主」, 서울대학교 박사학위논문, 1996.

柳在城, 「제2장 정묘호란」, 『병자호란사』, 국방부 전사편찬위원회, 1986.

리 성, 「리시항과 시 <평양의 노래>에 대하여」, 『조선어문』103, 평양 : 과학백과사전 종합출판사, 1996.

朴廣成, 「高宗朝의 民亂研究」, 『인천교육대학교 논문집』14, 1979.

박광용, 「箕子朝鮮에 대한 認識의 변천」, 『한국사론』6, 서울대학교 국사학과, 1980.

_____, 「북한 학계의 단군 인식과 '단군릉' 발굴」, 『역사비평』52, 역사비평사, 2000.

朴成壽, 「愛國啓蒙團體의 合邦反對運動」, 『崇義論叢』5, 1981.

박찬승, 「한말 호남학회 연구」, 『國史館論叢』53, 국사편찬위원회, 1994.

朴平植, 「朝鮮前期 兩界地方의 '回換制'와 穀物流通」, 『學林』14, 연세사학연구회, 1992.

_____, 「조선 초기의 단군과 고조선 인식」, 『요하문명과 고조선』, 지식산업사, 2015.

박현순, 「정조대 서울·지방의 분화와 지방사족의 등용」, 『정조와 정조시대』, 서울대학교 출판문화원, 2011.

_____, 「조선후기 文科에 나타난 京鄕 간의 불균형 문제 검토」, 『한국문화』58, 서울대학교 규장각 한국학연구원, 2012.

裵祐晟, 「朝鮮後期 實學者들의 國土觀과 地域認識」, 『한국사연구』108, 한국사연구회, 2000.

邊柱承, 「朝鮮後期 流民研究」, 고려대학교 박사학위논문, 1997.

삿사 미츠아키, 「한말·일제시대 단군신앙운동의 전개: 대종교·단군교의 활동을 중심으로」, 서울대학교 박사학위논문, 2003.

신명호, 「光武·明治시기 兩京체제 추진과 君主이미지 활용 비교연구」, 『동북아문화연구』23, 동북아시아문화학회, 2010.

辛承云, 「유교사회의 출판문화-특히 조선시대의 문집 편찬과 간행을 중심으로-」, 『大東文化研究』39, 성균관대학교 대동문화연구원, 2001.

安外順, 「大院君執政期 人事政策과 支配勢力의 性格」, 『東洋古典研究』1, 동양고전학회, 1993.

_____, 「大院君執政期 權力構造에 關한 研究」, 이화여자대학교 박사학위논문, 1996.

楊普景, 「朝鮮時代 邑誌의 性格과 地理的 認識에 관한 研究」, 서울대학교 박사 학위논문, 1987.

연갑수, 「대원군 집권기 국방정책 : 지방포군의 증설을 중심으로」, 『韓國文化』20, 서울대학교 한국문화연구소, 1997.

吳洙彰, 「조선후기 平壤과 그 認識의 변화」, 『朝鮮의 政治와 社會』, 集文堂, 2002.

_____, 「19세기 초 평안도 사회문제에 대한 지방민과 중앙관리의 인식과 정책」, 『한 국문화』36, 서울대학교 규장각한국학연구원, 2005.

윤대원, 「『純宗實紀』의 고종시대 인식과 을사늑약의 외부대신 직인 '강탈' 문제」, 『규장각』43, 서울대학교 규장각 한국학연구원, 2013.

윤병태, 「평양의 목판인쇄 출판문화」, 『出版學研究』, 한국출판학회, 1992.

尹慶老, 「「105人事件」을 통해 본 新民會 研究」, 고려대학교 박사학위논문, 1988.

李景植, 「조선후기의 화전농업과 수세문제」, 『한국문화』10, 서울대학교 한국문화연 구소, 1989.

_____, 「朝鮮初期의 北方開拓과 農業開發」, 『朝鮮前期土地制度研究Ⅱ-農業 經營과 地主制-』, 지식산업사, 1998.

_____, 「朝鮮建國의 性格問題」, 연세대학교 국학연구원 편, 『중세사회의 변화와 조선 건국』, 혜안, 2005.

李光麟, 「開化期 關西地方과 改新敎-改新敎 收容의 一事例-」, 『韓國開化思想 研究』, 一潮閣, 1979.

李相植, 「朝鮮後期 肅宗의 政局運營과 王權 研究」, 고려대학교 박사학위논문, 2005.

李相周, 「柳麟錫의 關西지방에서의 崇華活動과 「石溪九曲歌」」, 『고전과 해석』 19, 고전문학한문학연구학회, 2015.

李松姬, 「韓末 西友學會의 愛國啓蒙運動과 思想」, 『韓國學報』8-1, 일지사, 1982.

_____, 「大韓帝國末期 愛國啓蒙運動研究」, 이화여자대학교 박사학위논문, 1986.

李永鶴, 「韓國 近代 煙草業에 대한 研究」, 서울대학교 박사학위논문, 1990.

이영호, 「鄕人에서 平民으로-평안도 향인체제의 구조와 그 해체과정-」, 『한국문화』 63, 서울대학교 규장각 한국학연구원, 2013.

李潤相, 「대한제국기 국가와 국왕의 위상제고사업」, 『震檀學報』95, 진단학회, 2003.

_____, 「황제의 궁궐 경운궁」, 『서울학연구』40, 서울학연구소, 2010.

이은희, 「東學敎團의 '甲辰開化運動'(1904~1906)에 대한 연구」, 연세대학교 석사학위논문, 1991.

이 철, 「개신교 선교 초기 평양지역민들의 선교사 인식 연구-1894년 평양기독교박해사건과 청일전쟁을 중심으로-」, 『한국민족운동사연구』55, 한국민족운동사학회, 2008

이철성, 「17세기 평안도 「강변 7읍」의 방어체제」, 『한국사학보』13, 고려사학회, 2002.

이태진, 「대한제국의 서울 황성(皇城) 만들기」, 『고종시대의 재조명』, 태학사, 2000.

_____, 「고종 황제가 慶運宮을 세운 뜻-克日과 對淸 독립 의지-」, 『국학연구논총』 10, 택민국학연구원, 2012.

李鉉淙, 「畿湖興學會에 대하여」, 『史學硏究』21, 韓國史學會, 1969.

이현진, 「조선후기 京·鄕 분기와 수도 집중」, 『서울학연구』52, 서울시립대학교 서울학연구소, 2013.

이혜원, 「의화단 운동이 한국 개신교 선교현장에 미친 영향」, 『한국기독교와 역사』, 한국기독교역사연구소, 2010.

이희평, 「둔암 선우협의 철학사상 일고」, 금오공과대학교 선주문화연구소 편, 『여헌학의 전개와 수용』, 보고사, 2010.

林承豹, 「朝鮮時代 賞罰的 邑號陞降制 硏究」, 홍익대학교 박사학위논문, 2001.

任侑炅, 「崔孝一 逸話의 傳承과 變異 樣相」, 『서지학보』22, 한국서지학회, 1998.

임인재, 「1895~1910년 평안도 사립학교 설립 과정과 주체」, 『사학연구』120, 한국사학회, 2015.

장규식, 「도산 안창호의 민족주의와 시민사회론」, 『도산사상연구』6, 도산사상연구회, 2000.

_____, 「일제하 기독교 민족운동의 정치경제사상 : 안창호, 이승만 계열을 중심으로」, 연세대학교 박사학위논문, 2000.

張裕昇, 「朝鮮後期 西北地域 文人 硏究」, 서울대학교 박사학위논문, 2010.

전우용, 「1902년 皇帝御極 40년 望六旬 稱慶禮式과 皇都 정비-대한제국의 '皇都' 구상에 담긴 만국공법적 제국과 동양적 제국의 이중 表象-」, 『鄕土서울』81, 서울特別市 市史編纂委員會, 2012.

전재관, 「한말 애국계몽단체 지회의 분포와 구성-대한자강회·대한협회·오학회를 중심으로-」, 『崇實史學』10, 숭실사학회, 1997.

鄭 灌, 「舊韓末 愛國啓蒙團體의 活動과 性格」, 『大丘史學』20·21, 대구사학회, 1982.

_____, 「嶠南敎育會에 대하여」, 『歷史敎育論集』10, 역사교육학회, 1987.

鄭奭鍾, 「'洪景來亂'의 性格」, 『韓國史硏究』7, 한국사연구회, 1972.

鄭崇敎, 「한말 안창호의 인격수양론」, 『도산사상연구』6, 도산사상연구회, 2000.

_____, 「韓末 民權論의 전개와 國粹論의 대두」, 서울대학교 박사학위논문, 2004.

정욱재, 「關西地方 華西學派의 思想的 轉換-華史 李觀求를 중심으로-」, 『華西學論叢』IV, 華西學會, 2010.

_____, 「한말·일제하 梁鳳濟의 활동」, 『한국인물사연구』16, 한국인물사연구회, 2011.

鄭震英, 「19세기 후반 嶺南儒林의 정치적 동향: 萬人疏를 중심으로」, 민족문화연구소 편, 『韓末 嶺南 儒學界의 동향』, 영남대학교출판부, 1998.

정연식, 「조선조의 탈것에 대한 규제」, 『역사와 현실』27, 한국역사연구회, 1998.

정해은, 「숙종 초기 평안도의 변장 증설과 방어 체제의 변화」, 『사학연구』120, 한국사학회, 2015.

조규태, 「舊韓末 平安道地方의 東學-敎勢의 伸張과 性格에 대한 檢討를 중심으로-」, 『東亞硏究』21, 서강대학교 동아연구소, 1990.

趙尙濟, 「19世紀 後半의 農民抗爭 硏究」, 경희대학교 박사논문, 1991.

조준희, 「海山 朴東欽의 항일민족운동」, 『崇實史學』24, 숭실사학회, 2010.

_____, 「평안도 화서학파의 항일독립운동-광복회·대한독립단 결성을 중심으로-」, 『華西學論叢』V, 華西學會, 2012.

趙顯旭, 「西北學會의 關西地方 支會와 支校」, 『한국민족운동사연구』24, 한국민족운동사학회, 2000.

_____, 「五山學校와 西北學會定州支會」, 『문명연지』3-1, 한국문명학회, 2002.

조형래, 「학회(學會), 유토피아의 미니어처-근대계몽기의 지역학회 및 유학생 단체를 통해서 본 지역성과 고향 의식」, 『한국문학연구』31, 동국대학교 한국문학연구소, 2006.

주진오, 「1898년 독립협회 운동의 주도세력과 지지기반」, 『역사와 현실』15, 한국역
　　사연구회, 1995.

車璟愛, 「淸日戰爭 당시의 戰爭見聞錄을 통해서 본 전쟁지역 민중의 삶」, 『明淸
　　史硏究』28, 명청사학회, 2007.

_____, 「청일전쟁(淸日戰爭) 당시 조선 전쟁터의 실상(實相), 『한국문화연구』14,
　　이화여자대학교 한국문화연구원, 2008.

차용걸, 「兩江地帶의 關防體制 硏究試論-18세기이후의 鎭堡와 江灘把守의 배
　　치를 중심으로-」, 『군사』창간호, 국방부전사편찬위원회, 1980.

崔文衡, 「韓·露修交의 背景과 經緯」, 韓國史硏究協議會 편, 『韓露關係100年
　　史』, 1984.

崔誠桓, 「正祖代 蕩平政局의 君臣義理 연구」, 서울대학교 박사학위논문, 2009.

崔宇景, 「朝鮮時代 箕營·咸營·海營에서 刊行된 書籍 硏究」, 경북대학교 석사
　　학위논문, 2009.

崔珍玉, 「조선시대 평안도의 생원 진사시 합격자 실태」, 『朝鮮時代史學報』36, 조
　　선시대사학회, 2006.

表敎烈, 「第 1·2次 中英戰爭」, 서울大學校 東洋史學硏究室 編, 『講座 中國史
　　V-中華帝國의 動搖-』, 지식산업사, 1989

韓相權, 「1827년 平安道 楚山府 民人의 上京 示威와 政局의 동향」, 『韓國 古
　　代·中世의 支配體制와 農民』, 지식산업사, 1997.

한상준, 「서우학회에 대하여」, 『역사교육논집』1, 역사교육학회, 1980.

韓永愚, 「高麗~朝鮮前期의 箕子認識」, 『韓國文化』3, 서울대학교 한국문화연구
　　소, 1982.

許東賢, 「1881年 朝鮮 朝士 日本視察團에 관한 一硏究-"聞見事件類"와 《隨聞
　　錄》을 중심으로-」, 『韓國史硏究』52, 한국사연구회, 1986.

邢文泰, 「1904·5年代 東學運動에 대한 一考究」, 『史學論志』4·5, 한양대학교 사
　　학과, 1977.

洪秀景, 「甲申年間·甲午更張期의 服制改革 硏究」, 단국대학교 석사학위논문,
　　1999.

홍순민, 「광무 연간 전후 경운궁의 조영 경위와 공간구조」, 『서울학연구』40, 서울
　　학연구소, 2010.

홍희유, 「1811~1812년의 평안도 농민전쟁과 그 성격」, 『봉건지배계급을 반대한 농민들의 투쟁(이조편)』, 과학원출판사, 1963.

河原林靜美, 「1811年の平安道における農民戰爭」, 『寧樂史苑』19, 奈良女子大學史學會, 1973.

鶴園　裕, 「平安道農民戰爭における參加層-その重層した性格をめぐって-」, 『朝鮮史叢』2, 靑丘文庫, 1979.

_____, 「平安道農民戰爭における檄文」, 『朝鮮史硏究會論文集』21, 朝鮮史硏究會, 1984.

糟谷憲一, 「大院君政權の權力構造-政權上層部の構成に關する分析-」, 『東洋史硏究』49-2, 東洋史硏究會, 1990.

Chull Lee, "Social Sources of the Rapid Growth of the Christian in the Northwest Korea : 1895~1910", Boston University Graduate School of Arts and Sciences doctoral dissertation, 1997.

Edward W. Wagner, "The Civil Examination Process as Social Leaven: The Case of the Northern Provinces in the Yi Dynasty", Korea Journal vol.17-1, 1977.

Eugene Y. Park, "The Phantasm of the Western Capital (Sŏgyŏng) : Imperial Korea's Redevelopment of P'yŏngyang, 1902-1908", International Journal of Asian Studies, vol.12, no.2, Cambridge University Press, 2015.

Kim Sun Joo, "Negotiating Cultural Identities in Conflict: A Reading of the Writings of Paek Kyŏnghae(1765~1842)", Journal of Korean Studies, vol.10, 2005.

Kyung Moon Hwang, "From the Dirt to Heaven: Northern Koreans in the Chosŏn and Early Modern Eras", Harvard Journal of Asiatic Studies, vol.62, no.1, 2002.

〈별 표〉 고종조(1863~1894) 평안도 출신 문관의 중앙 관직 이력

연번	성명	생년	출신지	문과 급제 연도	시험 종류	주요 관력	최고 관품
1	任泰濬	1791	강서	순조 9년 (1809)	증광시	성균관 직강(5)[헌종 원년 10월 7일], 사헌부 장령(4)[3년 1월 20일], 승문원 판교(정3 당하)[7년 7월 9일], 병조참지(정3 당상)[철종 원년 6월 3일], 병조참의(정3 당상)[철종 6월 19일], 임백철(任百哲)로 개명[고종 5년 8월 20일], 공조참판(종2 당상)[6년 1월 21일]	당상
2	文慶愛	1793	정원 (정주)	순조 14년 (1814)	식년시	성균관 사예(4)[헌종 12년 7월 14일], 사헌부 장령(4)[13년 8월 27일], 교서관 판교(정3 당하)[철종 1년 6월 7일], 병조참지(정3 당상)[3년 11월 28일], 한성부 우윤(종2 당상)[고종 9년 1월 5일], 공조참판(종2 당상)[9년 10월 21일]	당상
3	尹孟烈	1784	가산	순조 22년 (1822)	식년시	승문원 교검(6)[순조 29년 12월 25일], 성균관 사예(4)[33년 12월 19일], 사헌부 장령(4)[철종 13년 5월 6일], 돈녕부 도정(정3 당상)[고종 1년 8월 4일]	당상
4	李東韻	1805	태천	순조 25년 (1825)	식년시	성균관 전적(6)[순조 30년 7월 3일], 병조정랑(6)[30년 10월 11일], 호조정랑(6)[헌종 7년 7월 24일], 사헌부 장령(4)[14년 7월 3일], 승문원 판교(정3 당하)[고종 6년 5월 2일], 돈녕부 도정(정3 당상)[8년 9월 29일]	당상
5	李秉儀	1790	개천	동방	식년시	권지 승문원 부정자[순조 25년 8월 25일], 사헌부 장령(4)[32년 7월 28일], 한성부 좌윤(종2 당상)[고종 6년 2월 7일]	당상
6	金鳳梧	1790	벽동	순조 27년 (1827)	증광시	사헌부 장령(4)[헌종 5년 6월 17일], 승문원 판교(정3 당하)[14년 7월 6일], 성균관 사예(4)[철종 13년 4월 11일], 병조참의(정3 당상)[고종 2년 4월 11일], 병조참지(정3 당상)[2년 4월 11일]	당상
7	金泰顯	1796	정주	순조 28년 (1828)	식년시	공조정랑(5)[순조 32년 12월 20일], 사헌부 장령(4)[헌종 8년 6월 22일], 사간원 정언(6)[고종 1년 6월 15일], 성균관 직강(5)[10년 9월 11일]	당하

연번	성명	생년	출신지	문과 급제 연도	시험 종류	주요 관력	최고 관품
8	白宗杰	1800	정주	순조 31년 (1831)	식년시	권지 승문원 부정재[순조 32년 6월 20일], 사헌부 장령(4)[헌종 12년 1월 15일], 봉상시 정(정3 당하)[14년 2월 10일], 통례원 좌통례(정3 당하)[철종 6년 3월 6일], 병조참지(정3 당상)[12년 1월 8일], 병조참의(정3 당상)[12년 5월 30일], 승정원 승지(정3 당상)[고종 5년 12월 29일]	당상
9	卓宗述	1790	정주	동방	식년시	사헌부 장령(4)[헌종 14년 6월 25일], 교서관 판교(정3 당하)[철종 3년 10월 1일], 병조참지(정3 당상)[9년 11월 13일], 병조참의(정3 당상)[9년 11월 13일], 한성부 우윤(종2 당상)[고종 7년 2월 9일], 병조참판(종2 당상)[9년 11월 12일]	당상
10	李澤	1803	위원	동방	식년시	성균관 전적(6)[헌종 9년 2월 8일], 사헌부 장령(4)[철종 9년 1월 5일], 사간원 헌납(5)[고종 3년 12월 16일], 병조 정랑(6)[4년 1월 9일]	당하
11	金觀燮	1808	정주	동방	식년시	권지 승문원 부정재[순조 34년 10월 7일], 사간원 정언(6)[헌종 7년 1월 15일], 성균관 사예(4)[철종 9년 5월 9일], 승문원 판교(정3 당하)[10년 11월 14일], 사헌부 장령(4)[13년 12월 20일], 봉상시 첨정(-4)[고종 1년 7월 28일]	당하
12	安永豊	1808	안주	동방	식년시	공조정랑(5)[철종 1년 12월 26일], 사헌부 장령(4)[고종 1년 4월 29일], 공조참의(정3 당상)[10년 5월 24일], 한성부 좌윤(종2 당상)[17년 5월 21일]	당상
13	金玉龍	1788	박천	동방	식년시 (직부)	권지 승문원 부정재[헌종 3년 8월 20일], 성균관 전적(6)[6년 6월 22일], 사헌부 장령(4)[철종 13년 7월 28일], 병조참의(정3 당상)[고종 4년 4월 18일]	당상
14	洪大奎	1809	강동	헌종 3년 (1837)	식년시	승문원 교검(6)[헌종 11년 9월 11일], 성균관 직강(5)[13년 7월 5일], 사헌부 장령(4)[철종 1년 12월 26일], 오위장(정3 당상)[12년 12월 18일], 사헌부 장령(4)[고종 3년 8월 18일]	당상

연번	성명	생년	출신지	문과 급제 연도	시험 종류	주요 관력	최고 관품
15	金容煥	1813	정주	동방	식년시	성균관 직강(5)[헌종 8년 12월 25일], 승문원 교검(6)[14년 3월 22일], 사헌부 장령(4)[고종 1년 3월 16일], 사간원 정언(6)[7년 1월 30일]	당하
16	盧鎭衡	1808	정주	동방	식년시	교서관 교검(6)[헌종 11년 3월 22일], 성균관 사예(4)[철종 6년 10월 16일], 사헌부 장령(4)[9년 5월 9일], 통례원 우통례(정3 당하)[11년 3월 18일], 공조참의(정3 당상)[고종 10년 5월 10일], 병조참판(정3 당상)[16년 6월 16일]	당상
17	趙光濂	1809	정주	동방	식년시	권지 승문원 부정자[헌종 4년 5월 14일], 성균관 전적(6)[8년 12월 25일], 사헌부 장령(4)[철종 9년 5월 30일], 사간원 헌납(5)[고종 9년 7월 12일]	당하
18	卓景秀	1808	정주	헌종 4년 (1838)	정시 (직부)	사간원 정언(6)[헌종 14년 6월 21일], 사헌부 장령(4)[철종 10년 7월 20일], 성균관 사예(4)[11년 9월 8일], 승정원 승지(정3 당상)[고종 7년 윤10월 2일]	당상
19	金畯	1793	가산	헌종 6년 (1840)	식년시	권지 승문원 부정자[헌종 6년 9월 13일], 성균관 직강(5)[철종 즉위년 8월 4일], 사헌부 장령(4)[8년 9월 6일], 종부시 정(정3 당하)[8년 9월 26일], 병조참지(정3 당상)[9년 8월 25일], 병조참의(정3 당상)[9년 10월 13일], 공조참판(종2 당상)[고종 9년 10월 15일]	당상
20	金用鼎	1814	안주	동방	식년시	성균관 직강(5)[헌종 12년 12월 22일], 사헌부 장령(4)[철종 7년 5월 18일], 승문원 판교(정3 당하)[고종 8년 7월 19일]	당하
21	金秉燮	1808	정주	동방	식년시	승문원 교검(6)[헌종 11년 1월 8일], 성균관 사예(4)[14년 7월 3일], 사헌부 장령(4)[14년 12월 28일], 통례원 우통례(정3 당하)[철종 6년 9월 10일], 통례원 좌통례(정3 당하)[8년 윤5월 17일], 교서관 판교(정3 당하)[12년 1월 6일], 병조참지(정3 당상)[고종 2년 6월 16일], 병조참의(정3 당상)[2년 6월 17일]	당상

연번	성명	생년	출신지	문과 급제 연도	시험 종류	주요 관력	최고 관품
22	許銑	1792	창성	동방	식년시	사헌부 지평(5)[철종 2년 8월 21일], 성균관 직강(5)[10년 12월 24일], 공조 참의(정3 당상)[고종 10년 2월 5일]	당상
23	白文振	1816	태천	동방	식년시	예조정랑(5)[철종 3년 2월 26일], 병조 정랑(5)[3년 7월 15일], 성균관 직강(5)[8년 6월 26일], 사헌부 장령(4)[고종 1년 1월 20일]	당하
24	姜哲一	1803	영변	동방	식년시	승문원 교검(6)[헌종 11년 12월 27일], 사헌부 장령(4)[철종 7년 12월 27일], 한성부 우윤(종2 당상)[고종 19년 3월 11일], 한성부 좌윤(종2 당상)[19년 3월 11일]	당상
25	羅時鏞	1814	용강	헌종 7년 (1841)	정시	예조정랑(5)[헌종 11년 4월 25일], 성균관 직강(5)[철종 10년 12월 24일], 성균관 사예(4)[11년 5월 15일], 사헌부 장령(4)[고종 1년 12월 15일]	당하
26	金棱	1813	안주	헌종 9년 (1843)	식년시	사헌부 장령(4)[철종 10년 12월 24일], 예조정랑(5)[고종 2년 1월 27일]	당하
27	玄基濬	1811	영변	동방	식년시	성균관 전적(6)[헌종 13년 6월 24일], 사헌부 장령(4)[철종 5년 6월 25일], 사헌부 장령(4)[고종 1년 1월 18일]	당하
28	金觀孝	1817	숙천	동방	식년시	성균관 전적(6)[헌종 12년 7월 11일], 사헌부 장령(4)[철종 즉위년 12월 26일], 교서관 판교(정3 당하)[고종 3년 12월 17일], 병조참지(정3 당상)[6년 11월 9일], 병조참의(정3 당상)[7년 1월 10일]	당상
29	金大鉉	1815	의주	동방	식년시	성균관 전적(6)[헌종 15년 3월 11일], 공조정랑(5)[철종 즉위년 7월 25일], 사헌부 장령(4)[3년 6월 27일], 승문원 판교(정3 당하)[고종 23년 11월 15일], 병조참지(정3 당상)[26년 3월 17일]	당상
30	承鎭泰	1804	정주	동방	식년시 (직부)	성균관 직강(5)[철종 8년 3월 14일], 사헌부 지평(5)[12년 6월 24일], 사간원 정언(6)[14년 12월 26일], 사헌부 지평(5)[고종 3년 8월 25일]	참상

연번	성명	생년	출신지	문과 급제 연도	시험 종류	주요 관력	최고 관품
31	鮮于溁	1821	평양	헌종 12년 (1846)	식년시	권지 승문원 부정자[헌종 12년 12월 22일], 사헌부 장령(4)[철종 11년 4월 13일], 성균관 사예(4)[13년 11월 7일], 통례원 좌통례(정3 당하)[14년 6월 17일], 승정원 승지(정3 당상)[고종 3년 7월 18일], 경연청 참찬관(정3 당상)[6년 3월 5일], 사간원 대사간(정3 당상)[7년 12월 24일]	당상
32	趙崇祖	1819	영변	동방	식년시	권지 승문원 부정자[헌종 12년 12월 22일], 성균관 전적(6)[15년 4월 26일], 사헌부 장령(4)[고종 2년 7월 2일]	당하
33	安念鎭	1827	안주	동방	식년시	권지 승문원 부정자[헌종 14년 9월 14일], 성균관 전적(6)[철종 7년 9월 18일], 사헌부 장령(4)[고종 3년 11월 10일], 공조참의(정3 당상)[6년 6월 7일], 승정원 승지(정3 당상)[8년 5월 28일]	당상
34	李尙燁	1820	정주	동방	식년시	권지 승문원 부정자[헌종 13년 7월 3일], 사간원 사간(-3)[고종 11년 7월 12일], 사헌부 집의(-3)[28년 2월 9일]	당하
35	趙廷祖	1809	정주	동방	식년시	교서관 교검(6)[철종 1년 12월 26일], 호조정랑(5)[9년 12월 20일], 사헌부 장령(4)[13년 7월 1일], 돈녕부 도정(정3 당상)[고종 19년 1월 29일]	당상
36	玄弼濟	1814	정주	헌종 10년 (1844)	증광시	권지 승문원 부정자[헌종 10년 6월 21일], 통례원 좌통례(정3 당하)[철종 7년 9월 5일], 성균관 사예(4)[고종 4년 1월 1일], 봉상시 정(정3 당하)[16년 2월 22일], 사헌부 집의(-3)[17년 7월 6일], 사간원 사간(-3)[18년 1월 14일], 병조참지(정3 당상)[20년 4월 23일], 병조참의(정3 당상)[20년 8월 3일]	당상
37	趙在衡	1805	의주	헌종 14년 (1848)	증광시	권지 승문원 부정자[헌종 14년 9월 5일], 성균관 사예(4)[철종 13년 1월 28일], 사헌부 장령(4)[13년 윤8월 19일], 통례원 우통례(정3 당하)[13년 10월 29일], 봉상시 정(정3 당하)[고종 1년 4월 20일], 병조정랑(5)[2년 6월 22일], 사간원 정언(6)[2년 10월 20일]	당하

연번	성명	생년	출신지	문과 급제 연도	시험 종류	주요 관력	최고 관품
38	金顯喆	1810	정주	헌종 15년 (1849)	식년시	권지 승문원 부정재철종 즉위년 11월 23일], 성균관 전적(6)[3년 6월 27일], 사헌부 장령(4)[10년 9월 28일], 봉상시 첨정(-4)[고종 1년 7월 9일], 돈녕부 도정(정3 당상)[19년 2월 28일]	당상
39	金鼎獻	1817	은산	동방	식년시	공조정랑(철종 5년 6월 25일], 예조정랑(5)[7년 9월 18일], 사헌부 장령(4)[14년 10월 2일], 사간원 정언(6)[고종 8년 10월 27일]	당하
40	尹致琮	1810	성천	동방	식년시	사헌부 지평(5)[철종 13년 1월 4일], 사간원 정언(6)[고종 1년 8월 27일], 돈녕부 도정(정3 당상)[19년 2월 28일]	당상
41	金瑛默	1826	정주	동방	식년시	병조정랑(5)[철종 8년 6월 26일], 사헌부 장령(4)[고종 9년 7월 12일], 사간원 사간(-3)[17년 6월 25일]	당하
42	任膺模	1784	강서	동방	식년시	승문원 교검(6)[철종 12년 6월 24일], 사헌부 지평(5)[고종 4년 12월 12일], 임학준(任鶴準)으로 개명[5년 8월 20일], 성균관 사예(4)[9년 11월 12일]	당하
43	李友燁	1826	정주	동방	식년시	성균관 전적(6)[철종 원년 9월 22일], 군자감 정(정3 당하)[고종 원년 8월 27일], 사간원 사간(-3)[5년 1월 4일], 사헌부 집의(-3)[15년 12월 26일]	당하
44	尹墩	1815	성천	동방	정시	성균관 전적(6)[철종 즉위년 7월 12일], 사헌부 장령(4)[11년 10월 1일], 사간원 정언(6)[고종 12년 3월 18일]	당하
45	金履奎	1814	중화	철종 1년 (1850)	증광시	성균관 전적(6)[철종 8년 6월 26일], 교서관 교검(6)[11년 6월 25일], 공조정랑(5)[고종 원년 3월 28일], 사헌부 지평(5)[2년 11월 15일], 오위장(정3 당상)[7년 6월 8일]	당상
46	安時協	1811	안주	철종 2년 (1851)	정시	성균관 직강(5)[철종 7년 12월 27일], 예조정랑(5)[고종 원년 5월 28일], 교서관 판교(정3 당하)[14년 9월 10일], 돈녕부 도정(정3 당상)[19년 1월 23일]	당상

연번	성명	생년	출신지	문과 급제 연도	시험 종류	주요 관력	최고 관품
47	金持懋	1818	정주	철종 3년 (1852)	식년시	권지 승문원 부정자[철종 3년 7월 22일], 병조정랑(5)[6년 12월 26일], 성균관 사예(4)[12년 2월 7일], 사헌부 집의(-3)[고종 8년 7월 30일], 사간원 사간(-3)[14년 4월 3일]	당하
48	金朋來	1813	영유	동방	식년시	사헌부 지평(5)[철종 11년 5월 15일], 성균관 사예(4)[고종 10년 1월 13일]	당하
49	金載轍	1814	은산	동방	식년시	성균관 직강(5)[철종 7년 12월 27일], 사헌부 장령(4)[고종 원년 6월 15일], 교서관 판교(정3 당하)[6년 6월 16일], 병조참지(정3 당상)[16년 11월 8일], 병조참의(정3 당상)[16년 11월 19일]	당상
50	趙光淳	1821	정주	동방	식년시	권지 승문원 부정자[철종 3년 7월 22일], 성균관 전적(6)[6년 4월 20일], 봉상시 정(정3 당하)[고종 원년 11월 12일], 사헌부 장령(4)[4년 4월 24일], 공조참의(정3 당상)[4년 11월 30일], 승정원 승지(정3 당상)[4년 12월 16일], 경연청 참찬관(정3 당상)[4년 12월 17일], 사간원 대사간(정3 당상)[8년 1월 26일]	당상
51	趙光眞	1825	정주	동방	식년시	성균관 전적(6)[철종 7년 12월 27일], 병조정랑(5)[7년 12월 27일], 호조정랑(5)[8년 6월 26일], 사헌부 장령(4)[고종 6년 2월 26일], 사간원 사간(-3)[22년 8월 6일]	당하
52	李喆南	1828	평양	동방	식년시	권지 승문원 부정자[철종 3년 7월 22일], 사헌부 장령(4)[11년 6월 25일], 사간원 정언(6)[고종 원년 5월 15일], 성균관 사예(4)[7년 1월 22일]	당하
53	黃起鴻	1825	평양	동방	식년시	권지 승문원 부정자[철종 3년 7월 22일], 사헌부 장령(4)[고종 4년 1월 17일], 성균관 전적(6)[7년 7월 6일], 사간원 사간(-3)[29년 5월 4일]	당하
54	尹致翼	1807	성천	동방	식년시	권지 승문원 부정자[철종 4년 10월 28일], 사간원 정언(6)[8년 11월 19일], 성균관 사예(4)[14년 6월 1일], 군자감 정(정3 당하)[고종 1년 6월 21일]	당하

연번	성명	생년	출신지	문과 급제 연도	시험 종류	주요 관력	최고 관품
55	金壽偘	1813	가산	철종 4년 (1853)	정시	권지 승문원 부정자[철종 4년 10월 28일], 성균관 전적(6)[6년 6월 25일], 사헌부 장령(4)[12년 10월 29일], 통례원 우통례(정3 당하)[13년 9월 19일], 사헌부 장령(4)[고종 1년 1월 18일]	당하
56	安敎喜	1824	벽동	철종 5년 (1854)	정시	사헌부 지평(5)[철종 11년 7월 25일], 사간원 정언(6)[고종 7년 4월 23일], 성균관 사예(4)[8년 11월 28일]	당하
57	金壽仁	1821	가산	철종 6년 (1855)	식년시	권지 승문원 부정자[철종 6년 6월 5일], 성균관 전적(6)[7년 12월 27일], 사헌부 장령(4)[고종 11년 2월 5일]	당하
58	趙光濟	1817	정주	동방	식년시	권지 승문원 부정자[철종 6년 6월 5일], 사헌부 장령(4)[고종 1년 5월 11일], 사간원 정언(6)[5년 7월 26일]	당하
59	朴益陽	1828	박천	동방	식년시	사간원 정언(6)[고종 1년 12월 25일], 사헌부 장령(4)[6년 4월 4일]	당하
60	安允錠	1807	안주	동방	식년시	승문원 교검(6)[철종 7년 7월 5일], 사헌부 장령(4)[고종 1년 6월 20일]	당하
61	金肯煥	1830	정주	동방	식년시	성균관 전적(6)[철종 11년 5월 15일], 예조정랑(5)[11년 6월 25일], 형조좌랑(6)[고종 2년 3월 8일]	참상
62	李秉鶴	1837	영변	동방	식년시	공조정랑(5)[고종 2년 12월 22일], 오위장(정3 당상)[3년 3월 2일]	당상
63	崔國鎭	1830	영변	동방	식년시	예조정랑(5)[철종 13년 8월 7일], 성균관 직강(5)[13년 윤8월 13일], 사간원 정언(6)[고종 1년 6월 7일], 사헌부 장령(4)[18년 4월 21일]	당하
64	洪憲述	1814	안주	동방	식년시	사헌부 장령(4)[고종 7년 7월 5일], 성균관 사예(4)[9년 2월 10일], 교서관 판교(정3 당하)[10년 1월 13일], 병조참지(정3 당상)[14년 6월 13일], 병조참의(정3 당상)[14년 7월 26일]	당상
65	吳仁泰	1834	안주	동방	식년시	사헌부 장령(4)[고종 7년 6월 21일], 사간원 정언(6)[9년 8월 22일], 봉상시정(정3 당하)[19년 8월 8일], 승문원 판교(정3 당하)[20년 6월 25일]	당하

연번	성명	생년	출신지	문과 급제 연도	시험 종류	주요 관력	최고 관품
66	金秉喆	1813	정주	동방	식년시	승문원 교검(6)[철종 9년 12월 20일], 성균관 사예(4)[고종 1년 6월 21일], 사간원 정언(6)[2년 4월 29일], 사헌부 장령(4)[7년 9월 24일], 돈녕부 도정 (정3 당상)[19년 2월 28일]	당상
67	宋宅薰	1837	정주	동방	식년시	사헌부 장령(4)[고종 3년 12월 20일], 교서관 판교(정3 당하)[8년 1월 26일], 병조참의(정3 당상)[18년 4월 15일], 병조참지(정3 당상)[18년 4월 15일]	당상
68	白鳳三	1830	태천	동방	식년시	승문원 교검(6)[고종 1년 1월 20일], 성균관 사예(4)[10년 2월 5일], 사헌부 장령(4)[10년 3월 6일], 사간원 정언 (6)[14년 2월 26일]	당하
69	李震璟	1828	곽산	동방	식년시	사간원 정언(6)[고종 1년 12월 25일]	참상
70	李賢初	1814	성천	철종 8년 (1857)	정시	성균관 전적(6)[철종 14년 2월 8일], 사헌부 지평(5)[14년 10월 15일], 사간 원 정언(6)[고종 16년 2월 12일]	참상
71	朱寅降	1816	삭주	동방	정시	권지 승문원 부정자[철종 8년 7월 16 일], 사간원 정언(6)[고종 원년 2월 5 일], 성균관 직강(5)[원년 7월 28일], 사헌부 지평(5)[2년 6월 10일]	참상
72	趙東植	1828	평양	철종 9년 (1858)	정시	성균관 전적(6)[철종 13년 1월 4일], 사헌부 장령(4)[고종 3년 12월 25일], 봉상시 정(정3 당하)[8년 3월 25일], 오위장(정3 당상)[9년 11월 7일]	당상
73	姜周用	1827	함종	동방	정시	권지 승문원 부정자[철종 10년 5월 17 일], 성균관 직강(5)[14년 7월 3일], 병 조정랑(5)[고종 2년 1월 8일], 사헌부 장령(4)[3년 11월 29일], 사간원 사간 (-3)[17년 1월 30일]	당하
74	李敏銖	1805	안주	동방	식년시	성균관 전적(6)[철종 10년 12월 24일], 사헌부 지평(5)[11년 1월 21일], 병조 참의(정3 당상)[고종 18년 7월 5일]	당상

연번	성명	생년	출신지	문과 급제 연도	시험 종류	주요 관력	최고 관품
75	金來顯	1810	개천	동방	식년시	권지 승문원 부정재[철종 10년 5월 17일], 사헌부 지평(5)[12년 4월 3일], 성균관 사예(4)[12년 8월 25일], 예조정랑(5)[고종 10년 1월 13일], 사간원 정언(6)[14년 4월 14일], 돈녕부 도정(정3 당상)[19년 1월 22일]	당상
76	金國顯	1821	개천	동방	식년시	성균관 전적(6)[철종 13년 12월 20일], 사헌부 장령(4)[고종 5년 12월 25일], 승문원 판교(정3 당하)[10년 2월 5일], 사간원 사간(-3)[17년 4월 6일]	당하
77	朴鍾善	1831	상원	동방	식년시	권지 승문원 부정재[철종 10년 5월 17일], 성균관 사예(4)[고종 2년 7월 28일], 승문원 판교(정3 당하)[10년 3월 6일], 사헌부 집의(-3)[19년 6월 4일], 사간원 사간(-3)[22년 10월 29일], 병조참의(정3 당상)[28년 10월 4일]	당상
78	羅錫熙	1817	안주	동방	식년시	성균관 전적(6)[고종 1년 12월 27일], 사간원 정언(6)[13년 9월 8일], 사헌부 지평(5)[16년 1월 25일]	참상
79	李冕柱	1832	정주	동방	식년시	병조정랑(5)[고종 6년 6월 30일], 성균관 사예(4)[7년 5월 9일], 사간원 사간(-3)[8년 9월 1일], 사헌부 집의(-3)[9년 7월 12일], 봉상시 정(정3 당하)[23년 6월 29일]	당하
80	金玉來	1822	영유	동방	식년시	권지 승문원 부정재[철종 10년 5월 17일], 성균관 전적(6)[10년 6월 25일], 사헌부 장령(4)[고종 4년 6월 25일], 봉상시 정(정3 당하)[13년 11월 27일], 사간원 사간(-3)[27년 12월 7일]	당하
81	趙光容	1821	정주	동방	식년시	권지 승문원 부정재[철종 10년 5월 17일], 성균관 전적(6)[고종 1년 6월 26일], 사간원 헌납(5)[28년 2월 7일], 사헌부 집의(-3)[29년 8월 2일]	당하
82	車膺泰	1830	숙천	동방	식년시	기로소 수직관(7)[고종 2년 10월 15일]	참하
83	李道南	1811	평양	철종 10년 (1859)	증광시	사헌부 지평(5)[철종 11년 7월 25일], 성균관 직강(5)[고종 2년 6월 22일]	참상

연번	성명	생년	출신지	문과 급제 연도	시험 종류	주요 관력	최고 관품
84	白仁行	1837	정주	동방	증광시	권지 승문원 부정자[철종 10년 5월 17일], 성균관 전적(6)[11년 6월 25일], 병조정랑(5)[고종 2년 10월 20일], 사간원 사간(-3)[8년 7월 1일], 사헌부 집의(-3)[22년 9월 2일]	당하
85	金瑝	1836	함종	철종 5년 (1854)	정시	성균관 전적(6)[철종 13년 7월 1일], 사헌부 장령(4)[고종 1년 12월 27일], 승문원 교검(6)[7년 1월 26일]	당하
86	崔奭奎	1832	숙천	철종 11년 (1860)	정시	사헌부 장령(4)[고종 3년 7월 15일], 병조정랑(5)[14년 8월 6일], 사헌부 장령(4)[23년 4월 29일]	당하
87	韓緻奎	1806	성천	철종 12년 (1861)	식년시	병조정랑(5)[고종 원년 7월 6일], 사헌부 장령(4)[2년 1월 18일], 성균관 전적(6)[2년 3월 3일], 사간원 정언(6)[8년 1월 26일], 병조참의(정3 당상)[9년 11월 15일]	당상
88	金泰煥	1831	정주	동방	식년시	사헌부 지평(5)[고종 7년 12월 24일], 성균관 사예(4)[9년 1월 29일], 승문원 판교(정3 당하)[10년 2월 19일], 사간원 정언(6)[16년 2월 12일]	당하
89	白義行	1841	정주	동방	식년시	병조정랑(5)[고종 10년 3월 6일], 사간원 사간(-3)[17년 4월 26일], 군자감 정(정3 당하)[17년 5월 12일], 사헌부 집의(-3)[17년 7월 29일], 통례원 우통례(정3 당하)[24년 11월 8일], 성균관 사예(4)[28년 8월 4일], 서경 풍경궁 태극전 별검[39년 8월 10일], 홍문관 시독[40년 10월 7일]	당하
90	盧鎭燮	1827	정주	동방	식년시	성균관 전적(6)[고종 원년 11월 14일], 공조정랑(5)[3년 2월 18일], 사헌부 장령(4)[9년 7월 21일]	당하
91	金斗洽	1834	가산	동방	식년시	사헌부 지평(5)[고종 19년 9월 2일]	참상
92	尹正洙	1841	성천	동방	식년시	권지 승문원 부정자[철종 12년 7월 22일], 성균관 전적(6)[고종 1년 11월 26일], 사헌부 감찰(6)[10년 1월 13일]	참상

연번	성명	생년	출신지	문과 급제 연도	시험 종류	주요 관력	최고 관품
93	李昌煥	1836	평양	동방	식년시	권지 승문원 부정자 [철종 12년 7월 22일], 성균관 전적(6)[고종 7년 1월 30일], 사헌부 장령(4)[28년 8월 14일]	당하
94	金鼎燮	1826	가산	동방	식년시	성균관 전적(6)[고종 5년 12월 24일], 호조정랑(5)[6년 5월 2일], 사간원 사간(-3)[27년 10월 28일], 사헌부 집의(-3)[28년 2월 7일]	당하
95	鮮于昇	1823	정주	동방	식년시	권지 승문원 부정재[철종 12년 7월 22일], 호조정랑(5)[고종 1년 12월 27일], 성균관 전적(6)[6년 6월 24일], 사헌부 감찰(6)[9년 1월 15일], 사간원 정언(6)[18년 5월 19일]	참상
96	韓龍珪	1829	정주	동방	식년시	사헌부 장령(4)[고종 5년 7월 20일], 승문원 교검(6)[7년 1월 30일], 병조정랑(5)[8년 9월 18일], 성균관 사예(4)[15년 6월 16일], 교서관 판교(정3 당하)[21년 12월 22일]	당하
97	金鎭模	1828	영변	동방	식년시	성균관 직강(5)[고종 원년 6월 21일], 사헌부 지평(5)[6년 12월 21일], 사간원 정언(6)[9년 3월 13일]	참상
98	尹斗爀	1832	중화	동방	식년시	사헌부 장령(4)[고종 31년 3월 12일]	당하
99	張錫默	1833	귀성	동방	식년시	성균관 전적(6)[고종 4년 6월 27일], 승문원 교검(6)[6년 7월 5일], 사헌부 지평(5)[8년 1월 13일]	참상
100	安翊豊	1830	안주	동방	식년시	성균관 직강(5)[고종 7년 3월 13일], 호조정랑(5)[8년 7월 1일], 사헌부 장령(4)[17년 8월 26일], 사간원 헌납(5)[18년 윤7월 19일]	당하
101	車世杰	1807	숙천	철종 13년 (1862)	정시	성균관 전적(6)[고종 2년 10월 5일], 승문원 판교(정3 당하)[4년 1월 24일], 병조참지(정3 당상)[7년 6월 15일]	당상
102	曺承鐸	1825	평양	동방	정시	성균관 전적(6)[고종 원년 12월 27일], 사간원 정언(6)[2년 8월 20일]	참상
103	金秉鍵	1824	평양	철종 14년 (1863)	정시	예조정랑(5)[고종 6년 1월 3일], 사간원 정언(6)[8년 5월 28일], 병조정랑(5)[8년 7월 1일]	참상

연번	성명	생년	출신지	문과 급제 연도	시험 종류	주요 관력	최고 관품
104	洪義燮	1816	삭주	고종 1년 (1864)	정시	사간원 정언(6)[고종 8년 5월 28일], 성균관 사예(4)[12년 1월 28일], 사헌 부 장령(4)[17년 1월 16일]	당하
105	尹基周	1845	중화	동방	정시	성균관 전적(6)[고종 7년 1월 3일], 사 헌부 지평(5)[8년 8월 16일], 홍문관 전한(-3)[8년 10월 27일], 내장사 주사 [33년 3월 10일], 홍문관 시독[40년 6 월 6일]	당하
106	韓致益	1794	상원	동방	증광시	돈녕부 도정(정3 당상)[고종 1년 10월 25일], 한성부 판윤(2)[10년 1월 15일]	당상
107	金善柱	1833	강서	동방	증광시	성균관 전적(6)[고종 3년 2월 13일], 사간원 정언(6)[3년 2월 18일], 사헌부 장령(4)[3년 4월 16일], 공조참의(정3 당상)[7년 4월 3일], 승정원 승지(정3 당상)[8년 6월 7일]	당상
108	韓圭觀	1825	정주	고종 2년 (1865)	식년시	성균관 전적(6)[고종 5년 7월 8일], 사 헌부 지평(5)[5년 12월 16일], 사간원 정언(6)[20년 11월 17일]	참상
109	石宗珍	1820	숙천	동방	식년시	성균관 전적(6)[고종 6년 6월 23일], 예조정랑(5)[8년 9월 1일], 사헌부 장 령(4)[17년 12월 29일]	당하
110	金敬義	1826	곽산	동방	식년시	성균관 전적(6)[고종 6년 6월 24일], 사헌부 지평(5)[7년 3월 4일]	참상
111	白時範	1827	정주	동방	식년시	성균관 학정(8)[고종 4년 7월 15일], 사헌부 지평(5)[18년 5월 19일], 사간 원 정언(6)[19년 11월 29일]	참상
112	趙愿祖	1841	정주	동방	식년시	권지 승문원 부정자[고종 2년 7월 19 일], 성균관 사예(4)[19년 3월 16일], 사헌부 장령(4)[30년 5월 8일]	당하
113	金柱鶴	1843	태천	동방	식년시	가주서[고종 5년 1월 22일]	기타
114	金顯默	1825	정주	동방	식년시	권지 승문원 부정자[고종 2년 7월 19 일], 성균관 전적(6)[7년 12월 24일], 호조정랑(5)[10년 1월 13일], 사헌부 장령(4)[13년 7월 16일], 사간원 정언 (6)[27년 12월 7일]	당하

연번	성명	생년	출신지	문과 급제 연도	시험 종류	주요 관력	최고 관품
115	金英烈	1823	평양	동방	식년시	권지 승문원 부정자[고종 2년 7월 19일], 성균관 전적(6)[9년 10월 21일], 병조좌랑(6)[10년 1월 13일], 예조정랑(5)[11년 12월 17일]	참상
116	金秉翼	1830	숙천	동방	식년시	성균관 전적(6)[고종 18년 2월 6일], 사헌부 지평(5)[19년 1월 22일]	참상
117	方孝隣	1843	정주	동방	식년시	성균관 전적(6)[고종 4년 6월 27일], 사헌부 지평(5)[9년 1월 15일], 사간원 정언(6)[9년 7월 12일], 교서관 판교(정3 당하)[19년 8월 8일]	당하
118	金祉泰	1829	박천	동방	식년시	성균관 학유(-9)[고종 4년 2월 2일], 봉상시 부봉사(-8)[4년 2월 10일]	참하
119	任憲奎	1816	숙천	동방	식년시	임헌호(任憲鎬)로 개명[고종 5년 6월 12일], 성균관 사예(4)[6년 6월 24일], 승문원 교검(6)[7년 7월 10일], 사헌부 장령(4)[15년 2월 28일], 통례원 좌통례(정3 당하)[17년 7월 29일], 사간원 헌납(5)[17년 9월 9일]	당하
120	崔鳳命	1793	평양	고종 3년 (1866)	평안도 도과 (壯元)	사헌부 장령(4)[고종 5년 7월 20일], 사간원 정언(6)[6년 5월 2일], 성균관 전적(6)[7년 8월 20일]	당하
121	崔應珏	1846	강서	동방	평안도 도과	성균관 전적(6)[고종 7년 7월 10일], 예조정랑(5)[9년 7월 21일], 형조정랑(5)[12년 2월 20일], 사헌부 장령(4)[21년 6월 30일]	당하
122	崔德明	1834	의주	동방	평안도 도과	성균관 전적(6)[고종 11년 3월 3일], 사헌부 집의(-3)[17년 4월 26일], 사간원 사간(-3)[17년 6월 16일], 병조참의(정3 당상)[22년 4월 7일]	당상
123	明夏律	1824	영변	동방	평안도 도과	성균관 전적(6)[고종 12년 2월 20일], 사헌부 장령(4)[17년 1월 10일]	당하
124	朴鳳軫	1838	삭주	동방	평안도 도과	성균관 전적(6)[고종 8년 7월 1일], 공조정랑(5)[9년 7월 21일], 사헌부 장령(4)[22년 7월 7일], 승문원 판교(정3 당하)[26년 11월 9일]	당하

연번	성명	생년	출신지	문과 급제 연도	시험 종류	주요 관력	최고 관품
125	李熙圭	1848	정주	고종 4년 (1867)	식년시	성균관 전적(6)[고종 6년 12월 21일], 예조정랑(5)[7년 4월 23일], 호조정랑(5)[11년 7월 12일], 사헌부 지평(5)[14년 6월 20일]	참상
126	康炳迪	1841	영변	동방	식년시	성균관 전적(6)[고종 8년 7월 1일], 사헌부 장령(4)[12년 7월 24일], 승문원 판교(정3 당하)[16년 10월 29일], 병조참의(정3 당상)[19년 3월 5일]	당상
127	金眜	1824	영변	동방	식년시	성균관 전적(6)[고종 7년 12월 24일], 사헌부 지평(5)[13년 12월 20일], 사간원 정언(6)[15년 12월 15일]	참상
128	白時洽	미상	정주	동방	식년시	성균관 전적(6)[고종 7년 12월 24일], 예조정랑(5)[16년 10월 29일], 사헌부 장령(4)[22년 3월 23일], 병조정랑(5)[22년 7월 7일], 교서관 판교(정3 당하)[25년 9월 17일], 사간원 헌납(5)[27년 11월 9일], 병조참의(정3 당상)[28년 3월 21일], 병조참지(정3 당상)[28년 3월 21일]	당상
129	洪基泰	1821	정주	동방	식년시	권지 승문원 부정자[고종 7년 1월 25일], 성균관 전적(6)[8년 4월 24일], 사헌부 지평(5)[22년 5월 12일]	참상
130	尹相殷	1867	가산	동방	식년시	사간원 정언(6)[고종 12년 12월 18일], 충장위 장(정3 당상)[13년 12월 20일], 사헌부 지평(5)[17년 1월 8일], 기사장(정3 당상)[17년 1월 27일]	당상
131	李泰元	1834	태천	동방	식년시	이명원(李明源)으로 개명[고종 13년 10월 20일], 사헌부 장령(4)[20년 12월 29일], 승문원 판교(정3 당하)[21년 7월 6일], 성균관 사예(4)[28년 11월 19일], 봉상시 첨정(-4)[29년 9월 22일]	당하
132	朴齊用	1810	박천	동방	식년시	성균관 전적(6)[고종 5년 7월 7일], 사헌부 지평(5)[9년 7월 21일], 돈녕부 도정(정3 당상)[19년 1월 23일]	당상
133	吳致恒	1827	숙천	동방	식년시	예조정랑(5)[고종 15년 12월 28일], 사헌부 장령(4)[19년 3월 16일]	당하

연번	성명	생년	출신지	문과 급제 연도	시험 종류	주요 관력	최고 관품
134	金學濟	1833	정주	동방	식년시	성균관 전적(6)[고종 8년 2월 14일], 오위장(정3 당상)[29년 1월 27일]	당상
135	林俊養	미상	정주	동방	식년시	사헌부 장령(4)[고종 5년 12월 20일], 성균관 직강(5)[14년 4월 11일], 한성부 우윤(종2 당상)[27년 10월 14일]	당상
136	李徽圭	1831	정주	동방	식년시	성균관 전적(6)[고종 6년 12월 21일], 예조정랑(5)[7년 4월 23일], 호조정랑(5)[11년 7월 12일], 사헌부 지평(5)[14년 6월 20일]	참상
137	許綸	1840	귀성	동방	식년시	성균관 전적(6)[고종 13년 1월 30일], 사헌부 장령(4)[28년 9월 13일]	당하
138	宋淇	1828	안주	동방	정시	성균관 학록(9)[고종 6년 12월 11일]	참하
139	車有聲	1845	영변	고종 5년 (1868)	정시	성균관 전적(6)[고종 12년 7월 24일], 사헌부 장령(4)[17년 7월 29일], 사간원 정언(6)[24년 11월 25일], 승문원 교검(6)[29년 5월 2일]	당하
140	金學璘	1805	순안	동방	정시	성균관 전적(6)[고종 5년 12월 22일]	참상
141	吳宅禹	1826	강서	동방	정시	성균관 전적(6)[고종 10년 7월 19일], 공조정랑(5)[12년 1월 21일], 사헌부 지평(5)[13년 12월 20일]	참상
142	韓暎濟	1839	박천	고종 6년 (1869)	정시	권지 성균관 학유[고종 6년 5월 29일]	기타
143	崔憙龍	1844	영변	동방	정시	성균관 전적(6)[고종 13년 12월 20일], 사간원 사간(-3)[27년 1월 2일]	당하
144	盧德純	1839	정주	동방	정시	권지 승문원 부정자[고종 6년 5월 29일], 성균관 전적(6)[9년 1월 15일], 사헌부 장령(4)[13년 1월 3일], 사간원 정언(6)[31년 9월 27일]	당하
145	金承勳	1834	삼화	동방	정시	성균관 전적[고종 10년 7월 19일]	참상
146	朴鍾瀅	1839	영변	동방	정시	성균관 전적(6)[고종 14년 6월 20일], 사헌부 지평(5)[28년 2월 7일]	참상
147	金在鼎	1831	평양	동방	정시	병조정랑(5)[고종 13년 12월 20일], 성균관 직강(5)[22년 7월 19일], 사헌부 장령(4)[23년 2월 26일], 사간원 헌납(5)[23년 3월 24일], 장락원 정(정3 당하)[23년 5월 17일]	당하

연번	성명	생년	출신지	문과 급제 연도	시험 종류	주요 관력	최고 관품
148	吳鎭寬	1824	평양	동방	정시	성균관 전적(6)[고종 10년 1월 13일]	참상
149	崔義漸	1842	용강	동방	정시	성균관 전적(6)[고종 12년 7월 24일], 사간원 정언(6)[28년 2월 7일]	참상
150	金大胤	1854	순안	동방	정시	성균관 전적(6)[고종 18년 9월 26일], 사간원 정언(6)[28년 4월 23일]	참상
151	白樂興	1842	태천	고종 7년 (1870)	정시	성균관 전적(6)[고종 13년 7월 16일], 사헌부 장령(4)[22년 7월 4일]	당하
152	金昌甫	1854	가산	동방	식년시	병조참의(정3 당상)[고종 7년 5월 13일]	당상
153	趙重麟	1820	의주	동방	식년시	성균관 전적(6)[고종 7년 7월 10일], 사헌부 장령(4)[12년 5월 23일]	당하
154	崔處心	1815	정주	동방	식년시	성균관 전적(6)[고종 17년 2월 23일], 사헌부 장령(4)[17년 4월 25일]	당하
155	元寅恒	1820	귀성	동방	식년시	성균관 전적(6)[고종 7년 8월 2일], 사헌부 지평(5)[8년 9월 13일], 원병규(元秉圭)로 개명[고종 9년 6월 3일], 사간원 정언(5)[11년 7월 9일]	참상
156	尹規	1827	성천	동방	식년시	성균관 전적(6)[고종 10년 12월 27일], 윤진(尹瑱)으로 개명[12년 10월 22일], 사헌부 지평(5)[15년 6월 30일]	참상
157	金德濟	1831	정주	동방	식년시	권지 승문원 부정자[고종 7년 6월 12일], 성균관 전적(6)[10년 12월 27일], 사헌부 지평(5)[10년 12월 27일], 사간원 정언(6)[15년 9월 14일]	참상
158	白奎燮	1838	태천	동방	식년시	성균관 사예(4)[고종 19년 8월 19일], 사간원 사간(-3)[23년 5월 4일], 사헌부 집의(-3)[28년 5월 1일]	당하
159	李昇燁	1837	태천	동방	식년시	성균관 전적(6)[고종 13년 7월 16일], 사헌부 지평(5)[28년 2월 7일]	참상
160	申在鱗	1799	영변	동방	식년시	병조참지(정3 당상)[고종 7년 5월 15일], 공조참판(종2 당상)[17년 8월 26일]	당상
161	李基肇	1841	영변	동방	식년시	권지 승문원 부정자[고종 7년 6월 12일], 사헌부 지평(5)[16년 6월 25일], 병조정랑(5)[17년 7월 29일], 성균관 사예(4)[18년 2월 5일], 사간원 사간(-3)[20년 9월 21일], 홍문관 교리(5)[21년 10월 4일]	당하

연번	성명	생년	출신지	문과 급제 연도	시험 종류	주요 관력	최고 관품
162	洪羲濟	1850	정주	동방	식년시	성균관 학유(-9)[고종 11년 11월 27일]	참하
163	韓炳洙	1847	성천	동방	식년시	성균관 전적(6)[고종 13년 7월 16일], 예조정랑(5)[17년 8월 26일], 사간원 사간(-3)[19년 3월 16일], 사헌부 집의 (-3) [29년 1월 2일]	당하
164	白璿行	1847	정주	동방	식년시	교서관 정자(9)[고종 8년 3월 16일], 교서관 저작(8)[9년 11월 7일]	참하
165	趙圭錫	1846	정주	동방	식년시	성균관 전적(6)[고종 14년 6월 20일], 병조정랑(5)[15년 3월 9일], 사헌부 지평(5)[27년 11월 5일], 사간원 정언 (6)[29년 5월 10일]	참상
166	盧德龍	1844	정주	동방	식년시	성균관 전적(6)[고종 12년 7월 24일], 사헌부 지평(5)[20년 9월 21일], 승문 원 교검(6)[23년 5월 10일]	참상
167	朴文彬	1848	정주	동방	식년시	성균관 전적(6)[고종 17년 4월 26일], 사헌부 지평(5)[17년 8월 26일], 예조 정랑(5)[17년 9월 19일], 사헌부 장령 (4)[29년 1월 12일]	당하
168	白永濟	1847	정주	동방	식년시	성균관 전적(6)[고종 17년 4월 26일], 사헌부 지평(5)[18년 5월 7일]	참상
169	朴應龍	1850	정주	동방	식년시	교서관 저작(8)[고종 8년 7월 27일]	참하
170	沈觀燮	1843	중화	동방	식년시	성균관 사예(4)[고종 23년 6월 27일], 사간원 헌납(5)[29년 3월 29일], 사헌 부 집의(-3)[29년 8월 21일]	당하
171	尹善柱	1840	가산	고종 8년 (1871)	정시	성균관 전적(6)[고종 12년 7월 24일], 예조정랑(5)[14년 7월 16일], 승문원 교검(6)[20년 7월 14일], 사헌부 지평 (5)[22년 6월 11일]	참상
172	崔鼎獻	1847	평양	동방	정시	승문원 교검(6)[고종 14년 12월 20일], 형조정랑(5)[18년 6월 27일], 호조정랑 (5)[19년 3월 16일], 사간원 정언(6)[23 년 12월 26일], 사헌부 장령(4)[31년 2 월 4일]	당하

연번	성명	생년	출신지	문과 급제 연도	시험 종류	주요 관력	최고 관품
173	金命采	1844	평양	고종 9년 (1872)	정시	성균관 전적(6)[고종 14년 6월 20일], 예조정랑(5)[15년 6월 30일], 사헌부 지평(5)[19년 3월 16일], 병조정랑(5)[19년 9월 1일], 통례원 우통례(정3 당하)[27년 6월 29일]	당하
174	田應龍	1824	평양	동방	정시		기타
175	白是玄	1816	태천	고종 10년 (1873)	식년시	성균관 전적(6)[고종 17년 4월 25일], 사헌부 장령(4)[28년 2월 1일]	당하
176	安念信	1842	안주	동방	식년시	성균관 전적(6)[고종 15년 6월 30일], 사헌부 장령(4)[17년 4월 30일]	당하
177	文俊永	1813	정주	동방	식년시	권지 승문원 부정자[고종 10년 8월 10일], 성균관 전적(6)[10년 9월 1일], 사헌부 지평(5)[11년 11월 27일], 병조참의(정3 당상)[19년 3월 16일]	당상
178	金永濟	1848	정주	동방	식년시	성균관 전적[고종 13년 1월 30일], 사헌부 장령(4)[17년 4월 30일], 승문원 교리(-5)[28년 8월 9일], 예조정랑(5) [29년 7월 30일]	당하
179	白聚奎	1841	운산	동방	식년시	성균관 전적(6)[고종 12년 7월 24일], 사헌부 장령(4)[28년 9월 23일]	당하
180	洪鍾譏	1830	정주	동방	식년시		기타
181	金性默	1837	정주	동방	식년시	성균관 전적(6)[고종 14년 12월 20일], 사헌부 지평(5)[17년 12월 16일]	참상
182	金昌一	1822	정주	동방	식년시	권지 승문원 부정자[고종 10년 8월 10일], 사간원 정언(6)[11년 12월 18일], 성균관 전적(6)[고종 12년 7월 24일], 승문원 교검(6)[13년 1월 30일], 사헌부 장령(4)[28년 2월 9일]	당하
183	金泰龍	1852	태천	동방	식년시	성균관 전적(6)[고종 18년 윤7월 13일], 사헌부 지평(5)[26년 9월 7일]	참상
184	鮮于鑑	1830	태천	동방	식년시	사헌부 지평(5)[고종 13년 10월 30일], 성균관 전적(6)[17년 10월 9일]	참상
185	李達賢	1845	순안	동방	식년시	승문원 교검(6)[고종 19년 9월 14일], 사간원 정언(6)[27년 6월 11일]	참상

연번	성명	생년	출신지	문과 급제 연도	시험 종류	주요 관력	최고 관품
186	車驥衡	1850	영변	동방	식년시	성균관 전적(6)[고종 18년 7월 29일], 사헌부 장령(4)[30년 7월 28일]	당하
187	李晦洙	1840	개천	동방	식년시	성균관 전적[고종 12년 1월 28일], 사헌부 지평(5)[12년 7월 24일]	참상
188	林相僖	1836	정주	동방	식년시	성균관 전적(6)[고종 13년 1월 30일], 사헌부 장령(4)[13년 8월 14일], 예조 정랑(5)[14년 6월 20일], 승문원 판교 (정3 당하)[20년 1월 27일]	당하
189	金昌夏	1853	정주	동방	식년시	성균관 전적(6)[고종 14년 12월 20일], 사헌부 장령(4)[29년 5월 4일]	당하
190	白周範	1830	태천	동방	식년시		기타
191	李臣燁	1837	정주	동방	식년시	사간원 사간(-3)[고종 13년 2월 11일], 사헌부 장령(4)[22년 7월 7일]	당하
192	韓用崙	1848	평양	동방	정시	권지 승문원 부정자[고종 11년 7월 19일], 성균관 전적(6)[17년 2월 17일], 공조정랑(5)[17년 7월 29일], 사헌부 지평(5)[28년 1월 28일]	참상
193	金商翼	1840	태천	고종 11년 (1874)	증광시	성균관 전적(6)[고종 18년 7월 12일], 사헌부 지평(5)[19년 6월 4일], 충익위 장(정3 당상)[26년 1월 23일]	당상
194	玄載辰	1838	정주	동방	증광시	권지 승문원 부정자[고종 11년 7월 19일], 성균관 전적(6)[20년 1월 27일], 사헌부 장령(4)[21년 6월 30일], 승문 원 교검(6)[26년 3월 30일]	당하
195	李斗陽	1844	평양	동방	정시	권지 승문원 부정자[고종 12년 8월 29일], 성균관 전적(6)[21년 7월 17일], 사헌부 지평(5)[23년 3월 24일]	참상
196	李蒙濟	1838	강서	동방	정시	성균관 전적(6)[고종 17년 3월 20일], 사헌부 지평(5)[18년 윤7월 23일], 사 간원 정언(6)[28년 2월 9일]	참상
197	康鴻擧	1855	태천	고종 12년 (1875)	별시	승문원 교검(6)[고종 15년 6월 30일], 성균관 직강(5)[18년 10월 12일], 예조 정랑(5)[20년 4월 23일]	참상
198	韓秉濟	1832	박천	동방	별시	권지 승문원 부정자[고종 12년 8월 29일], 성균관 전적(6)[17년 7월 29일], 사헌부 지평(5)[17년 10월 9일]	참상

연번	성명	생년	출신지	문과 급제 연도	시험 종류	주요 관력	최고 관품
199	金世鎭	1838	평양	고종 13년 (1876)	정시	성균관 전적(6)[고종 13년 3월 7일], 사간원 정언(6)[18년 8월 23일], 사헌부 장령(4)[28년 8월 28일]	당하
200	趙光祐	1849	정주	동방	식년시	권지 승문원 부정자[고종 13년 윤5월 3일], 예조정랑(5)[17년 12월 29일], 승문원 교검(6)[20년 3월 25일], 성균관 직강(5)[22년 5월 26일], 사헌부 장령(4)[29년 4월 29일], 병조정랑(5)[29년 9월 20일]	당하
201	李公爛	1856	정주	동방	식년시	권지 승문원 부정자[고종 13년 윤5월 3일], 성균관 전적(6)[19년 3월 16일], 사헌부 지평(5)[19년 9월 7일]	참상
202	趙光游	1847	정주	동방	식년시	권지 승문원 부정자[고종 13년 윤5월 3일], 성균관 전적(6)[18년 3월 1일], 사간원 정언(6)[28년 4월 20일], 사헌부 지평(5)[31년 1월 2일]	참상
203	白時淳	1856	정주	동방	식년시	성균관 전적(6)[고종 21년 2월 29일], 공조정랑(5)[26년 8월 14일], 사헌부 지평(5)[29년 7월 30일]	참상
204	徐相泰	1825	박천	동방	식년시	성균관 전적(6)[고종 17년 1월 30일], 사헌부 장령(4)[18년 5월 2일], 성균관 직강(5)[18년 5월 7일], 공조정랑(5)[30년 8월 17일], 승문원 교검(6)[30년 10월 4일]	당하
205	白珍燮	1848	태천	동방	식년시	성균관 학정(8)[고종 16년 윤3월 23일]	참하
206	承履祥	1851	정주	동방	식년시	승문원 부정자(-9)[고종 16년 7월 20일], 사헌부 지평(5)[21년 6월 30일]	참상
207	尹永昶	1817	정주	동방	식년시	권지 승문원 부정자[고종 13년 윤5월 3일], 성균관 전적(14년 12월 20일], 사헌부 지평(5)[15년 2월 28일]	참상
208	金信圭	1844	평양	동방	식년시	권지 승문원 부정자[고종 13년 윤5월 3일], 성균관 전적(6)[15년 12월 28일]	참상
209	康錫濟	1832	귀성	동방	식년시	병조좌랑(6)[고종 16년 4월 7일], 사헌부 장령(4)[16년 6월 25일], 성균관 직강(5)[17년 1월 30일], 공조정랑(5)[31년 1월 28일]	당하

연번	성명	생년	출신지	문과 급제 연도	시험 종류	주요 관력	최고 관품
210	尹國柱	1851	가산	동방	식년시	권지 승문원 부정자[고종 13년 윤5월 3일], 성균관 전적(6)[16년 6월 25일], 병조정랑(5)[16년 12월 4일], 사헌부 지평(5)[17년 5월 3일], 돈녕부 도정(정3 당상)[25년 5월 15일]	당상
211	鄭道淳	1850	정주	동방	식년시	권지 승문원 부정자[고종 13년 윤5월 3일], 병조좌랑(6)[25년 4월 10일], 승문원 교검(6)[25년 9월 14일], 예조정랑(5)[26년 6월 22일], 사헌부 지평(5)[26년 7월 21일], 사간원 정언(6)[26년 11월 27일], 성균관 직강(5)[29년 7월 2일]	참상
212	梁禹濬	1820	영변	동방	식년시	권지 승문원 부정자[고종 13년 윤5월 3일], 승문원 교검(6)[16년 1월 14일], 병조좌랑(6)[17년 7월 29일], 사헌부 지평(5)[20년 6월 22일], 사간원 정언(6)[28년 11월 19일]	참상
213	金起瑞	1850	정주	동방	식년시	권지 승문원 부정자[고종 13년 윤5월 3일], 성균관 전적(6)[27년 윤2월 9일], 사헌부 지평(5)[28년 2월 1일]	참상
214	朴秉協	1860	정주	고종 14년 (정축, 1877)	정시	권지 승문원 부정자[고종 14년 8월 15일], 성균관 전적(6)[21년 7월 15일], 사간원 정언(6)[22년 8월 6일], 사헌부 장령(4)[27년 1월 29일]	당하
215	黃一龍	1848	강동	고종 15년 (1878)	정시	성균관 전적(6)[고종 23년 7월 29일], 사헌부 지평(5)[26년 5월 13일]	참상
216	申啓海	1859	숙천	동방	정시	권지 교서관 부정자[고종 15년 10월 5일]	기타
217	尹昌洙	1826	성천	동방	정시	권지 승문원 부정자[고종 16년 11월 19일], 성균관 전적(6)[18년 9월 26일], 사헌부 지평(5)[19년 9월 1일], 사헌부 장령(4)[28년 4월 9일]	당하
218	林顯周	1852	안주	고종 16년 (1879)	정시	성균관 전적(6)[고종 22년 7월 19일], 사간원 정언(6)[27년 11월 5일]	참상
219	金之文	1864	숙천	동방	식년시	권지 승문원 부정자[고종 16년 11월 19일], 성균관 전적(6)[18년 8월 19일], 돈녕부 도정(정3 당상)[19년 1월 23일]	당상

연번	성명	생년	출신지	문과 급제 연도	시험 종류	주요 관력	최고 관품
220	金烱翼	1844	영유	동방	식년시	권지 승문원 부정자[고종 16년 11월 19일], 성균관 전적(6)[27년 윤2월 12일], 사헌부 지평(5)[27년 10월 7일], 승문원 교검(6)[27년 11월 11일], 병조좌랑(6)[28년 1월 3일], 예조정랑(5)[29년 2월 20일]	참상
221	金鎭衡	1854	정주	동방	식년시	권지 승문원 부정자[고종 16년 11월 19일], 성균관 전적(6)[25년 4월 22일], 호조정랑(5)[26년 7월 29일], 사헌부 지평(5)[28년 7월 29일], 사간원 정언(6)[28년 9월 9일]	참상
222	車斗鎭	1860	정주	동방	식년시	성균관 전적(6)[고종 26년 1월 30일], 사헌부 지평(5)[26년 9월 7일]	참상
223	梁鳳濟	1851	박천	동방	식년시	권지 승문원 부정자[고종 16년 11월 19일], 성균관 전적(6)[22년 4월 30일], 사간원 정언(6)[23년 6월 29일], 사헌부 장령(4)[25년 7월 25일]	당하
224	白冕行	1844	정주	동방	식년시	권지 승문원 부정자[고종 16년 11월 19일], 의정부 사록(8)[『비변사등록』, 고종 20년 12월 30일]	참하
225	金東繡	1856	가산	동방	식년시	권지 승문원 부정자[고종 16년 11월 19일], 예조정랑(5)[20년 4월 23일], 사간원 정언(6)[27년 6월 22일]	참상
226	全錫九	1843	영변	동방	식년시	사헌부 지평(5)[고종 30년 5월 2일], 성균관 박사(7)[23년 1월 28일], 사간원 정언(6)[30년 5월 8일]	참상
227	金弘圭	1848	평양	동방	식년시	성균관 전적(6)[고종 19년 5월 23일], 사헌부 지평(5)[21년 윤5월 11일], 이조참판(종2 당상)[22년 7월 9일], 형조참판(종2 당상)[22년 8월 24일], 승정원 승지(정3 당상)[22년 12월 16일]	당상
228	趙尙學	1849	의주	동방	식년시	승문원 부정자(-9)[고종 18년 4월 10일], 성균관 전적(6)[19년 3월 16일], 홍문관 수찬(6)[19년 8월 3일], 사헌부 지평(5)[19년 8월 6일], 사간원 사간(-3)[23년 5월 9일]	당하

연번	성명	생년	출신지	문과 급제 연도	시험 종류	주요 관력	최고 관품
229	方夏鎭	1845	정주	동방	식년시	권지 승문원 부정자[고종 16년 11월 19일], 성균관 전적(6)[25년 3월 4일], 사헌부 지평(5)[26년 9월 2일]	참상
230	朴秉胥	1854	정주	동방	식년시	권지 승문원 부정자[고종 16년 11월 19일], 성균관 전적(6)[18년 9월 19일], 사간원 정언(6)[22년 3월 23일]	참상
231	金尙運	1857	태천	동방	식년시	권지 승문원 부정자[고종 16년 11월 19일], 성균관 전적(6)[19년 9월 14일], 돈녕부 도정(정3 당상)[23년 11월 9일], 사헌부 장령(4)[28년 3월 15일], 홍문관 부교리(-5)[28년 4월 21일], 사간원 정언(6)[28년 6월, 『대한제국관원이력서』5, p.150)	당상
232	朴來奎	1836	안주	동방	식년시	권지 승문원 부정자[고종 16년 11월 19일], 박석문(朴錫文)으로 개명[19년 2월 5일], 성균관 전적(6)[19년 3월 16일], 사간원 정언(6)[22년 11월 17일], 사헌부 장령(4)[23년 1월 30일]	당하
233	金鼎默	1844	정주	동방	식년시	성균관 전적(6)[고종 29년 8월 10일], 사헌부 지평(5)[30년 4월 27일]	참상
234	李翊濬	1847	성천	고종 17년 (1880)	증광시	성균관 학유(-9)[고종 18년 7월 12일], 봉상시 부봉사(-8)[19년 6월 4일]	참하
235	高鳳翰	1854	평양	동방	증광시	권지 승문원 부정자[고종 18년 3월 29일], 성균관 전적(6)[26년 1월 30일], 사헌부 지평(5)[26년 1월 30일]	참상
236	玉秉觀	1831	용강	동방	증광시	권지 승문원 부정자[고종 18년 3월 29일], 성균관 전적(6)[18년 8월 25일], 사헌부 장령(4)[23년 12월 29일]	당하
237	李禧懋	1855	중화	동방	증광시	이희룡(李禧龍)으로 개명[고종 17년 7월 29일], 성균관 전적(6)[19년 3월 16일], 병조정랑(5)[19년 8월 26일], 호조정랑(5)[20년 6월 25일]	참상
238	李紀鳳	1850	평양	고종 18년 (1881)	정시 (亞元)	이봉원(李鳳元)으로 개명[고종 23년 7월 22일], 성균관 전적(6)[28년 4월 13일]	참상
239	莊錫滉	1861	평양	고종 19년 (1882)	별시	장석홍(莊錫泓)으로 개명[고종 20년 2월 12일], 성균관 전적(6)[21년 6월 30일], 사헌부 지평(5)[21년 6월 30일]	참상

연번	성명	생년	출신지	문과 급제 연도	시험 종류	주요 관력	최고 관품
240	金聲謨	1854	평양	동방	증광시	승문원 부정자(-9)[고종 20년 10월 22일], 김진모(金鎭模)로 개명[22년 2월 2일]	참하
241	朴宗玗	1843	순안	동방	증광시	성균관 전적(6)[고종 23년 1월 30일], 사헌부 지평(5)[29년 3월 14일], 사간원 정언(6)[29년 8월 4일], 병조정랑(5)[30년 7월 4일]	참상
242	金基燮	1863	숙천	동방	증광시	권지 성균관 학유[고종 20년 2월 27일]	기타
243	李翊俊	1858	선천	동방	증광시	성균관 전적(6)[고종 24년 3월 29일], 사간원 정언(6)[25년 12월 23일], 사헌부 장령(4)[29년 5월 19일]	당하
244	洪益樺	1848	평양	동방	증광시	성균관 전적(6)[고종 24년 6월 29일], 사간원 정언(6)[30년 5월 2일]	참상
245	崔龍三	1840	강서	동방	증광시	권지 승문원 부정자[고종 20년 2월 27일], 성균관 전적(6)[27년 윤2월 12일], 승문원 교검(6)[27년 5월 26일]	참상
246	白文行	1850	정주	고종 20년 (1883)	식년시	권지 승문원 부정자[21년 5월 10일], 성균관 전적(6)[28년 7월 29일], 승문원 교검(6)[28년 8월 12일], 사헌부 지평(5)[28년 10월 16일]	참상
247	芮成質	1809	태천	동방	식년시	성균관 전적(6)[고종 26년 4월 7일], 예조정랑(5)[26년 7월 21일], 사헌부 지평(5)[29년 1월 27일], 사간원 정언(6)[30년 10월 18일]	참상
248	張益厚	1860	용천	동방	식년시	권지 승문원 부정자[고종 21년 5월 10일], 성균관 전적(6)[23년 1월 30일], 공조정랑(5)[23년 1월 30일], 호조정랑(5)[23년 12월 29일], 사헌부 장령(4)[29년 12월 26일], 사간원 사간(-3)[31년 2월 3일]	당하
249	朴永學	1856	상원	동방	식년시	승문원 부정자(-9)[고종 22년 7월 22일], 성균관 전적(6)[23년 12월 29일]	참상
250	金持元	1831	정주	동방	식년시	권지 승문원 부정자[고종 21년 5월 10일], 성균관 전적(6)[22년 3월 24일], 사헌부 지평(5)[25년 1월 9일]	참상
251	金瑢鍊	1847	개천	동방	식년시	권지 승문원 부정자[고종 24년 9월 27일], 사헌부 지평(5)[28년 2월 2일], 성균관 직강(5)[29년 5월 26일]	참상

연번	성명	생년	출신지	문과 급제 연도	시험 종류	주요 관력	최고 관품
252	李寅權	1853	곽산	동방	식년시	권지 승문원 부정자[고종 21년 5월 10일], 성균관 전적(6)[24년 6월 29일], 사헌부 지평(5)[24년 8월 27일]	참상
253	金持薰	1846	정주	동방	식년시	성균관 전적(6)[고종 24년 6월 29일], 사헌부 정령(4)[31년 4월 18일]	당하
254	林奭禧	1858	귀성	동방	식년시	성균관 전적(6)[고종 23년 12월 29일]	참상
255	盧鎭奕	1839	정주	동방	식년시	권지 승문원 부정자[고종 21년 5월 10일], 성균관 전적(6)[24년 3월 1일], 사헌부 지평(5)[25년 4월 13일], 병조정랑(5)[27년 8월 21일]	참상
256	李日彦	1860	선천	동방	식년시	권지 승문원 부정자[고종 21년 5월 10일], 성균관 전적(6)[29년 3월 2일]	참상
257	玄圭根	1853	박천	동방	식년시	권지 승문원 부정자[고종 21년 5월 10일], 성균관 전적(6)[23년 7월 29일], 사헌부 지평(5)[23년 9월 27일]	참상
258	趙光漢	1852	정주	동방	식년시	권지 승문원 부정자[고종 21년 5월 10일]	기타
259	朴致恒	1844	선천	동방	별시	승문원 정자(9)[고종 22년 5월 1일], 성균관 전적(6)[23년 7월 29일], 사간원 정언(6)[28년 8월 9일], 사헌부 지평(5)[28년 9월 13일]	참상
260	李益河	1812	평양	고종 22년 (1885)	정시	권지 승문원 부정자 [고종 22년 11월 21일]	기타
261	李鍾義	1864	용강	동방	정시	승문원 부정자(-9)[고종 26년 2월 11일], 성균관 전적(6)[28년 7월 29일], 사헌부 지평(5)[29년 8월 21일]	참상
262	金載善	1857	평양	동방	정시	승문원 교검(6)[고종 27년 윤2월 5일], 성균관 전적(6)[27년 4월 2일], 사헌부 지평(5)[28년 8월 11일], 사간원 정언(6)[29년 7월 9일], 예조정랑(5)[29년 7월 25일]	참상
263	盧煒	1842	평양	동방	정시	권지 승문원 부정자[고종 22년 11월 21일], 성균관 전적(6)[23년 1월 28일], 사헌부 장령(4)[26년 9월 7일], 공조정랑(5)[26년 8월 14일], 사간원 헌납(5)[27년 11월 5일]	당하
264	吳泰殷	1869	철산	동방	정시	성균관 학록(9)[고종 24년 11월 3일], 사헌부 장령(4)[30년 8월 2일]	당하

연번	성명	생년	출신지	문과 급제 연도	시험 종류	주요 관력	최고 관품
265	金翼濟	1866	영변	동방	정시	권지 승문원 부정자[고종 22년 11월 21일], 통례원 우통례(정3 당하)[26년 12월 4일], 성균관 직강(5)[27년 2월 6일], 사간원 사간(-3)[27년 10월 7일], 봉상시 정(3 당하)[27년 10월 21일], 사헌부 집의(-3)[28년 2월 29일], 교서관 판교(정3 당하)[28년 8월 23일]	당하
266	金宗鳳	1829	은산	동방	정시	권지 승문원 부정자[고종 22년 11월 22일], 사간원 헌납(5)[27년 1월 29일], 성균관 직강(5)[27년 윤2월 29일], 통례원 좌통례(3 당하)[27년 10월 29일], 사헌부 집의(-3)[31년 5월 22일]	당하
267	劉起龍	1857	곽산	동방	정시	교서관 부정자(-9)[고종 23년 4월 2일]	참하
268	金禹用	1848	의주	동방	정시	성균관 전적(6)[고종 22년 4월 10일], 사간원 사간(-3)[22년 11월 6일], 사헌부 집의(-3)[22년 11월 17일], 통례원 우통례(정3 당하)[24년 10월 17일], 성균관 사예(4)[27년 2월 19일], 승문원 판교(정3 당하)[29년 8월 4일]	당하
269	鄭恒鎭	1866	철산	동방	식년시	권지 승문원 부정자[고종 22년 11월 21일], 성균관 전적(6)[25년 3월 2일], 사헌부 지평(5)[25년 4월 17일]	참상
270	韓相冕	1864	성천	동방	식년시	권지 승문원 부정자[고종 22년 11월 21일], 성균관 전적(6)[28년 8월 3일]	참상
271	朴永奎	1864	상원	동방	식년시	권지 승문원 부정자[고종 22년 11월 21일], 예조정랑(5)[28년 4월 21일], 사간원 정언(6)[28년 4월 29일], 성균관 직강(5)[28년 5월 8일], 병조좌랑(6)[28년 7월 16일], 사헌부 장령(4)[29년 5월 22일], 승문원 교검(6)[30년 3월 13일]	당하
272	金晟壎	1861	희천	동방	식년시	권지 승문원 부정자[고종 22년 11월 21일]	기타
273	宋柱動	1858	박천	동방	식년시	권지 승문원 부정자[고종 22년 11월 21일], 성균관 전적(6)[25년 3월 21일], 승문원 검교(6)[25년 9월 14일], 사헌부 지평(5)[27년 6월 11일], 사간원 정언(6)[28년 2월 11일]	참상

연번	성명	생년	출신지	문과 급제 연도	시험 종류	주요 관력	최고 관품
274	李寅衡	1849	곽산	동방	식년시	권지 승문원 부정자[고종 22년 11월 21일], 성균관 전적(6)[25년 8월 24일], 예조좌랑(6)[28년 8월 27일], 호조정랑(5)[29년 1월 27일]	참상
275	李琬熙	1849	개천	동방	식년시	권지 승문원 부정자[고종 22년 11월 21일], 성균관 전적(6)[26년 7월 29일], 사간원 정언(6)[28년 2월 11일]	참상
276	趙昌均	1857	정주	동방	식년시	권지 승문원 부정자[고종 22년 11월 21일], 성균관 전적(6)[25년 8월 11일], 사헌부 지평(5)[29년 7월 30일]	참상
277	金秉燾	1853	곽산	동방	식년시	권지 승문원 부정자[고종 22년 11월 21일], 성균관 전적(6)[31년 1월 28일], 사간원 정언(6)[31년 2월 27일]	참상
278	金昶源	1862	가산	동방	식년시	권지 승문원 부정자[고종 22년 11월 21일], 성균관 전적(6)[26년 7월 29일], 병조좌랑(6)[27년 10월 7일], 예조정랑(5)[28년 1월 29일], 사헌부 장령(4)[31년 1월 28일]	당하
279	張正植	1865	용천	동방	식년시	권지 승문원 부정자[고종 22년 11월 21일], 성균관 전적(6)[24년 6월 29일], 사간원 정언(6)[27년 6월 22일]	참상
280	車載衡	1860	숙천	동방	식년시	권지 승문원 부정자[고종 22년 11월 21일]	기타
281	李鳳銖	1852	숙천	동방	식년시	성균관 전적(6)[고종 26년 3월 17일]	참상
282	柳淙楨	1856	박천	동방	식년시	성균관 박사(7)[고종 27년 5월 30일], 사헌부 지평(5)[27년 11월 26일]	참상
283	白虎燮	1862	태천	동방	식년시	권지 승문원 부정자[고종 22년 11월 21일], 성균관 전적(6)[24년 2월 4일], 형조좌랑(6)[24년 2월 20일], 사헌부 지평(5)[28년 2월 25일]	참상
284	李載榮	1856	박천	동방	식년시	권지 승문원 부정자[고종 22년 11월 21일], 승문원 교검(6)[29년 7월 15일], 사헌부 지평(5)[29년 8월 2일], 형조좌랑(6)[29년 11월 24일], 병조좌랑(6)[31년 6월 5일], 사간원 정언(6)[31년 6월 29일]	참상

연번	성명	생년	출신지	문과 급제 연도	시험 종류	주요 관력	최고 관품
285	崔在麟	1849	정주	동방	식년시	성균관 전적(6)[고종 28년 1월 29일], 사간원 정언(6)[30년 8월 1일], 예조정랑(5)[31년 2월 5일]	참상
286	李英彬	1863	의주	동방	식년시	이응빈(李應彬)으로 개명[고종 22년 4월 19일], 성균관 전적(6)[30년 8월 12일]	참상
287	安炳乾	1869	안주	동방	식년시	권지 승문원 부정자[고종 22년 11월 21일], 성균관 전적(6)[26년 1월 30일], 사헌부 지평(5)[28년 3월 6일]	참상
288	金允聲	1866	상원	동방	증광시	사헌부 지평(5)[고종 22년 9월 20일], 공조참의(정3 당상)[22년 9월 27일], 병조참지(정3 당상)[24년 9월 27일], 국편 한국사료총서52집 조보 58KM 18622]	당상
289	李文煥	1859	평양	동방	증광시	성균관 박사(7)[고종 26년 4월 29일], 사간원 정언(6)[30년 5월 2일]	참상
290	金能基	1858	순천	동방	증광시	교서관 정자(9)[고종 22년 12월 24일]	참하
291	白克行	1857	정주	동방	증광시	권지 승문원 부정자[고종 22년 11월 21일], 예조좌랑(6)[31년 4월 15일], 사헌부 지평(5)[31년 6월 6일]	참상
292	朴圭能	1830	삼화	고종 23년 (1886)	정시	성균관 전적(6)[고종 25년 1월 29일], 사간원 정언(6)[25년 3월 11일], 예조좌랑(6)[26년 7월 29일], 성균관 사예(4)[29년 3월 20일], 병조정랑(5)[30년 12월 12일]	당하
293	車炳虎	1858	숙천	동방	정시	권지 승문원 부정자[고종 24년 9월 27일], 성균관 전적(6)[25년 4월 13일], 사간원 정언(6)[27년 11월 9일], 병조좌랑(6)[27년 11월 13일]	참상
294	朴瀁柱	1866	삼등	동방	정시	권지 교서관 부정자[고종 24년 9월 27일]	기타
295	金敬濬	1862	의주	동방	평안도 도과 (壯元)	성균관 전적(6)[고종 24년 2월 25일], 사헌부 장령(4)[24년 6월 29일], 사간원 헌납(5)[25년 4월 13일]	당하
296	尹鎭衡	1867	상원	동방	평안도 도과 (亞元)	성균관 전적(6)[고종 25년 3월 4일], 사헌부 지평(5)[29년 5월 2일]	참상

연번	성명	생년	출신지	문과 급제 연도	시험 종류	주요 관력	최고 관품
297	張德華	1813	용천	동방	평안도 도과	권지 승문원 부정자[고종 24년 9월 27일], 성균관 전적(6)[27년 11월 29일], 사헌부 지평(5)[28년 3월 6일], 사간원 정언(6)[28년 5월 10일]	참상
298	李敎洙	1863	개천	동방	평안도 도과	성균관 박사(7)[고종 30년 10월 15일]	참하
299	洪在珽	1868	삭주	동방	평안도 도과	권지 승문원 부정자[고종 24년 9월 27일]	기타
300	金鎭範	1857	순안	동방	평안도 도과	권지 승문원 부정자[고종 24년 9월 27일], 성균관 전적(6)[27년 3월 28일]	참상
301	黃岦	1850	평양	동방	평안도 도과	권지 승문원 부정자[고종 24년 9월 27일], 성균관 전적(6)[29년 7월 30일], 사간원 정언(6)[31년 6월 5일]	참상
302	申錫厦	1863	영변	동방	평안도 도과	권지 승문원 부정자[고종 24년 9월 27일], 성균관 전적(6)[27년 2월 6일]	참상
303	金明濬	1872	삼등	동방	평안도 도과	성균관 학록(9)[고종 26년 9월 7일]	참하
304	鄭益周	1872	철산	동방	평안도 도과	권지 승문원 부정자[고종 24년 9월 27일], 사헌부 지평(5)[25년 7월 25일]	참상
305	安圭植	1871	정주	동방	평안도 도과	승문원 정자(9)[고종 27년 11월 9일], 성균관 전적(6)[29년 1월 27일], 사헌부 지평(5)[30년 8월 2일]	참상
306	金斗性	1840	운산	동방	평안도 도과	권지 승문원 부정자[고종 24년 9월 27일], 사헌부 지평(5)[26년 1월 30일], 사간원 정언(6)[29년 11월 13일]	참상
307	申翰燮	1869	숙천	고종 24년 (1887)	정시	성균관 박사(7)[고종 30년 10월 15일]	참하
308	玄明昊	1863	평양	동방	정시	권지 승문원 부정자[고종 24년 9월 27일], 성균관 전적(6)[25년 4월 13일], 사간원 정언(6)[28년 5월 1일]	참상

연번	성명	생년	출신지	문과 급제 연도	시험 종류	주요 관력	최고 관품
309	崔翼瑞	1857	의주	동방	정시	권지 승문원 부정자[고종 24년 9월 27일], 병조좌랑(6)[25년 3월 11일], 사헌부 장령(4)[25년 4월 17일], 사간원 사간(-3)[26년 9월 7일], 통례원 우통례(정3 당하)[26년 9월 12일], 성균관 사예(4)[27년 2월 6일], 봉상시 정(정3 당하)[27년 2월 19일], 사헌부 집의(-3)[30년 6월 12일]	당하
310	田健夏	1852	평양	동방	정시	성균관 전적(6)[고종 27년 10월 29일], 사간원 정언(6)[28년 2월 9일], 사헌부 장령(4)[30년 8월 1일]	당하
311	金道濬	1854	의주	동방	정시	권지 승문원 부정자[고종 24년 9월 27일], 성균관 전적(6)[25년 1월 29일], 사간원 정언(6)[25년 4월 3일], 사헌부 장령(4)[30년 1월 29일]	당하
312	金鼎載	1839	강동	동방	정시	사헌부 장령(4)[고종 28년 9월 9일], 사간원 정언(6)[28년 10월 11일]	당하
313	黃致鎬	1865	용천	동방	정시	성균관 전적(6)[고종 31년 1월 28일]	참상
314	李尙柔	1868	선천	동방	정시	권지 승문원 부정자[고종 26년 3월 21일], 성균관 전적(6)[29년 7월 30일]	참상
315	金庭植	1861	개천	고종 25년 (1888)	정시	권지 승문원 부정자[고종 26년 3월 21일], 성균관 전적(6)[27년 10월 29일], 승문원 판교(정3 당하)[29년 윤6월 13일], 사헌부 집의(-3)[29년 7월 30일], 사간원 사간(-3)[29년 7월 30일]	당하
316	金達琰	1851	상원	동방	식년시	권지 승문원 부정자[고종 26년 3월 21일]	기타
317	金錫泰	1871	중화	동방	식년시	권지 승문원 부정자[고종 26년 3월 21일]	기타
318	朴文相	1851	은산	동방	식년시	권지 승문원 부정자[고종 26년 3월 21일]	기타
319	全永惠	1873	박천	동방	식년시	성균관 박사(7)[고종 30년 10월 15일]	참하
320	趙光涵	1858	정주	동방	식년시	권지 승문원 부정자[고종 26년 3월 21일], 성균관 전적(6)[29년 2월 5일], 병조좌랑(6)[29년 3월 20일], 사헌부 지평(5)[29년 윤6월 22일]	참상
321	尹履璿	1862	상원	동방	식년시	성균관 박사(7)[고종 31년 3월 3일]	참하
322	張齊翰	1862	의주	동방	식년시	권지 승문원 부정자[고종 26년 3월 21일], 사간원 정언(6)[31년 6월 6일]	참상

연번	성명	생년	출신지	문과 급제 연도	시험 종류	주요 관력	최고 관품
323	梁柱赫	1866	안주	동방	식년시	권지 승문원 부정자[고종 26년 3월 21일]	기타
324	李鏡旿	1864	태천	동방	식년시	권지 승문원 부정자[고종 26년 3월 21일]	기타
325	李錫泳	1870	용천	동방	식년시	권지 승문원 부정자[고종 26년 3월 21일], 성균관 직강(5)[29년 7월 29일]	참상
326	曹基榮	1873	평양	동방	식년시	권지 승문원 부정자[고종 26년 3월 21일]	기타
327	楊源成	1873	평양	동방	식년시	권지 승문원 부정자[고종 26년 3월 21일]	기타
328	張志濂	1852	곽산	동방	식년시	권지 승문원 부정자[고종 26년 3월 21일]	기타
329	劉興龍	1854	가산	동방	식년시	성균관 전적(6)[고종 27년 10월 29일], 사간원 정언(6)[27년 12월 9일], 사헌부 장령(4)[28년 5월 3일], 형조좌랑(6)[29년 9월 22일], 병조정랑(5)[30년 3월 18일]	당하
330	金培胤	1869	박천	동방	식년시	권지 승문원 부정자[고종 26년 3월 21일], 기로소 수직관(7)[26년 3월 30일]	참하
331	朴勝恒	1866	박천	동방	식년시	권지 승문원 부정자[고종 26년 3월 21일]	기타
332	金泰郁	1870	정주	동방	식년시	권지 승문원 부정자[고종 26년 3월 21일]	기타
333	李台健	1864	상원	동방	별시	권지 승문원 부정자[고종 26년 3월 21일], 성균관 전적(6)[26년 9월 19일], 예조좌랑(6)[27년 2월 19일], 사헌부 지평(5)[27년 6월 29일], 사간원 정언(6)[28년 11월 19일]	참상
334	徐基弘	1870	용강	고종 26년 (1889)	알성시	성균관 학유(-9)[고종 30년 10월 15일]	참하
335	張南正	1852	가산	동방	알성시	권지 승문원 부정자[고종 28년 10월 3일]	기타
336	白鶴九	1860	태천	동방	알성시	권지 승문원 부정자[고종 28년 10월 3일]	기타
337	張應軫	1871	가산	고종 27년 (1890)	별시	권지 승문원 부정자[고종 28년 10월 3일], 승문원 저작(8)[30년 5월 1일]	참하
338	金秉弘	1852	평양	고종 28년 (1891)	정시	권지 승문원 부정자[고종 28년 10월 3일]	기타
339	金述祖	1845	강동	동방	정시	권지 승문원 부정자[고종 28년 10월 3일]	기타
340	金秉七	1865	용강	동방	정시	성균관 학정(8)[고종 31년 3월 3일]	참하
341	羅純榮	1857	안주	동방	정시	권지 승문원 부정자[고종 28년 10월 3일]	기타
342	趙應國	1830	평양	동방	증광시	권지 승문원 부정자[고종 28년 10월 3일], 성균관 전적(6)[29년 3월 4일], 사헌부 지평(5)[30년 2월 1일]	참상

연번	성명	생년	출신지	문과 급제 연도	시험 종류	주요 관력	최고 관품
343	朴灃陽	1848	평양	동방	증광시	권지 승문원 부정자[고종 28년 10월 3일]	기타
344	金錫憲	1847	성천	동방	증광시	권지 승문원 부정자[고종 28년 10월 3일], 성균관 전적(6)[29년 1월 1일]	참상
345	桂龍赫	1858	선천	동방	증광시	권지 승문원 부정자[고종 28년 10월 3일], 승문원 정자(9)[31년 3월 3일]	참하
346	金來龍	1871	평양	동방	증광시	권지 승문원 부정자[고종 28년 10월 3일], 성균관 전적(6)[30년 8월 12일]	참상
347	張履觀	1872	용천	동방	증광시	권지 승문원 부정자[고종 28년 10월 3일], 승문원 저작(8)[31년 3월 3일]	참하
348	石邦珍	1831	숙천	동방	정시	권지 승문원 부정자[고종 30년 10월 11일]	기타
349	宣鎭奎	1850	영변	동방	정시	권지 승문원 부정자[고종 30년 10월 11일]	기타
350	全學奎	1875	곽산	동방	식년시	가주서[고종 28년 12월 1일]	기타
351	安衡鎭	1859	안주	동방	식년시	권지 승문원 부정자[고종 30년 10월 11일]	기타
352	周鳳翰	1860	가산	동방	식년시	권지 성균관 학유[고종 30년 10월 11일]	기타
353	金東薰	1864	가산	동방	식년시	권지 승문원 부정자[고종 30년 10월 11일], 봉상시 봉사(8)[30년 10월 23일]	참하
354	白顯袞	1862	태천	동방	식년시	권지 승문원 부정자[고종 30년 10월 11일]	기타
355	金永憲	1838	순천	동방	식년시	권지 승문원 부정자[고종 30년 10월 11일], 사간원 정언(6)[31년 2월 3일], 성균관 박사(7)[36년 3월 22일]	참상
356	李鶴永	1867	숙천	동방	식년시	성균관 학유(-9)[고종 31년 3월 3일]	참하
357	金宗杰	1824	상원	동방	식년시	권지 승문원 부정자[고종 30년 10월 11일], 성균관 전적(6)[31년 1월 28일], 사헌부 지평(5)[31년 2월 3일]	참상
358	尹吉善	1874	상원	동방	식년시	권지 승문원 부정자[고종 30년 10월 11일]	기타
359	金鳳燮	1874	상원	동방	식년시	권지 승문원 부정자[고종 30년 10월 11일]	기타
360	金聖基	1863	정주	동방	식년시	권지 승문원 부정자[고종 30년 10월 11일]	기타

연번	성명	생년	출신지	문과 급제 연도	시험 종류	주요 관력	최고 관품
361	金瀅根	1858	곽산	동방	식년시	권지 성균관 학유[고종 30년 10월 11일], 봉상시 주부(-6)[31년 7월 30일]	참상
362	田錫元	1874	선천	동방	식년시	권지 승문원 부정자[고종 30년 10월 11일]	기타
363	金呂鉉	1860	영변	동방	식년시	권지 승문원 부정자[고종 30년 10월 11일]	기타
364	李台慶	1863	덕천	동방	식년시	권지 승문원 부정자[고종 30년 10월 11일]	기타
365	金忠桂	1878	용강	고종 29년 (1892)	별시 (亞元)	권지 승문원 부정자[고종 30년 10월 11일]	기타
366	印錫輔	1852	용강	동방	별시	권지 성균관 학유[고종 30년 10월 11일], 홍문관 교리(-5)[31년 7월 16일]	참상
367	李庸迪	1855	용강	동방	별시	가주서[고종 29년 6월 6일]	기타
368	玄錫泰	1865	정주	동방	별시	기로소 수직관(7)[고종 31년 1월 28일]	참하
369	林廷黙	1861	평양	동방	별시	권지 교서관 부정자[고종 30년 10월 11일]	기타
370	鄭錫五	1861	평양	동방	별시	권지 승문원 부정자[고종 30년 10월 11일]	기타
371	朴鎭瀅	1859	강서	동방	정시	권지 승문원 부정자[고종 30년 10월 11일]	기타
372	金鳴雷	1856	중화	동방	정시	권지 승문원 부정자[고종 30년 10월 11일]	기타
373	李漢柱	1875	평양	동방	별시	권지 승문원 부정자[고종 30년 10월 11일]	기타
374	洪在斗	1852	평양	고종 30년 (1893)	정시	권지 승문원 부정자[고종 30년 10월 11일]	기타
375	尹行根	1874	태천	동방	정시	권지 승문원 부정자[고종 30년 10월 11일]	기타
376	白顯震	1859	태천	동방	정시	권지 승문원 부정자[고종 30년 10월 11일], 승문원 부정자(-9)[31년 3월 3일]	참하
377	李龍泰	1865	영변	동방	알성시 (壯元)	성균관 전적(6)[고종 30년 12월 24일]	참상
378	金潤起	1870	영유	동방	평안도 영의과 (壯元)	성균관 전적(6)[고종 31년 1월 28일], 사헌부 지평(5)[31년 6월 5일]	참상

연번	성명	생년	출신지	문과 급제 연도	시험 종류	주요 관력	최고 관품
379	金淵禧	1872	영유	동방	평안도 영의과 (亞元)		기타
380	金性稷	1863	영유	동방	평안도 영의과		기타
381	尹東楗	1848	의주	동방	평안도 영의과		기타
382	尹希周	미상	의주	동방	평안도 영의과	성균관 전적(6) 역임 사실이 소개됨 [고종 34년 9월 28일]	참상
383	崔鍾德	미상	박천	고종 31년 (1894)	식년시	가주서[고종 31년 6월 3일]	기타
384	全炯龍	미상	귀성	동방	식년시		기타
385	裵哲淳	미상	태천	동방	식년시	가주서[고종 31년 6월 4일]	기타
386	車殷祚	미상	숙천	동방	식년시	가주서[고종 31년 6월 3일]	기타
387	朴世翼	미상	정주	동방	식년시	가주서[고종 31년 6월 4일]	기타
388	徐炳泰	미상	박천	동방	식년시	가주서[고종 31년 6월 4일]	기타
389	明光錫	미상	영변	동방	식년시	가주서[고종 31년 6월 3일]	기타
390	吳在殷	1874	철산	동방	식년시	가주서[고종 31년 6월 3일]	기타
391	金炳洙	미상	태천	동방	식년시	가주서[고종 31년 6월 4일]	기타
392	許永福	1868	귀성	동방	식년시	가주서[고종 31년 6월 4일]	기타
393	李壽根	미상	철산	동방	식년시	가주서[고종 31년 6월 4일]	기타
394	金宗夏	미상	영변	동방	식년시	가주서[고종 31년 6월 4일]	기타
395	趙範錫	미상	정주	동방	식년시	가주서[고종 31년 6월 4일]	기타
396	張國翰	미상	귀성	동방	식년시	가주서[고종 31년 6월 4일]	기타
397	尹鎭三	미상	상원	동방	식년시	가주서[고종 31년 6월 4일]	기타

* 출전 : 『承政院日記』, 『關西搢紳錄』(규장각 소장, 想白古 920.051-G994), Edward W. Wagner & 宋俊浩, 『補註 朝鮮文科榜目』(http://www.dbmedia.co.kr)
** 비고 : ① (숫자)는 관품을 표시한 것이다. 가령 (6)은 정6품, (-6)은 종6품을 뜻한다.
　　　　② 주요 경력을 기재할 때 동일한 官署에서는 최고 품계의 관직만 기재하였다. 예를 들어 사헌부 장령(4) 임명자는 사헌부 지평(5)을 역임한 경우가 많았는데, 이와 같은 경우에 지평의 관직은 기재하지 않고 그 보다 높은 품계인 장령의 관력만을 밝혀 두었다.

<Abstract>

A Study of Pyŏngando and The Modern Transition of Chosŏn
- The Political and Cultural Movement of Pyŏngando Residents -

Ha, Myung-joon

This dissertation discusses P'yŏngando's political-cultural extension and it's dynamic regional status from the first half of the 18th century to the early 20th century Korea. This period is regarded in Korean history as an era of transformation in civilization, internally extracting its medieval traits and emerging into modernity. The P'yŏngando society and residents were not only in consonance with this trend of the time, but there also existed a number of transitional stages reflecting the growth and regional features of P'yŏngando. Tracing how P'yŏngando, a political-cultural marginalized region in Chosŏn period, became to form a prominent axis, and concurrently pursuing its historicity by analyzing its aspects from central and regional perspectives, are essential tasks in seeking the process of Korean history systematically.

The eight provinces(八道) of the centralized Chosŏn were constructed to fulfill each of its national and social functions and roles considering its local products, population, geography, and regional status. This was the main reason why there were diversity and variation among provinces in the full-length national management. P'yŏngando, among the eight provinces, had military quality as it was the most significant area in national defense sharing boarders with China. However because of the defeat by Manchu invasions of 1627 and 1636 in the first half of the 17th century, the boarder area of P'yŏngando was banned to perform any kind of military activities due to the Qing interference.

In the second half of the 17th century in the reign of King Sukjong, due to the uneasiness of Qing dynasty's internal affairs and the Chosŏn government's strong will to eliminate Qing's interference, full-fledged development of the defense system of P'yŏngando became possible. The financial circumstances of P'yŏngando which were regarded as the future outpost in the war against Chung, had been improved on account of the disturbance in military activities and post-war reconstruction. As the significance of P'yŏngando's military and financial status augmented, the king and a portion of high-ranking officials expressed P'yŏngando resident's will toward government appointment more aggressively. However, a large number of central government officials blocked the appointment of P'yŏngando literati on grounds such as their birthplace and "the character of the soil(Topung, 土風)" under the recognition that it is desirable to govern in the context of P'yŏngando as "the land of martial spirits(Sangmujiji, 尙武之地)". The recognition of discrimination and mistreatment against the region in a situation where the contribution of P'yŏngando expanded, boosted the complaints of P'yŏngando literati which became the background of the events of Kwansŏ Pyŏnmuso(關西辨誣疏) in 1714. P'yŏngando scholars who led this incident was evoked that "the character of the soil", defining their region as "barbarious(夷狄)" and "brutal(禽獸)", was a problem due to prejudice and structural contradiction. In addition, they requested to be treated by the principle of "universal benevolence(Ilshidongin, 一視同仁)". In order to eliminate regional mistreatment, various solutions were proposed such as seeking a combination of civil and military in human affairs and national defence or operating a dual defence system. However, the court could not meet the P'yŏngando resident's request of eliminating discrimination and regional development. Since then, including the Hong Kyŏngnea Rebellion in 1811, the action of highlighting "discrimination" worked as one of the most important mechanisms in bringing the people of P'yŏngando together.

As the relationship between Chosŏn and Qing become stable in the mid-18th century, P'yŏngando society was ready to march forward into a new era. Trade with Qing was vigorously carried out in conjunction with development in domestic commerce, and that in turn led to advancements in handicraft manufacturing and mining industry. Socio-economic prosperity of P'yŏngando led to such a rapid increase in its population so that P'yŏngando grew to hold the second largest population in the entire nation in the late 18th century. This kind of commercial development, not very different with that of Seoul, led P'yŏngando to display enhanced cultural maturity. Education was promoted throughout P'yŏngando and literati who passed the civil service exam were produced both from Chungnam(清南, the south of Chungchun river) and Chungbuk(清北, the north of Chungchun river). It is also worthy to note the ascending trend of unearthing and compiling cultural traditions of their regions and of savoring and illuminating their values, such as Upjis(邑誌). The abundance in cultural capacity and the growing individuality of districts also became a cause of regional diversion and rupture, which resulted in numerous conflicts and challenges among districts, namely the Hong Kyŏngnea Rebellion in 1811. As the gap between Seoul and the other regions widened, P'yŏngando was gradually divided into two groups: one expressing a defiant stand against the powerful and wealthy Seoul(anti-capital forces, 反京勢力), and the other seeking an elevation in their social rank inside the existing system(loyal forces, 忠義勢力). Hong Kyŏngnea Rebellion in 1811 can be read as a collision of these two forces. The triumph of the later gave loyal forces a strong ground for advancing into the central government while justifying their rule and control over the P'yŏngando society.

In the late 19th century, the range of P'yŏngando civil and military officer appointment had been expanded, and political activity and role of P'yŏngando officers in the center court increased. In the reign of King Kojong, among the 397 P'yŏngando officers who served in the central government, the portion of Dangsang officers(堂上官) were 59(15%), Dangha officers(堂下官) 117(29%), and Chamsang officers(參上官) 125(31%). As the number of P'yŏngando government officials increased, there were much more opportunity of being appointed to key positions(要職). P'yŏngando civil officers who had been forming a political force in the central court were appointed at Sahunbu(司憲府) and Saganwon(司諫院), the core of the censor general, and would diagnose current affairs and consult various solutions. Particularly in the 1880s, they supported the political management of the King and presented reform proposals assisting the enlightenment policy. In the provincial areas, P'yŏngando Confucian scholars led by Park Mun-il and Park Mun-ho brothers, made substantial efforts and gained ample achievements in joining the mainstream Confucian culture while adhering to the thought of defending the Orthodoxy and rejecting Heterodoxy(衛正斥邪). The academic tradition of Park Mun-il, showing strong disapproval toward utilitarianism(公利) and pursuing principle moral philosophy(正統道學), was supported by the local governor's educational policies and its influence was wielded throughout the province. Such political cultural growth of P'yŏngando residents acted as a background in constructing the "Western Capital"(Sŏgyŏng, 西京) centerpiece, P'unggyŏng(豊慶) Palace. P'yŏngando residents including officials and scholars, vigorously engaged in the construction of the new capital, enjoying their regional status reaching its peak. However, with the outbreak of the Russo-Japanese war in 1904 the Western Capital construction was interrupted and the tax collected from P'yŏngando residents as construction costs turned out to be mostly embezzled by government administers, which ended this project tainted by corruption and irregularities.

In the midst of various events such as the Sino-Japanese war in 1894, the Boxer Rebellion in 1900, and the Russo-Japanese war in 1905, Chosŏn went through extreme change. Futhermore with the Japanese intervention of 1905, the threat of losing national sovereignty was imminent. Given this situation, Confucian scholars in P'yŏngando who had been defending Orthodoxy made efforts to reform and absorb New studies(新學) in response to the wile spread of Christianity and Donghak(東學). Particularly Park Dong-heum, the eldest son of Park Mun-ill realized the necessity of Confucian reformation and proposed the way to "adopt the new depending on the old(仍舊取信)", playing an important role in turning the old academic traditions toward Confucian reformation. On the other hand, people from P'yŏngando established the Seo-woo and Seo-buk Educational Societies(西友學會, 西北學會) emphasizing the northwest regional identity in Seoul, and also highlighted "self-strengthening(自强)" as a part of national rights restoration(國權回復), actively participating in the cultural enlightment movement(文化啓蒙運動). During this process, P'yŏngando was discussed and noticed as an civilized and advanced region and its regional status was elevated. Various educational associations including Seo-woo and Seo-buk Educational Societies, not only insisted endeavor and awakening but also shared a strategy of cultivating national ability first through building a sense of rivalry among regions and then transforming it into competitive spirits against other countries. However, as the competition for the leading position among regions became excessively heated, the issues of regionalism were occasionally expressed, which had been concealed due to the willingness toward national rights restoration. People of the northwest region insisted their political participation in the Chosŏn government as insufficient and regarded it as "a five-hundred old grievance", stressing regional mistreatment. Some of the key figures in the Seo-buk Educational Society aggravated regional conflicts and tried to take advantage of it by dismissing the Yi Wan-yong Cabinet consisting mainly of Gi-ho personals and reshuffling a Cabinet led by An Chang-ho and Seo-buk personals. Instead of being a viable initiative, this was rather an outcome of being swept away by a scheme of division plotted by the Japanese Resident-general. The major figures of the Seo-buk Educational Society including An Chang-ho, refused to participate in the cabinet and fled into exile in order to avoid suppression by the Japanese. The Japanese accelerated the annexation which led to the collapse of the Daehan Empire in 1910. Although the task of restoring national rights after the 1905 Japanese intervention failed, national consciousness and capacity of the P'yŏngando people built in the course of the cultural enlightenment movement did not cease to exist, and its legacy was passed on to the March 1st movement in the Japanese colonial period.

찾아보기

하명준

한국외국어대학교 사학과를 졸업하고, 서울대학교 대학원 역사교육과에서 석사와
박사학위를 받았다. 현재 국사편찬위원회에서 편사연구사로 일하고 있다. 저서
로는 『우리 역사, 어떻게 읽고 생각할까』(공저)와 『교점역해 정원고사』(공저)
등이 있다.

조선의 근대전환과 평안도 연구
- 평안도인의 정치·문화 운동 -

초판 1쇄 인쇄 2017년 10월 25일
초판 1쇄 발행 2017년 10월 30일

지 은 이   하명준

발 행 인   한정희
발 행 처   경인문화사
총 괄 이 사   김환기
편 집 부   김지선 박수진 한명진 유지혜
마 케 팅   김선규 하재일 유인순
출 판 번 호   406-1973-000003호
주   소   파주시 회동길 445-1 경인빌딩 B동 4층
전   화   031-955-9300   팩 스   031-955-9310
홈 페 이 지   http://www.kyunginp.co.kr
이 메 일   kyungin@kyunginp.co.kr

ISBN 978-89-499-4303-9   93910
값 28,000원